ein Ullstein Buch

D1829608

Abenteuerroman
Lektorat: Martin Compart
Ullstein Buch Nr. 21007
im Verlag Ullstein GmbH,
Frankfurt/M – Berlin – Wien
Titel der englischen
Originalausgabe:
Flashman at the Charge
Übersetzt von Ute Tanner

Vom selben Autor
in der Reihe der
Ullstein Bücher

Flashman – Im Dienste Ihrer
Majestät (21001)
Flashman – Prinz von
Dänemark (21003)
Flashman – Held der
Freiheit (21005)

Deutsche Erstausgabe

© 1973 by George MacDonald Fraser
Übersetzung © 1984
Verlag Ullstein GmbH
Frankfurt/M – Berlin – Wien
Umschlagentwurf:
Hansbernd Lindemann
Alle Rechte vorbehalten
Mit Genehmigung der
Pan Books Ltd, London
Printed in Germany 1985
Druck und Verarbeitung:
Clausen & Bosse, Leck
ISBN 3 548 21007 4

Februar 1985

George
MacDonald
Fraser

Flashman – Im Krimkrieg

ein Ullstein Buch

Für ›Ekaterin‹, Rommé-Meister von Samarkand

Vorbemerkung

Als vor einigen Jahren die »Flashman Papers« ans Licht kamen, jene umfangreichen Memoiren, die das Erwachsenenschicksal des notorischen Kameradenschinders aus »Tom Brown's Schooldays« schildern, war sogleich klar, daß damit die viktorianische Geschichte um neues und bemerkenswertes Material bereichert werden würde. In den ersten, mit Erlaubnis ihres Besitzers, Mr. Paget Morrisonn, bereits veröffentlichten Paketen der Memoiren schildert Flashman die Anfänge seiner militärischen Laufbahn, seine Teilnahme an dem unseligen Ersten Afghanistan-Krieg, sein Engagement (mit Bismarck und Lola Montez) in der Schleswig-Holstein-Frage und seine kurzlebigen Abenteuer als Sklavenhändler in Westafrika, Agent der Abolitionisten in den Vereinigten Staaten und Mitarbeiter des Kongreßabgeordneten Abraham Lincoln, Disraelis und anderes.

Der geneigte Leser ersieht daraus, daß die Erinnerungen des großen Kriegsmannes nicht alle rein militärischer Natur waren, und wer bedauert hat, in den früheren Veröffentlichungen keinen Bericht seiner bedeutendsten Schlachten (Meuterei in Indien, amerikanischer Bürgerkrieg usw.) zu finden, wird zweifellos mit Befriedigung feststellen, daß er in dem vorliegenden Band von seinen Erlebnissen auf der Krim und anderen noch farbigeren – und möglicherweise bedeutenderen – Kriegsschauplätzen erzählt. Daß er dabei Wesentliches zu unserer Kenntnis der Sozial- und Kriegsgeschichte beiträgt, viele seltsame Nebenwege beleuchtet und die moderne Einschätzung seines beklagenswerten Charakters bestätigt, ist selbstverständlich, aber die generelle Genauigkeit in der Behandlung bekannter Begebenheiten und Persönlichkeiten und seine frappante Aufrichtigkeit – zumindest in seiner Eigenschaft als Memoirenschreiber – beweisen, daß dieser Band nicht weniger zuverlässig ist als sein Vorgänger.

Als Herausgeber habe ich nur die Rechtschreibung korrigiert und die üblichen Fußnoten und Anhänge beigefügt. Der Rest ist Flashman.

G. M. F.

In dem Moment, als Lew Nolan sein Pferd herumriß und – Raglans Meldung in der Handschuhstulpe – über den Rand der Böschung verschwand, wußte ich, daß die Sache schlecht für mich ausgehen würde. Raglan brabbelte noch immer in seiner üblichen, unentschlossenen Art vor sich hin, und ich hörte ihn rufen: »Nein, Airey, warten Sie einen Augenblick. Schicken Sie ihm jemanden nach!« und Airey winkte mir, der ich mich unauffällig hinter den anderen Meldern des Stabs zu verbergen trachtete. Für heute hatte ich mehr als genug, mein Glück war bereits über Gebühr strapaziert worden, und ich wußte ganz genau, daß ein weiterer Ritt über die Ebene von Balaklava den guten alten Flashy ganz schön reinreißen würde. Natürlich habe ich mal wieder recht behalten.

Und ich weiß noch, was ich dachte, während ich bibbernd auf die Order wartete, die mich hinter Lew her zur Leichten Brigade jagen würde, die achthundert Fuß unter uns in Reserve stand. Das, dachte ich bitter, kommt davon, wenn man sich in Billardsälen herumdrückt und vor Prinz Albert katzbuckelt. Was beides eigentlich durchaus verständlich für jemanden ist, der gern Billard spielt und sich darauf versteht, mit Anstand vor gekrönten Häuptern zu kriechen. Aber wenn ich Ihnen sage, was bei diesen scheinbar harmlosen Belustigungen herauskam, werden Sie mir zugeben, daß man einfach nirgends mehr seines Lebens sicher sein kann, und wenn man sich noch so vorsieht. Ich weiß, wovon ich rede. Über zwanzig Feldzüge habe ich mitgemacht, mit den entsprechenden Verwundungen, und nach keinem habe ich mich gedrängt, nach der Krim am allerwenigsten. Und doch, da war er wieder, Flashy, der Held wider Willen, Säbel im Gehänge, Rumoren in den Gedärmen, mit vor Angst bibbernden Schnurrbartspitzen, bereit, sich in das größte Kavallerieblutbad der Kriegsgeschichte zu stürzen. Es war zum Weinen.

Wenn Sie meine früheren Erinnerungsbände gelesen haben (die als eine Chronik der Büberei, Hasenfüßigkeit und ausgemachter Selbstsucht ihresgleichen suchen), werden Sie sich fragen, was für ein elendes Pech mich überhaupt nach Balaklawa verschlagen hat.

Da halte ich mich denn, wie es sich für einen guten Memoirenschreiber gehört, am besten an die herkömmliche Reihenfolge und berichte, ehe ich den Ablauf jenes Irrsinnsgefechts schildere, von der vermaledeiten Verkettung widriger Umstände, die daran schuld ist, daß ich in diese böse Geschichte hineingeriet. Vielleicht begreifen Sie dann, wie wichtig es ist, sich von Billardsälen fernzuhalten und um gekrönte Häupter einen respektvollen Bogen zu machen.

Wir schrieben Anfang 1854, und ich war seit einiger Zeit wieder in der Heimat, peilte gemächlich die Lage und überlegte mir, wie es anzustellen sei, sich einzubuddeln und ein ruhiges Leben in England zu führen, während meine Kameraden sich in Rußland einer ungesund bleihaltigen Luft aussetzten – alles für die blütenweiß-unschuldigen, wehrlosen Türken, Wesen, die es nach meiner Erfahrung, die sich eingestandenermaßen auf meine Begegnung mit einer mordsdicken Hure aus Konstantinopel beschränkt, die versuchte, mich um meiner Geldkatze willen abzustechen und dann, als ich sie nach Strich und Faden verdrosch, die Unverfrorenheit besaß, die Polizei zu holen – Wesen, sage ich, die es nie gegeben hat. Nein, für die Kümmeltürken habe ich nie viel übrig gehabt, und als ich sah, wie sich die Kriegswolken über England zusammenzogen, wäre ich zu allem eher bereit gewesen, als mich freiwillig zum Kampf gegen den russischen Tyrannen zu melden.

Einer der Haken, wenn man ein Volksheld ist, besteht freilich darin, daß es nicht so einfach ist, sich einzubuddeln, wenn die Trompeten zum Kampf erschallen. Ich war seit etwa acht Jahren nicht mehr für England in den Krieg gezogen, aber so richtig hatte das hierzulande auch sonst niemand getan, und wenn die Presse anfängt, Wirbel zu machen, und das Volk nach dem Blut der Fremden schreit – sofern es andere sind, die das Blutvergießen besorgen –, pflegt man sich nach den alten Haudegen umzusehen. Ich überlegte, daß die Lorbeeren, die ich so unverdientermaßen in Afghanistan geerntet hatte, sich immerhin noch so frisch erhalten hatten, daß sie nicht ohne weiteres zu übersehen waren, und es konnte zu verteufelt peinlichen Situationen kommen, wenn die Londoner anfangen würden, dumme Reden zu schwingen. »Holla, Flash, altes Haus! Na, du wirst Zar Nikolaus schon Mores lehren, wie? Gehst wieder zurück zu deinem alten Regiment, was? Bei Jupiter, die armen Rußkis sind nicht zu beneiden, wenn der Held von Gandamak losdrischt, wie?« Als einer der leuchtenden Sterne am Himmel der Kavallerie, als Offizier, der sich von Kabul bis zum Khyber mit Ruhm bekleckert hatte und so ungefähr als einziger bei Chillianwallah in die richtige Richtung gesprengt war (ein Irrtum, wohlgemerkt), konnte ich schlecht sagen: »Ach nein, danke bestens, ich glaube, ich setz mal eine Runde aus.« Jedenfalls nicht, wenn ich weiter Kredit haben wollte. Und Kredit ist wichtig für einen Hasenfuß wie mich, der weiter nichts im Sinn hat, als sein Leben ohne Sorgen zu genießen.

Also suchte ich nach einem Ausweg und kam auf einen verteufelt schlauen Dreh: Ich trat wieder in die Armee ein. Das heißt, ich begab mich zum Generalstab, wo mein Onkel Bindley, sein Ruhegehalt fest im Auge, noch immer unverdrossen wirkt, und ließ mich reaktivieren, was nicht weiter schwierig ist, wenn man die richtigen Leute kennt. Der Dreh war, daß ich mich nicht in die Kavallerie oder in einen Stab oder in eine ähnlich risikoträchtige Stellung stecken ließ. Statt dessen bewarb ich mich beim Zeugamt, für das ich insofern bessere Voraussetzungen mitbrachte als manch anderer, als ich zumindest wußte, aus welchem Ende der Kanone die Kugel geflogen kommt. Dort, wenige Schritte vom Generalstab entfernt, dem ich alle zwei Wochen einen freundschaftlichen Besuch abstatten konnte, gedachte ich mich in einem behaglichen Büro einzunisten, und dann konnte Mars mich mal gern haben.

Und wenn dann einer fragte: »Was, Flash, alter Blutsäufer, du bist noch nicht unterwegs in die Türkei, um die Kosaken zu vierteilen?«, konnte ich ein feierliches Gesicht machen und mich über die große Bedeutung von Verwaltung und Nachschub auslassen und die Notwendigkeit, in der Heimat, dort, wo alle Fäden zusammenliefen, ein paar erfahrene Kämpfer sitzen zu haben – selbstredend die gescheitesten –, die wußten, was die Front brauchte. Bei dem Ruf der Tapferkeit, der mir, wenn auch völlig zu Unrecht, vorauseilte, konnte niemand an meiner Aufrichtigkeit zweifeln.

Natürlich wollte Bindley wissen, was zum Henker ich als Kavallerist von Feuerwaffen wüßte, und ich erwiderte, das sei von weit geringerem Gewicht als die Tatsache, daß ich mütterlicherseits mit Lord Paget verwandt war, einem der Pagets, die, wie jedermann weiß, zur Rechten Gottes sitzen. Und der war, wie der Zufall es will, Mitglied im Auswahlausschuß für Handfeuerwaffen. Und Lord Paget würde ich wohl dazu bestimmen können, mir, einem erfahrenen Kombattanten und zudem noch Blutsverwandten, einen Posten als Sekretär, vertraulicher Ziviladjutant und allgemeiner Ohrenbläser zu verschaffen.

Bindley, der zu dem ordinären Flashman-Zweig der Familie gehört und dem es stets sauer aufstößt, wenn ich ihn an meine hochgeborene Verwandtschaft erinnere, zog die Nase hoch. »Erfahren? In gewissen Nahkampfstellungen auf dem Haymarket vielleicht.«

»Indien und Afghanistan sind nicht der Haymarket, Onkel«, sagte ich und machte ein in aller Bescheidenheit gekränktes Gesicht. »Und Feuerwaffen habe ich wahrhaftig genug gehandhabt. Brown Bess, das Dreyse-Zündnadelgewehr, Colts, Lancasters, Brunswicks – was du nur willst.« Daß ich sie nur höchst widerwillig gehandhabt hatte, brauchte er nicht zu wissen.

»Ein merkwürdig bescheidenes Ziel für einen, der mal der Stolz unseres Heeres war«, meinte er recht säuerlich. »Aber da du dem Zeugamt kaum weniger nützlich sein dürftest, als wenn du deinen liederlichen Lebenswandel bei den Elfern wiederaufnehmen würdest – aus dem sie dich herausgeworfen haben –, werde ich mit seiner Lordschaft reden.«

Er wußte sichtlich nicht so recht, woran er mit mir war, und brummte noch etwas vom tiefen Sturz der einst so Mächtigen, aber von meinen wahren Beweggründen ahnte er offenbar nichts, was man ihm auch nicht verdenken konnte, da der Krieg noch ein gutes Stück weit weg war und es amtlicherseits sogar hieß, er könne wahrscheinlich ganz vermieden werden. Aber ich wollte auf alle Fälle vorbereitet sein. Wenn es eine schlechte Ernte gegeben hat und die Arbeiter streiken und die Jugend anfängt, sich für Schnurr- und Backenbärte zu begeistern, heißt es wachsam sein.[1] Im Land wühlten Unzufriedenheit und Unruhe, was vornehmlich daran lag, daß England seit vierzig Jahren keinen richtigen Krieg mehr gehabt hatte und nur ein paar von uns wußten, was Kämpfen eigentlich bedeutet. Die anderen bliesen sich in ihrer Stupidität mächtig auf, bloß weil eine Handvoll Papisten und Nigger wegen eines blöden Sterns an einer Tür in Palästina aneinandergeraten waren. Aber wissen Sie, mich wundert heutzutage überhaupt nichts mehr.

Als ich zu Hause meine Absicht kundtat, eine Tätigkeit im Zeugamt aufzunehmen, wußte sich mein geliebtes Eheweib Elspeth vor Entsetzen kaum zu lassen.

»Aber warum hast du dich nicht um eine Stellung bei den Husaren oder einem anderen feinen Regiment bemüht, Harry? Ich begreife dich nicht. Denk nur, wie prachtvoll und wie schneidig du in diesen wunderschönen kirschroten Hosen ausgesehen hast. Ich glaube fast, daß sie es waren, die mein Herz gewannen, damals, als du zum erstenmal in Vaters Haus kamst. Im Zeugamt tragen sie gewiß irgendwelche schrecklichen grauen Überröcke, und wie kannst du mit mir in der Row ausreiten, angezogen wie ... wie ein ganz gewöhnlicher Kommissarstyp?«

»Auf diesem Posten trägt man keine Uniform, Liebes«, sagte ich. »Im Zeugamt geht man in Zivil. Und daß ich einen guten Schneider habe, mußt du zugeben. Schließlich hast du ihn selber ausgesucht.«

»Ach, das ist doch ganz genauso schlimm«, sagte sie. »Alle anderen kommen in Uniform, und du ... Wo du immer so flott und schneidig ausgesehen hast. Könntest du nicht wieder Husar werden, Liebster? Mir zuliebe?«

Wenn Elspeth die roten Lippen schürzte und ein tiefer Seufzer ihren herrlichen Busen hob, galoppierten meine Gedanken unweigerlich bettwärts, und das wußte sie auch ganz genau, das Luder. Aber diesmal kriegte sie mich auf diese Weise nicht herum.

»Ausgeschlossen«, erklärte ich fest. »Für die Elfer nimmt Cardigan mich nicht wieder, das schlag dir aus dem Kopf. Hast du vergessen, daß er mich 1840 rausgeworfen hat?«

»Weil ich ... weil ich eine Kaufmannstochter bin, hat er gesagt. Ich weiß.« Einen Augenblick sah es ganz so aus, als würde sie anfangen zu flennen. »Aber das ist doch jetzt alles anders geworden. Vater –«

» – hat kurz vor seinem Hinscheiden noch einen Adelstitel erworben, so daß du jetzt die Tochter eines Barons bist. Jawohl, das ist mir bekannt, mein Schatz. Aber für Jim den Bären macht das keinen Unterschied. Ich glaube kaum, daß ein gekaufter Adelstitel in seinen Augen sehr viel mehr wert ist als überhaupt kein Rang.«

»Mußt du das so kraß ausdrücken, Harry? Außerdem irrst du dich da bestimmt. In der letzten Saison, als du weg warst, hat er zweimal mit mir getanzt. Auf der Assemblee von Lady Brown und beim Kavallerieball. Ich erinnere mich genau, ich hatte nämlich das Kleid mit den Goldfalbeln an und war *à l'Impératrice* frisiert, und er hat gesagt, daß ich wirklich wie eine Kaiserin aussehe. War das nicht galant? Und im Park grüßt er mich immer sehr freundlich, und wir haben ein paarmal miteinander gesprochen. Er scheint ein sehr liebenswürdiger alter Herr zu sein. Überhaupt nicht barsch, wie es immer heißt.«

»Schau an, schau an«, sagte ich. Was ich da hörte, wollte mir gar nicht gefallen. Ich kannte Cardigan, er war der geilste alte Bock, der je die Reithosen vom Hintern gestreift hat. »Liebenswürdig hin, liebenswürdig her – vor dieser Sorte mußt du dich in acht nehmen, dein Ruf steht auf dem Spiel, und meiner auch. Aber das mag nun sein, wie es will, zurücknehmen wird er mich auf keinen Fall. Im übrigen habe ich ihn auch nicht gerade ins Herz geschlossen. So, und damit dürfte dieses Thema erledigt sein.«

Sie zog ein Schnütchen. »Ihr seid beide ganz schrecklich dumme, eigensinnige Kerle, finde ich. Ach, Harry, merkst du nicht, wie unglücklich mich das macht? Und Klein-Havvy, der Ärmste, wäre auch so stolz, wenn sein Vater in einem der Eliteregimenter wäre und eine prächtige Uniform tragen dürfte. Er wird sehr traurig sein.«

Klein-Havvy, der Ärmste, war unser Sohn und Erbe, ein wilder, quengeliger Fünfjähriger, der im Haus herumlärmte, daß es nicht zum Aushalten war, und einem ständig seinen Federball vor die Füße rollte. Ich war durchaus nicht sicher, ob er wirklich mein Sohn war, denn unter der lieblich-blütenzarten, porzellanfarbenen Fassade meiner Elspeth verbarg sich, wie ich bereits an anderer Stelle ausgeführt habe, ein Vulkan feuriger Leidenschaften, und ich hatte den Verdacht, daß im Laufe unserer vierzehnjährigen Ehe halb London sie auf den Rücken gelegt hatte, wobei zu berücksichtigen ist, daß ich häufig durch Abwesenheit geglänzt hatte. Auf frischer Tat hatte ich sie allerdings nie ertappt – was freilich nicht viel heißen will, denn auch sie hatte mich nie dabei erwischt, und mit den Weibern, die ich gehabt hatte, hätte ich ein Geländer um den ganzen Hydepark ziehen können. Doch behielten wir beide unsere argwöhnischen Gedanken für uns und fuhren nicht schlecht dabei. Ich liebte sie nämlich, und zwar nicht nur ihren Körper, und ich denke mir – ich glaube und ich hoffe –, daß sie mich anbetete, obgleich ich mir da meiner Sache nie so ganz sicher war.

Gleichviel, was die Vaterschaft von Klein-Havvy betrifft – so genannt, weil der Harry Albert Victor hieß und nicht richtig »Harry« sagen konnte (meist hatte er nämlich den Mund voll) – sei es mir gestattet, gewisse Zweifel anzumelden. Mein lieber Freund Speedicut allerdings, ein ungehobelter Klotz, behauptet, die Ähnlichkeit mit mir sei unverkennbar. Als Harry wenige Wochen alt war und Speed ins Kinderzimmer kam, um ihm bei Proviantfassen zuzusehen, habe er so zielstrebig nach den Titten der Amme gegriffen, meint Speed, daß keiner mehr zu fragen brauchte, wessen Sohn er war.

»Klein-Havvy«, sagte ich zu Elspeth, »wird sich angesichts seiner zarten Jugend den Teufel darum scheren, was für eine Uniform sein Papa trägt. Meine derzeitige Arbeit ist von größter Wichtigkeit, mein

Schatz, und du wirst doch nicht von mir verlangen, daß ich mich meiner heiligen Pflicht entziehe. Vielleicht kann ich mich später versetzen lassen –« (das hatte ich nämlich vor, sobald die unmittelbare Gefahr vorüber war), » – und dann kannst du deinen Kavalleristen nach Herzenslust auf Bälle und Gesellschaften und auf die Row schleppen.«

Diese Aussicht tröstete sie wie ein Bonbon, das man einem weinenden Kind in den Mund steckt. Sie war in dieser Beziehung unglaublich oberflächlich. Manchmal kam sie mir eher wie eine wunderhübsche, lebendig gewordene Flachshaarpuppe als ein mit einem funktionierenden Gehirn begabter weiblicher Mensch vor. Aber auf der anderen Seite hatte das auch seine Vorteile.

Um es kurz zu machen – Bindley sprach Lord Paget meinetwegen an, der ließ seine Beziehungen spielen, und wenig später saß ich im Zeugamt. Es war eine vermaledeite Plage, denn wie sich herausstellte, war Mylord einer dieser lästigen Wichtigtuer, die Interesse an den Aufgaben der Ausschüsse haben, in die sie berufen werden – als ob man von einem Lord je etwas anderes erwartet, als daß er das Licht seiner Gegenwart und seines Titels über dem armseligen Haufen leuchten läßt. Er brachte mich doch tatsächlich zum Arbeiten, und ich, der ich kein Ingenieur war und von Kraft und Masse wenig mehr wußte als das, was man braucht, um ins Bett und wieder heraus zu kommen, wurde zur Erprobung von Musketen an die Versuchswerkstätten von Woolwich abgestellt, wo ich mich an Geschützständen herumdrücken mußte, während die Schützen der Königlichen Handfeuerwaffenfabrik auf die »Eunuchen«[2] losballerten. Die Leute dort waren ein recht gewöhnliches Pack, Ingenieure und dergleichen, die offenbar kein anderes Gesprächsthema hatten als die Vorzüge der Minié gegenüber der Long Enfield 0,577, die Pritchard-Kugel und das Aston-Klappvisier. Bekanntlich herrschte gerade ein Riesenwirbel, weil die Armee mit neuen Gewehren ausgerüstet werden sollte, und der Molesworth-Ausschuß war eingesetzt worden, um die Auswahl zu treffen. Mir war alles gleich, von mir aus hätten sie auch Arkebusen nehmen können. Nachdem sie mir in Woolwich einen Monat lang von klemmenden Ladestöcken die Ohren vollgetönt und mir Ölflecken auf die Hosen gespritzt hatten, neigte ich sehr der Einstellung des alten General Scarlett zu, der mir in einer vertraulichen Minute mal gesagt hatte:

»Brave Burschen beim Zeugamt, aber gottverdammich, Pulverjunge bleibt Pulverjunge, stimmt's oder hab ich recht? Mögen sie ihre Kartätschen füllen und sich um ihre Geschütze streiten – aber man verlange nicht von mir, daß ich den Unterschied zwischen einer Flinte Kaliber 0,577 und einem Mörser kenne. Nichts für einen Gentleman, für einen alten Soldaten ebensowenig, stimmt's oder hab ich recht?«

Ich fragte mich ernsthaft, wie lange ich das noch würde aushalten können, und richtete es mir zumindest allmählich so ein, daß ich möglichst wenig Zeit im Dienst und dafür um so mehr in Kreisen der Gesellschaft verbrachte. Elspeths Appetit auf Bälle und Tanzereien, auf die Oper und Assembleen schien mit dreißig eher noch größer geworden zu sein, falls das überhaupt noch möglich war, und wenn ich sie nicht zu der einen oder anderen Lustbarkeit begleitete, trieb ich mich in den Klubs und auf dem Haymarket herum, geriet wieder an Würfel und Punsch und in schlechte Gesellschaft, war untertags um Albert Gate herum und bei Nacht in St. John's Wood zu finden, frequentierte Rennbahnen und Billardsäle, zechte mit Speed und den anderen Kumpanen und setzte die Freudenmädchen in Lohn und Brot. London ist immer ein heißes Pflaster, aber in jenen Tagen war die Atmosphäre gespannt und wurde mit den Wochen immer gespannter. Alles redete nur noch vom Zeitpunkt des Kriegsausbruchs. Denn daß Krieg kommen würde, war mittlerweile klar. Die Presse und die Schreier an den Straßenecken lechzten nach russischem Blut, die Regierung redete endlos und unternahm nichts, der russische Botschafter mußte seine Koffer packen, die Garde marschierte in aller Herrgottsfrühe los, um sich ins Mittelmeer einzuschiffen – Elspeth, voll heuchlerischer Loyalität und snobistischer Neugier, brachte mich in Rage, indem sie um vier aus dem Bett kroch, um sich das Ringelspiel anzusehen, und mir um acht, als sie glücklich wieder zurück war, vorschwärmte, wie wundervoll die Königin bei der Verabschiedung ihrer tapferen Truppen in einem Kleid aus dunkelgrüner Merinowolle ausgesehen habe –, und wenige Tage später betranken sich Palmerstone und Graham im Reform Club sinnlos und erklärten großspurig, sie würden es dem Halunken Nikolaus schon besorgen und ihn notfalls quer durch Sibirien jagen.[3]

Ich hörte mir an, wie der Mob auf dem Piccadilly patriotische Lieder grölte, in denen sich »britische Truppen brav« auf »Tyrann und Sklav« reimte, und tröstete mich damit, daß ich in Woolwich sicher saß und weniger als mein Teil dazu beitragen würde, daß sie die richtigen Flinten zu ihrem löblichen Tun bekamen. Und genauso hätte es kommen können, wenn ich mich nicht eines Abends aufgemacht hätte, um im Haymarket mit Speed Billard zu spielen.

Wenn ich mich recht erinnere, kam es nur deshalb dazu, weil Elspeth an diesem Abend mit einer Schar ihrer Freundinnen ins Theater gehen und sich irgendein Stück eines Franzosen zu Gemüte führen wollte. Es galt damals als patriotisch, zu allem zu laufen, was nur irgendwie einen französischen Anstrich hatte, und da es außerdem hieß, das Stück sei gewagt, konnte ich mich darauf verlassen, daß mein Liebchen es sich nicht entgehen lassen würde, um hinterher die tugendhaft Schockierte spielen zu können.[4] Ob es mein empfindsames Nervenkostüm allerdings erheblich derangiert hätte, wagte ich zu bezweifeln. Und so tat ich mich denn mit Speed zusammen.

Wir spielten ein paar Runden in den Piccadilly Rooms, was entsetzlich öde war, und dann kam ein Bursche namens Cutts daher, ein mir flüchtig bekannter Dragoner, und schlug uns eine Partie Billard für ein Pfund pro hundert Punkte vor. Ich hatte früher mal mit ihm gespielt und gewonnen, also sagten wir ja und zogen los.

Ich bin kein abgefeimter Billardhai, aber auch kein schlechter Spieler, und wenn es nicht gerade um ein rundes Sümmchen geht, ist es mir ziemlich egal, ob ich gewinne oder verliere. Aber von gewissen Großmäulern lasse ich mich einfach nicht gern schlagen, und so einer war Cutts. Man kennt die Sorte – sie rollen ihre Queues auf dem Tisch herum und erzählen den Umstehenden, daß sie lieber gegen Stoff- als gegen Gummibanden spielen und sagen »Na, na!«, wenn man einen Stoß verfehlt, den sie selbst in hundert Jahren nicht geschafft hätten. Was aber die Sache noch schlimmer machte: Ich kam an diesem Abend nicht so recht auf einen grünen Zweig, und Cutts hatte eine Glückssträhne. Er schaffte Jennys in die mittlere Tasche, die Joe Bennet nicht angesehen hätte, verfehlte leichte Treffer und ließ seinen Ball zu einer Karambolage um den ganzen Tisch rollen, und wenn er sich an langen Löchern versuchte, kriegte er fast regelmäßig »a pair of breeches«. Als er jedem von uns einen Fünfer abgenommen hatte, wurde mir die Sache zu bunt.

»Schon genug?« krähte er. »Komm, Flash, sei kein Spielverderber. Von mir aus kann's auch gern was anderes sein, Shellout, eine Kegelpartie, Pyramide, Caroline, Doubles, Go-back – ich mache alles mit.[5] Na, wie ist es? Komm, Speed, trau dich was.«

Und Speed, dieser Esel, machte sich an das nächste Spiel mit ihm, während ich sauertöpfisch herumstand und wartete, bis sie fertig waren. Zufällig fiel mein Blick auf einen der Ecktische, und ich blieb stehen, um mir das Spiel anzusehen, das dort im Gange war.

Es war schiere Räuberei, ein erfahrener Hai, der einen Neuling ausnahm. Das gibt einen Mordsspaß, wenn das Lämmchen merkt, daß es geschoren worden ist, dachte ich und setzte mich erwartungsvoll zurecht. Er war mir schon während des Spiels mit Cutts aufgefallen – ein richtiges Muttersöhnchen mit zartem, blassem Gesicht und weißen Händen, die bestimmt schon öfter beim Tee Tante Jane die Gurkensandwiches gereicht als ein Queue gehalten hatten. Er war bestimmt nicht älter als achtzehn, aber seine Sachen waren vorzüglich geschnitten, wenn auch nicht gerade das, was der feine Mann im Billardsaal zu tragen pflegt. Eher für den Sonntag auf dem Land geeignet, wenn ich mich so ausdrücken darf. Aber er roch nach Geld, soviel war sicher, damit war er für die scharfen Haie natürlich ein gefundenes Fressen.

Sie spielten Pyramide, und der Hai, ein grinsender Tropf mit feuerrotem Backenbart, mästete das Lamm, um es alsbald zur Schlachtbank führen zu können. Ich weiß nicht, ob Sie das Spiel kennen. Es besteht aus fünfzehn Kugeln, die man nacheinander in die Taschen befördern muß, wie beim Billard. Der Einsatz ist gewöhnlich jeweils ein Shilling. Das Lamm hatte acht Kugeln drin, der Hai, der nur drei drin hatte, jammerte über sein Unglück, und der Kleine war mit sich hochzufrieden.

»Nur noch vier Kugeln«, wehklagte der Rotbart. »So ein vermaledeites Pech. Aber ewig kann das ja nicht so weitergehen. Ich will Ihnen was sagen: Auf die letzten vier setze ich jeweils ein Pfund.«

Sie oder ich hätten spätestens jetzt das Queue aus der Hand gelegt und sich empfohlen, ehe er die Kugeln ernstlich rollen ließ, und selbst der kleine Grünschnabel ließ sich die Sache kurz durch den Kopf gehen. Aber dann sah man förmlich, wie er dachte, acht von elfen hab ich drin, da müßte es doch mit dem Teufel zugehen, wenn ich nicht von den restlichen zumindest zwei schaffen würde.

Er stimmte also zu, und ich wartete darauf, daß der Hai seine vier Kugeln mit ebensoviel Stößen in die Taschen befördern würde. Aber er hatte die Börse des Kleinen taxiert und sich offenbar vorgenommen, sie gründlich auszuräumen, und nachdem er die erste Kugel mit einem langen Doppel abgelegt hatte, bei dem der Grünschnabel Mund und Nase aufsperrte, machte der Rotbart bei seinem nächsten Stoß einen Fehler. Nun kommt bei einem Foul eine der abgelegten Kugeln wieder auf den Tisch, so daß es nach wie vor vier waren. Und so ging es weiter, der Rotbart lochte eine Kugel ein, kassierte ein Pfund, machte ein Foul – wobei er natürlich lauthals seine Ungeschicklichkeit verfluchte –, und die Kugel kam zurück ins Spiel. Notfalls konnte er das die ganze Nacht so treiben, und das fassungslose Gesicht des Grünschnabels war sehenswert. Er versuchte verzweifelt, die Kugeln selber abzulegen, aber sie lagen regelmäßig so, daß er einen schwierigen Stoß gegen die Bande spielen mußte, oder aber die Kugel lag in einer schlechten Position. Jedenfalls kam und kam er nicht weiter. Der Rotbart knöpfte ihm fünfzehn Pfund ab, ehe er die letzte Kugel – dreimal über die Bande, der Prahlhans! – einlochte, seine modische Weste abstaubte, sich grinsend bei dem Kleinen bedankte, pfeifend davonging und bei der Bedienung nach Champagner rief.

Der kleine Tölpel blieb wie ein begossener Pudel stehen, den schlaffen Geldbeutel in der Hand. Ich wollte ihn schon mit Hohn und Spott auf den Weg schicken, da kam mir plötzlich eine gute Idee.

»Gerupft, kleiner Mann?« fragte ich. Er fuhr zusammen, betrachtete mich argwöhnisch, steckte seinen Geldbeutel weg und wandte sich zur Tür.

»Nicht so eilig«, sagte ich. »Ich bin kein Schubiak, vor mir brauchst du nicht wegzulaufen. Der hat dir gründlich das Fell über die Ohren gezogen, wie?«

Er blieb stehen und wurde rot. »Stimmt. Aber was geht das Sie an?«

»Eigentlich gar nichts. Ich denke mir nur, daß du auf den Schreck hin vielleicht eine kleine Stärkung gebrauchen könntest.«

»Nein, besten Dank. Ich habe keinen Penny mehr.«

»Kein Wunder. Aber zum Glück bin ich noch ganz gut bei Kasse. Bedienung.«

Der Junge machte ein verblüfftes Gesicht. Am liebsten hätte er sich wohl davongeschlichen, um seinen fünfzehn Pfund nachzuweinen, gleichwohl war er einer mannhaften Tröstung durch einen aufgeräumten Burschen wie mich nicht ausgesprochen abgeneigt. Selbst Tom Hughes hat mir zugestanden, daß ich, wenn ich es darauf anlege, nicht ohne Charme bin, und zwei Minuten später hatte der Kleine ein Brandyglas in der Hand, und wir schwatzten miteinander wie alte Freunde.

Er war Ausländer und auf Bildungsreise hier. An diesem Abend war er seinem Tutor entschlüpft, um die Fleischtöpfe Londons in Augenschein zu nehmen. Ein Billardsaal stellte offenbar für ihn den Gipfel der Versuchung dar, und deshalb war er hier gelandet, war im Nu eingefangen und ausgenommen worden.

»Gleichviel, es wird mir eine Lehre sein«, sagte er in dieser komisch-gravitätischen Art, in der viele Leute sich ausdrücken, wenn sie nicht ihre Muttersprache benützen. »Aber wie soll ich Dr. Winter meinen leeren Geldbeutel erklären? Was wird er von mir denken?«

»Kommt drauf an, wie es um seine Phantasie bestellt ist. Laß dir seinetwegen nur keine grauen Haare wachsen. Er wird so froh sein, wenn du wohlbehalten wieder auftauchst, daß er kaum allzu viele Fragen stellen dürfte.«

»Mag sein«, sagte der Junge nachdenklich. »Er wird um seine Stellung fürchten. Immerhin hat er ja seine Pflichten gröblich verletzt, nicht wahr?«

»Das will ich meinen. Zum Henker mit ihm. Trink, Junge, und der Teufel hole Dr. Winter.«

Wenn Sie mich fragen, warum um alles in der Welt ich für diesen kleinen Dummerjan etwas springen ließ und nett zu ihm war, dann lautet die Antwort: Es geschah einzig und allein aus einer Laune heraus, um Cutts eins auszuwischen. Ich schenkte meinem neuen Freund nach, bis er recht lustig wurde, und dann sagte ich, mit einem Auge den Tisch beobachtend, wo Cutts bei Speed abkassierte:

»Jetzt hör einmal zu, mein Sohn. Es ist gegen den englischen Sportsgeist, wenn du ohne ein bißchen Zaster nach Hause schleichst. Deine fünfzehn Pfund kann ich dir nicht wieder in die Tasche zaubern, aber wenn du tust, was ich dir sage, sorge ich dafür, daß du ein Spiel gewinnst, ehe du diesen Raum verläßt.«

»Nein, nein, für heute habe ich wirklich genug. Außerdem habe ich, wie gesagt, überhaupt kein Geld mehr.«

»Wer redet von Geld? Du möchtest doch gern eine Runde gewinnen, oder?«

»Ja, aber ...« Der Ausdruck des Argwohns war wieder da. Ich schlug ihm auf die Schenkel. Flashy, der gute Kamerad.

»Verlaß dich ganz auf mich. Ich besorge dir einen Partner, einen Kumpan von mir, und den wirst du das Fürchten lehren.«

»Aber ich bin ein miserabler Spieler«, protestierte er. »Wie könnte ich Ihren Freund schlagen?«

»So übel spielst du gar nicht, glaub einem erfahrenen Mann wie mir. Jetzt bleib einen Augenblick sitzen, ich bin gleich wieder da.«

Ich machte mich an einen mir gut bekannten Markör heran. »Ich brauche eine rasierte Kugel, Jo.«

»Wo denken Sie hin, Captain? So was gibt's hier nicht.«

»Schwatz nicht, Jo, ich weiß es besser. Los, Mann, es soll nur ein Spaß sein, es geht nicht um Geld.«

Er zog ein zweifelndes Gesicht, aber dann verschwand er hinter dem Tresen und kam mit einem Satz Billardkugeln zurück. »Aber es bleibt unter uns, ja?« sagte er. »Und machen Sie keinen Unsinn, Cap'n Flashman. Bei Ihrer Ehre.«

»Auf mich kannst du dich verlassen.« Ich ging zu unserem Tisch zurück. »So, du Billardmeister, da bring ich dir was.« Er sah jetzt ganz aufgeräumt aus. Das machte wohl der Brandy, aber überdies verbarg sich wohl unter der Fassade des Muttersöhnchens einiges, was gar nicht so ohne war. Den Schwindel, dem er aufgesessen war, hatte er offenbar schon fast vergessen. Er besah sich die Spieler an den umliegenden Tischen – manche in geblümten Westen, hohen Hüten und gewaltigen Backenbärten, andere in den neuen, farbigen Hemden, die jetzt gerade in Mode kamen, mit wilden Mustern von Totenköpfen, Fröschen und Schlangen. Unser kleiner Grünschnabel nahm das alles begierig in sich auf, lauschte dem Schwatzen und Lachen und beobachtete die Kellner, die sich mit ihren Tabletts durch die Menge schlängelten, und die Marköre, die ihre Ansagen machten. Für einen Provinzheini muß das wohl ein erregender Anblick sein.

Ich ging zu Cutts hinüber, der gerade Speed fix und fertig machte, und als der rosa Ball davonrollte, sagte ich:

»Bei dir gibt's ja wirklich kein Halten mehr, Cutts, alter Junge. Mein Pech, daß ich ausgerechnet heute, wo ich absolut kein Glück habe, erst auf dich treffe und dann noch auf den schrecklichen kleinen Kerl da drüben in der Ecke.«

»Was, bist du schon wieder ausgenommen worden?« Er sah sich um. »Grundgütiger, doch nicht von dem da? Der ist doch noch kaum aus den Kinderschuhen raus.«

»Meinst du? Der setzt dir zwanzig pro Hundert, ohne mit der Wimper zu zucken.«

Bei so was mußte ein aufgeblasener Frosch wie Cutts natürlich anspringen. Prompt kam er, seine Speichellecker im Schlepptau, zu dem Kleinen herüber und bot unter lautem Getue und brüllendem Gelächter unserem Grünschnabel ein Spielchen an.

»Aber nur um die Ehre«, sagte ich – für den Fall, daß Jo, der Markör, ein Auge auf uns hatte. Davon wollte Cutts natürlich nichts wissen. Ein Shilling pro Punkt, darunter machte er's nicht, und ich mußte versprechen, den Kleinen zu finanzieren, der sofort zurückschreckte, als von Geld die Rede war. Er war inzwischen schon recht benebelt, sonst hätte ich ihn wohl kaum am Tisch halten können, denn er war, selbst nachdem er geladen hatte, ein schüchterner kleiner Wicht, und das großtuerische Gehabe und das Geschrei um ihn herum machten ihn nervös.

Ich rollte ihm die Kugel hin, Cutts kreidete mit einer schwungvollen Bewegung seine Queue und zwinkerte seinen Kumpanen zu, und schon ging es los.

Sie haben wahrscheinlich noch nie mit einer rasierten Kugel gespielt – und im Zweifelsfall hätten Sie es bestimmt nicht gemerkt. Es ist ein ganz simpler Trick. Der Billardhai geht mit einer gewöhnlichen Kugel zu einem geschickten Handwerker und läßt auf der einen Seite eine hauchdünne Schicht Elfenbein abschleifen. Manche Stümper nehmen dafür Sandpapier, aber das fällt auf wie eine Hure im Gottesdienst. Wenn das Spiel beginnt, sorgt der Hai dafür, daß sein Gegner die rasierte Kugel bekommt, und dann kann der Spaß beginnen. Der Dummerjan riecht natürlich den Braten nicht, denn eine fachmännisch abgeschliffene Kugel verrät sich nur bei den allerlangsamsten Stößen, dann eiert sei ganz leicht, ehe sie liegenbleibt. Aber natürlich kommt sie auch bei schnellen Stößen eine Spur vom Kurs ab, und bei einem Spiel wie Billard, wo alles auf Präzision ankommt, reicht eine Spur oft schon aus. Jedenfalls reichte sie bei Cutts. Er verfehlte Karambolagen um Haaresbreite, die gegnerischen Kugeln rasselten nur so in die Taschen, und wenn er sich an einer Jenny versuchte, verfehlte er die rote Kugel häufig ganz und gar. Er fluchte und tobte, und ich sagte: »Na so was aber auch, fast hättest du's geschafft!«, und mein Grünschnabel werkelte vor sich hin – er war wirklich ein miserabler Spieler – und sammelte Punkte. Cutts begriff die Welt nicht mehr.Er wußte, daß er gute Stöße machte, und trotzdem wollte ihm nichts gelingen.

Vielleicht, meinte ich hilfsbereit, hätte er sein Auge auf die falsche Kugel geworfen – eine tödliche Vorstellung, wenn sie sich erst einmal bei einem Spieler festgesetzt hat –, und er wurde wie wild, stieß die Kugel aufs Geratewohl durch die Gegend, und unser Kleiner gewann bequem mit dreißig Punkten Vorsprung.

Mein Grünschnabel wurde jetzt richtig kiebig. »Billard ist gar nicht so schwer«, sagte er, und Cutts knirschte mit den Zähnen und begann sein Geld zu zählen. Seine feinen Kumpane zogen ihn natürlich erbarmungslos auf, und genau darauf war ich ja auch aus gewesen.

»Du solltest dir noch was für Billardstunden aufsparen, alter Junge. Komm, Speed, spendier unserem Champion ein Glas.« Als sie zur Bar hinübergezogen waren, grinste ich Cutts an. »Also das hätte ich nie gedacht. Bei einem so prachtvollen Backenbart ...«

»Was hättest du nie gedacht, du Hanswurst?«

Ich klemmte mir die bewußte Kugel zwischen Daumen und Zeigefinger. »Daß du dich so wenig aufs Rasieren verstehst. Könnern wie unserem kleinen Freund bist du eben nicht gewachsen, mein Lieber. Vielleicht verlegst du dich besser auf gemächliche Altdamenspiele.«

Mit einem saftigen Fluch entriß er mir die Kugel, legte sie auf das grüne Tuch und spielte sie an. Er beugte sich vor, als sie zur Ruhe kam, starrte sie mit aus den Höhlen quellenden Augen an, fluchte markerschütternd und warf sie auf den Boden.

»Frisiert, gottverdammich. Hol dich der Geier, Flashman, ihr habt mich begaunert, du und dieser vermaledeite Milchbart. Wo ist die Kröte? Ich werde ihn prügeln und auf die Straße setzen lassen ...«

»Reg dich nicht auf«, sagte ich, während seine Kumpane sich gegenseitig auf die Schulter schlugen und lachten, bis ihnen die Tränen über die Wangen kollerten. »Er hat nichts davon gewußt. Und wer hat hier wen begaunert? Hab ich dir nicht gesagt, du solltest dein Geld steckenlassen? ›Ich mache alles mit, Shellout, eine Kegelpartie, Pyramide ...‹ Nur zu, Cutts. Aber laß die Finger von Poolbillard mit Milchbärten, die aussehen, als ob sie nicht bis drei zählen können.« Und ich ließ ihn völlig vernichtet stehen und machte mich auf die Suche nach Speed.

Sie halten das wahrscheinlich für eine sehr billige Rache, aber ich bin eben ein Mensch mit billigem Charakter, der weiß, wie man Tröpfen wie Cutts eins auswischt. Wie hat Hughes gesagt? Flashman wußte mit untrüglichem Instinkt, welcher Hieb am meisten schmerzte, und verstand es, durch ein schneidendes Wort, einen scharfen Blick Menschen, die über einen Schlag nur gelacht hätten, Tränen in die Augen zu treiben ... So ähnlich. Jedenfalls hatte ich Freund Cutts erfolgreich den Wind aus den Segeln genommen und ihm gründlich den Abend verdorben, was mir ein Hochgenuß war.

Ich gesellte mich zu Speed und unserem Grünschnabel, der unter reichlich Brandyeinwirkung ziemlich redselig geworden war, und wir zogen los. Ich dachte mir, es müsse ein Hauptspaß sein, ihn in eins der Freudenhäuser auf dem Haymarket abzuschleppen und ihn mit einer Nutte zu einem Schubkarrenrennen zu koppeln, denn er war bestimmt noch nie auf einem weiblichen Wesen geritten, und es hätte mir großes Vergnügen bereitet, sie zusammen auf allen vieren dem Ziel zuhoppeln zu sehen. Aber unterwegs erfrischten wir uns mit einem Punsch, und am Ende war der kleine Rotzer so beduselt, daß er nicht mal mehr laufen konnte. Wir griffen ihm unter die Arme, aber er kriegte das heulende Elend, also zogen wir ihm in einem Durchgang an der Regent Street die Hosen aus, schwärzten ihm den Hintern mit Stiefelwichse, die wir unterwegs für einen Penny erstanden hatten, und brüllten: »Polizei, Schutzleute, hierher! Die Geißel der Division wartet nur darauf, ihr Mütchen an euch zu kühlen. Auf ihn mit Gebrüll.« Und als die Bobbys in Sicht kamen, machten wir uns davon und überließen ihnen unseren kleinen Freund, der mit der Nase im Rinnstein lag und den schwarzen Hintern in die Luft streckte.

Ich war sehr mit mir zufrieden, als ich in dieser Nacht heimkam, und wünschte nur, ich hätte dabeisein können, wenn Dr. Winter seinen irregeleiteten Schüler wieder zu Gesicht bekam.

Und was soll ich Ihnen sagen: Mit diesem Streich habe ich mein ganzes Leben umgekrempelt und Indien für die britische Krone gerettet. Das glauben Sie nicht? Warten Sie's nur ab.

Doch die Früchte jener Tat zeigten sich erst ein paar Tage später, und inzwischen geschah etwas, was auch zu diesem Bericht gehört. Ich frischte eine alte Bekanntschaft auf, die in den nächsten Monaten eine beträchtliche Rolle in meinen Angelegenheiten spielen sollte – und auch das hatte seine Folgen. Für ihn, für mich und für die Geschichte.

Ich hatte den Tag damit verbracht, Paget im Generalstab aus dem Weg zu gehen, und weiß noch, daß ich eine Weile mit Oberst Colt, einem amerikanischen Waffenexperten, schwatzte, der gekommen war, um vor dem Auswahlkomitee für Feuerwaffen zu berichten.[6] Leider muß ich sagen, daß ich mich an unser Gespräch nicht mehr erinnern kann, es muß also verteufelt langweilig und technisch gewesen sein. Später fuhr ich in die Stadt, wo ich mich mit Elspeth auf der Row verabredet hatte, um sie zu einer ihrer Mayfair-Ladies zu bringen, wo sie zum Tee eingeladen war.

Sie produzierte sich im Damensattel, in Federhut und maulbeerfarbenem Reitkostüm, und sah zehnmal reizvoller aus als sämtliche anderen weiblichen Wesen weit und breit. Doch als ich näherkam, wäre ich vor Staunen fast aus dem Sattel gekippt, denn sie hatte einen Begleiter, und dieser Begleiter, ob Sie's glauben oder nicht, war Lord Haha, der Earl of Cardigan, persönlich.

Seit ich vor vierzehn Jahren von ihm nach Indien expediert worden war, hatte ich, wenn ich mich recht erinnere, kein Wort mehr mit ihm gewechselt und ihn höchstens mal von ferne gesehen. Und jetzt schnitt der Kerl meiner Frau, die er vorgeblich ihrer niedrigen Herkunft wegen verachtet hatte, die Cour.* Und wie er ihr die Cour schnitt! Wie vertraulich er sich im Sattel zu ihr herüberlehnte und sein gegerbtes altes Säufergesicht an ihre blondgelockte Schönheit heranschob. Und die kleine Schlampe lachte und war hingerissen von seinen Artigkeiten.

Sie sah mich und winkte, und Seine Lordschaft musterte mich in seiner hochnäsig-herablassenden Manier, die ich noch so gut in Erinnerung hatte. Damals hatte ich den Kerl aus tiefster Seele verabscheut, und die Zeit hatte meine Empfindungen nicht abgemildert. Er war der Schweinehund, durch dessen Schuld ich bei den Elfern herausgeflogen war, weil ich (wenn das keine Ironie war!) Elspeth geehelicht hatte, ihm verdankte ich die entsetzlichen Erlebnisse des Afghanistan-Feldzugs. Er mußte inzwischen Mitte fünfzig sein, und man sah es ihm an. Der Backenbart war ergraut, die Quellaugen wässerig, und über den Legionen von Flaschen, denen er den Hals gebrochen hatte, waren ihm die Adern in der stolzen Nase geplatzt. Aber er hielt sich noch immer kerzengerade im Sattel, und seine Stimme klang zwar etwas kurzatmig, hatte aber nichts von ihrem hochnäsig-schleppenden Ton verloren.

»Haha, Flashman, wie ich sehe«, sagte er. Er nuschelte noch immer und sprach nach wie vor das L und das R wie ein W aus. »Wo haben Sie gesteckt, Sir? Haben sich all die Jahre mit dieser bezaubernden Lady verborgen gehalten, wie? Haha. Wie geht's uns immer, Flashman?« Und dann, der Henker hole seine Unverschämtheit, wandte er sich an Elspeth. »Wissen Sie, daß dieser brave Bursche, Ihr Gatte, meine Gnädigste, unmäßig an Gewicht zugelegt hat, seit ich ihn zuletzt gesehen habe? Haha. War immer zu schwer für einen Leichten Dragoner, aber jetzt ... lachhaft geradezu. Sie füttern ihn zu gut, meine Gnädigste.«

Das war natürlich eine faustdicke Lüge und sollte wohl zum Vergleich mit seiner eigenen göttergleichen Figur herausfordern – die manch einer allerdings eher zaundürr genannt hätte. Ich hätte ihm am liebsten einen Tritt in den hochgeborenen Hintern versetzt und ihm deutlich meine Meinung gesagt.

»Guten Tag, Mylord«, sagte ich mit meinem besten Speichelleckerlächeln. »Darf ich mir die Bemerkung erlauben, daß Mylord vorzüglich aussehen? Bei bester Gesundheit, wie ich hoffe?«

* Siehe: Flashman – Im Dienst Ihrer Majestät (UB 21001)

»Danke sehr.« Er wandte sich an Elspeth. »Ja, wie gesagt, beste Jagdmöglichkeiten in Deene. Ausgezeichneter Sport, müssen Sie wissen. Besonders empfehlenswert für junge Damen wie Sie. Müssen mich besuchen kommen. Sie auch, Flashman. Sind recht ordentlich geritten, wenn ich mich recht erinnere. Haha.«

»Die Erinnerung ehrt mich, Mylord.« Ich überlegte, was wohl passieren würde, wenn ich ihm meine Faust zwischen die Augen pflanzte. »Aber ich –«

»Tjaa ...« Lässig wandte er sich wieder Elspeth zu. »Ihr Herr Gemahl hat zweifellos viele Verpflichtungen. Im Zeugamt oder so, wie? Haha. Dann kommen Sie eben allein, schönes Kind, bringen eine Freundin mit und bleiben recht lange, wie? Auch die schönste Blume blüht in frischer Landluft noch besser, nicht wahr? Haha.« Und der alte Schurke scheute sich nicht, sich vorzubeugen und ihr die Hand zu tätscheln.

Und sie, die kleine Gans, machte alles mit. Lächelte ihn strahlend an und faselte davon, wie gütig er doch sei. Dieser alte Satyr, der ihr Vater hätte sein können und dem das Laster in jeder Runzel saß. Gewiß, wenn sich ein Peer und Oberhausmitglied herabläßt, ein snobistisches kleines Luder wie meine Elspeth besteigen zu wollen, kann ja wohl von gängiger Moral keine Rede sein. Doch selbst sie hätte eigentlich erkennen müssen, wie grotesk seine Avancen waren. Aber Weiber sind eben ganz versessen auf so was.

»Wie schön, wenn zwei alte Bekannte wie Sie beide nach so langer Zeit wieder zusammentreffen, nicht wahr, Lord Cardigan? Wirklich, ich habe dich noch nie in Gesellschaft Seiner Lordschaft erlebt, Harry, da müßt ihr euch ja ganz schrecklich lange nicht mehr gesehen haben ...« Typisch für die kleine Kuh, dieses leere Geschwätz. Kann sein, daß sie sogar etwas von Waffenbrüderschaft gesabbelt hat. »Jetzt, nachdem der Kontakt wiederhergestellt ist, müssen Sie uns unbedingt besuchen kommen, Lord Cardigan. Das wäre zu nett, nicht wahr, Harry?«

»Tjaa«, sagte er. »Vielleicht komme ich mal vorbei. »Aber der Blick, den er mir zuwarf, besagte nur zu deutlich, daß er gar nicht daran dachte, einen Fuß über meine elende Schwelle zu setzen. »Aber zunächst, mein schönes Kind, werde ich hierorts nach Ihnen Ausschau halten. Eine Freude, ein weibliches Wesen zu sehen, das so elegant im Sattel sitzt. Und Sie müssen nach Deene kommen, das steht fest. Haha.« Er zog den Hut vor ihr, verbeugte sich aus der Taille, und ich sage es nicht gern, aber ein polnischer Husar hätte es nicht besser machen können.

»Empfehle mich, Mr. Flashman.« Er bedachte mich mit einem andeutungsweisen Nicken, dann trabte er davon, kühl wie eine Hundeschnauze.

»Ist er nicht furchtbar huldreich, Harry? So vornehme Manieren – aber das ist ja gar nicht anders zu erwarten bei einem Mann von so vornehmer Herkunft. Wenn du mit ihm sprechen würdest, Lieber, würde er sich bestimmt bemühen, eine Position für dich zu finden. Er ist so gütig, trotz seines hohen Ranges. Denk dir, er hat mir zugesagt, daß er mir praktisch jede Gunst gewähren würde ... Harry, was ist los? Warum fluchst du nur? Nein, Liebster, bitte, die Leute werden uns hören. Oh ...«

Natürlich war bei Elspeth weder mit Fluchen noch mit Räsonnieren etwas auszurichten. Als ich meinen Zorn auf Cardigan herausgeschrien hatte, versuchte ich ihr vergeblich klarzumachen, wie töricht es war, sich die Avancen eines so berüchtigten Schürzenjägers gefallen zu lassen. Aber sie deutete das als pure Eifersucht meinerseits – wohlgemerkt nicht als sexuelle Eifersucht, sondern als schnöden Neid, weil sie die Stufenleiter gesellschaftlicher Anerkennung emporkletterte und sich von Lord Cardigan die Cour schneiden ließ, während ich in einem armseligen, staubigen Büro schuftete und es nicht ertragen konnte, daß sie sich so weit über mich erhoben hatte. Als sie mich gar darauf aufmerksam machte, daß sie immerhin die Tochter eines Barons sei, knirschte ich mit den Zähnen und warf einen Stiefel durchs Schlafzimmerfenster, woraufhin sie in Tränen ausbrach, sich in eine Besenkammer flüchtete und sich nicht herausrührte, obgleich ich wie von Sinnen an die Tür hämmerte. Sie sei durch meine brutale Art völlig verstört, behauptete sie, und fürchtete um ihr Leben. Erst als ich, den Berserker mimend, die Tür aufgebrochen und sie im Besenschrank bestiegen hatte, war der Friede wiederhergestellt. (Darauf war sie nämlich seit Beginn unseres Krachs scharf gewesen. Tatsächlich waren unsere häuslichen Verhältnisse sonderbar und ziemlich anstrengend, aber im Rückblick auch durchaus ergötzlich. Ich weiß noch, daß sie danach, als ich sie ins Schlafzimmer trug, an meinem Ohrläppchen knabberte, die Arme um meinen Hals gelegt, und beim Anblick der zerbrochenen Scheibe fielen wir vor Lachen beide auf den Boden und küßten uns ab. Jaja, junges Eheglück ... Und darüber vergaß ich Idiot doch glatt ihr zu verbieten, je wieder ein Wort mit Cardigan zu wechseln.)

Doch gab es in den nächsten Tagen anderes, was mich von Elspeths liebenswertem Hohlköpfchen ablenkte. Mein Streich im Billardsaal mit dem jungen Grünschnabel hatte unerwartete Folgen gezeitigt. Kein Geringerer als Lord Raglan bat mich zu sich.

Sie wissen ja Bescheid: Er war der Esel, der die von uns veranstaltete heillose Schweinerei auf der Krim befehligte, und erwarb sich ewigen Ruhm damit, daß er die Leichte Brigade unter die Erde brachte. Er hätte Pfarrer oder Oxfordprofessor oder Kellner werden sollen, denn er war der freundlichste, sanftmütigste alte Knacker, der je auf die Gefühle seiner Mitmenschen Rücksicht genommen hat – und eben das war sein Fehler, daß er ums Verrecken keinem ein böses Wort sagen oder einen Verweis erteilen konnte. Und das war der Mann, der Wellingtons Erbe angetreten hatte. Als ich ihm in seinem Büro gegenübersaß und die lange Nase und das milde alte Gesicht unter dem weißen Wuschelhaar betrachtete, wobei mein Blick unwillkürlich zu dem in die Brust gesteckten leeren rechten Ärmel wanderte, schauderte ich innerlich. Gott sei Lob und Dank, daß ich seinen Feldzug nicht mitzumachen brauche, dachte ich bei mir.

Sie hatten ihn, nachdem er jahrelang im Zeugamt den großen Mann markiert hatte, gerade zum Oberbefehlshaber ernannt, und es wurde generell von ihm erwartet, daß er die für die bevorstehende Auseinandersetzung nötigen Vorbereitungen traf. Sie können sich also vorstellen, daß die Sache, deretwegen er mich hatte kommen lassen, von größter nationaler Dringlichkeit war. Prinz Albert, unser schöner Bertie, der Tugendspiegel, brauchte einen neuen Adjutanten, Beamten im königlichen Haushalt, Speichellecker vom Dienst, und da mußte der frischgebackene Feldherr natürlich alles andere stehen- und liegenlassen, auf daß es damit seine Richtigkeit habe. Aber in diesem Augenblick konnte ich mich nicht damit aufhalten, mich über solche Führungsmißstände aufzuregen. Sie waren nichts Neues in unserer Armee und sind es, wenn ich das richtig sehe, nach wie vor nicht. Fordern Sie einen beliebigen Kommandeur auf, sich zu entscheiden, ob es ihm wichtiger ist, den Nachschub für eine um ihr Leben kämpfende Division zu organisieren oder mit dem Hund des Königs Gassi zu gehen – und ehe man bis drei zählen kann, ist er draußen und ruft: »Bei Fuß, Fido!«

Wie gesagt, zu diesen Überlegungen hatte ich keine Zeit. Mir machte die Vorstellung schwer zu schaffen, daß ich, Hauptmann Harry Flashman, gewesener Husar bei den berühmten Elfern mit den kirschroten Hosen, ohne wesentliche gesellschaftliche Stellung, Mittel oder Einfluß, der großen Ehre teilhaftig werden sollte, die hehre Luft des Hofes zu atmen. Gewiß, ich hatte einen gewissen Ruf als tapferer Soldat, aber was bedeutet das schon, wo es in London von rotbackigen Viscounts mit Hasenscharten und ellenlangem Stammbaum nur so wimmelt?

Meines Wissens hatte ich nicht mal einen Ururgroßpapa, der Bastard eines Herzogs gewesen war.

Raglan pirschte sich, wie das für ihn üblich war, auf Umwegen an sein Thema heran, indem er in einer Personalakte blätterte, die offenbar seine Speichellecker für ihn zusammengestellt hatten.

»Wie ich sehe, sind Sie einunddreißig, Flashman«, sagte er. »Hm, hm. Hätte Sie eigentlich für älter gehalten. Da waren Sie ... warten Sie, in der Tat, da waren Sie ja erst neunzehn, als Sie sich in Kabul die Sporen verdienten. Du liebe Güte. So jung. Und danach haben Sie in Indien gegen die Sikhs gekämpft, waren aber die letzten sechs Jahre mehr oder minder auf Halbsold. In dieser Zeit sind Sie viel gereist, nicht wahr?«

Meist schneller, als mir lieb war, und unter Umständen, über die ich seiner Lordschaft nur ungern Bericht erstattet haben würde. Laut erwiderte ich, daß ich Frankreich, Deutschland, die Vereinigten Staaten, Madagaskar, Westafrika und Ostindien kennengelernt hatte.

»Und wie ich sehe, sind Sie auch ein sprachkundiger Mann. Hervorragende Kenntnisse in Französisch, Deutsch, Hindustani, Persisch und – meiner Seel – Puschtu. Dankadresse des Parlaments 1842, Medaille von der Königin höchstselbst ... ja ... ähem ... wirklich, ganz außergewöhnliche Fertigkeiten. Und vor dem Dienst in der Kompanie waren Sie bei den Elfern. Unter Lord Cardigan. Ah ja. Und jetzt sagen Sie, Flaschman, wie sind Sie zum Zeugamt gekommen?«

Die Frage traf mich nicht unvorbereitet, und ich erzählte ihm mit treuherzigem Augenaufschlag, daß ich meine militärischen Kenntnisse vertiefen wollte, daß ein Stabsoffizier nie genug wissen kann und so weiter und so fort.

»Sehr wahr. Macht Ihnen alle Ehre. Aber wissen Sie, Flashman, ich rate zwar nie einem jungen Mann ab, sich mit sämtlichen Aspekten seines Berufs vertraut zu machen – mein Mentor, der große Duke of Wellington, hat uns das immer wieder besonders ans Herz gelegt –, aber trotzdem, ich weiß nicht recht, ob das Zeugamt wirklich das richtige für sie ist.«

Er machte ein halb durchtriebenes, halb scherzhaftes Gesicht, wie einer, der auf eine Zitrone gebissen hat und dabei zu lächeln versucht. Seine Stimme senkte sich zu einem vertraulichen Flüstern. »Gewiß, sehr verdienstvoll und so weiter, aber dennoch, mein lieber Junge, ist das nicht ein bißchen – also ein bißchen unter der Würde eines Mannes, der auf eine so glänzende Karriere zurückblicken kann? Ich sage nichts gegen das Zeugamt – ich selbst war viele Jahre lang Generalfeldzeugmeister –, aber für einen jungen Kerl mit guten Beziehungen, ausgezeichnetem Ruf ...« Er rümpfte die Nase. »Ist das nicht wie ein Schlachtroß vor einem Bauernkarren? Na? Eben, sag ich doch. Für Fabrikanten und Handlungsgehilfen mag es das Rechte sein, sich mit Flintenläufen und Schlössern und Nieten und ... ja, mit Abmessungen zu beschäftigen und dergleichen, aber dieser mechanische Kram, wissen Sie ...«

Warum mußte der alte Esel unbedingt seine Nase in anderer Leute Angelegenheit stecken? Wohin das führte, war mir nur zu klar – zurück in den aktiven Dienst und damit vor die Mündung einer Muskete in der Türkei. Aber Widerspruch gegenüber einem Oberbefehlshaber? Na hören Sie ...

»Ich halte es für eine überaus glückliche Fügung«, fuhr er fort, »daß erst gestern Seine Königliche Hoheit Prinz Albert –« – das hauchte er ehrfurchtsvoll – »– mir die Aufgabe anvertraute, einen jungen Offizier für einen Posten von beträchtlicher Delikatesse und Signifikanz zu suchen. Er muß natürlich guter Herkunft sein – Ihre Mutter war Lady Alicia Paget, nicht wahr? Ich erinnere mich noch an das große Vergnügen, mit ihr zu tanzen. Wie lange ist das jetzt her? Je nun, nicht weiter wichtig. Es war eine Quadrille, glaube ich. Jedoch ist Herkunft allein in diesem Fall nicht genug. Ich gebe gern zu, daß ich mich sonst in der Garde umgesehen hätte.« Zum Teufel mit dem Kerl, er nahm wirklich kein Blatt vor den Mund. »Der betreffende Offizier muß außerdem nachweislich einfallsreich, unerschrocken und erfahren im Feldlager und auf dem Schlachtfeld sein. Das ist wesentlich. Er muß jung sein, von ausgeglichener Wesensart, gebildet und persönlich – das brauche ich wohl kaum noch zu betonen – ohne Fehl und Tadel.« der Himmel weiß, wieso er da ausgerechnet auf mich verfallen ist, dachte ich, aber er fuhr schon fort: »Und er muß ein Mann von Welt sein.« Er lächelte gütig. »Ich glaube, Ihr Name wäre mir sofort in den Sinn gekommen, hätte nicht Seine Hoheit ihn zuerst erwähnt. Wie es scheint, hat unsere allergnädigste Königin ihn auf Sie aufmerksam gemacht.« Schau an,

Klein-Vicky erinnert sich nach so vielen Jahren noch an meinen Bakkenbart. Ich weiß noch, wie sie mich gerührt anhimmelte, als sie mir 1842 die Medaille umhängte. Darin sind sie alle gleich; ein flotter Hirsch mit breiten Schultern und vielversprechendem Blick ist unwiderstehlich.

»Ich darf Ihnen also jetzt anvertrauen, was diese außerordentlich bedeutsame Aufgabe beinhaltet. Prinz Wilhelm von Celle ist Ihnen kein Begriff? Ganz recht. Er ist einer der europäischen Cousins Ihrer Hoheit, der seit einiger Zeit inkognito hier weilt und sich mit unseren englischen Sitten und Gebräuchen vertraut macht, um sich auf eine Laufbahn in der britischen Armee vorzubereiten. Es ist der Wunsch seiner Familie, daß er uns als Mitglied meines Stabs begleitet, wenn unsere Streitkräfte ausrücken, was bald der Fall sein dürfte. Nun steht er dort zwar gewissermaßen unter meiner persönlichen Obhut, aber es ist dennoch unerläßlich, daß ihn ein dafür besonders geeigneter Offizier unter seine Fittiche nimmt, seine jugendlichen Schritte lenkt, seinen persönlichen Schutz übernimmt, ihn vor Versuchungen schützt, seine militärische Ausbildung fördert und in jeder Beziehung über sein körperliches und geistiges Wohl wacht.« Raglan lächelte. »Der Prinz ist sehr jung und überaus liebenswert. Er braucht die feste und freundschaftliche Hand eines Menschen, der es vermag, Vertrauen und Achtung eines feurigen und noch in der Entwicklung befindlichen Charakters zu gewinnen. Ich zweifle nicht daran, Flashman, daß wir mit vereinten Kräften etwas aus ihm werden machen können, meinen Sie nicht?«

Bei Gott, da bist du an die richtige Adresse gekommen, dachte ich. Flash und Co., Moralinsäure engros, Spezialität Überwachung feuriger und in der Entwicklung befindlicher Charaktere, geistliche Belehrung inklusive, Gebete und Wäsche zwei Shilling extra. Wie zum Teufel waren sie auf mich verfallen? Die Königin, gewiß ... Aber wußte Raglan, was für einen Hecht sie sich da in ihren Karpfenteich gesetzt hatten? Gut, ich war ein Held, aber ich hatte gedacht, daß mein Herumhuren, meine Zechtouren, mein generell lockerer Lebenswandel sich inzwischen herumgesprochen hätten – zum Henker, er mußte davon wissen. Mag sein, daß er meinen diesbezüglichen Ruf sogar für eine Empfehlung hielt, und im Grunde hatte er damit vielleicht gar nicht mal unrecht. Aber der springende Punkt war, daß ich mit meinem schlauen Plan, Kugel und Blei zu meiden wie die Pest, mal wieder Schiffbruch erlitten hatte. Ich war dazu verdonnert, in Cardigans Stab einzutreten und in der wilden Türkei für einen kleinen deutschen

Dummerjan das Kindermädchen zu spielen. So ein vermaledeites Pech kann nur ich haben.

Aber was sollte ich machen – ich saß da, nickte wie eine Marionette und griente töricht.

»Ich denke, wir können uns glücklich schätzen, diese Lösung gefunden zu haben«, fuhr der alte Trottel fort. »Morgen werde ich mit Ihnen zum Buckingham Palace fahren und Sie mit ihrem Schützling bekanntmachen. Ich gratuliere Ihnen, Captain.« Er schüttelte mir mit edlem Lächeln die Hand. »Und ich weiß, daß Sie das in sie gesetzte Vertrauen jetzt ebensowenig enttäuschen werden, wie Sie es in der Vergangenheit enttäuscht haben. Und jetzt«, hörte ich ihn zu seinem Sekretär sagen, während ich mich unter Bücklingen entfernte, »zu diesem verwünschten Krieg. Es ist wohl noch nicht bekannt, ob er schon angefangen hat? Immer diese Ungewißheit ...«

Sie werden sich schon gedacht haben, welche Überraschung mich am nächsten Tag im Buckingham-Palast erwartete. Raglan brachte mich hin, der Tanz mit den Kleiderbürsten, an den ich mich von meinem früheren Besuch mit Wellington erinnerte, wiederholte sich, und wir wurden in ein Arbeitszimmer geführt, wo Prinz Albert uns erwartete. Im Hintergrund standen eine ehrerbietige Person und ein paar der üblichen Hofschranzen in formeller Kleidung und feierlicher Miene – und rechts neben Albert stand mein kleiner Grünschnabel aus dem Billardsaal. Der Anblick traf mich wie eine Kugel ins Bein. Einen Augenblick blieb ich stocksteif stehen und glotzte den Jungen an, und er glotzte zurück, aber dann faßten wir uns, und während ich an Raglans Seite meine tiefe Verbeugung machte, überlegte ich, ob sie indessen die Stiefelwichse schon von seinem Hintern gekratzt hatten.

Und dann ergriff Albert mit seiner schwerfälligen Stimme das Wort. Er war noch immer der frostig-distanzierte, höfliche Musterknabe, dessen Bekanntschaft ich vor zwölf Jahren gemacht hatte, und auch der Backenbart, der aussah, als habe jemand versucht, ihn auszureißen, und sei damit auf halbem Wege stehengeblieben, war unverändert. Er deutete auf ein Tischchen, auf dem ein formloser schwarzer Gegenstand lag.

»Was halten Sie von der neuen Mütze für die Garde, Hauptmann Flashman?« fragte er in seinem grauenhaften Englisch.

Ich kannte das Ding natürlich, die Lustigen Blätter hatten das Thema weidlich ausgeschlachtet und sich über Seine Königliche Hoheit, den Erfinder besagter Kopfbedeckung, amüsiert. Er pflegte die

Truppen immer mit solchen seinem eigenen Hirn entsprungenen Scheußlichkeiten zu beglücken, und der Generalstab mußte ihm dann so taktvoll wie möglich nahebringen, daß es nicht so ganz das war, was benötigt wurde. Ich besah mir seine neueste Kreation, ein abscheuliches Käppi mit langen Ohrenklappen,[7] und sagte, sie sei sicher enorm praktisch und müsse auch sehr flott ausehen. Vortrefflich, ausgezeichnet, könnte gar nicht besser sein, frage mich, weshalb darauf noch niemand gekommen ist ...

Er nickte selbstgefällig. »Wie ich höre, waren Sie in Rugby, Hauptmann Flashman? Aber warten Sie – Hauptmann? Nein, das ist wohl kaum angemessen. Wie wäre es mit Oberst?« Er sah Raglan an, der sich beeilte zu versichern, daran habe er auch schon gedacht. Na schön, überlegte ich bei mir, wenn das so läuft mit den Beförderungen, soll es mir nur recht sein.

»In Rugby«, wiederholte Albert. »Das ist eine berühmte englische Schule, Willy«, sagte er zu dem Grünschnabel. »Eine Schule, in der aus Knaben, wie du einer bist, Männer wie Oberst Flashman gemacht werden.« Für mich war besagte Institution eine Mischung aus Gefängnis und Arbeitshaus gewesen. Aber ich stand da und machte ein Gesicht wie einer, der jeden Tag sein Morgengebet in einem Zuber mit kaltem Wasser verrichtet.

»Oberst Flashman ist in England ein berühmter Soldat, Willy. So jung er ist, hat er sich wegen seiner Tapferkeit in Indien schon mit Ruhm bedeckt. Du verstehst, was ich damit sagen will? Er wird dein Freund und Lehrer sein, Willy. Höre auf alles, was er sagt, und gehorche ihm pünktlich und mit Freuden, wie sich das für einen Soldaten gehört. Gehorsam ist die erste Tugend der Armee. Du verstehst mich, Willy?«

Der Junge warf mir einen unsicheren Blick zu und machte zum erstenmal den Mund auf. »Ja, Onkel Albert.«

»Nun denn. Du magst Oberst Flashman die Hand geben.«

Der Junge machte zögernd ein paar Schritte auf mich zu und streckte mir die Hand hin. »Wie geht es Ihnen?« sagte er, und man hörte, daß er diese Redensart erst kürzlich gelernt hatte.

»Du redest Oberst Flashman mit Sir an, Willy«, verlangte Albert. »Er ist dein Vorgesetzter.«

Das Prinzlein wurde rot, und ich weiß heute noch nicht, wie ich den Mut aufbrachte, mich bei einem so steifleinernen Tropf wie Albert so weit vorzuwagen, aber es war mir wichtig, mich bei dem Jungen ins rechte Licht zu setzen – Freunde königlichen Geblütes kann man nie genug haben –, und ich entschloß mich zu einer typischen Geste à la Flashy.

»Wenn Euer Hoheit gestatten – ich denke, wir lassen es bei ›Harry‹, wenn wir außer Dienst sind. Guten Tag, mein Junge.«

Mein Grünschnabel guckte ein bißchen verdattert, dann lächelte er, die Hofschranzen zogen empörte Gesichter, Albert verlor einen Augenblick sichtlich die Contenance, aber dann lächelte auch er, und Raglan brummelte beifällig.

»Nun hast du also einen englischen Kameraden, Willy«, sagte Albert. »Und du wirst sehen, einen besseren findest du nicht. Und jetzt geh mit ›Harry‹ –« Er lächelte süßlich, und die Hofschranzen schnurrten servil. »Er wird dich in deine Pflichten einweisen.«

Ich habe ein Großteil meiner vergeudeten Karriere bei Hofe zugebracht und muß sagen, daß ich alles in allem nicht viel für gekrönte Häupter übrig habe. Die Leute selbst mögen noch einigermaßen harmlos sein, schlimm aber ist das Geschmeiß von Futterkrippenpolitikern und Schmarotzern, das sich um sie schart, und nach meiner Erfahrung ist die Gefahr, in die Schußlinie zu geraten, um so größer, je näher man dem Thron kommt. Ich habe selber schon mal den Prinzgemahl gespielt und hatte prompt Meuchelmörder aus halb Europa auf dem Hals*. In meinen bescheidenen Funktionen – als Stabschef eines Weißen Rajah, Militärberater und Deckhengst der schwarzen Teufelin Ranavalona und Sonderbotschafter am Hof des Königs Gezo von Dahomey hatte ich meist das Glück, mit einem blauen Auge davonzukommen. Und meine gelegentlichen Einsätze am Hof von St. James bildeten da keine Ausnahme, bis auf die Kindermädchenstelle bei Klein Willy, die mich doch recht mitgenommen hat.

Dabei war der Junge eigentlich recht sympathisch und mochte mich auf Anhieb.

»Du bist ein Pfundskerl«, sagte er, sobald wir unter uns waren. »Sagt man nicht so? Als ich dich heute sah, habe ich gedacht, du würdest das von dem Billardsalon erzählen, und dann wäre ich in Ungnade gefallen. Aber du hast nichts gesagt; das war wahrhaft freundschaftlich gehandelt.«

* Siehe: Flashman – Prinz von Dänemark (UB 21003)

»Was ich nicht weiß, macht mich nicht heiß«, sagte ich. »Aber wo bist du eigentlich in jener Nacht abgeblieben? Ich hätte dich wohlbehalten nach Hause gebracht. Wir hatten schon Angst, es könnte dir etwas zugestoßen sein.«

»Wie es gekommen ist, weiß ich auch nicht. Ich erinnere mich nur noch, daß mich an einer dunklen Ecke ein Haufen Strolche überfallen hat. Sie ... sie haben mir einen Teil meiner Sachen weggenommen.« Er wurde dunkelrot und fuhr erregt fort: »Ich habe mich heftig gewehrt, aber sie waren mir über. Und dann kam die Polizei, und Dr. Winter mußte geholt werden, und es gab ein fürchterliches Theater. Aber du hattest recht. Er hat um seine Stellung gezittert, und deshalb hat er mich nicht bei Seiner Hoheit verpetzt. Aber daß ich einen eigenen Wachhund bekomme, war, glaube ich, sein Vorschlag.« Er lächelte schüchtern. »Was für ein Glück, daß sie gerade auf dich verfallen sind.«

Ob das ein Glück ist, wird sich erst noch herausstellen, dachte ich. Wenn es ernst wird, werden wir Soldat spielen müssen. Aber dann fiel mir ein, daß sie wohl ihren kostbaren Willy nicht unbedingt in die vorderste Linie bringen würden, was bedeutete, daß auch sein Bärenführer nicht allzuviel Angst um seinen Kopf zu haben brauchte.

»Ich finde, dein Dr. Winter hat gar nicht so unrecht«, sagte ich. »Du brauchst wirklich mehr als einen Aufpasser; wenn man dich nämlich frei herumlaufen läßt, bist du deines Lebens nicht sicher. Jetzt hör zu. Ich bin ein Bursche, mit dem sich auskommen läßt, da kannst du fragen, wen du willst, aber auf der Nase lasse ich mir nicht herumtanzen, ist das klar? Wenn du tust, was ich sage, werden wir zwei beide vortrefflich miteinander auskommen und viel Spaß zusammen haben. Aber wenn du auf eigene Faust auf und davon gehst, dürfte es dir schlecht bekommen, dann wirst du nämlich merken, daß ich nicht dein Dr. Winter bin. Klar?«

»Klar, Sir ... Harry«, sagte er prompt und machte ein lammfrommes Gesicht, aber ich hätte schwören mögen, daß er dabei ein Glitzern in den Augen hatte.

Wir ließen es gleich richtig angehen, mit einer sehr erfreulichen Runde bei Schneidern und Büchsenschmieden, Stiefelmachern und was dergleichen mehr ist, denn der Junge besaß nicht das mindeste von dem, was ein Soldat so braucht, und ich ließ es mein Anliegen sein, ihn – und mich – standesgemäß herauszustaffieren. Es war ein ungewohnter Luxus, in den vornehmsten Geschäften mit krummen Rücken empfangen zu werden und die Rechnungen an Ihre Majestät schicken zu lassen, und Sie können sich vorstellen, daß ich kräftig meinen Nutzen daraus zog. Auf meine taktvolle Anregung hin ließ Raglan veröffentlichen, daß wir den 17. Lancers zugeteilt worden waren, vielleicht nicht gerade eins der glänzendsten Regimenter, aber ich wußte, daß Cardigan mit den ältlichen Zähnen knirschen würde, wenn er es erfuhr, und ich war in meiner Indienzeit selber Lancer gewesen. Zudem war die Uniform nach meiner bescheidenen Ansicht der flotteste Wichs der gesamten Leichten Kavallerie, ganz in Blau und Gold, je dunkler, desto besser, wenn man die Figur danach hat, was bei mir zum Glück der Fall war.

Klein Willy jedenfalls klatschte vor Vergnügen in die Hände, als er sich in vollem Staat sah, und bestellte gleich noch vier Uniformen – niemand wirft so mit vollen Händen das Geld zum Fenster heraus wie Königskinder auf Reisen. Dann galt es, ihm ein Pferd und Waffen zu beschaffen, er brauchte Zivilkleidung und Diener und eine anständige Ausrüstung fürs Feldlager. Darauf allein verwandte ich einen ganzen Tag. Wenn wir schon in den Krieg ziehen mußten, gedachte ich uns dabei jeden nur erdenklichen Luxus zu gönnen – Wein vom Feinsten, Zigarren zu zehn Guineas das Pfund, Eingemachtes vom Besten, zartestes Leinen, die vortrefflichsten geistigen Getränke in Gallonengebinden und was man sonst noch zu einem zünftigen Krieg braucht. Zuletzt ließ ich noch eine Blechkiste mit Zwieback heranschaffen, und Willy wollte sich ausschütten vor Lachen.

»Das ist ja Schiffszwieback. Wozu soll denn der gut sein?«

»Eiserne Reserve, du Grünschnabel. Wenn wir sie mitnehmen, können wir ziemlich sicher sein, daß wir sie nicht brauchen. Lassen wir sie zu Hause, kann es passieren, daß wir am Ende unseren Hunger und Durst mit blutigem Schnee und dem Fleisch toter Maultiere stillen müssen.« Ungelogen – solche Situationen habe ich schon erlebt.

»Wie aufregend«, freute er sich. »Ich kann's kaum erwarten, daß es losgeht.«

»Geb's, daß du nicht irgendwann einmal danach lechzt, schnell wieder heimzukommen«, sagte ich und nickte zu den angehäuften Köstlichkeiten hinüber. »Damit vermögen wir uns Aufregungen genug zu verschaffen, auf alle anderen kann ich gern verzichten.«

Worauf mein Willy ein langes Gesicht machte, so daß ich ihn mit etlichen Geschichten über meine Heldentaten in Afghanistan und anderswo delektierte, um ihm zu zeigen, daß ein umsichtig planender

Soldat nicht unbedingt ein Feigling sein muß. Dann schleifte ich ihn durch die Klubs, zum Generalstab, in den Park, machte ihn mit Hinz und Kunz bekannt, sofern ich der Meinung war, die Herrschaften könnten uns irgendwann einmal nützlich sein, und als sich erst einmal herumgesprochen hatte, wer er war, konnte ich mich über einen Mangel an lieben Freunden und Kriechern bei Gott nicht mehr beklagen. Seit meiner Rückkehr aus Afghanistan hatte man sich nicht derart um mich gerissen.

Sie können sich Elspeths Entzücken vorstellen, als ich ihr kundtat, Prinz Albert habe mich rufen lassen und mir eine Hoheit an den Hals gehängt. Sie stieß einen spitzen Freudenschrei aus und konnte sich dann nicht lassen vor Aufregung, weil wir doch Empfänge und Sorees für unser Prinzlein geben müßten, und Hollands müßten neue Vorhänge und Teppiche liefern, und zusätzliche Dienstboten müßten her, und wen sollte sie einladen, und sie brauchte unbedingt eine neue Garderobe – »denn jetzt sind aller Augen auf uns gerichtet, Harry, und wenn ich ausgehe, werde ich in aller Munde sein, und alle werden Besuch machen wollen ... ach, es wird famos werden ... und wir werden ständig Einladungen geben müssen ...«

»Fasse dich, liebster Schatz«, sagte ich. »Wir werden nicht einladen, wir werden eingeladen werden. Kauf dir in Gottes Namen ein paar neue Fähnchen, wenn du sie noch unterbringen kannst, ich habe nichts dagegen, und dann warte ruhig ab, bis die Visitenkarten durch den Briefschlitz flattern.«

Und so kam es dann auch. Sämtliche Gastgeberinnen der Hauptstadt lagen plötzlich Mrs. Flashman zu den hübschen Füßen, und sie frohlockte natürlich. Das eine muß man ihr lassen – Bosheit war ihrem Wesen fremd, und wenn sie sich auch eine verteufelt herablassende Attitüde zulegte, so schnitt sie doch niemanden. Vielleicht begriff sie – wie ich –, daß sich das auf lange Sicht nicht auszahlt. Ich selbst gab mich damals recht leutselig und tat, als sei ich taub für die spitzen Bemerkungen, die hier und da fielen, etwa, wie kurios es doch sei, daß Ihre Majestät zur Betreuung ihres jungen Vetters nicht einen aus dem Rothosenregiment ausgewählt hatte, nicht einmal einen Gardisten, sondern einen ganz gewöhnlichen Mister ... Und wer zum Teufel waren die Flashmans überhaupt?

Aber dafür stand die Presse hinter mir. Die *Times* äußerte Genugtuung darüber, daß »ein Soldat und nicht ein Höfling mit der verantwortungsvollen Aufgabe betraut wurde, den jungen Prinz in der Kunst des

Mars zu unterweisen. Sollte es zum Krieg kommen – was mit Sicherheit anzunehmen ist, wenn der imperialistische Despotismus und die Unverschämtheit Rußlands unsere Geduld noch weiter auf die Probe stellen –, so fragen wir: Könnte man sich einen besseren Beschützer und Mentor Seiner Hoheit wünschen als den Hektor von Afghanistan? Doch sicher nicht.« (Aber sicher doch, dachte ich bei mir und wünschte von Herzen, sie hätten einen anderen gefunden.)

Selbst *Punch*, der sonst nicht viel mit dem Buckingham-Palast im Sinn hatte und die umfangreiche ausländische Sippschaft der Queen haßte wie die Pest, brachte eine Karikatur, auf der ich mit strenger Miene den unter einem Wegweiser stehenden Willy betrachte. Auf einem der Balken stand »Hydepark«, auf dem anderen »Ehre und Pflicht«. Die Unterschrift lautete: »Wie ist's, mein Junge, willst du ein Flaneur werden oder Soldat? Beides ist ausgeschlossen, wenn du an meiner Seite marschieren willst.« Natürlich war das Wasser auf meine Mühlen, wenn auch Elspeth fand, daß sie mich nicht hübsch genug dargestellt hatten.

Mittlerweile war für Klein Willy dieser ganze Wirbel bereits so alltäglich geworden wie für den Schotten der Whisky. Nachdem er die erste Schüchternheit überwunden hatte, entpuppte er sich als ein kekkes Kerlchen, schnell von Begriff, gefällig und gut zu leiden. Plumpen Vertraulichkeiten gegenüber konnte er durchaus den Blaublütigen herauskehren, aber wenn er es darauf anlegte, konnte er auch ein richtiger kleiner Charmeur sein – wie bei Elspeth, als ich ihn zum Tee mit heimbrachte. Nun ist der Mann, der bei Elspeth nicht den Wunsch verspürt, seinen Charme spielen zu lassen, entweder ein Narr oder ein Eunuch, und Klein Willy war, wie ich an unserem zweiten gemeinsam verbrachten Tag Gelegenheit hatte festzustellen, weder das eine noch das andere. Wir schlenderten, nachdem wir ein Paar gestreifte Hosen erstanden hatten, an denen ihm recht sehr gelegen war, den Haymarket herunter. Es war später Nachmittag, und die Huren begannen bereits mit ihrer Parade. Klein Willy starrte zwei geschminkte Prinzessinnen an, die in all ihrem Putz an uns vorbeischlenkerten und Blicke warfen, und dann flüsterte er mir ehrfurchtsvoll zu:

»Du, Harry, sag mal ... diese Frauen ... sind das ...«

»Huren«, sagte ich. »Die brauchen dich nicht zu kümmern. Morgen müssen wir dann noch zur Artilleriemesse und uns ansehen, wie die Kanonen aufgeprotzt werden, und –«

»Du, Harry, ich will eine Hure«, sagte Klein Willy.

»Wie? Was? Du bist wohl nicht gescheit.« Ich wollte meinen Ohren nicht trauen.

»Ich will aber!« Und verdammt, dieser wohlerzogene kleine christliche Prinz glotzte den Hürchen nach wie ein Satyr. »Ich hab noch nie eine Hure gehabt.«

»Das will ich auch schwer hoffen«, sagte ich entsetzt. »Aber das kommt überhaupt nicht in Frage, schlag dir das aus dem Kopf. Solche Geilheit leide ich nicht. Ich muß mich doch sehr über dich wundern. Was würde – na, was würde Ihre Majestät sagen, wenn sie dich so reden hörte? Oder Dr. Winter?«

»Ich will eine Hure«, beharrte er ganz kiebig. »Ich ... ich weiß, daß es sich nicht gehört, aber das ist mir egal. Du machst dir keine Vorstellung, wie das ist. Von klein auf hab ich mit Mädchen nicht mal reden dürfen, zu Hause haben sie mich mit meinen Cousinen keine Pfänderspiele machen lassen und gar nichts. Zur Tanzstunde durfte ich nicht, das hätte mich zu sehr aufgeregt, hieß es. Dr. Winter predigt ständig gegen schmutzige Gedanken, wie er das nennt, und redet von den gräßlichen Strafen, die den Unzüchtigen nach seinem Tod erwarten, und wirft mir vor, daß ich fleischliche Gelüste habe. Alter Esel. Klar hab ich die. Ich weiß, daß es Sünde ist, Harry, aber ...« Ein träumerischer Ausdruck trat auf das reine, keusche Antlitz dieses erstaunlichen Knaben. »... aber ich will das nun mal. Ich will eine Hure mit langem, blondem Haar und riesengroßen runden –«

»Augenblicklich hältst du den Mund. Wie kommst du mir denn vor?«

»Und sie muß lange schwarze Satinstiefel anhaben, bis zum Oberschenkel geknöpft.« Er leckte sich die Lippen.

Ich bin nicht so leicht aus der Fassung zu bringen, aber was zuviel ist, ist zuviel. Daß in der Jugend verborgene Feuer glimmen, ist mir bekannt, aber mein Prinzlein brannte lichterloh. Ich versuchte, ihm die Sache auszureden und ihn wieder zur Vernunft zu bringen, denn bei dem Gedanken, er könne die Runde durch die Londoner Freudenhäuser machen und mit einem Tripper nach Buckingham Palace zurückkommen, oder er könne sich von irgendeiner Harpie erpressen lassen, stockte mir das Blut in den Adern. Aber was ich auch sagte – es war in den Wind gesprochen.

»Wenn du nicht mitmachst«, erklärte er entschieden, »such ich mir selber eine.«

Und davon war er nicht abzubringen. Schließlich gab ich nach und sorgte dafür, daß die Sache glatt und ohne viel Aufhebens über die Bühne ging. Ich brachte ihn in ein teures Etablissement in St. John's Wood, verdonnerte die Madam dazu, den Mund zu halten, und nannte die Forderungen des geilen Fürstensöhnchens. Wir waren gut bedient bei ihr, das muß man ihr lassen. Willy lieferte sie eine dralle blonde Dirne, komplett mit Satinstiefeln, bei deren Anblick er anfing zu stöhnen und zu fiepen wie ein Vorstehhund. Noch ehe sich die Tür ganz geschlossen hatte, hatte er sie schon bestiegen. Natürlich machte er alles falsch, zappelte herum wie ein Wiesel im Sack und kam nicht zum Zuge. Mich kam so etwas wie Rührung an, als ich ihm zusah, er erinnerte mich an meine eigene feurige Jugend, als jede Paarung damit angefangen hatte, daß ich einen wilden Tanz durchs Zimmer aufführte und nur mit größter Mühe die an den Knöcheln verhedderten Hosen von den Füßen bekam.

Ich hatte eine leidenschaftliche, dunkle kleine Zigeunerin auf meiner Chaiselongue, und wir waren fertig und tranken uns mit geeistem Rotwein zu, als Willy und seine Königin der Nacht noch kaum ernstlich zur Sache gekommen waren. Aber sie war ein erfahrenes Frauenzimmer und brachte ihn schließlich so weit, daß er losgaloppierte wie ein Erzbischof auf Urlaub, und hinterher setzten wir uns zu einem vergnügten Mahl mit Lachs und kaltem Curry zusammen. Aber noch vor dem Eis juckte es Willy, noch einmal bei seiner Primadonna zu landen – wo diese jungen Burschen den Saft hernehmen, ist mir ein Rätsel. Für mich war es noch zu früh; während er heftig pumpte, taten die Zigeunerin und ich etwas für unsere Bildung, indem wir durch ein Guckloch im Nebenzimmer sahen, wo sich zwei ältere Fahrensleute mit drei chinesischen Flittchen verlustierten. Sie waren noch schlimmer als Willy; es muß wohl an den langen Seereisen liegen.

Als wir uns endlich von den beiden losrissen, war Willy so hergenommen, daß er aufpassen mußte, nicht vom ersten besten Windstoß umgepustet zu werden, aber er freute sich wie ein Schneekönig über das, was er zuwege gebracht hatte.

»Du bist eine schöne Hure«, sagte er zu der Blonden. »Ich bin sehr zufrieden mit dir und werde dich oft besuchen.« Das tat er auch und muß ein Vermögen für sie ausgegeben haben, aber es traf ja keinen Armen. Da er ein junger und noch in der Entwicklung befindlicher Mensch war, wie Raglan es ausgedrückt haben würde, probierte er von den anderen Dämchen des Etablissements so viele aus, wie er nur schaffte, aber am liebsten war ihm doch immer wieder die Blonde. Er schnitt ihr richtig die Cour. Armer Willy.

So schritt seine militärische Ausbildung zügig voran, und Raglan machte mir Vorwürfe, weil ich ihn so hart herannahm. »Seine Hoheit sieht blaß aus«, sagte er. »Ich fürchte, Sie überanstrengen ihn, Flashman. Er braucht ab und zu auch mal eine Verschnaufpause.« Ich hätte ihm sagen können, daß Klein-Willy einen Keuschheitsgürtel gebraucht hätte, dessen Schlüssel man in der Serpentine hätte versenken müssen, aber ich nickte weise und bemerkte, es hielte manchmal schwer, einen jungen Menschen zurückzuhalten, der nach Belehrung und Erfahrung lechzte. Aber auch bei der Stabsarbeit und dem militärischen Reglement konnte ich mit Willy zufrieden sein. Meine einzige Sorge war, daß er sich am Ende zu nützlich machte und an die vorderste Front geschickt werden könnte, wenn es gen Osten ging.

Denn daß es in Kürze losgehen würde, daran zweifelte jetzt niemand mehr. Ende März wurde endlich der Krieg erklärt, und von Shetland bis Land's Ende krähte der Mob vor Vergnügen. Wenn man die Menge so hörte, konnte man denken, wir hätten jederzeit in Moskau einmarschieren können, die Franzmänner mit unseren Tornistern neben uns und die feigen Russen vor Britannias blitzendem Aug' das Hasenpanier ergreifend. Ich sage nicht, daß die britische und die französische Armee gemeinsam es nicht hätten schaffen können, vorausgesetzt, sie hätten einen Wellington gehabt. Sie hatten – im Gegensatz zu den Russen – eine solide Basis. Und noch etwas kommt hinzu, was Militärhistoriker einfach nicht begreifen wollen. Sie nennen die Krim eine Katastrophe – was stimmt –, und eine gräßliche Schlamperei, was Leute und Ausrüstung betrifft, liegt zwischen grauenhaftem Fiasko und strahlendem Triumph manchmal nicht mehr als die Breite einer Säbelklinge, nur will davon, wenn alles vorbei ist, keiner mehr etwas wissen. Ein glorreicher Sieg – und vergessen sind bei all den Schlauköpfen und Besserwissern die klapprigen Sanitätswagen, die ewig und drei Tage auf sich warten ließen, der schimmelnde Proviant und die kneifenden Stiefel und die Generäle, die man besser als Kesselflicker von Tür zu Tür geschickt hätte. Eine Niederlage – und sie reden von nichts anderem.

Doch ich will zugeben, daß ich das Schlimmste kommen sah, noch ehe wir richtig losgelegt hatten. Noch am Tag der Kriegserklärung meldeten wir uns bei Raglan im Generalstab zur Stelle, und ich kam mir vor wie damals in Kabul: Enorme Betriebsamkeit, endloses Geschwätz und nicht die Spur einer klaren, entschiedenen Linie. Der alte Elphy Bey hatte dagesessen, an seinen Nägeln herumgepolkt und genölt: »Ja, wir werden sorgfältig überlegen müssen, was opportun ist!«, während die Leute seines Stabes vor Ungeduld und Galle platzten. Der Keim dieser Entwicklung war auch hier zu erkennen. Alle möglichen Leute wimmelten in Raglans Vorzimmer herum, Lucan war da, Hardings, der alte Scarlett, Anderson vom Zeugamt, Stabsoffiziere und Ordonnanzen rannten herum, salutierten und machten sich wichtig, die Papierberge auf den Tischen wuchsen zusehends, Landkarten wurden konsultiert (»Wo zum Henker ist die Türkei?« fragte jemand. »Was meint ihr, ob sie da viel Regen haben?«), aber im Allerheiligsten herrschten eitel Friede und Sonnenschein. Raglan sprach von Halsbinden, wenn ich mich recht erinnere, und wie wichtig es sei, daß sie unter dem Kinn gut schlössen.

Uns aber hielten sie im nächsten Monat, ehe unser dickbäuchiger und dickschädeliger Oberbefehlshaber sich endlich auf den Kriegsschauplatz begab, recht brav in Trab. Willy und ich gehörten nicht zu seiner Vorausabteilung, was mich freute, denn es gibt keine größere Plage, als neues Terrain zu erkunden. Tagsüber drückten wir uns beim Stab herum, und abends war Willy eifrig damit beschäftigt, die Fahne hochzuhalten, oder er nahm an gesellschaftlichen Veranstaltungen teil, die damals in London gar nicht mehr abrissen. Es ist immer dasselbe, ehe die Schießerei beginnt: Die Gastgeberinnen verfallen in verzweifelte Fröhlichkeit, sämtliche Schmarotzer und Zivilisten kriechen aus den Ritzen, weil sie ja Gott sei Dank nicht auszurücken brauchen, die jungen Lackaffen und grünen Bürschchen bramarbasieren auf Teufel komm raus, ihre Bräute lassen sich von ihnen besteigen, daß es eine Art hat, weil die armen Jungen ja doch bald Kanonenfutter sind, und der Tanz geht weiter, und die Augen werden blanker, und die älteren Männer in ihren Galauniformen sehen müde aus und trinken langsam ihren Punsch vor dem Feuer und sind ziemlich schweigsam.

Elspeth war natürlich in ihrem Element, sie tanzte die Nächte durch, sie lachte mit den jungen Kerls und flirtete mit den alten. Cardigan scharwenzelte immer noch um sie herum, und wenn mich nicht alles täuschte, ermutigte die kleine Schlampe ihn noch. Er hatte es so eingerichtet, daß sie ihm die Leichte Kavalleriebrigade gegeben hatten, woraufhin ein lautes Stöhnen durch alle Husaren- und Lancerregimenter gegangen war, und benahm sich kiebiger denn je. Wohin man auch kam, schlug einem sein typisches Nuscheln und sein bellendes Haha an die Ohren, und er brüstete sich damit, daß er und seine geliebten Rothosen der Eliteverband der Armee wären.

»Nominell haben sie wohl Lucan die Kavallerie übergeben«, hörte ich ihn auf einer Gesellschaft zu einem Kreis seiner Kumpane sagen. »Na ja, irgendwas mußten sie wohl für ihn finden, und mit Remonten mag er sich auskennen, haha. Hoffentlich ist er für den armen Raglan kein zu großer Klotz am Bein.«

Lucan war sein Schwager, und die beiden konnten sich nicht ausstehen, was kein Wunder war, denn sie waren beide abscheuliche alte Kerls, besonders Cardigan. Aber alles ging doch nicht nach der Nase Seiner hochmögenden Lordschaft, denn die Presse, die ihn nicht mochte, brachte den alten Tort von den engen Hosen seines Regiments wieder aufs Tapet, und Punch widmete ihm ein Gedicht mit dem Titel »Hosen so rot, Hosen so fein«, das ihn fuchsteufelswild machte. Es war im Grunde alles Humbug, die Hosen waren nicht enger als andere – ich habe sie lange genug getragen, weiß also, wovon ich rede, aber es tat wohl, Jim den Bären wieder mal zappeln zu sehen.

Es muß ein Abend Anfang Mai gewesen sein, als Elspeth zu einer großen Gesellschaft in Mayfair eingeladen wurde, um die erste Feindberührung zu feiern, die eine Woche zuvor gemeldet worden war. Unsere Schiffe hatten Odessa bombardiert und in der halben Stadt die Fensterscheiben eingeschlagen, was für die feine Welt natürlich ein Anlaß war, sich lärmend und schreiend des großen Sieges zu freuen[8]. Ich glaube, Elspeth sah nie hinreißender aus als an jenem Abend, in einem Kleid aus glänzendem weißen Satin, ohne jeden Schmuck, nur mit Blumen, die in das blonde Haar geflochten waren. Ich hätte sie gern noch einmal beklettert, ehe sie sich auf den Weg machte, aber sie machte ein großes Getue darum, Klein-Harry zu Bett zu bringen – als ob das Kindermädchen das nicht zehnmal besser gekonnt hätte – und hatte zudem eine Heidenangst um ihren Festputz. Ich liebkoste sie und versprach ihr eine kleine Nachtmusik, wenn sie heimkam, aber da setzte sie mir flugs einen Dämpfer auf. Marjorie habe sie gebeten, bei ihr zu übernachten – dabei war die Lustbarkeit nur ein paar Straßen weiter –, weil die Tanzerei bis zum Morgengrauen dauerte und sie dann zu erschöpft sei, noch nach Hause zu fahren.

Und damit enteilte sie, mir noch eine Kußhand zuwerfend, und ich begab mich zum Generalstab, wo wir uns die Nacht mit der Organisation von Sappeurtransporten um die Ohren schlugen. Raglan hatte sich in die Türkei verzogen und uns mit dem Großteil der Arbeit zurückgelassen, und wir armen Hinterbliebenen schufteten regelmäßig bis drei Uhr morgens. Als wir fertig waren, war selbst Willy so erledigt, daß er keine Lust mehr zu den üblichen nächtlichen Exerzitien mit seiner Venus hatte. Wir ließen uns etwas zu essen kommen – Prinzeßbohnen und Spargel, was meine Laune nicht gerade verbesserte –, und dann ging er heim. Ich war müde und verdrießlich. Aufs Ohr legen mochte ich mich aber auch nicht. Statt dessen machte ich mich daran, mir ausgiebig Öl auf die Lampe zu gießen. Der Gedanke an den bevorstehenden Feldzug machte mir Angst, ich hatte mehr als genug von den endlosen Akten und Berichten, der Kopf tat mir weh, die Schuhe drückten, ich trank erst Bier und schüttete dann Brandy hinterher, was natürlich damit endete, daß ich zu drei Vierteln voll in einem Kellerloch bei Charing Cross landete. Ich überlegte, ob ich mir eine Nutte schnappen sollte, aber eigentlich wollte ich keine, und dann wußte ich plötzlich, was ich wollte: Elspeth und sonst keine. Bei Gott, da saß ich am Vorabend eines neuen Krieges und schuftete mich halbtot, während sie in einem Ballsaal in Mayfair herumtollte, Salonlöwen und junge Galane mit lächlenden Blicken köderte, sich stundenlang aufs köstlichste amüsierte und nicht mal fünf Minuten übrig hatte, um schnell mal mit mir ins Körbchen zu gehen. Sie war meine Frau, hol's der Henker, und das brauchte ich mir nicht bieten zu lassen. Ich kippte noch etliche Brandy und faßte einen großen alkoholseligen Beschluß. Ich würde mich auf der Stelle zu Marjorie begeben, mein Madamchen überrumpeln, wenn es ins Bett stieg, und der Schönen demonstrieren, was sie sich an diesem Abend hatte entgehen lassen. Jawohl, so würde ich es machen, und die Sache hatte durchaus auch ihre romantische Seite. Scheidender Krieger nähert sich der Geliebten, die ihm voller Liebe und mit sehnsüchtigem Verlangen in die Arme sinkt. (Ja, ja, der Suff hat schon manchen braven Mann zugrunde gerichtet). Also machte ich mich unverdrossen auf den Weg, eine volle Flasche als Marschverpflegung in der Tasche, denn es war nach vier und keine Kutsche weit und breit zu sehen.

Als ich zu Marjories Haus kam – ein riesiger Kasten mit Blick auf den Park und mit strahlendem Licht in allen Fenstern – brauchte ich die ganze Breite der Gehsteige und sang »Villikens and his Dinah«.[9] Die Lakaien am Eingang kümmerten sich nicht um mich, das Haus war, wenn man nach dem Lärm gehen durfte, voll besoffener Kerls und angesäuselter Weibsbilder. Ich trieb einen Burschen auf, der mir nach Butler aussah, ließ mir zeigen, in welcher Richtung Mrs. Flashmans

Zimmer lag, und stolperte, mich an den Wänden abstoßend, endlose Treppen hinauf. Dann stieß ich auf ein Zöfchen, das mir den richtigen Weg wies, hämmerte an eine Tür und fiel ins Zimmer. Das Zimmer war leer.

Kein Zweifel – es war das Schlafzimmer einer Dame, aber besagte Dame war noch nicht da. Die Kerzen brannten, das Bett war aufgeschlagen, ein duftiges Pariser Nachtgewand, das ich mal für mein Liebchen erstanden hatte, lag neben dem Kissen, und ihr Parfüm hing in der Luft. Ich stand da und seufzte in wollüstiger Trunkenheit. Schwingt noch das Tanzbein, meine Schöne, wie? Warte nur, was wir zwei beide bald für ein Tänzchen aufführen werden. Wie wär's mit einer kleinen Überraschung? Vortreffliche Idee! Ich würde mich verstecken, und wenn sie kam, würde ich mich voller Liebesglut auf sie stürzen. In einer Ecke war ein Kabinettchen mit Kleidern und Wäsche und dergleichen Kram, in das kroch ich betrunkener, liebeskranker Trottel – eigentlich erstaunlich bei meiner Erfahrung, wie? –, machte es mir auf etwas Weichem gemütlich, nahm einen letzten Schluck aus der Pulle – und entschlummerte selig.

Wie lange ich schlief, weiß ich nicht. Sehr lange kann es nicht gewesen sein, denn ich war noch ziemlich beduselt, als ich wieder zu mir kam. Irgendwo hörte ich eine Frauenstimme »Alan Waters« summen und leise lachen. Schau an, meine Elspeth, dachte ich. Auf, Flashy! Und während ich mich mühselig aufrappelte und mich schwankend in dem dunklen Kabuff auf die Füße stellte, hörte ich unbestimmte, wirre Laute aus dem Zimmer. Eine Stimme? Stimmen? Bewegte sich da jemand? Klappte eine Tür? Genaueres war nicht auszumachen, aber als ich trunken zur Tür tappte, hörte ich einen scharfen Ausruf, der alles mögliche bedeuten konnte – vom Lachen bis zu einem überraschten Aufschrei. Ich stolperte ins Zimmer hinein, blinzelte, geblendet von der plötzlichen Lichtfülle, und meine ungestümen Begrüßungsworte erstarben mir auf den Lippen.

Es war ein Anblick, den ich mein Lebtag nicht vergessen werde. Elspeth stand am Bett, nackt bis auf die langen, spitzenbesetzten Unterhosen. Die Blumen hatte sie noch im Haar. Ihre Augen waren vor Schreck geweitet, sie hatte die Knöchel an die Lippen gepreßt wie eine Nymphe, die von Pan überrascht wird. Oder von Zentauren. Oder von einem trunkenen Ehemann, der sich im Schrank versteckt hat. Ich glotzte sie etwa eine halbe Sekunde lang an, dann ging mir auf, daß wir nicht allein waren.

Zwischen dem Fußende des Bettes und der Tür stand der siebente Earl of Cardigan. Die eleganten kirschroten Hosen hingen ihm um die Knie, mit beiden Händen hielt er den vorderen Hemdenschoß umklammert. Er war dabei, auf meine Frau zuzugehen, und seinem Gesichtsausdruck – der eines halb verhungerten, apoplektischen Vielfraßes, der eines Bratens mit knuspriger Schwarte gewahr wird – sowie anderen sichtbaren Anzeichen ließ sich unschwer entnehmen, daß er nicht die Absicht gehabt hatte, nur ihre Muttermale zu besichtigen. Als er mich sah, erstarrte er zur Salzsäule. Aus seinem rotfleckigen Gesicht wich die Farbe, und die Augen quollen ihm aus den Höhlen. Elspeth kreischte auf, und sekundenlang standen wir alle da wie angewurzelt und starrten uns an.

Cardigan faßte sich als erster wieder, und im Rückblick kann ich ihm meine Bewunderung nicht versagen. Für mich, müssen Sie wissen, war die Situation nicht neu, ich hatte gewissermaßen nur zu oft in seiner Haut gesteckt, war unvermutet von Polizisten, Ehemännern oder Luden überrascht worden. Wäre ich in Cardigans prekärer Lage gewesen, hätte ich mir die Hosen hochgezogen, eine Finte zum Fenster gemacht, um den empörten Ehekrüppel in die Irre zu führen, wäre mit einem Satz aufs Bett zurückgehüpft und von dort mit größtmöglicher Geschwindigkeit durch die Tür entwetzt. Nicht so Lord Haha. Seine Haltung war bewunderungswürdig. Er ließ den Hemdzipfel fahren, zog die Hosen hoch, warf den Kopf zurück, sah mich gerade an, blaffte: »Empfehle mich!«, machte kehrt, stolzierte hinaus und warf die Tür hinter sich zu.

Elspeth war leise schluchzend aufs Bett gesunken. Ich stand noch immer ungläubig schwankend da, bemühte mich, die Alkoholschwaden aus meinen Gehirnwindungen zu vertreiben und überlegte, ob ich vielleicht Opfer einer durch den Suff erzeugten Halluzination geworden war. Aber das mußte ich wohl verneinen, und als ich mir die Schlampe mit den großen Titten dort auf dem Bett so ansah, kam mir der häßliche Verdacht wieder in den Sinn, den ich vor vierzehn Jahren gehegt hatte. Nur war er jetzt zur Gewißheit geworden. Und endlich hatte ich sie auf frischer Tat ertappt, Sekunden später hätte der widerwärtige alte Lüstling auf ihr gelegen. Ich hatte ihm gerade noch das Konzept verderben können, zum Henker mit ihm. Und ob es nun am Suff lag oder an meinem verdorbenen Charakter – das Gefühl, das mich beherrschte, war nicht so sehr Wut als eine zornige Befriedigung, daß ich ihr auf die Schliche gekommen war. Gewiß, die Wut kam später, und dazu eine schwarze Verzweiflung, die auch jetzt noch manchmal schmerzt wie ein Messer, aber ich habe nun mal eine Leidenschaft für die Schauspielerei, und ich hatte noch nie die Gelegenheit gehabt, die Rolle des gekränkten Ehemannes zu spielen.

»Nun, was ist?« fauchte ich mit erstickter Stimme. »Wie? Was? Raus mit der Sprache.«

Ich muß das sehr eindrucksvoll gemacht haben, denn sie ließ das Schluchzen und Bibbern und hopste wie ein verschrecktes Kaninchen auf die andere Seite des Bettes.

»Harry, was machst du hier?« quietschte sie.

Es muß am Suff gelegen haben. Ich war schon dabei, zu ihr hinzustiefeln oder vielmehr -zutorkeln, um sie grün und blau zu schlagen, aber bei diesen Worten blieb ich stehen, weiß Gott warum.

»Ich habe auf dich gewartet. Verdammte Ehebrecherin.«

»In dem Kabinett?«

»Ja, zum Henker, in dem Kabinett. Diesmal bist du bei Gott zu weit gegangen, du schmutzige kleine Schlampe. Ich –«

»Wie konntest du.« Jawohl, das sagte sie, ich schwöre es. »Wie konntest du so rücksichtslos und taktlos sein, mir auf so schnöde Weise nachzuspionieren? Ich muß mich ja zu Tode schämen.«

»Schämen?« brüllte ich sie an. »Während der geile alte Bock in deinem Schlafzimmer den alten Adam herzeigt und du splitterfasernackt dastehst und ihm schöne Augen machst? Du – du schamloses Stück, du verkommenes Subjekt. Gottverdammmich, auf frischer Tat ertappt. Ich werde dich lehren, mir Hörner aufzusetzen. Wo ist ein Stock? Ich werde dir die Scham aus deinem geilen Kadaver prügeln, ich –«

»Es ist nicht wahr«, rief sie dazwischen. »Es ist nicht wahr. Wie kannst du so etwas sagen?«

Ich hatte mich wutschnaubend nach einem Knüppel umgesehen, aber jetzt hielt ich verblüfft inne.

»Nicht wahr? Du freche kleine Lügnerin, hältst du mich für blind? Noch eine Sekunde, und ihr beide hättet einen bildschönen Doppeladler gemacht. Und du wagst es –«

»Das ist gelogen.« Sie ballte die Fäuste und stampfte mit den Füßen auf. »Als du aus dem Kabinett kamst, hatte ich gerade erst gemerkt, daß er im Zimmer stand. Er muß hereingekommen sein, als ich beim Auskleiden war ...« Sie schauderte. »Ich war völlig überrascht.«

»Das will ich dir gern glauben. Von meinem Erscheinen nämlich. Hältst du mich für einen Trottel? Schon den ganzen letzten Monat hast du dem dreckigen alten Bock den Mund wässrig gemacht, jetzt erwische ich dich dabei, wie er dich besteigen will, und du erwartest, daß ich dir glaube ...« Ich hatte einen dicken Kopf vom Suff, und ich verlor den Faden. »Du hast mich entehrt, verdammt noch mal. Du –«

»Aber es ist nicht wahr, Harry, ich schwöre es. Er muß sich unbemerkt eingeschlichen haben, und –«

»Du lügst«, donnerte ich. »Du hast mit ihm herumgehurt.«

»Das ist unwahr. Und ungerecht. Wie kannst du so etwas denken? Wie kannst du so etwas sagen?« Sie hatte Tränen in den Augen, und das war ja auch nur recht und billig so. Ihr Mund zuckte, die Mundwinkel krümmten sich nach unten, und sie wandte den Kopf ab. »Du suchst nur einen Anlaß, um Streit mit mir anzufangen«, schluchzte sie.

Gott allein weiß, was ich darauf sagte; wahrscheinlich habe ich nur unverständliche Laute von mir gegeben. Ich traute meinen Ohren nicht. Und da heulte sie schon weiter:

»Es ist gemein von dir, so etwas zu sagen. Aber auf meine Gefühle nimmst du ja nie Rücksicht. Wie mir zumute war, als dieser lasterhafte Mensch sich bei mir einschlich ... der Schreck ... Ich wäre fast gestorben vor Angst und Scham. Und dann ... du ... du ... du ...« Und jetzt brach sie ernstlich in Tränen aus und warf sich aufs Bett.

Ich wußte nicht, was ich sagen oder tun sollte. Ihr Benehmen, ihre Reaktion, ihr heftiges Leugnen, das alles kam mir seltsam unwirklich vor. Nach dem, was ich mit eigenen Augen gesehen hatte, konnte ich ihr nicht glauben. Ich war von Zorn und Haß und Zweifel und Jammer erfüllt, aber in meinem Rausch und meiner Verwirrung konnte ich nicht vernünftig argumentieren. Ich versuchte mir in Erinnerung zu rufen, was ich in dem Kabinett gehört hatte. War es ein Kichern oder ein erstickter Schrei gewesen? War es denkbar, daß sie die Wahrheit sagte? Konnte es sein, daß Cardigan sich hereingeschlichen, sich im Nu die Hosen heruntergezogen und zur Attacke geblasen hatte, als sie seiner ansichtig geworden war? Oder hatte sie ihn, lüstern wispernd, ins Zimmer gelockt und sich gerade für den bevorstehenden Nahkampf entblößt, als ich auf der Bildfläche erschienen war? All das ging mir damals nebelhaft durch den brandyschweren Schädel – so wie es mir auch heute noch zu schaffen macht, da ich nüchtern bin.

Hilflos und halb benebelt stand ich da. Diese sonderbare Mischung aus Schock und Wut und Frohlocken, dieses heftige Verlangen, sie brutal zu bestrafen, war plötzlich wie weggeblasen. Bei jeder anderen Frau hätte ich nicht einmal hingehört, sondern hätte meiner Wut mit einer Peitsche Luft gemacht. Mit Ausnahme von Ranavalona, denn die war größer und stärker als ich. Aber die Sache war eben die, daß ich für die anderen Frauen nichts empfand. Ich mag ein Hundsfott sein – aber ich wünschte mir, Elspeth zu glauben.

Noch immer war nicht ausgemacht, ob ich nicht doch noch mein Mütchen an ihr kühlen würde. Hätte ich nicht so viel Brandy intus gehabt, hätte ich's vermutlich getan. Da waren all die Verdachtsmomente von früher; und da war das, was ich heute selbst gesehen hatte. Keuchend und mit verglastem Blick stand ich da. Und plötzlich setzte sie sich auf wie Andersens kleine Meerjungfrau, die Augen voller Tränen, und streckte die Arme nach mir aus. »O Harry – tröste mich.«

Wenn Sie sie gesehen hätten ... Niemand weiß besser als ich, wie leicht es ist, sich über die Hahnreis und betrogenen Ehefrauen dieser Welt lustig zu machen. »Wenn die wüßten, hihi ...« Vielleicht wissen oder ahnen sie es ja und wollen es nur nicht wahrhaben. Wie es kam, weiß ich nicht – aber plötzlich saß ich auf dem Bett und hatte den Arm um ihre weißen Schultern gelegt, und sie schmiegte sich schluchzend an mich und nannte mich ihren ›jo‹, und es war dieses drollige, schottische Wort, das sie nicht mehr benutzt hatte, seit sie eine so große Dame geworden war, das mich bewog, ihr zu glauben. Beinah jedenfalls.

»Daß du so schlecht von mir denken kannst«, schnuffelte sie. »Ich könnte vor Scham vergehen.«

»Immerhin hat er hier gestanden, in voller Lebensgröße«, wandte ich ein, Brandyduft verströmend. Hör mal –« Ich packte sie plötzlich bei den Schultern und hielt sie auf Armeslänge von mir weg. »Hast du –? Nein, bei Gott. Ich habe ihn schließlich gesehen ... und ich ... und ... und ...«

»Wie grausam du bist«, klagte sie. Und dann legte sie mir die Arme um den Hals und küßte mich, und ich war überzeugt, daß sie log. So gut wie überzeugt.

Sie flennte noch eine ganze Weile weiter und beteuerte ihre Unschuld, und ich muß einen Haufen dummes Zeug geschwätzt haben, und sie schwor, daß sie die Wahrheit gesagt hatte, und ich wußte nicht, was ich machen sollte. Möglich, daß sie die Wahrheit sagte, aber was war, wenn sie eine Betrügerin, eine Lügnerin und eine Hure war? Sollte ich sie umbringen? Vermöbeln? Mich scheiden lassen? Das erste war Wahnsinn, das zweite brachte ich nicht fertig – jetzt nicht mehr! –, das dritte kam nicht in Frage. Da Morrison, der alte Schurke, sein ganzes Geld treuhänderisch festgelegt hatte, war Elspeth die Hüterin der Schatzschatulle, und die Vorstellung, als Gehörnter von meinem Sold leben zu müssen ... also, ich mag in mancher Beziehung ein Narr sein, aber so töricht bin ich nun doch nicht. Sie raunte mir zärtliche Worte ins Ohr, ich spürte sie nackt und weich in meinen Armen, und ihre kosenden Finger erinnerten mich daran, wieso ich eigentlich hergekommen war. Hol's der Henker, dachte ich, alles zu seiner Zeit, und wenn du jetzt nicht Geige mit ihr spielst, bis sie die Engel im Himmel singen hört, wirst du es noch als Tattergreis bereuen. Und dann ließ ich dem Gedanken die Tat folgen.

Wie es wirklich gewesen ist, weiß ich bis heute nicht, und es ist mir auch gleichgültig. Eins aber wußte ich in dieser Nacht mit unumstößlicher Gewißheit. Wer auch immer in blütenweißer Unschuld dastehen mochte – James Brudewell, Earl of Cardigan, war es gewiß nicht. Und während Elspeth unter meinem Kuß stöhnte, schwor ich mir, daß ich es ihm heimzahlen würde. Die Vorstellung, daß dieser dreckige alte Bock versucht hatte, Elspeth zu entehren – der Schweiß brach mir aus vor Wut und Ekel. Ich würde ihn umbringen, egal wie. Fordern konnte ich ihn nicht; er würde sich hinter dem Gesetz verschanzen und das Duell ausschlagen. Oder er nahm – schlimmer noch! – die Forderung an. Und abgesehen davon, daß ich es mir nie zugetraut hätte, im Kampf Mann gegen Mann vor ihm zu bestehen, hätte es einen gräßlichen Skandal gegeben. Aber irgendwann würde ich ihn schon erwischen.

Endlich schliefen wir ein, während Elspeth mir ins Ohr flüsterte, was für ein großmächtiger Liebhaber ich doch sei und daß ich mich nach einem Ehekrach noch immer zu Höchstleistungen aufgeschwungen hätte. Schlaftrunken kichernd erinnerte sie mich daran, wie wir unseren letzten Zwist zu Hause in der Besenkammer beigelegt hatten, und was für ein famoser Spaß das doch gewesen war und wie ich gesagt hatte, es sei doch ein vortrefflicher Ort zum Tändeln – und plötzlich fragte sie ziemlich scharf:

»Harry ... heute nacht ... diese schreckliche Wut war nicht nur gespielt, oder? Hattest du etwa ... sei ehrlich, Harry ... hattest du ein Frauenzimmer in dem Kabinett versteckt?«

Und ich will verdammt sein, wenn sie nicht aus dem Bett stieg und nachsah. Ich glaube, ich habe mich, seit ich ein Baby war, nicht mehr in den Schlaf geweint, aber in jener Nacht war ich drauf und dran, es zu tun.

Sie werden sich fragen, wie es, während sich diese bedeutsamen Ereignisse – Willy und Elspeth und dergleichen mehr – in meinem persönlichen Bereich zutrugen, mit dem Krieg voranging. Um die Wahrheit zu sagen: Es ging überhaupt nicht voran, denn es war eine der Eigentümlichkeiten des großen Konflikts mit den Russen, daß niemand – ganz gewiß nicht die Verbündeten – eine klare Vorstellung davon hatte, wie die Sache anzupacken sei. Bitte, Sie mögen das für eine meiner vorlauten Redensarten halten, aber ich würde Sie gern eines Besseren belehren. Ich habe 1854 die Kriegsführung aus nächster Nähe beaugenscheinigt, und ich kann Ihnen auf Ehre und Gewissen versichern, daß die offizielle Einstellung etwa folgendermaßen aussah:

»Da haben wir uns also auf einen Krieg mit Rußland eingelassen, die Franzosen und wir. Zum Schutze der Türkei. Jawohl ... selbstredend ... Na gut ... Und was jetzt? Rußland angreifen? Hm ... ja ... (Pause). Soll ja ein ziemlich großes Land sein, wie?«

Es wurde also beschlossen, unsere Truppen und die Franzmänner in Bulgarien zusammenzuziehen, wo sie den Türken beim Kampf gegen die Rußkis an der Donau unter die Arme greifen sollten. Aber die Türken prügelten die Russen ganz ohne Hilfe windelweich, und weder Raglan, der jetzt von Varna aus den Oberbefehl über die verbündeten Truppen führte, noch unseren Oberkommandierenden in der Heimat fiel etwas Brauchbares zum Fortgang der Handlung ein. Insgeheim hoffte ich, die ganze Sache würde sich im Sande verlaufen. Willy und ich saßen noch zu Hause; Raglan hatte sagen lassen, Seine Hoheit sollten zu seiner eigenen Sicherheit erst ausrücken, wenn es tatsächlich zu ernsthaften Kamfphandlungen käme. In Bulgarien grassierte das Fieber, und das sei ungesund für ihn.

Doch die Hoffnung, der Konflikt könnte doch noch friedlich beigelegt werden, wurde durch die Stimmung, die in jenem Sommer in England herrschte, zunichte gemacht. Die Menge tobte, sie hatte die Armee mit klingendem Spiel und unter Absingen der Nationalhymne ausrücken sehen, und die Presse hatte eine rasche und angemessene Strafe für den moskowitischen Tyrannen in Aussicht gestellt, und die Straßenschreier tönten von britischem Stahl, der die Unterdrückung niederschlagen würde. Sie waren wie Zuschauer, die zu einem Preisboxen gekommen waren, bei dem die beiden Männer im Ring einander nicht angriffen, sondern tänzelten und mit den Fäusten herumfuchtelten, ohne je Ernst zu machen. Sie wollten Blut sehen, Blut gallonenweise, sie wollten von peitschenden Kartätschen lesen, die breite

Breschen in die russichen Reihen schlug, von edlen, grimmigen Briten, die Kosaken aufspießten, von brennenden russischen Städten. Dann konnten sie über den Verlust unserer Tapferen Truppen den Kopf schütteln und sich in der warmen Stube mit Nieren und Brötchen zum Frühstück vollstopfen und sagen: »Schreckliche Geschichte, das, aber bei Jupiter, England drückt sich nicht, komme, was da wolle. Reich mir mal die Orangenmarmelade rüber, Amelia. Heutzutage kann man stolz sein, daß man ein Brite ist.«[10]

Und was wurde ihnen in diesem Sommer geboten? Nichts. Es machte sie toll, und sie schmähten die Regierung, die Armee und sich gegenseitig in ihrer Gier nach einem blutigen Gemetzel, und plötzlich war ein Wort auf aller Lippen, ging von Mund zu Mund, stand in jedem Leitartikel: Sewastopol. Weiß Gott, warum, aber mit einem Mal hatten sie sich darauf versteift. Warum greifen wir nicht Sewastopol an, das wird die Rußkis wachmachen, wie? Ich dachte damals bei mir – und denke es noch heute –, daß der Angriff auf Sewastopol so ähnlich war, als hätte sich ein Feind Englands Penzance geschnappt und dann in Richtung London gebrüllt: »So, ihr frechen Schweine, das habt ihr nun davon.« Aber weil die Stadt angeblich ein so wichtiger Stützpunkt war und weil die *Times* in jeder zweiten Zeile davon berichtete, war ein Angriff auf Sewastopol das Gebot der Stunde.

Und die Regierung zauderte, die britischen und russischen Truppen in Bulgarien waren mit Ruhr und Cholera geschlagen, die Öffentlichkeit verfiel in Hysterie, und Willy und ich warteten mit gepackten Reisekoffern auf den Marschbefehl.

Er kam an einem lauen Sommerabend. Das heißt, zunächst kam ein Ruf nach Richmond. Urplötzlich war alles in größter Aufregung, und ich mußte in fliegender Hast zu Seiner Gnaden dem Herzog von Newcastle reiten, um Depeschen in Empfang zu nehmen, die unverzüglich zu Raglan zu überbringen waren. Ich erinnere mich an einen englischen Garten, an Gladstone, der Crocketschläge auf dem Rasen übte, an Libellen, die zwischen den Blumen herumschwirrten, an eine Gruppe von Gentlemen, die sich gähnend auf der Terrasse räkelte. Es waren keine Geringeren als die Mitglieder des Kabinetts, die gerade eine beschwerliche Sitzung hinter sich gebracht hatten, bei der die meisten sanft entschlummert waren (was eine Tatsache ist, die man schwarz auf weiß nachlesen kann).[11] Und an Newcastles Sekretär, einen geschniegelten jungen Tropf mit einem Tintenfleck auf dem Handrücken, der mir ein mit »Geheim« gekennzeichnetes, versiegeltes Päckchen überreichte.

»Der *Centaur* wartet in Greenwich«, sagte er. »Sie müssen heute abend an Bord sein. Dies hier ist für Lord Raglan. Sie haften dafür, daß es ihn persönlich erreicht. Der Umschlag enthält die neuesten Avise und Instruktionen der Regierung und ist von höchster Dringlichkeit.«

»Sehr gut«, erwiderte ich. »Und was soll ich ihm sonst noch ausrichten? Ich gehöre zu seinem Stab«, setzte ich hinzu, als er zögerte.

Es war damals üblich – und ist es vielleicht noch heute –, daß die Stabsoffiziere fragten, ob es noch zusätzliche mündliche Anweisungen gab. (Eine – wie sich später noch herausstellen wird – sehr wesentliche Übung). Er runzelte die Stirn, dann bat er mich zu warten, verschwand im Haus und tauchte mit jenem hochgewachsenen grauen Burschen wieder auf, den jedes Kind in England kannte, dem die Menge auf der Straße zulachte und den sie hochleben ließ und einen verteufelten alten Kerl nannte: Palmerstone.

»Flashman, nicht wahr?« Er legte mir eine Hand auf die Schulter. »Ich dachte, Sie wären schon mit Raglan in der Türkei.« Ich erzählte ihm von Willy, und er lachte in sich hinein. »Richtig, unser zweiter Friedrich der Große. Nehmen Sie ihn nur mit, denn lassen Sie sich's gesagt sein: Der Krieg ist jetzt in vollem Gange. Die Depeschen haben Sie? Nun denn, ich denke, Sie können Seiner Lordschaft ausrichten, sobald er sie verdaut hat – ich möchte annehmen, Newcastle hat sich deutlich genug ausgedrückt –, daß die Eroberung Sewastopols nach Ansicht der Regierung Ihrer Majestät ein Unternehmen ist, das den Erfolg der verbündeten Truppen aufs vortrefflichste befördern kann, eh? Aber daß es ein verteufelt ernstes Geschäft sein wird. Ist das klar?«

Ich nickte weise, und er knurrte und schielte über den Rasen und sah Gladstone zu, der gerade versuchte, einen Ball durch einen Reifen zu schlagen. Der Versuch mißlang, und Pam knurrte weiter. »Also vorwärts, Flashman«, sagte er. »Und viel Glück. Melden Sie sich mal bei mir, wenn Sie wieder da sind. Meine Empfehlung an Seine Lordschaft.« Und während ich salutierte und kehrtmachte, humpelte er steif auf den Rasen hinüber, und ich sah noch, wie er etwas zu Gladstone sagte und ihm den Crocketschläger aus der Hand nahm. Das war alles.

Wir legten noch am gleichen Abend ab, nachdem ich mich hastig, aber glutvoll von Elspeth verabschiedet hatte und Willy wie ein Rasender nach St. John's Wood gejagt war, um zum letztenmal seine Blonde zu bereiten. Ich spürte schon wieder das vertraute Grummeln in den Gedärmen, das jede Abreise mit sich bringt, und Willys Geplauder, während wir an Deck standen und zusahen, wie der Wald von Masten in der Dämmerung vorüberglitt und die Lichter an den Ufern blinkten, stimmte mich nicht fröhlicher.

»Endlich geht's in den Krieg«, krähte der dumme Tropf. »Ist das nicht famos, Harry? Sicher, für dich ist das nichts Neues, aber für mich ist es das Aufregendste, was ich je erlebt habe. Bist du dir bei deinem ersten Feldzug nicht vorgekommen wie die Ritter alter Zeit, die auszogen, um Ruhm und Ehre für ihr Haus und die Liebe ihrer edlen Frauen zu gewinnen?«

So war ich mir keinesfalls vorgekommen, und hätten mich Gefühle dieser Art bewegt, dann ganz gewiß nicht für eine Hure aus St. John's Wood. Ich knurrte also nur wie Palmerstone und ließ ihn schwatzen.

Es war eine Seereise wie viele andere, allerdings schneller und angenehmer als manche, die ich erlebt habe, und ich gedenke nicht, Sie damit zu langweilen. Überhaupt habe ich nicht die Absicht, mich des längeren über all das auszulassen, worüber sich andere Krimkrieg-Autoren verbreiten – den grauenhaften Zustand der Truppen in Varna, das Saufen und Huren in Santari, das schreckliche Wüten der Varna-Krankheit und der Cholera unter den Streitkräften in diesem langen, brutheißen Sommer, die Fehlleistungen einer stümperhaften Proviantverwaltung und unerfahrener Regimentsoffiziere, die endlosen Sticheleien unter den Befehlshabern, wie zum Beispiel Cardigan. Zwei Tage nach unserer Begegnung in Elspeths Schlafzimmer hatte er sich nach Paris abgesetzt, und gleich nach seiner Ankunft in Bulgarien hatte er auf einer unbedachten Patrouille in Richtung der Russen hundert Pferde abgeschlachtet. All dies – Elend und Krankheit, schlechte Führung und was dergleichen mehr war – können Sie anderswo nachlesen, wenn Sie wollen. Bill Russell von der *Times* hat eine recht ordentliche Berichterstattung gemacht; alles darf man bei ihm allerdings auch nicht unbesehen schlucken. Bill war ein guter Kumpel, und wir kamen gut miteinader aus, aber er schielte beim Schreiben immer auf den Leser, und je düsterer die Bilder waren, die er malte, desto besser gefielen sie ihm. Sie werden sich entsinnen, daß er halb England gegen Raglan aufbrachte, weil der den Mannschaften nicht erlauben wollte, sich Bärte stehenzulassen. »Für mich muß ein Engländer wie ein Engländer aussehen«, tönte er. »Bärte sind etwas Ausländisches und leisten dem Ungeziefer Vorschub. Und Sie können sich darauf verlassen, daß sie zu schmutzigen Gewohnheiten führen.« Das mit dem Ungeziefer stimmte natürlich, aber das wollte Russell nicht gelten lassen. Er behauptete, es handele sich bei Raglan nur um starrsinnigen Exerzierplatzhumbug und Paragraphenreiterei, und das schrieb er auch. (Billy Russell hatte übrigens selber einen Bart wie eine Brombeerhecke, und da hat er wohl Raglans Order als eine persönliche Kränkung aufgefaßt.)

Wie dem auch sei – diese Memoiren handeln nicht von den Kriegsgeschehnissen, sondern von mir, weshalb ich gedenke, mich auf dieses fesselnde Thema zu beschränken und dem Krieg seinen Lauf zu lassen, so wie es auch die damalige Regierung getan hat.

Als wir nach Varna kamen, schlug uns ein infernalischer Gestank entgegen. Die Straßen starrten vor Dreck, überall liefen Sanitäter mit Bahren herum, die Fieberkranke von dem Lager vor der Stadt zu den Löchern schleppten, die sie Lazarette nannten, nichts war geordnet, und ich für mein Teil war fest entschlossen, an Deck zu bleiben, bis ich ein anständiges Quartier für uns gefunden hatte. Ich überließ Willy seinem Schicksal und meldete mich bei Raglan zur Stelle.

Er war wie immer von überströmender Liebenswürdigkeit, schüttelte mir herzlich die Hand, ließ Erfrischungen für mich kommen, erkundigte sich des langen und breiten nach Willys Gesundheitszustand und Gemütsverfassung und machte sich dann über die Depeschen her, die ich mitgebracht hatte. Es war heiß und stickig in seinem Büro, obgleich die Verandatür weit offenstand und ein Nigger mit einem Fächer wedelte. Raglan, der in Hemdsärmeln dasaß, schwitzte. Ich musterte ihn, während ich an einem Tischchen meine Halbe trank. In den wenigen Monaten im Orient war er gealtert. Sein Haar war schlohweiß, die Falten in seinem Gesicht waren noch tiefer geworden, das Fleisch schlotterte schlaff um die hageren Handgelenke. Er war zum Greis geworden, und das sah und hörte man ihm an. Beim Lesen wurde sein Gesicht noch müder; als er durch war, ließ er George Brown kommen, der die Leichte Division befehligte und sein Busenfreund war. Brown las die Depesche, und sie sahen sich an.

»Sewastopol also«, sagte Raglan. »Die Anweisungen der Regierung sind in meinen Augen völlig eindeutig.«

»Vorausgesetzt«, wandte Brown ein, »daß Sie und der französische Befehlshaber der Meinung sind, daß das Unternehmen erfolgreich durchgeführt werden kann. Praktisch überläßt man die Entscheidung Ihnen und St. Arnaud.«

»Schwerlich.« Raglan griff nach einem der Blätter. »Dies ist ein persönliches Aide-memoire von Newcastle, in dem er die Wünsche der Minister unterstreicht. Sie sind alle für Sewastopol.«

»Was wissen wir von Sewastopol? Seine Verteidigungsanlagen, seine Garnison? Was können die Russen uns an Truppen entgegenwerfen, wenn wir in die Krim einfallen?«

»Bedauerlicherweise, mein lieber Sir George«, sagte Raglan, »wissen wir sehr wenig über diese Dinge. Es gibt keine Rekognoszierungsberichte, aber wir glauben, daß die Verteidigungsanlagen recht stark sind. Andererseits hält es St. Arnaud, wie ich weiß, für unwahrscheinlich, daß mehr als 70000 russische Soldaten auf der Krim stehen.«

»Etwa so viel wie wir«, sagte Brown.

»Genau. Aber das ist nur eine Mutmaßung. Es können weniger, es können aber durchaus auch mehr sein. Es ist alles so ungewiß.« Er seufzte und knetete geistesabwesend mit der linken Hand die Stirn. »Sehen Sie, ich kann nicht im Brustton der Überzeugung erklären, daß sie auf gar keinen Fall hunderttausend Mann ins Feld führen könnten. Es gab keine Blockade, nichts hätte sie daran gehindert, Truppenbewegungen durchzuführen.«

»Und wir müßten vom Schwarzen Meer her kommen, müßten uns einen Stützpunkt schaffen, vielleicht mit einem Zahlenverhältnis von vier zu drei fertig werden, müßten Sewastopol einschließen und so rasch wie möglich nehmen – oder die Stadt einen russischen Winter hindurch belagern –, wobei unser Nachschub nur durch die Flotte sicherzustellen ist, während es den Russen ein leichtes wäre, Truppen in jeder gewünschten Stärke auf die Krim zu schicken.«

»Sehr richtig, Sir George. Überdies ist erst ein Viertel unseres Belagerungsmaterials eingetroffen. Zudem erfreut sich die Truppe nicht gerade bester Gesundheit, und soweit ich weiß, ist es bei den Franzosen noch schlimmer.«

Ich hörte mir das mit wachsendem Entsetzen an – wobei das Entsetzen nicht so sehr dem galt, was sie sagten, sondern dem Ton, der ja bekanntlich die Musik macht. Sie sprachen ganz ruhig, gelassen abwägend und ohne sichtbare Gemütsbewegung. Es war eine Einstellung, die – wie selbst ich, der ahnungslose Stabsmelder, erkannte – mit Pauken und Trompeten in die Katastrophe zu führen bestimmt war. Aber mir blieb nichts anderes übrig, als mich an meinen Bierkrug zu halten und die Ohren aufzusperren.

»Ich wäre Ihnen für Ihre Stellungnahme dankbar, mein lieber Sir George«, sagte Raglan.

Browns Gesicht war sehenswert. Er war ein alter schottischer Schlachtgaul und kein Narr, aber er kannte Raglan und wußte um die Winkelzüge von Machtstreben und Kriegsführung. Er legte die Depesche wieder auf den Tisch.

»Was das offenbar von den Ministern gewünschte Unternehmen Sewastopol angeht«, sagte er, »frage ich mich, wie unser Altmeister, der Duke of Wellington, es wohl gesehen hätte. Ich denke mir, er hätte glatt abgelehnt. Wir wissen nicht genug von der Krim und den Russen, und unsere Truppen sind derart geschwächt, daß wir keinen Spielraum zum Manövrieren haben. Er hätte die schwere Verantwortung, eine solche Offensive zu beginnen, nicht auf sich genommen.«[12]

Man sah es Raglans Altmännergesicht förmlich an, daß ihm ein Stein vom Herzen fiel.

»Ich schließe mich Ihrer Meinung vollinhaltlich an, Sir George. In diesem Fall ...«

»Andererseits«, fuhr Brown fort, »entnehme ich dieser Depesche, daß sich die Regierung auf Sewastopol versteift hat. In der Heimat ist die Entscheidung gefallen. Was wird geschehen, wenn Sie die Verantwortung für das Unternehmen ablehnen? Nun, wenn Sie mich fragen, wird man Sie abberufen und einen anderen mit Ihrem Posten betrauen, der keine derartigen Bedenken hat.«

Raglans Gesicht wurde lang und länger, und um seinen Mund lag ein verdrießlicher Zug, als er sagte:

»Sie nehmen wirklich kein Blatt vor den Mund, Sir George. Ist das Ihre ehrliche Meinung?«

»In der Tat, Sir. Die Welt will Taten sehen – mag es ausgehen, wie es will.« Ich merkte, daß er schwer atmete. »Und ich glaube, dafür ist eine Stadt so gut wie die andere.«

Raglan seufzte. »Das mag wohl sein. Sewastopol ... Warum ausgerechnet Sewastopol? Warum dort statt an der Donau oder am Kaukasus?« Er wandte sich um, als erwarte er, die Antwort an der Wand geschrieben zu sehen, und dabei fiel sein Blick auf mich. »Ah, Oberst Flashman, vielleicht können Sie zu unserer Aufklärung beitragen. Sind Ihnen irgendwelche Faktoren in der Heimat bekannt, die unsere Regierung in dieser besonderen Frage beeinflußt haben könnten?«

Ich erzählte ihm, was ich wußte: Daß die Presse ›Sewastopol! Sewastopol!‹ zu ihrem Schlachtruf gemacht hatte und daß alle nur noch davon faselten.

»Wissen die Leute, wo es liegt?« fragte Brown.

Ich wußte selber nicht so recht, wo es lag, sagte aber, das glaubte ich schon. Raglan tippte sich an die Lippen und sah die Depeschen an, als hoffte er, sie würden sich in Luft auflösen.

»Haben Sie jemanden gesprochen, als Ihnen die Depeschen übergeben wurden? Newcastle vielleicht oder Argyll?«

»Ich habe Lord Palmerstone gesprochen, Sir. Er bemerkte, die Regierung sei davon überzeugt, daß die Einnahme von Sewastopol äußerst förderlich wäre, aber daß es ein verteufelt ernstes Geschäft werden dürfte. Das waren seine Worte, Sir.«

Brown knurrte angewidert, und Raglan lachte. »Je nun, dieser Ansicht können wir uns wohl anschließen. Zunächst einmal müssen wir jetzt die Meinung unserer gallischen Verbündeten einholen. Erst dann werden wir eine fruchtbare Entscheidung treffen können.«

Ja, und dann kamen sie, die schnatternden Franzmänner, an ihrer Spitze St. Arnaud, der kleine Schreier aus der Fremdenlegion, der früher seinen Lebensunterhalt auf der Bühne verdient hatte und mit seinem schmierigen Schnurrbart wie ein Eisverkäufer aussah. Er hatte das hektisch gerötete Gesicht eines Todkranken – was er auch war –, und Canrobert mit seinem langen Haar und seinem lächerlich gelockten Schnurrbart war auch nicht der Mann, der geeignet war, einem Vertrauen einzuflößen. Schlimmer allerdings als unsere eigene Mannschaft waren sie auch nicht – der Esel Cambridge, der stets und ständig schnaubende und schnaufende Evans, der in einem fort von Old England brabbelte, und am Kopf des Konferenztisches Raglan, der aussah wie ein Pfarrer bei der Verteilung der Schulpreise, unerschütterlich höflich zu jedermann war und über jede Meinung – wie sie auch sein mochte – freudige Genugtuung äußerte.

Und an Meinungen herrschte kein Mangel. Raglan glaubte, daß wir mit einigem Glück eine Invasion erfolgreich durchführen könnten, Brown war strikt dagegen, zuerst waren die Franzmänner sämtlich dafür, und St. Arnaud erklärte unter Verwendung markiger französischer Flüche, bis Weihnachten würden wir in Sewastopol sein. Unsere Marine opponierte, und Raglan wurde verdrießlich und dann bekamen auch die Franzmänner kalte Füße, und es gab ein Riesendurcheinander. Sie hielten eine zweite Sitzung ab, an der ich nicht teilnahm, und dann kam heraus, daß die Franzmänner und Raglan wieder ein Herz und eine Seele waren, Brown war überstimmt worden und die Marine mit ihm. Der Marsch auf die Krim konnte beginnen.

»Schätze, die Seeluft wird uns guttun und die allgemeine Stimmung heben«, sagte Raglan. Bei mir konnte natürlich davon gar keine Rede sein. Ich habe mir später überlegt, ob ich etwas dagegen hätte unternehmen können. Doch, wahrscheinlich wäre da was zu machen gewesen. Aber was? Hätte Otto Bismarck in meinen Stiefel und in meiner Uniform gesteckt, hätte er sie wohl davon abbringen können, und selbst ein Subalternoffizier kann da einiges bewirken, wenn er es richtig anfängt. Aber ich habe mich nach Möglichkeit nie in die große Politik eingemischt. So was kann sehr brenzlig werden. Wohlgemerkt – hätte ich hellseherische Fähigkeiten gehabt, hätte ich mich eines Nachts in Raglans Zelt geschlichen und dem alten Trottel eins über die Birne gegeben, aber das alles habe ich eben damals nicht gewußt.

Im folgenden Monat wurde dann mit viel Getue und Getöse die Invasion vorbereitet. Willy und ich hatten uns in einem Häuschen vor der Stadt behaglich eingerichtet, und dank unserer Vorräte und Ausrüstung hatten wir es recht nett, freilich konnten wir als Stabsoffiziere nicht allzuoft kneifen, obgleich Raglan seinen Willy nicht überarbeitete und ihn immer wieder aufforderte, auszureiten und zu jagen und sich nicht zu überanstrengen. Im übrigen stand, soweit ich das beurteilen konnte, bis zuletzt nicht fest, ob die Armee, bei der noch immer Fieber und Konfusion herrschten, sich so weit erholen würde, daß sie auf die Schiffe kriechen konnte, aber bekanntlich schafften wir es glücklich doch. Ich habe mich an anderer Stelle ausführlich darüber ausgelassen, wie so etwas aussieht: Das grauenhafte Chaos der Einschiffung, tagelang mit kotzenden Soldaten vor Anker liegende Boote, heulende Weiber, die Befehl hatten, an Land zu bleiben (meine kleine Freundin Fan Duberley allerdings schlich sich als Wäscherin verkleidet an Bord)[13], Pferde, die mit den Hufen gegen ihre engen Boxen donnerten, unerträglicher Gestank, in der Bucht schwimmende Choleraleichen, Billy Russell, der mit seinem Notizbuch am Kai stand und Lord Lucan in Grund und Boden redete: »Auch ich, Mylord, habe meine Pflicht, und die besteht darin, meine Leser zu informieren, und wenn es Ihnen nicht gefällt, daß über das berichtet wird, was Sie tun, dann lassen Sie es eben bleiben. So, das wäre mein Rat an Sie.« Billy war ein richtiger irischer Dickkopf, aber

Lucan war auch einer, und so standen sie sich gegenüber und fluchten sich an wie Flußlotsen vom Mississippi.

Ich hatte alle Hände voll zu tun gehabt, um uns eine Kajüte auf der *Caradoc*, Raglans Flaggschiff, zu beschaffen, und es war kein übles Quartier, in dem Willy und ich uns zusammen mit Lew Nolan, einem Melder von Airey, dem neuen Stabschef, einrichteten. Auch Nolan war Ire mit einem Schuß vor irgendwelchem Welschvolk im Blut, ein Kavallerienarr, der auf alle anderen herabsah und sie das auch fühlen ließ, obgleich er rangmäßig eigentlich gar keinen Grund dazu hatte. Bei mir allerdings hielt er sich mit seinen Unverschämtheiten sehr zurück, weil ich der bessere Reiter war, was er wußte. Unsere gemeinsame Kajüte war schon eine Leistung. Mancher Generalmajor mußte sich mit einer Hängematte bescheiden. Aber wozu hat man einen Schützling von königlichem Geblüt? Sie können sich darauf verlassen, daß ich das weidlich ausnutzte.

Und dann ging sie los, unsere lustige Schiffahrt übers Schwarze Meer mit einer Riesenflotte und sechzigtausend Mann, von denen nur die Hälfte sterbenskrank war. Briten, Franzmänner, Türken, ein paar Bashi-Bozouks*, nicht genug schweres Geschütz, um mehr als ein- oder zweimal Salut zu schießen, und der alte General Scarlett, der auf einer Kiste mit lebenden Hühnern saß und sich die Kommandos für die Führung einer Kavalleriebrigade aneignete, dann und wann den Finger zwischen die Seiten des Lehrbuchs legte, die alten Säuferaugen zumachte und brüllte: »Schritt, Marsch, Trab ... Gottverdammich – wie geht's weiter?«

Der Haken war nur der, daß niemand wußte, wohin die Reise eigentlich gehen sollte. Während wir uns über das Schwarze Meer quälten, rätselten Raglan und die Franzmänner herum, wo wir landen sollten, und dann schipperten wir an der russischen Küste entlang und sahen uns nach einem geeigneten Landeplatz um. Endlich fanden wir einen, und Raglan strahlte übers ganze Gesicht und sagte, was für ein famoser Strand es doch sei. »Riechen Sie den Lavendel?« fragte er. »Ei, ei, Prinz Wilhelm, Ihnen dünkt gewiß, Sie seien wieder in Kew Gardens.«

Mag sein, daß es zuerst nach Lavendel gerochen hat, aber als fünf Tage später glücklich alle in strömendem Regen, spuckend und scheißend an Land gekrochen waren und am Ufer die Berge von Proviant

* Irreguläre türkische Soldaten, die wegen ihrer Brutalität berüchtigt waren

und Geschützen und Abfall wuchsen und das Meer von dem Kot der sechzigtausend Mann immer dunkler wurde ... na ja, ich brauche das wohl nicht genauer zu schildern. Der Gesundheitszustand war vielleicht eine Spur, aber nicht wesentlich besser als auf See, und als wir uns endlich an der Küste entlang in Marsch setzten und ich den schweren, schleppenden Schritt der Infanterie und die ausgezehrten Gesichter der Kavalleristen sah, dachte ich bei mir: Wie weit wird dieser Haufen mit den kümmerlichen Portionen Schweinefleisch und Zwieback kommen, ohne Zelte, getreulich begleitet vom unsichtbaren Drachen Cholera?

Dabei sah es aus der Entfernung durchaus imposant aus. Als die ganze Armee angetreten war, erstreckte sie sich über vier Meilen in Viererreihen, eine große, glitzernde Schar, von den Zuaven am Strand in ihren roten Mützen und blauen Röcken bis zu den Tschakos der Vierundvierziger am Horizont, was für mich ein unheilvolles Omen war, denn als ich die zuletzt gesehen hatte, hatten sie Rücken an Rükken im blutigen Schnee von Gandamak gestanden, während ihnen die Ghazimesser um die Ohren pfiffen, und Souter hatte sich die Fahne um den Bauch gewunden. Immer, wenn ich die Front der Vierundvierziger sah, mußte ich an die in den eisüberkrusteten Bergen von Afghanistan sterbende Armee denken, und dann lief mir ein Schauer den Rücken herunter.

Ich hatte den Vorzug – wenn man das so nennen kann –, das Startzeichen zu geben, denn Raglan schickte mich und Willy erst zur Nachhut und dann zur Vorhut, um die Marschorder zu überbringen. Mit der zweiten Order ließ ich Willy allein reiten, denn die Vorhut befehligte kein Geringerer als Cardigan, und ich hätte es einfach nicht ertragen, diesem Hundsfott ins Gesicht zu sehen. Wir kanterten durch die Truppe, und die flüchtigen Bilder haben sich in meiner Erinnerung festgesetzt: Die niedlichen französischen Feldküchenhürchen, die lachend auf den Geschützprotzen saßen; die reglosen scharlachroten Reihen der Garde, die bärtigen Franzosengesichter unter dem *kepi*; Bosquet, der seinen Bauch über einem Pferd balancierte, das zu klein für ihn war; der Singsang der schottischen Highlander in ihren dunkelgrünen Kilts; die dunklen Jacken der Leichten Division, die roten, in der Hitze glühenden Bauerngesichter; der Geruch nach Schweiß und Öl und heißem Serge; das Knarren des Leders, das Geklingel der Geschirre, die glitzernden Lanzenspitzen der wartenden Siebzehner. Und Willys erregter Aufschrei: »Unser Regiment, Harry! Schau nur, wie großartig sie aussehen. Was für prachtvolle Burschen es sind ...« Billy Russell, der mir, rittlings auf seinem Muli sitzend, zuruft: »Wie steht's Flash? Geht's endlich los?« Ich wechselte ein paar Worte mit ihm, während Willy nach vorn galoppierte, wo die lange rotblaue Reihe der Elfer die Vorhut bildete.

»So nah habe ich unsere Freunde noch nie in Augenschein nehmen können«, sagte Billy. »Schau mal da rüber.« Ich folgte seiner deutenden Hand. Weit hinten an der linken Flanke, die Sonne im Rücken, stand eine lange, schweigende Reihe von Reitern auf dem Kamm, mit Lanzen, die wie Stöckchen in der Hand von Pygmäen aussahen.

»Kosaken«, fuhr Billy fort. Wir hatten sie schon einmal gesehen, am ersten Abend, als sie unsere Ankunft beobachteten, und damals hatte ich bei mir gedacht, nur gut, daß ihr keine Ghazis seid, Freunde, sonst hättet ihr unsere ganze Mannschaft gleich nach der Landung wieder ins Meer zurückgetrieben. Und als zum Abmarsch geblasen wurde, der lange Heerwurm sich schwerfällig durch die flimmernde Hitze zu bewegen begann, eine Militärkapelle »Garryowen« spielte und die Rösser der Siebzehner bei den Klängen schnaubten und unruhig scharrten, sah ich zu meinem Entsetzen, daß Willy, nachdem er seine Order überbracht hatte, nicht wieder zu mir zurückkam, sondern sich in gestrecktem Galopp auf die linke Flanke zubewegte.

Ich versuchte sofort, ihm den Weg abzuschneiden, aber er war ein Leichtgewicht und hatte ein schnelles Pferd und war nur noch gute dreihundert Ellen von der linken Flanke entfernt, als ich ihn eingeholt hatte. Er bewegte sich in kurzem Galopp vorwärts, den Blick auf die ferne – oder eigentlich jetzt gar nicht mehr so ferne – Anhöhe gerichtet. Als ich wutschnaubend auf ihn zukam, wandte er sich um und deutete hin. »Der Feind, Harry.«

»Was fällt dir ein, du Holzkopf«, schrie ich ihn an. »Willst du unbedingt eine Kugel verpaßt bekommen?«

»Dazu sind sie noch zu weit weg«, lachte er, und das stimmte natürlich. Immerhin – man erkannte die blauweißen Streifen der Lanzen, die zottigen Pelzmützen. Unbeweglich saßen sie da, während wir zu ihnen hinübersahen, und ich spürte trotz der Hitze kalten Schweiß im Rücken. Die da so reglos dasaßen und uns beobachteten, waren die berühmten Wilden aus dem Tatarenland, und Gott allein wußte, wie viele es waren, die da in Horden auf unsere armselige kleine Armee mit den fröhlich-bunten Standarten zumarschierten. Ich griff in Willys Zügel und zerrte sein Pferd herum.

»Rückwärts marsch, mein Freund, und daß du dich nicht noch einmal selbständig machst, ist das klar?«

»Aber es ist doch völlig ungefährlich. Keiner von denen hat sich auch nur vom Fleck gerührt. Weißt du, eigentlich ist das sterbenslangweilig. Im Mittelalter wäre einer vor die Linie geritten und hätte uns zum Zweikampf gefordert, und wir hätten uns angesichts der versammelten Armeen geschlagen. »Grundgütiger Himmel, da saß er, dieser Grünschnabel, die Augen strahlten, die Hand zuckte am Säbelgriff, der ganze junge Kerl zitterte vor Kampfeslust. Und das mir! Aber ehe ich ihm gründlich die Meinung sagen konnte, dröhnten Geschütze jenseits der Anhöhe, es bummerte dumpf, vor uns pfiff Blei durch die Luft, und eine kleine Schar rotbehoster Husaren löste sich aus dem Verband und sprengte mit blankem Säbel auf die Anhöhe zu. Rufe und Befehle schwirrten durch die Luft, und ein Trupp berittener Artillerie kam auf uns zugestürmt, und ich mußte Willy scharf hernehmen, damit er kehrtmachte, während die Artilleristen abprotzten und ihre Stücke richteten, um den russischen Geschützen eine Antwort zu verpassen.

Er wäre gern geblieben, aber damit kam er bei mir nicht durch. »Auch einen Melder kann's mal erwischen«, sagte ich. »Aber nicht, weil er sich mit offenem Maul an einer fremden Vorstellung ergötzt hat.« Um die Wahrheit zu sagen – beim Donnern der verdammten Kanonen war meine Gedärme mal wieder das große Zittern angekommen. »Jetzt los, Galopp«, sagte ich.

»Meinetwegen«, maulte er. »Aber du brauchst wirklich nicht so besorgt zu sein. Ich werde schon nicht gleich ins Gras beißen.« Als er mein Gesicht sah, fing er an zu lachen. »Teufel auch, was bist du für ein bedachtsamer alter Langweiler, Harry. Fast so schlimm wie Dr. Winter.«

Ich hätte nichts dagegen gehabt, in diesem Augenblick Dr. Winter Gesellschaft zu leisten, wo immer der alte Knabe sich auch herumtreiben mochte. Aber ich sollte noch an Willys Worte denken – auch in den nächsten Tagen, während die Armee sich weiter die Küste entlangschleppte, tagsüber vor Hitze japsend, nachts am Feuer fröstelnd, bis wir zu dem langgezogenen Hang kamen, der zu einem Fluß mit roten Ufern und schroffen Steilhängen und tief eingeschnittenen Rinnen dahinter führt. Ein unbedeutendes russisches Flüßchen, aber heute kann man seinen Namen auf den Gedenktafeln englischer Dorfkirchen lesen, auf zerschlissenen alten Fahnen in den Kathedralen, auf den Metallteilen von Orden und auf den Straßenschildern schmieriger Gassen hinter den Fabriken. Alma.

Sie kennen vermutlich die prächtigen Ölschinken: Die tadellos ausgerichteten Reihen der Gardisten und Highlander, die sich bergauf bis zu den russischen Batterien hinziehen, hier und da ein Mann, der gedankenvoll im Gras sitzt, seinen Hut neben sich, in der Ferne silbrige Wölkchen von Kanonenrauch, vorn Standarten und Kerls mit Dreispitzen, die ihre Schwerter schwingen. Es kann ja sein, daß manche Leute die Schlacht am Alma so in Erinnerung behalten haben, aber der alte Flashy hat sie ganz anders erlebt. Und, bitte sehr, ich war mittendrin, dank eines Kommandeurs, der nicht genug Grütze im Kopf hatte, um zu begreifen, daß ein General sich im Hintergrund zu halten hat, um von dort aus die Geschicke der Schlacht zu lenken.

Es war von Anfang an heller Wahnsinn und ein heilloses Gemetzel. Die Russen standen, vierzigtausend Mann stark, auf den Steilhängen südlich des Alma, hinter ihnen auf den Hängen waren Artilleriestellungen. Unsere Jungs, mit den Franzmännern auf dem rechten Flügel, rückten über den Fluß und die Hänge hinauf vor, um die Rußkis zu vertreiben. Hätte Menschikoff sein Handwerk verstanden, oder hätten unsere Truppen eine etwas kleinere Portion blindwütigen Mutes gehabt, wäre schon dort unsere ganze Armee beim Teufel gewesen. Aber die Russen kämpften so schlecht und so dumm wie meist, und nur dank Raglans unglaublichem Dusel und der idiotischen Tapferkeit unserer Soldaten kamen wir noch einmal davon.

Eine detaillierte Beschreibung des Blutbades können Sie, falls Ihnen der Sinn danach steht, in jeder Militärgeschichte nachlesen. Für mich gliedert sich die Schlacht in vier Abschnitte. Erstens: Flashy beobachtet vorbereitendes Bombardement von seinem Posten in der Mitte von Raglans Stab aus und tröstet sich damit, daß zwischen ihm und dem Feind etwa zwanzigtausend Mann stehen. Zweitens: Flashy ist stundenlang (so kommt es ihm jedenfalls vor) damit beschäftigt, hinter die Linien der Franzmänner auf dem rechten Flügel zu galoppieren, wobei er sich, so weit es der Anstand erlaubt, aus der Schußlinie hält, und im Namen von Lord Raglan nachzufragen, warum zum Henker die Franzmänner nicht die seeseitige Flanke der russischen Stellungen attackieren? Drittens: Flashy steckt mit Lord Raglan im Schlachtgetümmel. Viertens: Flashy erntet die Früchte des alliierten Sieges, die ihm verteufelt bitter schmecken.

Vorgesehen war, daß die Franzmänner die Flanke der Rußkis aufrollen sollten, dann würden unsere Jungs über den Fluß setzen und den Rest erledigen. Also saßen wir stundenlang da, schwitzten und sahen aus den russischen Batterien die Rauchwolken des Geschützfeuers aufsteigen, das unsere Leute links und in der Mitte bestrich. Aber die Franzmänner kamen mit ihrem Teil des Geschäfts nicht voran, und Nolan und ich flogen wie Federbälle zwischen St. Arnaud und unseren Leuten hin und her. Er sah aus wie Freund Hein persönlich und schnatterte wie toll, während eine knappe halbe Meile von ihm entfernt seine kleinen Blauröcke die Anhöhen hinaufkrabbelten und zurückgeschlagen wurden und der Rauch in langen, grauen Schwaden über den Fluß zu uns hinüberrollte.

»Richten Sie milor' aus, daß es noch eine kleine Weile währen wird«, sagte er immer wieder, und wir galoppierten zu Raglan zurück. »So werden wir die Franzosen nie schlagen«, sagte er, und als er diskret darauf hingewiesen wurde, daß der Russe der Feind war und nicht der Franzmann, verbesserte er sich rasch und sah sich um, ob nicht vielleicht ein französischer Melder was aufgeschnappt hatte. Und dann endlich, als er sah, wie unsere schweigenden Kolonnen vom Feuer der Russen zusammengeschossen wurden, gab er den Befehl zum Angriff, und die langgezogenen roten Reihen wälzten sich den Abhang hinunter auf den Fluß zu.

Von einem brennenden Weiler direkt vor uns wehte stinkender schwarzer Qualm an den Ufern entlang, und die weißen Pulverdampfwolken der russischen Batterien wälzten sich in breiter Front ihm entgegen. Die gewaltig wogenden Reihen der Infanterie verschwanden darin, und durch das eine oder andere Loch sahen wir, wie sie in den Fluß tauchten, die Gewehre hoch über den Kopf gereckt, während das Geknatter der russischen Geschütze von den Steilhängen widerhallte und die weißen Wölkchen des Musketenfeuers sich wie Feuerwerksfrösche über den Rändern der russischen Gräben erhoben. Und dann kam die gelichtete Reihe unserer Infanterie aus dem Rauch hervor und kletterte den Steilhang hinauf, wir sahen, wie die Salven sie niedermähten, und unsere Geschütze gaben donnernd Antwort und rissen um die russischen Batterien herum tiefe Krater auf. Willy, der Schwachkopf, saß zappelnd neben mir im Sattel und quiekte vor Aufregung. Bei dem allgemeinen Getöse fiel es nicht weiter auf.

Raglan sah sich um und lächelte, als er den Jungen sah, und winkte mir. Er mußte brüllen, um sich verständlich zu machen. »Behalten Sie ihn in Ihrer Nähe, Flashman«, sagte er. »Wir gehen in Kürze über den

Fluß.« Eine so unwillkommene Nachricht hatte ich seit Wochen nicht mehr gehört. Unser Angriff hatte sich totgelaufen. Das russische Feuer hatte sich verstärkt, unsere Männer krebsten immer noch am Fuß der Steilhänge herum, wo der Boden schon mit reglosen Körpern bedeckt war, in Häufchen, wenn es eine Kanone gewesen war, oder einzeln, wenn eine Muskete sie erwischt hatte.

Dann kam Nolan auf uns zu, ganz Eifer und Mannesmut, der Henker hole ihn, und überbrachte eine Nachricht der Franzmänner, und ich sah, wie Raglan den Kopf schüttelte, und dann trabte er zum Fluß, wir anderen pflichtschuldigst hinterdrein. Willy hatte seinen Säbel gezogen, fragen Sie mich nicht warum, denn unsere einzige Sorge war im Augenblick das russische Blei, was freilich schon schlimm genug war. Wir trieben unsere Pferde rasch zum Flußufer hinunter, wobei ich Willy im hinteren Teil der Kavalkade hielt. Als ich ins Wasser stieg, sah ich gerade noch, wie Airey seinen Federhut wegwarf. In dem schlammig aufgewühlten Fluß trieben Leichen, und der Rauch wogte den Hügel herunter und brannte uns in der Kehle, so daß die Pferde sich aufbäumten und ich Willys Zügel packen mußte, damit er nicht abgeworfen wurde. Links von uns hatten sich Männer der Zweiten Division am Ufer zusammengedrängt und warteten auf das Zeichen zum Vorrücken. Sie würgten und husteten, und Patronen und Kanonenkugeln pfiffen und jaulten auf eine widerwärtig beängstigende Weise vorbei. Ich hielt den Kopf unten und schickte ein Stoßgebet nach dem anderen gen Himmel, wie das in solchen Fällen meine Gewohnheit ist, und dann sah ich unmittelbar vor mir einen Melder aus dem Sattel stürzen, dem das Blut nur so aus dem Ärmel spritzte. Er rappelte sich auf, bekam meinen Steigbügel zu fassen und lallte: »Melde mich zur Stelle Mylord ...« und rollte zur Seite, und irgend jemand saß ab, um nach ihm zu sehen.

Raglan blieb kalt wie eine Hundeschnauze stehen, sah nach rechts, sah nach links und schickte zwei Melder zu Evans und Brown, deren Divisionen am Fuß des Steilhangs in Stücke gerissen wurden. »Kommen Sie, Gentlemen«, sagte er. »Suchen wir uns einen Ausguck.« Und dann trabte er den Hohlweg hinauf, der sich unmittelbar vor uns öffnete. Erstaunlicherweise war er unbesetzt, die Russen hatten sich rechts und links auf den Höhen konzentriert, und der Rauch ballte sich so dicht über unseren Köpfen, daß man nicht weiter als zwanzig Ellen nach oben sehen konnte. Für einen General vielleicht nicht gerade die ruhmreichste Position, die sich denken läßt, und dieser Meinung muß wohl auch Raglan gewesen sein, denn plötzlich gab er seinem Pferd die Sporen und trabte links die Anhöhe hoch, und wir quälten uns hinter ihm her über Schotter und struppiges Gras und durch stinkenden Qualm, und dann waren wir plötzlich durch und standen auf einem Hügelchen am Fuße des Steilhangs.

Mein Lebtag werde ich diesen Anblick nicht vergessen. Rechts von uns erhoben sich die Steilhänge, kahl, abschüssig, bis zu fünfhundert Fuß hoch. Wir konnten jede einzelne der russischen Stellungen erkennen, die Rauchwölkchen der Musketen, die aus den Gräben stiegen, die bärtigen Gesichter dahinter. Links von uns war eine gewaltige Schanze, großzügig bestückt mit gegnerischen Geschützen und Infanterie. Darüber und dahinter lagen weitere schwere Batterien. Der Boden vor der großen Schanze war dicht an dicht mit unseren Toten bedeckt, aber immer mehr stürmten durch den Kugelhagel vom Fluß herauf. Und dahinter, an den Steilhängen, rückten sie noch immer vor, eine große, weit auseinandergezogene Schar scharlachroter Röcke und weißer Kreuzbandeliers, auf Händen und Füßen, stürzend, sich zerstreuend und neu formierend, unermüdlich. Über eine Meile verteilt, soweit das Auge reichte, fluteten sie diesen verteufelten Hang hinauf, über die vor ihnen verstreuten Gefallenen hinweg, den rauchenden Stellungen des Feindes entgegen.

Nur gut, daß du den Tanz nicht mitzumachen brauchst, dachte ich bei mir – und dann wurde mir schlagartig klar, daß wir ungeschützt, für jedermann sichtbar, auf unseren Gäulen saßen, nicht hundert Ellen entfernt von der russischen Infanterie. Wir hatten – dank diesem Schwachkopf Raglan – unsere eigene Infanterie weit hinter uns gelassen, und er saß da, von seinem blauen Rock umflattert, den Federhut auf dem Kopf, pomadig, wie bei der Truppenparade, sich nur mit den Knien an den Sattel klemmend, während er das Perspektiv mit seinem einen Arm ruhig hielt. Es pfiff so viel Blei durch die Luft, daß man nicht wußte, ob sie absichtlich auf uns schossen oder nicht.

Und dann sahen wir auf dem Kamm, oberhalb der Batterien, die russische Infanterie vorrücken – eine riesige braune Masse, eng gedrängt, wie ein Sardinenschwarm, in tief gestaffelten Reihen. Langsam und unerbittlich wälzten sie sich auf die Batterien zu, offenbar mit der Absicht, unsere Infanterie zu überrollen. Sie sahen aus, als könne nichts sie aufhalten, und Raglan pfiff durch die Zähne.

»Bei Gott, hier gilt es zuzuschlagen«, rief er, wandte sich um und sah mich an. »Vorwärts, Flashman. Kanonen. Sofort.« Sie können sich denken, daß ich mir das nicht zweimal sagen ließ. »Du bleibst, wo du bist«, rief ich Willy zu und preschte den Hang hinunter. Den Gespannen, die sich durch den Fluß und am Ufer entlangquälten, brüllte ich zu, sich schleunigst auf die Anhöhe zu verfügen. Die Pferde wurden die schlammige Böschung hinaufgepeitscht und zogen die wild schlenkernden Geschütze hinter sich her. Einer unserer Melder ließ sie richten, während die Kanoniere sie mit äußerster Anstrengung herumdrehten, und als ich – ohne übertriebene Eile – wieder auf unserem Hügel erschien, krachten die ersten Salven in die russischen Marschsäulen.

Am Steilhang herrschte blutiges Chaos und auf unserem Hügelchen die Hölle. Infanterie wogte an uns vorbei; schwitzend, keuchend, mit rauchgeschwärzten Gesichtern und blankem Bajonett stürzten sie sich auf die russischen Stellungen. Sie kreischten und brüllten wie besessen und schienen die blutigen Lücken, die das russische Feuer in ihre Reihen riß, gar nicht zu bemerken. Ich sah, wie zwei zu Brei wurden, als eine Salve sie traf und einer mit abgeschossenem Bein schreiend liegenblieb. Ich schaute mich nach Raglan um; er war dabei, mit zwei Meldern den Feldherrnhügel herunterzureiten. Dann blickte ich zu Willy hinüber, dem der Hut vom Kopf geflogen war und der auf die vorbeiflutende Infanterie einbrüllte wie ein Verrückter.

Und dann – ich traute meinen Augen nicht – riß er seinen Säbel hoch und jagte mit dem ganzen Haufen auf die nächstgelegene Batterie zu. Sein Pferd stolperte, fing sich wieder, und er fuchtelte mit seinem Säbel in der Luft herum und juchzte lauthals. »Zurück, du deutscher Hornochse«, brüllte ich, und Raglan muß mich gehört haben, denn er zügelte sein Pferd und wandte sich um. Durch das Pfeifen der Kugeln hindurch, durch Gebrüll und Kanonendonner, während die Schlacht auf Messers Schneide stand, hatten die Ohren, die sonst für jedes Wort der Vernunft taub waren, erfaßt, was ich gerufen hatte. Er sah mich, sah Willy, der im Getümmel der Infanterie über den Steilhang stob, und krähte: »Ihm nach, Flashman!«

Bei jedem anderen Soldaten der britischen Armee hätte diese Order wohl sofortige Wirkung gezeitigt. Wenn der Oberste Kriegsherr befiehlt ... und so weiter. Aber ich warf einen Blick auf die mit Toten bedeckte Anhöhe, auf den jungen Narren, der da durch Blut und Blei ritt, und dachte, bei Gott, soll er doch sehen, wo er bleibt. Ich zögerte, und Raglan wiederholte zornig seinen Befehl, und ich ritt auf ihn zu, hielt mir eine Hand hinters Ohr und rief: »Wie meinten Sie, Mylord?«

Er brüllte und zeigte mit ausgestrecktem Zeigefinger, und dann schlug glücklicherweise eine Kugel zwischen uns ein, und als die Erde aufspritzte, ließ ich's mir angelegen sein, mich geschickt aus dem Sattel gleiten zu lassen.

Ich saß wieder auf und stellte mich halb betäubt, aber hol's der Henker, er war immer noch da, und mit seiner Bierruhe war es vorbei. »Der Prinz, Flashman«, brüllte er, und dann zupfte ihn einer der Melder am Rock und deutete nach rechts, und sie ritten los, während ich mich noch immer an den Kopf meines Gauls klammerte, und hundert Ellen von mir entfernt galoppierte Willy inmitten der vorrückenden Infanterie auf die Brustwehr der Batterie zu. Das Pferd scheute, er schwankte im Sattel, der Säbel fiel ihm aus der Hand, und dann kippte er nach hinten, verlor den Halt und stürzte den Infanteristen vor die Füße. Ich sah ihn ein, zwei Ellen weit kollern, dann lag er still, und die Vorhut stiefelte über ihn hinweg.

»Jesus, den hat's erwischt, dachte ich, und als unsere Leute die Batterie stürmten und das Feuer von oben schwächer geworden war, ritt ich vorsichtig durch die grausigen Berge Toter, Sterbender und Verwundeter, den Gestank von Blut und Pulver in der Nase, den Chor der Todes- und Schmerzensschreie im Ohr. Ich ließ mich neben der schmalen Gestalt in Blau, die zwischen den roten Röcken lag, auf ein Knie nieder. Er war mit dem Gesicht nach unten zu liegen gekommen. Ich drehte ihn um – und mußte mich übergeben. Sein Gesicht war nur noch halb da – ein starres Auge, eine Braue, eine Wange. Die andere Seite war nur blutiger Brei, aus dem sein Hirn rann.

Ich weiß nicht, wie lange ich dort hockte und ihn ansah, wie versteinert vor Entsetzen. Über mir wurde noch immer heftig geschossen und gebrüllt, der Kampf tobte jetzt weiter oben auf den Hängen. Ich zitterte vor Angst. Dort hinein brachten mich keine zehn Pferde mehr, soviel war sicher. Während ich mich zwang, das zu betrachten, was von Willy übriggeblieben war, hörte ich mich laut jammern und klagen. »Jesus, was wird Raglan sagen? Ich habe Willy verloren. Mein Gott, was werden sie sagen?« Und ich begann zu fluchen und zu heulen – nicht um Willy, sondern im Schock und weil Torheit und unerhörtes Pech mich in dieses Gemetzel getrieben und diesen stupiden kleinen Burschen das Leben gekostet hatten, dieses jämmerliche Prinzlein, das den Krieg für einen Hauptspaß gehalten hatte und der mir anvertraut gewesen war. Grundgütiger Himmel, dieser blaublütige Tote konnte mich zugrunde richten. Und fluchend und schluchzend harrte ich neben der Leiche aus.

»Von all dem Schrecklichen, was ich an diesem Tag gesehen habe, hat mich nichts so tief erschüttert wie dies.« Das waren Aireys Worte, als er Raglan schilderte, wie er mich oberhalb des Alma neben Willys Leiche gefunden hatte. »Der arme Flashman, ich glaube, es hat ihm das Herz gebrochen. Den Tapfersten Ihres Stabes, einen Offizier, dessen Mut bei den Mannschaften sprichwörtlich geworden ist, neben seinem gefallenen Kameraden knien und weinen zu sehen wie ein Kind, das ist schon ein ergreifender Anblick. Hundertmal, das weiß ich, hätte er sein Leben gegeben, um diesen Knaben zu retten.«

Ich lauschte, sprachlos in meinem mannhaften Kummer, vor der Zeltklappe. Na, das hört sich ja ganz ordentlich an, dachte ich. Tränen der Angst und des Schocks haben eben auch ihr Gutes – sofern sie als Zähren des Edelmuts mißdeutet werden. Wenn man es recht bedachte, konnte Raglan mir keinen Vorwurf machen, ich hatte den armen kleinen Dummerjan nicht totgeschossen, und ich hätte ihn auch unmöglich daran hindern können, sein Leben wegzuwerfen. Sei's drum, Raglan hatte seinen Sieg, da müßte es doch mit dem Teufel zugehen, wenn er sich den Spaß durch einen toten Melder verderben lassen würde, selbst wenn besagter Melder prinzlichen Geblüts gewesen war. Ja, so dachte ich bei mir, aber diesmal hatte ich mich in Raglan gewaltig getäuscht.

Als ich schließlich vor ihm stand – staubbedeckt, knieweich von der überstandenen Angst und eifrig bedacht, den reuigen Sünder hervorzukehren, was mir nicht schwerfiel, war sein Gesicht streng und vorwurfsvoll.

»Was werden Sie Ihrer Majestät sagen?« fragte er mit einer Stimme wie eine Kirchenglocke.

»Es tut mir leid, Mylord. Aber es war nicht meine Schuld ...«

Er hob seine eine wohlgeformte Hand. »Es ist nicht eine Frage der Schuld, Flashman. Sie hatten die geheiligte Pflicht, dieses kostbare Leben zu bewahren, das Ihnen von Ihrer jungen Königin persönlich als Unterpfand übergeben worden war. Sie haben schmählich versagt. Ich frage nochmals: Was werden Sie Ihrer Königin sagen?«

Nur ein verkalkter Trottel wie Raglan konnte so was fragen, aber was half's, ich bemühte mich nach Kräften, mich mit einigem Anstand aus der Affäre zu ziehen.

»Was hätte ich tun können, Mylord? Sie hatten mich nach den Geschützen geschickt –«

»Und Sie waren wieder zur Stelle. Da hätte Ihr erster Gedanke sein müssen, nach dem Ihnen anvertrauten teuren Gut zu sehen. Nun, Sir, was haben Sie zu sagen? Mitten im Schlachtgetümmel war ich genötigt, Ihnen den Weg zu zeigen, den Ihr Ehrgefühl Ihnen von selbst hätte weisen müssen. Und auch dann noch zauderten Sie. Ich sah, wie –«

»Das ist ungerecht, Mylord«, rief ich voller Empörung. »In der Verwirrung hatte ich nicht recht verstanden, wie Ihr Befehl lautete, ich –«

»Kam es denn da noch auf Worte an?« fragte er, und seine Stimme bibberte vor Kummer. »Verstehen Sie mich recht, Flashman, ich weiß wohl, wie es um Ihre Tapferkeit bestellt ist (ich auch, dachte ich), aber auch wenn es mir in der Seele weh tut, so muß ich Ihnen den Vorwurf machen, daß Sie gefehlt haben. Gefehlt in dem, was in jenem Augenblick Ihre vornehmste Pflicht war. Nicht mir waren Sie verantwortlich, nicht einmal der Armee, sondern allein jenem unglücklichen Knaben, dessen sterbliche Hülle auf der Bahre liegt. Seine Seele, dessen können wir sicher sein, ist bei Gott.« Er trat auf mich zu, der weinerliche alte Heuchler, die Augen voller Wasser. »Ich ahne Ihren Kummer – er hat nicht nur Airey erschüttert, sondern auch mich. Und ich glaube gern, daß Sie wünschten, auch Sie wären auf dem Felde der Ehre geblieben, wie es Wilhelm von Celle beschieden war. Vielleicht wäre es wirklich besser gewesen.« Er seufzte nachdenklich und überlegte wahrscheinlich, daß es sehr viel vorteilhafter geklungen hätte, wenn er seiner Monarchin bei der nächsten Audienz hätte sagen können: »Flash? Ja, der ist hin, aber Ihr teurer Willy ist gesund und munter.« So angstgeschüttelt und elend ich auch sein mochte – so weit war es mit mir denn doch noch nicht gekommen.

Er salbaderte noch eine Weile über Pflicht und Ehre und mein Versagen, und wie ich nun meinem guten Ruf Abbruch getan hätte. Keine Rede natürlich von seinem guten Ruf, der unter Bergen von Toten am Alma verschüttet lag. Unfähiger Hanswurst.

»Sie werden diese Bürde nun Ihr Leben lang tragen müssen«, fuhr er mit düsterer Befriedigung fort. »Wie man es in der Heimat aufnehmen wird, vermag ich nicht zu sagen. Zunächst müssen wir alle in den kommenden Prüfungen unsere Pflicht tun. Mag sein, daß Sie da einiges wiedergutmachen können.« Er hoffte wohl noch immer, daß irgendwann eine feindliche Kugel Flashy den Garaus machen würde. »Sie dauern mich, Flashman, und weil Sie mich dauern, schicke ich Sie nicht zurück nach England. Sie mögen weiter in meinem Stab bleiben, und ich hoffe und wünsche, daß Ihr künftiges Verhalten es mir möglich machen wird, diesen Lapsus – so irreparabel seine Folgen auch sein mögen – nur als einen ausnahmsweisen Fehlgriff, eine einmalige Pflichtvergessenheit anzusehen, die sich niemals wiederholen wird, ja, niemals wiederholen kann. Noch aber kann ich nicht wieder jenen kameradschaftlich-vertrauten Umgang mit Ihnen pflegen, dessen sich ansonsten die Mitglieder meines Stabes erfreuen dürfen.«

Na gut, damit würde ich leben können. Er kramte auf seinem Tisch herum und griff nach ein paar Gegenständen. »Das ist die persönliche Habe Ihres ... Ihres toten Kameraden. Nehmen Sie sie hin als ewige Erinnerung an eine traurige Verfehlung, an enttäuschtes Vertrauen und eine Ehre – nein, kein Wort von Ehre einem Mann gegenüber, dessen Mut zumindest wohl über jeden Vorwurf erhaben ist.« Unter den Siebensachen auf dem Tisch war ein Medaillon, das Willy um den Hals getragen hatte. Raglan ließ es aufschnappen, studierte das Bild und schluckte hörbar. Sein edles Gesicht zuckte. »Schauen Sie sich dieses keusche, reine Antlitz an, und spüren Sie die Reue, die Sie verdienen. Mehr als jedes meiner Worte wird er Ihnen ins Herz schneiden, der Anblick des Mädchens, das von diesem Knaben geliebt wurde – jungfräulich, vertrauensvoll, unschuldig. Denken Sie an dieses arme, süße Geschöpf, das dank Ihrer Pflichtvergessenheit bald den bittersten Kelch der Leiden wird leeren müssen.«

Wenn ich mir das Bild so betrachtete, kamen mir an dieser Möglichkeit gelinde Zweifel. Als ich das arme süße Geschöpf zuletzt gesehen hatte, war es mit nichts als schwarzen Satinstiefeln bekleidet gewesen. Sich das Konterfei einer St. John's Wood-Hure um den Hals zu hängen, darauf konnte auch nur mein Willy kommen. Er war wirklich verrückt nach ihr gewesen, der geile kleine Tropf. Wenn es nach mir gegangen wäre, hätte er sie nach wie vor Nacht für Nacht vögeln können, statt mit einem halben Kopf auf einer Bahre zu liegen. Aber ich frage mich, ob der salbadernde Raglan oder auch nur einer der frömmelnden Heuchler, aus denen seine Verwandtschaft bestand, ihn unter diesen Bedingungen wieder zum Leben erweckt hätte. Armer kleiner Willy.

Nun war ich also in Ungnade gefallen, aber immerhin erfreute ich mich bester Gesundheit, und das war die Hauptsache. Ebensogut hätte ich zwischen den dreitausend Gefallenen liegen oder zu den Unglücklichen gehören können, die sich, grauenvoll zugerichtet, die Seele aus dem Leib schrien, während die Dämmerung sich über die Hänge senkte. Ärztliche Versorgung schien es – zumindest bei den Engländern – nicht zu geben, und unsere Männer blieben zu Hunderten liegen, wo sie gestürzt waren, und wanden sich vor Schmerzen, oder starben in den Armen der Kameraden, die sich bemühten, sie zu den Lazaretten am Flußufer zu schleifen oder zu tragen. Die russischen Verwundeten lagen haufenweise um unser Biwak herum und heulten und stöhnten die ganze Nacht hindurch. Ihr schluchzendes ›Poschalsta, poschalsta ...‹ gellt mir noch immer in den Ohren. Auf dem Lagerboden häuften sich Patronenhülsen und Abfall und zerbrochene Ausrüstung in Lachen von geronnenem Blut. Alles mögliche würde ich dafür geben, wenn ich einen unserer Minister oder Straßenschreier oder blutdürstigen Hausväter auf ein Schlachtfeld wie das am Alma führen könnte – nicht, um ihm das, was ich gerade geschildert habe, vorzuführen, er würde doch nur mitleidige Laute von sich geben und ein teilnahmsvolles Gesicht machen, brav beten und es sich ansonsten nicht anfechten lassen, sondern um ihm ein hübsches großkalibriges Geschoß in den Bauch zu jagen, bis er brüllend den Geist aufgibt. Etwas Besseres hat keiner von denen verdient.

Nicht, daß ich mich in jener Nacht auch nur einen Deut um Tote oder Verwundete geschert hätte. Ich hatte meine eigenen Sorgen, denn je länger ich mich mit der Ungerechtigkeit von Raglans Vorwürfen beschäftigte, desto mehr setzte sich in mir der Gedanke fest, daß sie mich zu guter Letzt Kopf und Kragen kosten würden. In meiner Phantasie wuchs sich der Verlust des unbedarften kleinen Deutschen zu einer gewaltigen Katastrophe aus, die Königin würde mich Mörder schelten, Albert würde mir Hochverrat vorwerfen, die *Times* würde fordern, daß ich vor Gericht gestellt wurde. Erst als ich begriff, daß die Truppe vielleicht noch an anderes zu denken hatte, wurde mir wieder leichter ums Herz.

Ich fühlte mich so einsam wie der Polizist von Herne Bay[14], als ich in Billy Russells Zelt geschlurft kam, wo er im Licht einer Sturmlaterne seinen Bericht pinselte und Lew Nolan auf einer Munitionskiste saß und wie üblich das große Wort führte.

»Zwei Kavalleriebrigaden«, sagte er gerade. »Zwei Brigaden, mit denen man die ganze Bande hätte zum Teufel jagen können. Aber nein, sie sitzen auf dem Arsch, weil Lucan sich nicht traut, ohne schriftliche Order von Raglan auch nur einen Sack Hafer zu bestellen.

»Hm.« Billy kritzelte noch einen Augenblick weiter, dann sah er auf. »Hier, Flash, das ist was für dich. Waren die Hochländer die ersten in der Schanze? Ich behaupte es, aber Lew bestreitet es.[15] Stevens sagt, er weiß es nicht genau, und Campbell kann ich nirgends auftreiben. Was meinst du?«

Ich wüßte es nicht, gab ich Bescheid, und Nolan sagte, was zum Teufel das für eine Rolle spielte, es sei ja doch bloß Infanterie. Billy begriff, daß er jetzt doch keine Ruhe mehr haben würde, und warf die Feder hin.

»Du siehst ganz erledigt aus, Flash, alter Knabe«, sagte er. »Was ist los mit dir?«

Ich erzählte ihm, daß es Willy erwischt hatte, und er sagte, ja, ein Jammer, war ein netter Kerl, der Willy, und ich berichtete, was Raglan zu mir gesagt hatte, und darüber vergaß Nolan vorübergehend seinen Pferdefimmel und explodierte:

»Bei Gott, das ist denn doch ein starkes Stück. Er läßt fünf Brigaden kurz und klein schlagen und reißt einem unglücklichen Melder den Kopf ab, weil ein hirnloser kleiner Trottel, der hier gar nichts zu suchen hat, von den Russen totgeschossen wird. Warum hat er ihn überhaupt so weit nach vorn geschickt, wenn er so verdammt um ihn besorgt war? Und warum hat er dich den ganzen Tag durch die Gegend gejagt, wenn er von dir erwartet, daß du dein Prinzlein am Gängelband hältst? Der Mann ist ein Trottel. Aber was schlimmer ist, er ist ein schlechter General. Dank ihm und den elenden Franzmännern ist die russische Armee davongekommen, dabei hätten wir sie hier bis auf den letzten Mann niedermachen können. Ich sage dir, Billy, der Mann muß weg.«

»Komm, Lew, er hat seine Schlacht gewonnen«, sagte Russell, sich den Bart streichend. »Daß er dich aufs Korn genommen hat, Flash, ist ärgerlich, aber ich würde mir an deiner Stelle deswegen keine grauen Haare wachsen lassen. Glaub mir, er hat nur das an dich weitergegeben, was man ihm, wie er fürchtet, in der Heimat an den Kopf werfen wird, aber im Grunde ist er ein anständiger alter Zausel und nicht nachtragend. In ein, zwei Tagen hat er alles vergessen.«

»Meinst du?« Die Welt, fand ich, sah schon wieder freundlicher aus.

»Will ich auch schwer hoffen«, ereiferte sich Nolan. »Grundgütiger, wenn er keine anderen Sorgen hat ... Er und Lucan haben sich die große Chance durch die Finger gleiten lassen, aber wenn unser Billy erst den englischen Lesern untergejubelt hat, wie die unübertreffliche Garde und die grimmen Kaledonier die moskowitischen Horden auf die Spitzen ihrer Bajonette gespießt haben ...«

»Das ist gut«, sagte Billy und zwinkerte mir zu. »Wirklich gut, Lew. Mach weiter, du wirkst überaus anregend.«

»Ach was, der alte Narr wird sich nachgerade für einen zweiten Wellington halten«, sagte Lew. »Ja, du lachst, Russell – aber versetz mal deinen Lesern das, was ich über Lucan gesagt habe. Das wagst du nicht, wie? Schade, das würde ihnen nämlich ganz schön in die Glieder fahren.«

Das Gespräch hatte mich erheblich aufgeheitert, denn schließlich und endlich zählte nur das, was Russell dachte und schrieb, und in seinen Depeschen an die *Times* hat er Willys Tod nicht einmal erwähnt. Ich hörte, daß Raglan später bei einer Sitzung mit seinen Generälen darauf zu sprechen kam, und Cardigan, das dreckige Schwein, bemerkte in kleinem Kreise, er müsse sich doch sehr wundern, daß die Sicherheit des Prinzen einem gewöhnlichen Melder anvertraut worden sei. Aber Lucan schlug sich auf meine Seite und meinte, nur ein Narr könne mich für den Tod eines anderen Stabsoffiziers verantwortlich machen, und de Lacy Evans sagte, Raglan könne sich glücklich preisen, daß nur Willy ins Gras gebissen hatte und nicht ich. Auch unter Generälen gibt es eben gelegentlich vernünftige Leute.

Und Nolan hatte recht – Raglan und alle anderen hatten nach der Schlacht am Alma genug andere Sorgen. Die Schlauberger waren dafür, nach dem nur zwanzig Meilen entfernten Sewastopol vorzustoßen, und wäre unsere Kavallerie in Form gewesen, hätten wir es im Handstreich nehmen können. Aber die Franzmänner waren zu müde, zu krank oder – wenn Sie mich fragen – zu franzmännisch, und Tage wurden vertrödelt, und die Rußkis schafften es noch rechtzeitig, die Tore zu verrammeln.

Schlimmer noch war, daß das Gemetzel am Alma und die Cholera unsere Reihen arg dezimiert hatte und wir nicht genug Transportschiffe hatten, und hätten wir es dann glücklich bis zur Halbinsel von Sewastopol geschafft,wären wir so erledigt gewesen, daß wir kein Hühnerhaus mehr hätten ausräubern können. Aber belagert mußte werden, da half alles nichts, und Raglan, der immer elender aussah, gab sich die größte Mühe, Begeisterung und Zuversicht zu verströmen, während seine Armee verfiel, der Winter kam und die Franzmänner jammerten. Er war tapfer und entschlossen und bereit, jedes Risiko auf sich zu nehmen – und damit der denkbar schlechteste General. Ein gescheiter Feigling ist mir tausendmal lieber, weshalb ich natürlich selber ein so verteufelt guter General geworden bin. So machten wir uns denn an die Belagerung, die Franzosen und wir richteten uns auf dem schlammigen, verregneten, von Rinnen und Furchen durchgezogenen Plateau vor Sewastopol ein, dem übelsten Flecken auf Gottes schöner Erde, wo es keine vernünftigen Quartiere gab, nur ein paar elende Hütten und Zelte, und alles von dem acht Meilen entfernten Balaklawa herangeschleppt werden mußte. Bald waren Lager und Zufahrtsstraße ein stinkender Morast. Männer und Material starrten vor Dreck, der Proviant war knapp, die Vorbereitungen zur Belagerung waren härteste Knochenarbeit (zumindest für die Mannschaften), und der Auftrieb, den die Truppen nach dem Alma gehabt hatten, verflüchtigte sich sehr rasch in dem durchdringenden, fieberträchtigen Nieselregen tagsüber und der beißenden Kälte des Nachts. Bald war die Hälfte von uns verlaust, die andere Hälfte hatte Ruhr oder Cholera oder Fieber oder alles miteinander. Was ist schon ein Urlaub in Brighton, wie ein Scherzbold sagte, gegen das sonnige Sewastopol.

Ich selbst war an den Belagerungsoperationen nicht beteiligt, aber nicht, weil ich bei Raglan in Ungnade gefallen war, sondern aus dem sehr einleuchtenden Grund, daß ich, wie so viele unserer Männer, mehrere Wochen auf der Nase lag. Was auf den ersten Blick wie Cholera ausgesehen hatte, entpuppte sich als ein besonders lästiger Fall von Dysenterie mit Blähungen, den ich durch meine Gierigkeit selbst verschuldet hatte. Nach Alma, auf dem Marsch gen Süden, hatte ich eine Meldung von Airey zu unserer Vorhut gebracht und war auf einen Trupp unserer Kavallerie gestoßen, der sich einen russischen Train geschnappt hatte und ihn munter plünderte.[16] Ich machte natürlich, wie sich das für einen guten Offizier gehört, das Spiel mit, schnappte mir so viel Schampus, wie ich tragen konnte und zwei Pelzmäntel. An den Pelzmänteln war nichts auszusetzen, aber in dem Schampus müssen Keime der Sibirischen Pocken oder sonstiger Erfreulichkeiten gewesen sein, denn einen Tag später hatte ich einen Blähbauch wie ein Schaf, das giftige Kräuter gefressen hat, und kotzte und schiß, daß es nur so krachte. Sie steckten mich in ein schäbiges Loch unweit von Billy Russells Quartier, und da lag ich schwitzend und mit grummelnden Gedärmen und wünschte, ich wäre tot. An manches kann ich mich nicht mehr erinnern, da muß ich wohl im Delirium gelegen haben, aber mein Bursche versorgte mich gut, und da ich noch die ganze Ausrüstung und sämtlichen Proviant des verewigten Willy hatte – allerdings stand mir, von der letzten Woche abgesehen, der Sinn kaum nach Eßbarem –, überstand ich es leidlich. Jedenfalls besser als die anderen Kranken der Truppe, die man in hellen Scharen, von Cholera und Fieber zerfressen, nach Balaklawa karrte, wo die meisten auf der Straße herumlagen.

Lew Nolan kam mich besuchen, als ich mich auf dem Weg der Besserung befand, und versorgte mich mit dem neuesten Klatsch. Meine alte Freundin Fan Duberley war eingetroffen und hatte Quartier auf einem Schiff in der Bucht genommen. Cardigans Jacht war gekommen, und seine noble Lordschaft hatte, eine schwache Brust vorschützend, die Leichte Brigade schnöde im Stich gelassen und sich den Annehmlichkeiten des Lebens an Bord verschrieben, wo er weich schlief und sich mit allen nur erdenklichen Köstlichkeiten vollstopfte. Von Lew erfuhr ich auch, daß von einer großen russischen Streitmacht gemunkelt wurde, die von Osten her im Anrücken war. Wenn Raglan nicht schwer aufpaßte, meinte Lew, würde er plötzlich merken, daß er auf der Halbinsel Sewastopol wie eine Maus in der Falle saß. Vornehmlich ließ sich Lew des langen und des breiten über Lucan und Cardigan aus. In seinen Augen waren es Hanswurste, der eine wie der andere, die sich mit der Führung unserer Kavallerie aufs schändlichste blamiert hatten und sie daran hinderte, die Lorbeeren zu erringen, die ihnen nach Lews Meinung zustanden. Er ödete mich furchtbar an mit seinen Tiraden, aber so ganz unrecht hatte er natürlich nicht, wie wir beide sehr bald am eigenen Leib erfahren sollten.

Denn während ich mich, ahnungslos auf meinem Lager hingestreckt, an ein wenig eingemachtem Hühnchen und Rheinwein labte – beides enthielt Willys Proviantkiste in erfreulicher Menge –, rückte jener Tag des Grauens näher, jener Tag wie ein Donnerschlag, der die Welt in einem Chaos von Pulverrauch, Kanonenkugeln und Stahl auf den Kopf zu stellen schien, jener Tag, den niemand, der dabei war, je vergessen wird. Und ich schon gar nicht. Wenn mir jemand gesagt hätte, daß es etwas geben könne, wogegen mir die Schlacht am Alma oder der Rückzug aus Kabul wie eine Kremserpartie vorkommen würden – ich hätte ihn ausgelacht. Aber wer zuletzt lacht, lacht bekanntlich am besten. Es war ausgemachtes Pech, daß ich mich ausgerechnet an diesem Tag wieder zum Dienst zurückmeldete. Hol der Henker diesen russischen Schampus; hätte er mich nur noch einen Tag länger an mein Lager gefesselt, wäre mir viel erspart geblieben. Allerdings hätten wir dann Indien verloren (und ob das ein Unglück gewesen wäre, darüber könnte man vermutlich lange streiten).

Ich war seit ein, zwei Tagen auf, ritt hin und wieder ein Stück über die Balaklawa-Ebene und überlegte, ob ich wohl kräftig genug sei, Fan Duberley einen Besuch abzustatten und die Verführungsszene weiter auszuspinnen, die vor sechs Jahren in Wiltshire auf so ärgerliche Weise vereitelt worden war. Lew hatte mir erzählt, daß sie sich prächtig herausgemacht hatte, und ich hatte seit unserer Abreise aus England nur Gäule geritten. Aus den Krimtatarinnen machten sich nicht einmal die Türken etwas, und außerdem war ich leidend gewesen. Aber länger konnte ich meine Rekonvaleszenz beim besten Willen nicht hinziehen. Der alte Bullenbeißer Campbell, Kommandeur in Balaklawa, hatte mir säuerlich bedeutet, es sei allmählich an der Zeit, daß ich mich wieder zu Raglan ins Hauptlager verfügte. Also ließ ich am Abend des 24. Oktober von meinem Burschen mein Zeug zusammenpacken, stellte Willys Vorräte bei Russell unter und begab mich gemächlich ins Hauptquartier.

Ob ich mich überanstrengt hatte oder ob es an den Jammerlauten der russischen Musikcorps in Sewastopol lag, die mich nicht schlafen ließen, jedenfalls ging es mir in der Nacht rechtschaffen elend. Meine Gedärme rumorten wie toll, und mein Bauch fühlte sich an, als hätte ich Frösche verschluckt. Überdies war ich unvorsichtig genug gewesen, mir Brandy als Medizin zu verabreichen nach dem Grundsatz, daß man sich bei Kalamitäten der Gedärme auch nicht schlechter fühlen kann, wenn man besoffen ist – was ich sehr bald als Fehleinschätzung erkannte. Als mein Bursche mich noch vor dem Morgengrauen rauh von meinem Lager riß, kam ich mir vor wie in den Wehen. Ich sagte ihm, er solle sich zum Teufel scheren, aber er erklärte mir nachdrücklich, Raglan habe nach mir geschickt, und so quälte ich mich denn in der Kälte, zitternd und voller Winde, in mein Zeug und ritt hin, um nachzusehen, was los war.

Auf Raglans Posten herrschte helle Aufregung. Von Lucans Kavallerie war gemeldet worden, daß unsere Vorhut gegnerische Truppen im Osten gesichtet habe, und jetzt wurden Melder in alle Richtungen losgeschickt, und Raglan diktierte Depeschen über die Schulter, während er und Airey über ihren Karten brüteten.

»Mein lieber Flashman«, sagte Raglan, als er meiner ansichtig wurde. »Sie sehen gar nicht gut aus. Es wäre gewiß besser gewesen, wenn Sie heute in der Koje geblieben wären.« Er war an diesem Morgen wieder mal von triefendgütiger Besorgnis. »Finden Sie nicht, daß er schlecht aussieht, Airey?«

Airey murmelte etwas davon, daß heute jeder Melder gebraucht wurde, worauf Raglan bedauernd mit der Zunge schnalzte und sagte, es täte ihm wirklich leid, aber er habe eine Nachricht für Campbell in Balaklawa, und es wäre sehr freundlich von mir, wenn ich sie überbringen würde. (Meist redete er wirklich so daher, er wußte sich gar nicht zu lassen vor Rücksichtnahme.) Ich überlegte, ob ich sozusagen meinen Bauch vorschieben sollte, aber da er so guter Laune war und die Sache mit Willy offenbar vergessen hatte, brachte ich ein tapfer-leidendes Lächeln zustande und steckte, ahnungsloser Trottel, der ich war, die Meldung ein.

Ich fühlte mich verdammt wackelig, als ich mich in den Sattel hievte, und beschloß, das unebene Gelände, das zwischen dem Hauptquartier und Balaklawa lag, gemächlich anzugehen. Ich hielt sogar mehrmals an und versuchte zu erbrechen, aber es kam nichts heraus, und ich trabte weiter über die dreckige, mit Trümmern alter Bahren und zerbrochener Ausrüstung besäte Straße, bis ich kurz nach Sonnenaufgang ins offene Gelände kam.

Nach dem heftigen Regen der vergangenen Nacht versprach es ein wunderschöner, klarer Tag zu werden, ein Tag, so recht geeignet, in scharfem Galopp querfeldein zu fliegen und sich den Wind um die Nase wehen zu lassen – sofern es nicht in den Eingeweiden jault und wimmert. Vor mir erstreckte sich die leicht gewellte Ebene von Balaklawa wie ein großes graugrünes Tuch, und als ich anhielt, um noch einmal – wieder ohne Ergebnis – zu würgen, bot sich mir ein Bild wie bei einer Felddienstübung. Links, wo das Gelände zu den langgezogenen Voronzeffhöhen anstieg, war unsere Kavallerie in voller Stärke aufmarschiert, über tausend Berittene, wie bunte Figürchen in der sonnenbeglänzten Ferne, in Schwadronen dahintrabend, herumschwenkend, sich neu formierend. Etwa eine Meile entfernt war deutlich die Leichte Brigade zu erkennen, die roten Hosen der Elfer, das Scharlach der Leichten Dragoner, die blauen Röcke und blinkenden Lanzenspitzen der Siebzehner. Die leichte Brise wehte Hörnerklang zu mir herüber, ich hörte Kommandorufe, und hinter der Leichten Brigade sah ich – langsam in meine Richtung abrückend – die Schwadronen der Schweren Brigade, die Apfelschimmel mit ihren scharlachroten Reitern, das Dunkelgrün der Skins, Hunderte von glitzernden Säbeln. Bei Gott, es sah aus wie ein grüner Kinderzimmerteppich voller Bleisoldaten, niedlich und verspielt, wie die Bilder von Manövern und Paraden in einer Gemäldegalerie.

Bis man weiter nach hinten blickte, wo die Voronzeff-Höhen im Dunst des östlichen Dämmerlichts verblichen und, man erkannte, warum unsere Kavallerie retirierte. Die Hänge waren schwarz von wimmelndem, ameisengleichem Volk – russische Infanterie, die in die von uns an dem drei Meilen langen Höhenzug etablierten Schanzen flutete. Unablässig rollte der Kanonendonner über die Ebene, das Feuer der russischen Geschütze bestrich die Schanzen, weiter hinten sah man Musketen blitzen. Sie wuselten um die Geschützstellungen herum und überrannten unsere türkischen Kanoniere, und ihre Artillerie nahm unsere zurückweichende Kavallerie aufs Korn und trieb sie dicht unter den Höhenzug.

Ich sah über die Ebene nach rechts, wo ein weiterer Höhenzug den Zugang nach Balaklawa schützte. Auf dem Kamm stand dicht an dicht eine lange Reihe scharlachroter Figuren mit dunkelgrünen Lappen vor den Beinen – Campbells schottische Hochländer, Gott sei dank in sicherer Entfernung vor den russischen Geschützen, die sich jetzt hübsch auf die Schwere Brigade am Fuß der Voronzeff-Höhen eingeschossen hatte. Ich sah die Kugeln, die dicht vor den Gäulen einschlugen, hörte das scharfe Gebell der Kommandos: Eine Abteilung der Skins spritzte auseinander, als Erdmassen zwischen ihnen aufgeschleudert wurden, dann schlossen sie sich wieder zusammen und zogen sich abermals in den Windschatten der Voronzeff-Höhen zurück.

Zwischen mir und den Highlanders lag eine Meile leerer, unversehrter Landschaft, und ich ritt in gestrecktem Galopp, das Artilleriescharmützel links von mir argwöhnisch im Auge behaltend, auf sie zu. Aber noch ehe ich die Hälfte des Weges zurückgelegt hatte, traf ich auf ihre Vorposten, die in einer kleinen Mulde um ein Feuer saßen und frühstückten. Und wen sah ich da? Meine kleine Fanny Duberley, eine Bratpfanne befehligend, umringt von einem halben Dutzend feixender Highlander. Als sie meiner ansichtig wurde, quiekte sie freudig auf, winkte und schob die Pfanne zur Seite. Ich saß ab, der Teufel hole meinen grummelnden Bauch, und wollte sie an mich ziehen, aber sie hatte schon meine Hände ergriffen und hielt mich auf Armeslänge von sich weg. Und dann hieß es ›Harry ...‹ und ›Fanny ...‹ und ›Wo kommst du denn plötzlich her …‹, und was man in so einem Augenblick sonst noch an Unsinn schwätzt, und sie lachte, und ich betrachtete sie voller Wohlgefallen. Sie war womöglich noch hübscher geworden mit dem hellen Haar und den blauen Augen und sah in ihrem flotten Reithabit verteufelt verführerisch aus. Ich hätte viel darum gegeben, wenn ich sie hätte in den Busen kneifen können, aber unter den Augen der Hochländer, die sich eines grinsten und sich anstießen, ging das wohl schlecht.

Sie sei mit Henry, ihrem Mann, gekommen, erzählte sie, der im Stab von Lord Raglan sei, wo ich ihn allerdings nicht gesichtet hatte.

»Was meinst du, ob wir heute eine große Schlacht bekommen, Harry?« fragte sie. »Ich bin froh, daß Henry in Sicherheit ist, falls es losgeht. Schau mal da drüben …« Sie deutete über die Ebene zu den Voronzeff-Höhen. »Die Russen kommen. Aufregend, nicht? Warum greift die Kavallerie sie nicht an, Harry? Bist du auf dem Weg zu ihnen? Paß gut auf dich auf, ich bitte dich. Hast du schon gefrühstückt? Wie müde du aussiehst, Lieber. Komm, setzt dich zu uns und probier unser Haggis.«

Nun wäre dieser grausige Schottenfraß höchstwahrscheinlich aufs wirksamste geeignet gewesen, mir das Innerste nach außen zu kehren, aber ich antwortete, ich hätte keine Zeit zum Schwätzen, weil ich zu Campbell müßte. Ich versprach, mich mal wieder blicken zu lassen, wenn wir diesen Tanz hinter uns hätten, und riet ihr, sich so schnell wie möglich nach Balaklawa davonzumachen. Es war schon ein wenig befremdlich, daß sie heiter wie ein Maienmorgen dasaß und picknickte, während in knapp einer Meile Entfernung die russischen Truppen die Schanze bestrichen und sich zweifelsohne über die Ebene ergießen würden, sobald sie sich neu formiert hatten.

Von dem Sergeant der Highlander erfuhr ich, daß Campbell mit der Schweren Brigade weggeritten sei, was mich überaus unangenehm berührte, weil es bedeutete, daß ich mich näher an die Knallerei heranbewegen mußte, aber da war nichts zu machen, also galoppierte ich wieder gen Norden, durch das Aufmarschgebiet der Leichten Brigade, die sich in Reserve hielt. George Paget hielt mich an. Er hatte einen Fuß auf den Sattel gestützt und paffte wie üblich eine Zigarre.

»Kommst du von Raglan?« rief er. »Wo zum Geier bleibt die Infanterie? Wenn das so weitergeht, massakrieren sie uns hier, bis er aufgewacht ist. Schau dir da drüben die Schwere Brigade an. Warum zieht Lucan sie nicht schneller zurück, damit kein Unglück geschieht?« Tatsächlich kam es mir vor, als zöge sie sich recht langsam in den Schatten der Voronzeff-Höhen zurück, denn noch immer pflügte das Feuer der Russen den Boden zwischen ihnen auf. Ich wagte mich noch ein Stück weiter vor, sah Lucan und seinen Stab, aber keine Spur von Campbell. Ich fragte Morris vom Siebzehnten, und er sagte, Campbell sei vor ein paar Minuten über die Ebene in Richtung Balaklawa geritten.

Das hörte ich gern, denn damit kam ich wieder zu der Stellung der Hochländer und aus der Schußlinie heraus. Und doch erfüllte mich plötzlich, da ich mich umgeben von den blauen Röcken und den Lanzen der Siebzehner sah, den vertrauten Geruch nach Pferden und Leder einatmete, das Klirren des Geschirrs, das Gemurmel und Getätschel der Reiter hörte, die ihre durch den Geschützdonner nervös gewordenen Gäule beruhigten, ein Gefühl der Sicherheit. Berittene Artillerie war in der Nähe und gab das Feuer der Russen zurück, aber es herrschte immer noch so etwas wie Manöverstimmung, die Ebene war im wesentlichen glatt und unversehrt, bunt und lustig leuchteten die Uniformen in der Sonne. Ich trennte mich ungern von ihnen – aber da drüben standen die Highlander, sie wurden gerade an dem Bergkamm jenseits der Ebene zusammengezogen. Wenn ich mich beeilte, meine Meldung zu überbringen, konnte ich schnurstracks ins Hauptquartier zurückreiten.

Ich ritt durch die Reihen der Siebzehner und der Rothosen und war auf halbem Wege zu den Hochländern auf der Höhe, als eine kleine Reitergruppe sich der Kavallerie näherte. Was soll ich Ihnen sagen – es war mein kühner Lord Cardigan mit Junker Brough und seinen übrigen Speichelleckern, alle bester Laune, nachdem sie die Nacht in aller Bequemlichkeit und mit einer vermutlich üppigen Zufuhr an geistigen Getränken auf der Jacht verbracht hatten.

Ich hatte dem Mann seit jener Nacht in Elspeths Zimmer nicht mehr ins Gesicht gesehen, und schon bei dem Gedanken an den Bastard stieg mir die Galle hoch, so daß ich ihn bewußt schnitt. Als Brough mich ansprach und fragte, was es Neues gäbe, zügelte ich mein Pferd, ohnen einen Blick in Cardigans Richtung zu werfen, und berichtete Brough, daß die Rußkis das hintere Ende der Voronzeff-Höhen überrannt hatten und unsere Reiterei zurückwich.

»Jaja«, sagte Cardigan zu seinen Arschleckern. »Es ist die übliche Torheit. Ein Blick auf die Russen, und unsere Kavallerie bewegt sich schon in die entgegengesetzte Richtung, haha. Sie da, Flashman, was gedenkt Lord Raglan zu tun?« Er nuschelte stärker denn je.

Ich tat noch immer, als sei er Luft für mich. »Tja, ich muß weiter, Junker«, sagte ich zu Brough. »Hab leider keine Zeit, mit euch Seebären ein Schwätzchen zu halten.« Ich riß mein Pferd herum und ließ sie mit offenen Mäulern stehen. Ein indigniertes »Haha« folgte mir.

Aber zu langen, selbstgefälligen Meditationen blieb mir keine Zeit, denn in diesem Augenblick begann eine neuerliche heftige Kanonade der Russen, und zwar aus bedeutend größerer Nähe. Schüsse pfiffen über meinen Kopf hinweg, aus der Kavallerie hinter mir hörte ich Geschrei und Kommandorufe, die Signale der Leichten und Schweren Brigade ertönten, und das Gros unserer Reiterei retirierte weiter nach Westen. Die Kanonade verstärkte sich, dieweil die Russen ihre Geschütze nach Süden richteten. Ich sah, wie östlich der Stellung der Highländer Erdfontänen aufsprühten, und mit hämmerndem Herzen vergrub ich meinen Kopf in der Mähne des Gauls und flog über die Heide. Die Schüsse kamen zum Glück noch zu kurz, aber als ich den Kamm erreicht hatte, kam eine Kugel fast bis zu den Hufen meines Gauls gehüpft und gerollt und blieb schwarz und schmauchend liegen, während ich zur Flanke der Hochländer raste.

»Wo ist Sir Colin?« rief ich im Absitzen. Sie zeigten ihn mir. Er schritt die Reihen ab und kam dabei geradewegs auf mich zu. Ich trat zu ihm und lieferte meine Meldung ab.

»Bereits überholt«, sagte er in seinem breiten schottischen Akzent, als er sie gelesen hatte. »Sie sehen nicht gut aus, Flashman. Warten Sie eine Minute, ich gebe Ihnen eine Antwort für Lord Raglan mit.« Er wandte sich an einen seiner Offiziere, aber in diesem Augenblick wurde das Geschrei jenseits der Ebene lauter, eine donnernde Salve schlug dicht vor der Stellung der Highlander ein, und Campbell hob den Kopf und blickte zu den Voronzeff-Höhen hinüber.

»Da haben wir den Salat«, sagte er.

Ich folgte seinem Blick, und mir fiel das Herz in die Hose.

Unsere Kavallerie stand jetzt links, am Sewastopoler Ende der Ebene, aber auf der Höhe zur Rechten, nahe den eroberten Schanzen, schien der ganze Bergrücken lebendig geworden zu sein. Das Gewusel entpuppte sich als Kavallerie, russische Kavallerie, die lautlos in unsere Richtung schwenkte. Später habe ich erfahren, daß es nur vier Schwadronen gewesen sein sollen, aber mir kam es vor wie vier Brigaden. Blaue und graue Uniformen, blanke Säbel, bereit, den langgezogenen Hang zu unserer Stellung hinunterzusprengen.

Was sie im Schilde führten, konnte jedes Kind erkennen, und wenn mir in diesem Augenblick Flügel aus den Schultern herausgewachsen wären, hätte ich mich wie eine verdammte Möve seewärts verflüchtigt. Die hinter uns liegende Straße nach Balaklawa war offen. Unsere eigene Kavallerie war aus dem Spiel, weil sie zu weit links stand. Zwischen den russischen Horden und unserem Stützpunkt in Balaklawa – der Nachschublinie für die gesamte britische Armee – standen nur Campbells wenige hundert Hochländer, ein ungeordneter Haufen von Türken an unserer Flanke und Flash, voller Angst und Aftersausen.

Campbell besah sich die Lage einen Augenblick mit steinernem Gesicht, dann zog er an seinem traurigen Schnurrbart und brüllte einen Befehl. Die Reihen öffneten sich, bewegten sich, schlossen sich wieder, und jetzt stand quer über unserem Bergrücken eine Doppelreihe von Hochländern, vielleicht eine Achtelmeile von einem Ende zum anderen. Campbell musterte sie von der äußersten Rechten aus, wo wir standen, und bat die Offiziere, sie auszurichten. Indes war von der Flanke ein gewaltiges Wehgeschrei zu vernehmen, und die Türken verließen angesichts der drohenden russischen Attacke in wildem Chaos ihre Stellungen, warfen ihre Waffen weg und flüchteten Hals über Kopf zum Meer hinunter.

»Abschaum«, sagte Campbell.

Ich sah den Türken nach, und plötzlich erkannte ich weiter hinten das helle Haar und das Reithabit von Fanny Duberley, die in unsere Richtung ritt, anhielt und dann nach Süden abdrehte. Wie ein kleiner Jockey jagte sie an unserer Flanke entlang. Reiten konnte sie, der kleine Teufelsbraten.

»Der Henker hole diese Gesellschaftsweiber«, knurrte Campbell. Und ich mußte trotz meines Bauchgrimmens und meiner wachsenden Furcht denken, daß man sich an diesem Morgen, da Fanny Duberly ihren Morgenritt machte und Cardigans Haha durch die Gegend schallte, in der Ebene von Balaklawa vorkommen konnte wie auf der Row.

Ich sah zu den Russen hinüber. Sie rasselten jetzt, knapp eine halbe Meile entfernt, die Hänge hinunter. Campbell stieß erneut einen gebrüllten Befehl aus, und die lange scharlachrote Doppelreihe rückte mit schwingenden Kilts und klappernder Ausrüstung ein paar Schritte vor und hielt auf dem Kamm, die erste Reihe kniend, die zweite stehend dahinter. Campbell besah sich die heranrückenden Massen der russischen Reiterei und schätzte die Entfernung ab.

»Dreiundneunziger«, röhrte er. »Kein Rückzug hinter diese Linie. Standhalten um jeden Preis.«

Mir brauchte er das nicht erst zu sagen. Ich hätte mich nicht vom Fleck rühren können, auch wenn ich es gewollt hätte. Wie versteinert starrte ich abwechselnd auf die wandelnde Wand der Reiter, die sich in beängstigender Geschwindigkeit auf uns zubewegte, und auf die armseligen Reihen der Rotröcke, die im nächsten Augenblick von donnernden Hufen und schwingenden Säbeln zu einer blutigen Masse zusammengehauen werden mußten. Es gab keine Hoffnung mehr, und ich konnte nur angstschlotternd auf das Ende warten. Ich betrachtete den neben mir knienden Hochländer, einen dunklen Goliath mit gefletschten Zähnen unter dem schwarzen Schnauzbart. Ich erinnere mich an das dichte schwarze Haar auf dem Rücken seiner Hand, die um die Muskete gekrampft war. Hinter ihm stand ein Junge, der mit offenem Mund die anrückenden Schwadronen anglotzte. Seine Lippen zuckten.

»Ihr wartet auf meinen Schießbefehl«, schnarrte Campbell in unverfälschtem Schottisch, und dann trat er ganz gelassen ein paar Schritte vor die vordere Linie, zog seinen Pallasch und legte sich die breite, blinkende Klinge vor die Brust. Herrje, wozu soll das wohl gut sein, dachte ich bei mir. Der Boden unter unseren Füßen schwankte, die tief gestaffelten Viererreihen der Reiterei waren knappe zweihundert Ellen entfernt, blanke Säbel blitzten, Gebrüll und Geschrei ertönte, man sah ein Meer von wogenden Pferdeköpfen und bärtigen Gesichtern.

»Präsentiert das Gewehr«,brüllte Campbell und trat an mir vorbei hinter die vordere Reihe. Er stellte sich hinter den Jungen mit den zuckenden Lippen. »So was hast du nicht den Gallowgate herunterkommen sehen«, sagte er. »Stillgestanden, Dreiundneunziger. Wartet auf mein Kommando.«

Die braune Flut von Männern und Rössern war jetzt hundert Ellen weit weg. Die Hufe knallten wie Geschosse auf den Boden. Unbeweglich war dieDoppelreihe der Musketen mit den feststehenden Bajonetten auf sie gerichtet. Die Schlösser waren gespannt, die Finger lagen am Abzug. Campbell, dieser Wahnsinnstropf, hatte doch wahrhaftig ein grimmiges Lächeln um die Lippen unter dem traurigen Schnauzer. Er sah nach links die schweigende Reihe entlang – laß schießen, du verdammter Narr, hätte ich schreien mögen, denn jetzt waren sie nur noch fünfzig Ellen weg, gleich waren sie über uns, er hatte es zu lange hinausgezögert ...

»Feuer«, blaffte er, und die Salve der vorderen Reihe entlud sich wie ein gewaltiger Donnerschlag. Der Rauch wehte uns ins Gesicht, und die vordersten Reiter schienen wie auf einer riesigen Woge hochzusteigen. Sekundenlang herrschte lärmende Konfusion, die Tiere bäumten sich auf und scheuten, die Reiter schrien grauenhaft, dann stürzten sie vor uns ins Gras, ihre Hintermänner rannten in vollem Lauf in sie hinein, vergeblich bemüht, über sie hinwegzusetzen oder auszuweichen, in einem Gewirr zappelnder Glieder und Leiber herumtrampelnd und -zappelnd.

»Feuer«, röhrte Campbell, das Getöse übertönend, und die Gewehre der stehenden Highlander spuckten Tod und Verderben in die dicht gedrängte Masse, durch die es beim Aufschlag wie ein Schauer ging. Die russischen Reihen gerieten in heillose Verwirrung, Reiter stürzten schreiend zu Boden, Pferde schlugen blindlings um sich, Säbel blitzten und flogen. Als der Rauch sich verzogen hatte, wälzte sich wenige Meter von den knienden Highländern ein langer, blutiger Damm aus gefallenen Menschen und Tieren. Etliche Historiker wollen uns weismachen, Campbell habe den Schießbefehl gegeben, ehe sie auf nächste Nähe herangekommen waren, aber lassen Sie sich von meiner Wenigkeit versichern, daß ich mit eigenen Augen einen Russen mit pelzgeschmücktem Helm und hellblauer Uniform bis auf einen Fuß an uns heranrollen sah. Der schwarzbärtige Highlander neben mir brauchte nicht mal einen Schritt vorzutreten, um ihm das Bajonett in den Bauch zu rammen.

Die Dreiundneunziger ließen einen gellenden Schrei erschallen. Die vorderste Reihe machte Anstalten vorzugehen, aber da war schon Campbell da und trieb sie brüllend zurück. »Zum Henker mit eurem Ungestüm. Stillgestanden. Laden!«

Sie wichen zurück, knurrend wie giftige Köter, und Campbell wandte sich um und besah sich gelassen die vernichteten russischen Reihen. Überall schlugen Tiere wild um sich, krochen Menschen blindlings davon, das Geschrei und Gestöhn ging einem durch Mark und Bein, und der Gestank, der von ihren Linien aufstieg, war so dick, daß man ihn förmlich sehen konnte. Der größere Teil der russischen Schwadronen hatte kehrtgemacht und formierte sich neu, und einen Augenblick dachte ich, sie würden einen neuen Anlauf nehmen, aber sie zogen sich in Richtung der Voronzeff-Höhen zurück, wobei sie ihre Reihen schlossen.

»Recht so«, sagte Campbell und steckte rasselnd das Schwert in die Scheide.

»So was haben Sie noch nie den Gallowgate wieder raufziehen sehen, Sir Colin«, piepste eine Stimme. Lachen und Hurrarufe wurden laut, sie fingen an, ihre heidnischen Schlachtrufe zu grölen und schüttelten ihre Musketen, und Campbell grinste und zog wieder an seinem Schnurrbart. Er sah mich – ich hatte mich seit Beginn der Attacke nicht vom Fleck gerührt in meiner Heidenangst – und kam zu mir.

»Ich werde der Meldung an Lord Raglan noch eine Zeile anfügen«, sagte er und sah mich an. »Sie haben jetzt mehr Farbe, Flashman. Das Exerzieren mit den Dreiundneunzigern scheint Ihnen gutzutun.«

Während die kiltbewehrten Teufel noch immer in Habachtstellung verharrten, während die Russen vor ihnen starben und stöhnten, diktierte er einem seiner Adjutanten seine Nachricht. Jetzt, wo alles überstanden war, kniff und grimmte mein Bauch gottsjämmerlich, und mir war wieder kreuzelend zumute, allerdings nicht so elend, daß ich es mir versagt hätte, die Haltung der retirierenden russischen Kavallerie zur Kenntnis zu nehmen (und zu bewundern). Ich hatte gesehen, wie sie bei der Attacke die Reihen beim Kantern geöffnet und beim Galopp geschlossen hatten, was gar nicht so einfach ist. Jetzt, während des Rückzugs auf die Höhen, machten sie es genauso, und ich dachte bei mir: Diese Burschen sind nicht so verludert, wie wir uns das vorgestellt hatten. Ja, und auch das dachte ich: Wär gar nicht so schlecht, wenn sie Jim dem Bären und seiner Leichten Brigade einen kleinen Denkzettel verpassen würden. Aber am deutlichsten ist mir von diesem Augenblick des Atemholens das wirre Knäuel der russischen Gefallenen in Erinnerung und die davor hingestreckte Leiche eines Offiziers, eines großmächtigen Graubarts in blutüberströmter blauer Uniform, der auf dem Rücken lag, ein Knie angezogen, während sein Pferd über ihm stand und mit der Schnauze sein Gesicht liebkoste.

Campbell überreichte mir ein gefaltetes Blatt, dann legte er die Hand über die Augen und sah dem russischen Pferd nach, das die Voronzeff-Höhen hinauftrabte.

»Armselige Leistung«, sagte er. »An dieser Front versuchen sie es nicht noch einmal. Ich habe Lord Raglan wissen lassen, daß ich nunmehr den Hauptangriff der Russen nördlich der Voronzeff-Höhen erwarte, und zwar zweifelsohne mit Artillerie und Reiterei gegen unsere Kavallerie. Weshalb die sich da drüben nicht rührt, begreife ich beim besten Willen nicht ... Aber warten Sie – ist das Scarlett, der da herumkrebst? Das Glas, Cattenach. Schauen Sie, da drüben.«

Die russische Kavellerie war jetzt durch den Höhenzug unserem Blick entzogen, aber auf der Ebene links, etwa eine halbe Meile von uns entfernt, war Bewegung in unsere Schwere Brigade gekommen. Stahl blitzte auf, als die uns zunächst stehenden Schwadronen eine Kehrtwendung machten.

»Sie kommen auf uns zu«, sagte jemand, und Campbell schob sein Perspektiv zusammen.

»Wieder mal zu spät aufgewacht«, sagte er sauertöpfisch. Ich hatte ihn noch nie ungeduldig erlebt. Wenn andere in Rage gerieten und fluchten, was das Zeug hielt, versank Campbell nur immer tiefer in Trübsinn. »Flashman, ich wäre Ihnen verbunden, wenn Sie auf dem Weg zu Lord Raglan General Scarlett – oder Lord Lucan, wer auch immer Ihnen zuerst über den Weg läuft – eine Empfehlung von mir ausrichten und sagen würden, daß sie meiner bescheidenen Ansicht nach gut beraten wären, ihre derzeitige Stellung zu halten und sich auf Kampfhandlungen an der nördlichen Flanke einzustellen. Und jetzt ab mit Ihnen.«

Das brauchte er mir nicht zweimal zu sagen. Je weiter ich diese verwünschte Ebene hinter mir lassen konnte, desto lieber war es mir, denn Campbell hatte bestimmt recht: Die Russen würden, nachdem sie das östliche Ende der Voronzeff-Höhen erobert und ihre Kavallerie über den uns gegenüberliegenden Höhenzug geführt hatten, zweifelsohne durch das Tal nördlich der Voronzeff-Höhen auf das von uns besetzte Hochplateau vor Sewastopol marschieren. Wie Raglan sie daran zu hindern gedachte, mochte der Himmel wissen, aber zunächst hatte er unsre Kavallerie in der südlichen Ebene blockiert, wo sie niemandem etwas nützte. Sie hatten auch keine Anstalten gemacht, den retirierenden Russen in die Flanke zu fallen, was sie gut und gern hätten tun können, und jetzt, als ihre Säbel nicht mehr gebraucht wurden, rückte die Schwere Brigade langsam auf Campbells Stellung vor.

Ich galoppierte durch ihre Reihen. »Das ist doch Flashman?« rief jemand, aber ich hielt nicht an. Vor mir tauchten die blauroten Figürchen von Scarlett und seinem Stab auf. Als ich mein Pferd zügelte, jauchzten und lachten sie, und der alte Scarlett schwenkte seinen Hut.

»Hoho, Flashman«, rief er. »Tüchtig mitgemischt bei den Kiltbrüdern da unten, ja? Famose Leistung, das. Habt dem Iwan eine blutige Nase verpaßt, was? Stimmt's, Elliot, oder hab ich recht? Wirklich prächtig, wirklich prächtig. Und wohin des Weges, Flashman, mein Sohn?«

»Meldung an Lord Raglan, Sir. Und Sir Colin Campbell läßt sich Ihnen empfehlen und rät Ihnen, sich zunächst nicht näher auf Balaklawa zuzubewegen.«

»Schau einer an. Beatson, lassen Sie die Dragoner halten. Und warum nicht? Wir haben Befehl von Lord Lucan, im Falle einer russischen Attacke auf Balaklawa die Türken zu unterstützen.«

»Sir Colin erwartet dort keine weiteren Truppenbewegungen. Er läßt Ihnen sagen, Sie möchten Ihre nördliche Flanke sichern.« Ich deutete auf die nur wenige hundert Ellen entfernten Voronzeff-Höhen. »Und außerdem sind keine Türken mehr da, die Sie unterstützen könnten. Die meisten dürften indessen schon am Strand angekommen sein.«

»Bei Gott, recht hat der Mann.« Scarlett fing an zu wiehern. Er war ein vergnügter, fetter alter Falstaff, der sich fortwährend mit einem grellbunten Schnupftuch den kahlen Kopf wischte und den Schweiß von den roten Wangen tupfte. »Was meinen Sie, Elliot? Witzlos, zu Campbell zu marschieren, soweit ich sehen kann. Er und seine Kerls brauchen keine Hilfe, soviel steht fest.«

»Sehr richtig, Sir. Aber bisher gibt es noch keine Anzeichen russischer Bewegungen an unserer Nordflanke.«

»Stimmt«, räumte Scarlett ein. »Aber auf Campbells Urteil kann man sich verlassen. Vernünftiger Bursche. Wenn er hinter den Höhen nördlich von uns Rußkis riecht ... Was so ein alter Jagdhund ist, der wittert eher Morgenluft als unsereiner, wie?« Er schniefte, trocknete sich wieder ab und zottelte an seinem plustrigen weißen Backenbart herum. »Will Ihnen was sagen, Elliott, am besten halten wir hier die Stellung und warten mal ab, was aus dem Busch kriecht, was? Was meinen Sie, Beatson? Flashman? Kann nicht schaden, wie?«

Von mir aus konnte er sich dort eingraben. Ich schätzte bereits die verbleibende Entfernung nach Westen. Wenn ich erst einmal in einem der Hohlwege war, konnte mir nichts mehr passieren, und ich konnte in aller Ruhe meinen Weg zu Raglans Hauptquartier fortsetzen. Das nördlich von uns zu dem Höhenzug ansteigende Gelände, das durch einen alten Weinberg führte, lag friedlich und verlassen da, ebenso der Bergrücken dahinter, aber meiner angstbeflügelten Phantasie wollte es scheinen, als sei der Kanonendonner nähergekommen. Das Pfeifen der Schüsse und die Einschläge hörten gar nicht mehr auf. Beatson besah sich den Bergrücken besorgt durch sein Glas.

»Campbell hat recht, Sir«, sagte er. »Sie müssen in voller Stärke im nördlichen Tal stehen.«

»Woher wollen Sie das wissen?« Scarlett riß die Augen auf.

»Man merkt es am Feuer, Sir. Das sind nicht nur Kanonen. Da, haben Sie gehört? Das ist ein Whistling Dick. Wenn sie Mörser dabeihaben, kommen sie nicht nur auf ein Scharmützel.«

»Na so was«, sagte Scarlett. »Will verdammt sein, wenn ich das gewußt hätte. Für mich klingt das eine wie das andere, aber wenn Sie's sagen, Beatson ...«

»Da drüben, Sir.« Ein junger Melder hatte sich erregt in den Steigbügeln aufgerichtet und deutete hin. »Der Bergrücken, Sir. Sie kommen.«

Wir sahen hin, und zum zweiten Mal an diesem Tag vergaß ich meinen gurgelnden, schmerzenden Bauch über dem eiskalten Ansturm der Angst. Langsam über dem Kamm emportauchend erschien in einem Gewoge von Farbe und tanzendem Stahl eine lange Reihe russischer Reiter, hinter ihnen noch eine und abermals eine, im Schritt vorrückend wie zur Truppenschau, eine lange Reihe nach der anderen, langsam schlossen sie auf, blieben am vordersten Hang stehen und sahen zu uns hinunter. Gott weiß, wie lang die Reihe von einer Flanke zur anderen war – aber es waren Tausende, die über uns hingen wie eine Welle, die im Augenblick des Überschlags in Eis erstarrt ist, links eine unübersehbare Masse blausilberner Husaren, rechts das Grau und Weiß der Dragoner.

»Russen, bei Gott«, schrie Scarlett. »Gottverdammich.«

»Links um«, brüllte Beatson. »Greys, stillgestanden. Cunningham, aufschließen. Inniskillings, geschlossene Ordnung. Connor, Flynn, ausrichten. Curzon, holen Sie die Schwadronen der Fünfer her! Rasch!« Scarlett sah zu dem Kamm hinüber und verdammte abwechselnd seine Augen und die Russen, bis Beatson ihn am Ärmel zupfte.

»Sir. Wir müssen Vorbereitungen treffen, die Stellung zu halten. Wenn sie uns überrollen –«

»Stellung zu halten?« Scarlett kam mit einem Ruck wieder in die Wirklichkeit zurück. »Was reden Sie da, Beatson? Ich will verdammt sein, wenn ich das tue.« Er richtete sich in den Steigbügeln hoch und warf einen bösen Blick nach links, wo die Schwadronen der Greys ausgerichtet wurden, um sich der russischen Streitmacht zu stellen. »Wie? Was? Connor, was treiben Sie da?« Er deutete jetzt nach rechts und schwenkte seinen Hut. »Halten Sie Ihre verdammten Iren an der Kandare. Wilde Teufel. Wo ist Curzon?«

»Wir können nicht gegen den Hang an.« Beatson hatte Scarlett am Ärmel gepackt und schrie ihm aufgeregt ins Ohr. »Und wir müssen uns auf eine Umfassungsbewegung gefaßt machen, Sir. Ich schätze, die Reihe ist dreimal so lang wie unsere, und wenn sie angreifen, können sie uns an beiden Flanken und von vorn nehmen. Wenn wir angreifen, schlucken sie uns mit Haut und Haaren, Sir. Wir müssen versuchen, uns hier zu verteidigen.«

»Verteidigen? Nichts da.« Scarlett griente über das ganze ziegelrote Gesicht. »Denken Sie, ich habe diese verteufelt lange Reise gemacht, nur damit der gottverdammte Russe den Ball eröffnen kann? Rotzfreche Teufel, das, schauen Sie sich die Kerls nur an. Wie? Was? Sie stehen da, und wir stehen hier, und verdammt will ich sein, wenn ich die Schufte nicht nach Moskau jage. Was, Elliot? Hier, Flashman, zu mir, Sir.«

Sie können sich vorstellen, wie mir bei diesen Worten zumute war. Ich sah den blubbernden alten Wirrkopf einigermaßen fassungslos an und versuchte etwas von meiner Meldung an Raglan herauszustottern, aber der ungestüme Hanswurst packte meinen Zügel und zerrte mich mit sich.

»Sie werden Lord Raglan in Kürze berichten, daß ich die feindliche Kavallerie von vorn genommen und zerstreut habe«, bullerte er. »Ausrichten, Beatson, Elliot. Wo sind die Royals, wie? Stillgestanden, Greys, stillgestanden. Inniskillings! Ausrichten, Flynn, wird's bald? Bleiben Sie in meiner Nähe, Flashman, verstanden? Ich werde bald noch einen Zusatz zu der Meldung an Seine Lordschaft haben. Wo ist dieser Hundsfott Curzon? Verdammter Bengel, mal sind's die Weiber, mal weiß der Geier was. Hornist, hierher, an meine linke Seite. Raus mit dem Blasrohr. Alles bereit? Famos! Prächtig!«

Ich glaubte zu träumen. Da saß dieser brüllende Fettwanst auf seinem Gaul und schwenkte den Hut wie bei einem Cricketmatch, während Beatson versuchte, ihm gut zuzureden.

»Sie können nicht ausbrechen, Sir. Es geht immer bergauf. Wir müssen die Stellung halten, das ist unsere einzige Hoffnung.« Aufgeregt deutete er die Anhöhe hinauf. »Sie kommen, Sir. Wir müssen halten.«

Tatsächlich begannen dort oben, eine Viertelmeile von uns entfernt, die Russen in breiter Front vorzurücken, Schulter an Schulter, Blau, Silber und Grau und blitzende Säbel. Jeder anständige Feigling mit einem Funken gesunden Menschenverstand wäre bei diesem Anblick schreiend in Deckung gegangen. Aber da stand ich, neben mir ein irrer Greis, hinter mir die Schwadronen der Greys, und konnte nicht weg.

»Sie können nicht angreifen, Sir«, brüllte Beatson abermals.

»Kann ich nicht? Das wollen wir doch sehen.« Scarlett schleuderte seinen Hut von sich. »Und ob ich kann, mein Junge.« Er zottelte seinen Säbel heraus und fuchtelte damit herum. »Fertig, Greys? Fertig, ihr Skins? Denkt an Waterloo, Burschen, wie? Hornist, blasen Sie Ihr Dingsda ... Ach, Teufel auch, kommen Sie, Flashman. Horrido.«

Und er gab seinem Gaul die Sporen, brüllte noch einmal: »Vorwärts, meine Braven!« und trieb seinen Gaul wie ein Verrückter die Anhöhe hinauf. Hinter mir erhob sich lautes Gescharr und Getrappel, die Schwadronen machten einen Satz nach vorn, mein Pferd bäumte sich auf, und ich galoppierte – durchaus unfreiwillig dicht – hinter Scarlett her, während Beatson neben mir brüllte: »Teufel auch, was soll's! Attacke! Hornist, blasen Sie Attacke! Attacke ... Attacke ...«

Es waren in der Tat alles Tollköpfe. Wenn ich daran denke, wie sie – und ich mit, Gott helfe mir – diese Anhöhe hinaufstürmten, während uns eine überlegene Truppe, bei jedem Schritt schneller werdend, von oben auf den Pelz rückte, ist mir klar, daß die menschliche Torheit keine Grenzen kennt – ebensowenig wie das menschliche Glück. Es war ein Witz, es war heller Wahnsinn, wie dieser alte, rotgesichtige Hanswurst, der noch nie im Kampf einen Schuß abgegeben oder einen Säbel geschwungen hatte, der die Reiterei bisher nicht anders betrieben hatte, als man sie von der Fuchsjagd her kennt, seinen Gaul den Berg hinaufjagte, die gesamte Schwere Brigade auf den Fersen, und der arme, unglückliche Flash mittendrin, nur getragen von der Hoffnung, daß er, wenn es den unvermeidlichen Zusammenstoß der beiden Streitkräfte gab, irgendwo weit hinten in der Menge sein würde.

Und diese Wahnsinnsknaben hatten sogar noch ihren Spaß daran. Die Ulsterleute, diese armen Irren, heulten wie Apachen, und die Greys ließen ein schauriges Brummen in der Kehle aufsteigen, das einem das Blut in den Adern erstarren ließ. Sie waren vor, hinter, rechts und links von mir, kampflüsterne Gesichter, blitzende Klingen, wohin man sah. Scarlett war Ellen vor mir, den Säbel schwenkend und brüllend, die russischen Massen rollten wie eine große blaue Woge auf uns zu, und dann kam der Zusammenprall, Menschen schrien, Pferde wieherten, Stahl klirrte und ich klammerte mich auf Cheyenne-Art an mein Roß, die linke Hand in der Mähne, in der Rechten meinen

Adams-Revolver, fest entschlossen, nach Möglichkeit aus diesem Wirbel gar nicht erst aufzutauchen. Um mich herum waren brüllende, fluchende Greys, die mit ihren Säbeln auf die dicken blauen Röcke einstachen. »Die Spitze, gebt ihnen die Spitze zu schmecken!« röhrte einer, und ich sah, wie ein Kavallerist einem Rauschebart den Säbelgriff ins Gesicht hieb und dann die Spitze in den Leib des Stürzenden bohrte. Ich schoß auf einen Russen im Getümmel und erwischte ihn am Hals, glaube ich, dann wurde ich im Gedränge zur Seite gedrückt und mitgerissen. Ich hielt den Kopf tief, drückte ab, sobald ich eine blaue oder graue Uniform sah, und betete inbrünstig, kein zufälliger Hieb möge mich aus dem Sattel heben.

Es muß fünf oder zehn Minuten gedauert haben, aber genau vermag ich es nicht zu sagen. Mir kam es vor, als habe es nur wenige Sekunden gedauert, bis sich die ganze Masse kämpfend den Hang hinaufwälzte, und ich stand den anderen im Brüllen und Fluchen nicht nach. Mein Revolver war leer, mein Hut weg, ich zog, in gespielter Wut grölend, meinen Säbel, und da ich um mich herum nur Apfelschimmel sah, wähnte ich mich in Sicherheit.

»Vorwärts«, brüllte ich. »Vorwärts! Gebt's den Schweinen. Hackt sie in Stücke.« Ich ließ mein Pferd steigen und schwenkte meinen Säbel, und als ein geschlagener Russe durch die Menge irrte, stieß ich mit voller Kraft zu, verfehlte ihn und spießte statt dessen ein gestürztes Pferd auf.

Der Ruck hob mich fast aus dem Sattel, aber ich gedachte nicht, den Säbel fahren zu lassen, und während ich ihn noch aus dem Kadaver herauszerrte, hörte ich lautes Triumphgeschrei, und plötzlich waren keine Russen mehr zwischen uns, Scarlett stand zwanzig Ellen von uns entfernt in den Steigbügeln, schwenkte seinen blutigen Säbel und brüllte sich heiser, die Greys schwenkten die Hüte und die Fäuste, und das Gros der gegnerischen Kavallerie zog sich auf den Kamm zurück.

»Sie sind geschlagen«, schrie Scarlett. »Geschlagen! Gut gemacht, Burschen. Was, Beatson? Wie, Elliott? Keine Attacke den Berg hinauf, wie? Geschafft, gottverdammich! Hurra!«

So seltsam es klingen mag – ich schwöre, daß ich nicht mehr als ein Dutzend Gefallener am Boden liegen sah, während die Greys ihre Schwadronen neu formierten, die Skins rechts aufschlossen und die Royals von hinten aufrückten. Ich begreife immer noch nicht, weshalb die Russen, den Berg im Rücken, uns nicht in einem Riesengemetzel alle massakrierten. Oder warum sie nicht bei ihrem Rückzug in offener Schlachtordnung von uns niedergesäbelt wurden. Ich hörte, daß einige der Greys sich beklagten, ihre Hiebe hätten nichts ausgerichtet, weil sie an dem dicken Stoff der russischen Uniformen abgeglitten seien. Jedenfalls, Gott sei Lob und Dank, zogen sich die Rußkis zurück, und links unter uns fing die Leichte Brigade an zu juchzen und Hurra zu schreien, daß es von der Höhe zu unserer Linken und von den höheren Erhebungen dahinter widerhallte.

»Gut gemacht«, schrie Scarlett. »Gut gemacht, ihr Greys. Gut gemacht, Flashman. Sie sind ein tapferer Bursche. Was? Wie? Wird dem verteufelten Nikolaus eine Lehre sein, was? Jetzt vorwärts, Flashman, zu Lord Raglan, sagen Sie ihm, daß wir ... ja, daß wir die Burschen attackiert und verjagt haben und daß ich die Stellung halten werde ... wie? was? ... bis ich neue Befehle bekomme. Verstanden? Famos.« Er schüttelte sich vor Lachen und zerrte sein buntes Tuch hervor, um sich wieder über das pudelnasse Gesicht zu fahren. »Will Ihnen was sagen, Flashman, verstehe nicht viel vom Krieg, aber diese Russengeschichte hier kommt mir vor wie das Jagen in Irland – konfus und primitiv, aber verdammt lustig. Wie? Was?«

Ich berichtete Raglan wörtlich, was er gesagt hatte, und der ganze Stab amüsierte sich köstlich. Idioten. Sie hatten gut lachen da oben auf ihren Höhenzug, dem Sapoune, am westlichen Ende der Voronzeff-Höhen, den ich in recht gemächlichem Tempo erklommen hatte. Nachdem Scarlett mich entlassen hatte, war ich auf meinem erschöpften Gaul wie der Teufel über die Ebene gejagt, und als ich in einem Hohlweg in Deckung und der Lärm der russischen Geschütze in sichere Entfernung gerückt war, saß ich ab, um wieder zu Atem zu kommen, mein rasendes Herz zu beruhigen und meine aufgetriebenen Gedärme zu erleichtern – wieder ohne Erfolg. Ich muß wohl eine ziemlich traurige Figur abgegeben haben, als ich auf dem Sapoune erschien, aber zumindest hatte ich einen betont nachlässig zur Schau gestellten blutigen Säbel aufzuweisen. Lew Nolan kniff die Augen zusammen und fluchte neidisch, als er ihn zu Gesicht bekam. Daß das Blut von einem verendeten russischen Pferd stammte, brauchte er ja nicht zu wissen.

Raglan strahlte vor Glück, wozu er ja auch allen Grund hatte, und verlangte von mir eine genaue Schilderung der Gefechte. Ich erstattete mit möglichst unbeteiligter Miene Bericht und meinte, die Hochländer hätten ihre Sache recht brav gemacht. »Ja, und wenn wir mit der Kavallerie nachgestoßen wären, hätten wir inzwischen den ganzen

Höhenzug zurückerobert«, ließ sich Nolan vernehmen, woraufhin ihm Airey sagte, er solle gefälligst den Mund halten, und Raglan pikiert dreinblickte. Und die Schwere Brigade – nun ja, das hatten sie selber mitangesehen, aber ich sagte, es sei uns rechtschaffen warm dabei geworden, und der Iwan habe tüchtig eins aufs Dach bekommen, soweit ich das beurteilen könne.

»Himmel, Flashy, du hast ein Glück.« Lew schlug sich auf die Schenkel, und Raglan klopfte mir auf die Schulter.

»Gut gemacht, Flashman. Zwei Gefechte an einem Tag, und bei beiden mittendrin. Ich fürchte, Sie haben in Ihrem Eifer, an den Feind heranzukommen, Ihre Pflichten im Stab ein wenig vernachlässigt, wie?« Er bedachte mich mit seinem komischen Grinsen, der alte Narr. »Nun ja, Schwamm drüber, was?«

Ich machte ein verlegenes Gesicht und wurde rot und murmelte, daß ich diese verdammten Rußkis eben nicht ausstehen könne, und sie lachten wieder und sagten, typisch Flashy, und die jungen Melder, diese Milchbärte, glotzten mich ehrfurchtsvoll an. Hätte mir der Bauch nicht so weh getan, hätte ich jetzt, nachdem das Grauen des Vormittags hinter mir lag, die Situation durchaus genießen können. Du bist davongekommen, sagte ich mir. Zweimal sogar. Mit frischen Lorbeeren auf der Stirn. Denn wenn wir auch in diesem Augenblick noch nicht wissen konnten, was später gesagt und geschrieben werden würde – wie viele Soldaten Ihrer Majestät haben sowohl an dem Gefecht der kühnen Schotten als auch an der Attacke der Schweren Brigade teilgenommen? Kein einziger außer mir, der ich höchst unfreiwillig und vor Angst schlotternd diese gräßlichen Stunden durchgestanden habe. Immerhin haben sie mir jahrelang zu opulenten Dinner-Einladungen verholfen. Nicht zu vergessen die nächste Geschichte ... aber darauf komme ich noch.

Zunächst dankte ich meinem Schicksal dafür, daß ich mich in Sicherheit befand, und massierte meinen Grummelbauch (Irgendwer hat später gesagt, Flashman habe nicht so sehr an die Russen als an seine Gedärme gedacht und sich nur in die Attacken gestürzt, um seine Darmwinde loszuwerden). Da saß ich also japsend und massierend beim Stab, glücklich, dem Schlachtengetümmel heil entronnen zu sein, und hörte mir mucksmäuschenstill an, wie Lord Raglan mit seiner Idiotenmannschaft weiterhin die Geschicke des Tages lenkte.

Von dem Morgen in Balaklawa habe ich Ihnen das, was ich in Erinnerung behalten habe, so getreulich wie möglich berichtet, und wenn es sich nicht mit dem deckt, was Sie anderswo gelesen haben, kann ich's nicht ändern. Ob ich im Irrtum bin oder die Militärhistoriker, das mögen Sie selbst entscheiden. Zum Beispiel habe ich später gelesen, daß Türken an beiden Flanken von Campbells Hochlandtruppen gestanden hätten, während ich sie nur an der linken Flanke gesehen habe. Und mein Eindruck von dem Einsatz der Schweren Brigade ist, daß er im Nu begann und im Nu wieder zu Ende war, aber Scarlett muß wohl doch einige Zeit gebraucht haben, um seine Schwadronen herumzuschwenken und auszurichten. Daran erinnere ich mich nicht. Fest steht, daß Lucan bei Beginn der Attacke in nächster Nähe war, und es heißt, er habe den Befehl zum Angriff gegeben – aber ich habe ihn nicht gesehen. Doch bekanntlich kann der Mensch eben nicht alles sehen.[17]

Ich erwähne das, weil meine Erinnerungen an den Morgen einigermaßen vage sind und sich aus einem Kaleidoskop grellbunter Schauerbilder zusammensetzen. Die Ereignisse des späten Vormittags hingegen haben sich meinem Gedächtnis unauslöschlich eingeprägt. Wenn ich die Augen schließe, sehe ich alles wieder vor mir, spüre das Grimmen, das meine Gedärme erschüttert und langsam wieder verebbt. Vielleicht – wer weiß – hat das sogar meine Sinne geschärft. Jedenfalls ist für mich alles glasklar. Nicht nur, was geschehen ist, sondern wodurch es geschehen ist. Ich weiß besser als jeder andere, warum die Leichte Brigade zu ihrer berühmten Attacke vorgeschickt wurde, weil ich dahintersteckte – und zwar nicht ganz zufällig. Damit will ich nicht sagen, daß ich mich mitschuldig fühle. Falls von Schuld überhaupt die Rede sein kann, so ist sie Raglan zuzuweisen, diesem gütigen, ehrenwerten, eitlen alten Herrn. Nicht Lucan oder Cardigan, nicht Nolan oder Airey oder meiner Wenigkeit. Wir haben nur unsere Nebenrollen gespielt. Aber Schuld? Nicht einmal Raglan kann ich einen Vorwurf machen. Jetzt nicht mehr. Gewiß, die liebwerte Schar der Historiker und Kritiker und Hypokritiker werden in ihrem tugendhaften Eifer nicht müde nachzuforschen, wer »im Irrtum« war und mit dem Kopf zu wackeln und zu sagen »Da sieht man's mal« und Raglan aus der sicheren Hut ihrer Arbeitszimmer und Hörsäle heraus klarzumachen, wie er sich hätte verhalten sollen. Aber sehen Sie – ich bin dabeigewesen, und damals wäre es mir zwar ein Hochgenuß gewesen, Raglan den Hals umzudrehen oder ihm eine Kugel in den Kopf zu schießen, aber was vorbei ist, ist vorbei, und einige von uns haben es überlebt, andere nicht. Dadurch, daß man einen

Menschen schuldig spricht, macht man die sechshundert nicht wieder lebendig. Die meisten wären jetzt ohnehin nicht mehr am Leben. Und sie würden niemandem einen Vorwurf machen. Wie einer der Kavalleristen von den Siebzehnten hinterher mir gegenüber erklärt hat: »Wir würden es jederzeit wieder machen.« Ohne mich, kann ich dazu nur sagen, aber worauf ich hinauswill, ist, daß niemand sonst das Recht hat, von Verschulden oder Fehlern zu sprechen. Nur wir – die Lebenden und die Toten. Was nicht ausschließt, daß ich Raglan jetzt noch in den Hintern treten könnte, und mich dazu.

Da saß ich also auf dem Sapoune, aufgebläht und hundemüde, wies die Sandwiches, die Billy Russell mir anbot, weit von mir und hörte mir Lew Nolans halblaute Tiraden über die bisherige skandalöse Schlachtenführung an. Ich war nicht sehr empfänglich für seinen Wortschwall – nicht er hatte beim Campbell und Scarlett Kopf und Kragen riskiert, obgleich er es vermutlich brennend gern getan hätte –, aber in meinem angeschlagenen Zustand mochte ich nicht streiten. Überdies wütete er vornehmlich gegen Lucan und Cardigan und Raglan, und das war mir nur recht.

»Hätte Cardigan die Leichte Brigade nachrücken lassen, als die Schwere Brigade die Rußkis zusammensäbelte, hätten wir der ganzen Bande mächtig eins aufs Haupt geben können«,sagte er. »Aber der verwünschte Trottel hat sich nicht gerührt, er ist genauso schlimm wie Lucan. Ohne Order, in der vorgeschriebenen Form übermittelt, mit einem hübschen Salut und ›Ja, Mylord!‹ und ›Sehr wohl, Mylord!‹ macht der keinen Finger krumm. Herrjesus, diese Kavalleriekommandeure ...Cromwell würde sich im Grab umdrehen. Und Raglan erst ... der ist doch völlig hilflos.Da hat er zwei Brigaden der besten Reiter Europas, die darauf brennen, ihre Säbel einzusetzen, hat vor sich eine russische Armee, die nach den Prügeln, die sie von Campbell und Scarlett bezogen hat, nur so schlottert vor Angst – aber er sitzt da und schickt Melder zur Infanterie. Zur Infanterie, bei Gott, die jetzt gerade erst aus den Betten kriecht. Beim Geier, es kotzt mich an.«

Er war stinkwütend, aber ich hörte gar nicht recht hin. Andererseits war mir, wenn ich mir das Panorama unter uns ansah, schon klar, daß an seinen Ausfällen etwas dran war. Ich bin kein Hannibal, aber ich habe in meinem Leben so einiges über Geländekunde und Taktik gelernt, und ich hatte den Eindruck, daß es in Raglans Macht gestanden hätte, die Russen recht hübsch zu zwicken oder ihnen vielleicht sogar eine propere Niederlage beizubringen. Nicht, daß ich mich einen Deut darum scherte. Mir reichte es für heute, und ich gönnte auch allen meinen Mitmenschen ein Leben in Ruhe und Beschaulichkeit. Gleichviel – die Lage war folgendermaßen.

Der Sapoune, auf dem wir postiert waren, ist ein großer Steilhang, der sich viele hundert Fuß aus der Ebene erhebt. Wenn man von der Anhöhe nach Osten schaut, sieht man unter sich ein flaches, vielleicht zwei Meilen langes und eine halbe Meile breites Tal. Nach Norden liegt eine kleine Hügelformation, auf der die Russen Geschütze aufgestellt hatten, mit denen sie diese Seite des Tals beherrschten. Nach Süden hin wird das Tal von dem langen Kamm der Voronzeff-Höhen begrenzt, die sich zwei oder drei Meilen vom Sapoune nach Osten erstrecken. Am Ende des Tals war es trotz der strahlenden Sonne dunstig, aber man sah, daß dort Russen herumwimmelten wie Flöhe auf einem Hunderücken – Geschütze, Infanterie, Kavallerie, es fehlte nur noch Zar Nikolaus höchstselbst –, winzige Figürchen, die ihre Stellung hielten. Auch auf den Voronzeff-Höhen hatten sie Geschütze, die nach Norden gerichtet waren. Während ich noch hinsah, stellte ein Gespann genau an der Stelle, wo die Attacke der Schweren Brigade geendet hatte, sein Geschütz auf.

Die Lage war also im Grunde sonnenklar: Ein lieblich-leeres Tal, an dessen hinterem Ende das Gros der Russen stand, während wir vorn zusammengedrängt waren, Rußkis auf den Höhenzügen an beiden Seiten mit Geschützen und Scharfschützen – man erkannte die grauen Uniformen der Infanterie zwischen den Geschützen auf den nicht einmal eineinhalb Meilen entfernten Voronzeff-Höhen.

Direkt unter mir, am vorderen Ende des Tals, hatte unsere Kavallerie nördlich der Voronzeff-Höhen Aufstellung genommen, die Schwere Brigade etwas näher am Sapoune nach rechts, die Leichte Brigade direkt davor und etwas nach links. Ich konnte deutlich Cardigan erkennen, der sich hinter den Siebzehnern entlangbewegte, Lucan mit seinen Meldern und den alten Scarlett, der sich sein buntes Schnupftuch über eine Schulter seines Uniformrocks geworfen hatte. Alle saßen sie da und warteten, Figürchen in Blau und Scharlach und Grün, hier und da ein Federhut, ab und an ein Verband. Ich sah, wie ein Kavallerist der Skins die eine Vorderfessel seines Gauls bandagierte, eine kleine dunkelgrüne Gestalt, die neben den Pferdehufen hockte. Aus der Ferne drangen Stimmen zu uns hinauf, und vom hinteren Ende der Voronzeff-Höhen kamen Musketenschüsse. Ansonsten war es still und friedlich, und es war diese beschauliche Stille, die Lew, den blutdürstigen jungen Narren, tollmachte.

Wenn sie doch nur alle herumsitzen und Däumchen drehen, dachte ich bei mir, können wir ebensogut nach Hause gehen. Denn daß die Rußkis nicht durch das Tal auf den Sapoune vorzurücken gedachten, konnte jeder Hohlkopf erkennen. Sie waren für heute bedient und waren es zufrieden, das hintere Ende des Tals und die Höhen auf beiden Seiten zu halten. Aber Raglan und Airey glotzten ständig durch ihre Perspektive auf die Voronzeff-Höhen hinüber und beäugten die russischen Artilleristen und Infanteristen, die in den Schanzwerken, die sie den Türken abgenommen hatten, herumliefen. So wie ich es sah, hätte sich unsere in der Ebene stehende Infanterie und Kavallerie schleunigst daranmachen müssen, die Rußkis von dort zu vertreiben, aber sie machten keine Anstalten dazu, und Raglan wurde allmählich zappelig.

»Warum rührt Lord Lucan sich nicht?« hörte ich ihn fragen. Und dann: »Er hat die Order. Woran hängt's denn?« So wie ich meinen Lucan kannte, wand er sich wie ein Aal und versuchte, anderen Leuten den Schwarzen Peter zuzuspielen. Raglan schickte einen Melder nach dem anderen zu ihm hinüber – unter anderem auch Lew –, um Lucan und den Infanteriekommandeuren Beine zu machen, aber sie schienen mit einer Begriffsstutzigkeit ohnegleichen geschlagen zu sein und wollten warten, bis unsere Infanterie zu ihnen gestoßen war, und es war diese Verzögerung, die Raglan so zappelig und Lew halb irrsinnig machte.

»Warum zwingt Raglan sie nicht zum Losschlagen, gottverdammich?« fragte er Billy Russell und mich, nachdem er sich bei Raglan zurückgemeldet hatte. »Es ist zum Tollwerden. Würde er ihnen einen klaren, eindeutigen Befehl geben, nämlich vorzurücken und die Bestien von den Voronzeff-Höhen zu fegen ... Herr du meine Güte! Und auf mich hört er nicht – ich bin ja nur ein junger Spund und noch nicht trocken hinter den Ohren. Die Kavallerie hätte es auf eigene Faust in fünf Minuten geschafft. Jetzt kann Cardigan mal beweisen, daß er seinen Generalssold nicht umsonst bekommt.«

Darin konnte ich ihm nur von Herzen beipflichten. Sobald nur Cardigans Name fiel oder mir seine widerwärtige, versoffene Raubvogelvisage vor die Augen kam, erinnerte ich mich an die ekelerregende Szene in Elspeths Schlafzimmer, und meine Wut kochte wieder hoch. Während dieses Feldzugs hatte ich schon ein paarmal bei mir gedacht, wie vortrefflich es wäre, wenn er in ein Gefecht verwickelt werden und ihm eine Kugel zwischen die Beine geraten würde – womit denn auch der Sitz seines Verstandes ernsthaft Schaden nehmen dürfte. Aber bisher hatte er offenbar nicht mal einen Kratzer abgekriegt. Und auch heute sah es nicht so aus, als würde mein Lieblingswunsch in Erfüllung gehen. Ich hörte Raglan ungeduldig sein Perspektiv zusammenschieben und zu Airey sagen: »Ich habe fast die Hoffnung aufgegeben, unsere Pferde zu bewegen. Es sieht so aus, als müßten wir uns allein auf Cambridge verlassen – und wann seine Infanterie eintrifft, mag der Himmel wissen. Überaus ärgerlich, die ganze Sache. Wenn das so weitergeht, richten wir gegen die Voronzeff-Höhen überhaupt nichts aus.«

Und just in diesem Augenblick rief jemand: »Da drüben, Mylord! Die Geschütze rollen! Die Geschütze in der zweiten Schanze. Die Kosaken schleppen sie weg.«

Tatsächlich zurrten und zerrten russische Reiter in der eroberten türkischen Stellung an einem Spielzeugkanönchen herum. Sie hatten Taue daran befestigt und wollten sie offenbar zum Gros der russischen Armee bringen. Raglans Gesicht verzerrte sich.

»Airey, das ist ungeheuerlich«, rief er. »Was denkt sich Lucan? Diese Kerle schleppen uns, noch ehe unsere Attacke begonnen hat, die Geschütze weg.«

»Er wartet vermutlich auf Cambridge, Mylord«, sagte Airey, und Raglan stieß ganz gegen seine Gewohnheit einen Fluch aus und ließ den Blick nicht von dem Höhenzug.

Lew wand sich im Sattel vor Ungeduld und stöhnte leise vor sich hin. »Herr Jesus, setzt Cardigan in Marsch, du Trottel, laß die verdammte Infanterie sausen. Schick die Leichte Brigade vor.«

Gute Idee, dachte ich. Der alte Flash hätte nichts dagegen, wenn den guten Jim bei dem Scharmützel um die Schanze eine Kosakenlanze an einer strategisch günstigen Stelle erwischt. Man könnte also sagen, daß ich mir das Maul verbrannte, weil es mir darum zu tun war, Cardigan eins auszuwischen. Ich ließ es mir angelegen sein, Raglan den Rücken zuzukehren, sprach aber so laut, daß er mich hören mußte.

»Jetzt ist es um unsere Reputation geschehen. Wellington hat nie ein Geschütz verloren, müßt ihr wissen.«

Ich habe später von einem Melder gehört, der neben Raglan stand, daß es diese Bemerkung, dieser Vergleich mit seinem Abgott Wellington war, der ihn zum Handeln trieb. Daß er zusammenfuhr wie angeschossen, daß sein Gesicht zuckte und er wie im Krampf an seinem Zügel ruckte. Vielleicht hätte er sich auch ohne den Schubs von mir zu einer Entscheidung durchgerungen – aber wenn ich ehrlich bin, muß ich da Zweifel anmelden. Wenn Sie mich fragen: Er hätte auf die Infanterie gewartet. So aber wurde er erst blaß, dann rot und fuhr Airey an:

»Airey, Meldung an Lord Lucan. Wir können nicht länger warten, er muß ohne die Infanterie vorrücken. Sagen Sie ihm, äh – er soll die Kavallerie rasch nach vorn führen, um zu verhindern, daß der Feind die Geschütze abtransportiert – äh – er soll – äh – dem Gegner folgen und ihm in den Arm fallen. Ja ... ja. Er kann berittene Artillerie nach seinem Ermessen mitnehmen. Ja, das reicht. Haben Sie, Airey? Lesen Sie es bitte noch einmal vor.«

Es steht mir noch so deutlich vor Augen: Airey, über das Blatt gebeugt, die Worte mit seinem Stift aufspießend, während er die Meldung vorlas (mehr oder weniger so, wie Raglan sich ausgedrückt hatte, in jedem Fall ganz in seinem Sinne); Nolans Ausdruck der Erleichterung – »Gott sei Lob und Dank«,sagte er halblaut –; und Raglan, der dasaß und nachdenklich nickte.

»Gut«, sagte er. »Der Befehl ist unverzüglich auszuführen, machen Sie das deutlich.«

»So gefällst du mir, mein Junge«, flüsterte Lew und gab mir einen Rippenstoß. »Bravo, alter Flash, du hast ihm Feuer unter dem Hintern gemacht.«

»Schicken Sie die Meldung sofort ab«,sagte Raglan gerade zu Airey. »Ach ja, und setzen Sie Lord Lucan davon in Kenntnis, daß links von ihm französische Kavallerie steht. Das dürfte genügen.« Und er zog sein Glas wieder auseinander und starrte auf die Voronzeff-Höhen herunter. »Schicken Sie unseren schnellsten Melder.«

Mir fuhr der Schreck durch alle Glieder – ich hatte zwar den Stein ins Rollen gebracht, hatte aber nicht die mindeste Absicht, mich von ihm in die Tiefe ziehen zu lassen –, aber Raglan fuhr schon fort: »Wo ist Nolan? Ja, Nolan ...« Und Lew riß zitternd vor Erregung seinen Gaul zu Airey herum, griff sich das Blatt, schob es in seine Handschuhstulpe, zog sich das Käppi tiefer in die Stirn, salutierte flüchtig vor Raglan und wollte sich auf dem schnellsten Wege verflüchtigen. Aber da hatte er die Rechnung ohne Raglan gemacht. Der mußte noch einmal davon anfangen, daß die Meldung von größter Bedeutung sei, daß sie in aller Eile Lucan persönlich überbracht werden müsse und daß sofortiges Handeln unerläßlich sei, damit die Rußkis sich nicht mit unseren Geschützen trollen konnten – was natürlich eine völlig unnütze Repetition war.[18] Lew lief rot an vor Ungeduld.

»Vorwärts denn«, sagte Raglan endlich, und im Nu war Lew in einer Staubwolke die Böschung hinuntergestoben – verwünschter Renommist –, und Raglan rief ihm nach: »Unverzüglich, Nolan, richten Sie das Lord Lucan aus, haben Sie mich verstanden?«

Ja, das gaben sie Nolan auf den Weg. Das und nicht mehr, mein Wort darauf. Und somit bin ich wieder da, wo meine Memoiren einsetzen. Ich hatte schon berichtet, daß Raglan Bedenken kamen und er Airey zurief, mich hinterherzuschicken, daß Airey sich umsah, ich mich bescheiden in den Hintergrund verfügte, Airey mich entdeckte und ungeduldig heranwinkte.

Sie wissen, was ich dachte, ich habe schon von meiner unerklärlichen Vorahnung erzählt, von dem Gefühl, daß das äußerste Grauen dieses denkwürdigen Tages, an dem ich höchst unfreiwillig bereits Horden von Russen angegriffen hatte und von ihnen angegriffen worden war, noch vor mir lag. Dabei bestand eigentlich kein Grund zur Besorgnis – ich sollte lediglich Nolan mit einer Ergänzung oder Korrektur der Meldung nachreiten. Aber ich spürte – ich hätte nicht zu sagen vermocht warum –, daß sich die Hand des Schicksals schwer auf mich legte, während ich mich auf ein frisches Pferd schwang und Raglan und Airey auf mich einredeten.

»Flashman«, sagte Raglan, »Nolan muß Lord Lucan klarmachen, daß er sich defensiv zu verhalten hat und auf gar keinen Fall gegen seine Überzeugung handeln darf. Haben Sie mich verstanden?«

Die Worte verstand ich wohl, aber was zum Henker Lucan damit anfangen sollte, wollte mir nicht einleuchten. Er sollte vorrücken, er sollte den Gegner angreifen – aber er sollte sich defensiv verhalten. Na, mir sollte es egal sein. Ich wiederholte die Order, Wort für Wort, wobei ich es mir angelegen sein ließ, daß auch Airey mich hörte, und dann preschte ich hinter Lew her den Hang hinunter.

Er war zum Fürchten steil, wie eine Klippe am Meer. Zu jeder anderen Zeit hätte ich ihn mit aller gebotenen Vorsicht genommen, aber unter den Augen von Raglan und seinem Troß und unserer Kavallerie in der Ebene war ich es Flashys Ruf schuldig, in halsbrecherischem Tempo hinunterzujagen. Außerdem konnte ich mich doch nicht von Nolan, dieser kleinen Rotznase, abhängen lassen. Mit meinem Stolz mag es nicht weit her sein – aber daß mir in der Armee kein Melder das Wasser reichen konnte, war meine ehrliche Überzeugung, und ich war entschlossen, ihn zu überholen, ehe er bei Lucan angekommen war. Also legte ich los, meine muntere kleine Stute hüpfte wie eine Bergziege, rutschte auf den Hanken, stürzte sich fast in der Fallinie nach unten, und ich klammerte mich auf Teufel komm raus, mit schmerzenden Knien, im Sattel fest und verfolgte aus dem Augenwinkel Lews rote Kappe, die auf dem Abhang unter mir tanzte.

Jawohl, ich *war* der bessere Reiter. Er war noch nicht zwanzig Ellen in die Ebene hinausgeritten, als auch ich unten ankam, wie ein Blitz hinter ihm aufschloß und ihm zubrüllte, er solle anhalten. Er hörte mich, zog die Zügel an, fluchte und fragte, was los sei. »Weiter«, rief ich, als ich ihn eingeholt hatte, und im Galopp rief ich ihm meine Meldung zu.

Er fand auch, daß sie weder Hand noch Fuß hatte, angelte aber zur Vorsicht im Reiten das Blatt aus seinem Stulpenhandschuh und warf einen Blick hinein. »Was zum Teufel soll das überhaupt heißen?« sagte er. »Rücken Sie in raschem Tempo nach vorn«, heißt es hier. »Grundgütiger, die Geschütze stehen nicht vorn, sie stehen an unserer Flanke.«

»Mir auch schleierhaft«, rief ich ihm zu. »Aber er hat gesagt, Lucan soll sich defensiv verhalten und nicht gegen seine Überzeugung handeln.«

»Defensiv?« ereiferte sich Lew. »Zum Henker, das ist doch Tollheit. Er muß offensiv gesagt haben. Wie kann er aus der Defensive heraus angreifen? Und in meiner Order steht nichts von Lucans Überzeugung, was auch kein Wunder ist, denn das, was Lucas an Überzeugung hat, geht bequem in einen Fingerhut.«

»So hat Raglan es aber gesagt«, rief ich ihm zu. »Und so mußt du es melden.«

»Pfui Teufel, was für ein Altweiberverein.« Er gab seinem Gaul die Sporen, und während die letzten Schwadronen der Schweren Brigade vor uns auftauchten, brüllte er: »Die wissen einfach nicht, was sie wollen. Ich sage dir, Flash, diesem Schwächling Raglan ist es nur darum zu tun, der Kavallerie Knüppel zwischen die Beine zu werfen, und Lucan ist um keinen Deut besser. Was glauben die wohl, wozu Berittene da sind? Meinetwegen, Lucan soll seine Order haben, mag er damit machen, was er will.«

Ich blieb ein wenig zurück, als wir durch die Reihen der Greys kamen, und ließ ihn vorausreiten. Er jagte durch die Schwere Brigade hindurch auf die Leichte Brigade zu. Es gelüstete mich ganz und gar nicht danach, in die Debatte mit Lucan hineingezogen zu werden, dem man jede Order mindestens dreimal erklären mußte. Aber in der Nähe, dachte ich mir, mußt du dich wohl halten, also trabte ich gemächlich zur Vierten Leichten Brigade hinüber, wo mir abermals George Paget über den Weg lief, der wissen wollte, was los war.

»Ihr rückt in Kürze vor«, sagte ich. »Wird auch langsam Zeit«, meinte er. »Hast du eine Zigarre, Flash? Mir sind die Stinkmorcheln glatt ausgegangen.«

Ich gab ihm eine, und er beäugte mich kritisch. »Siehst spitz aus. Wo fehlt's denn?«

»Blähungen. Der Henker hole das russische Rülpswasser. Wo steckt Lord Lucan?«

Er deutete hin. Lucan stand vor der Leichten Brigade, einen Melder neben sich, und Nolan hielt gerade neben ihm an. Er salutierte und reichte ihm das Blatt, und während Lucan es sich grübelnd zu Gemüte führte, sah ich mich um.

Nach dem frischen Höhenwind kam es mir hier in der Ebene schwül und stickig vor. Kein Lüftchen regte sich, Wolken von Fliegen umsummten die Köpfe der Gäule, schwer lastete der Geruch nach Pferdeäpfeln und Leder. Ich merkte mit einem Mal, wie verteufelt schlapp ich war, und mein Wanst wollte einfach keine Ruhe geben. Ich gab George auf seine Fragen knurrend Bescheid und besah mir, unbehaglich im Sattel herumrutschend, die Leichte Brigade. Vorn waren die Elfer, sehr flott in Blau und Kirschrot, mit wehenden Überwürfen. Rechts von ihnen standen die Siebzehner mit eingelegten Lanzen. Noch weiter rechts, nicht weit von Lucan, war die Dreizehnte Leichte Brigade, an ihrer Spitze hochmütig abgesondert der edle Lord Cardigan höchstselbst, der so tat, als nähme er Lucan und Nolan, die nur zwanzig Ellen von ihm entfernt waren, überhaupt nicht wahr.

Als sich unvermittelt Lucans Stimme hob, ließ ich George stehen und trabte zu ihnen hinüber. Es sah aus, als könne Lew Unterstützung gebrauchen, um die Meldung Seiner Lordschaft in den dicken Schädel zu hämmern. Jetzt sah Lucan in meine Richtung und just, als ich an den Siebzehnern vorbeiritt, rief jemand:

»Holla, der alte Flash. Hei, jetzt wird's lustig. Was soll der Aufruhr, Flash?«

Ja, so geht's, wenn man ein Gegenstand allgemeiner Bewunderung ist. Ich antwortete mit einer nachlässigen Handbewegung. »Gemach, Kameraden. Sehr bald werdet ihr's so lustig haben, wie ihr es euch nur wünschen könnt.« Es gab Gelächter, und Tubby Morris grinste mir zu.

Und dann hörte ich Lucan trompeten: »Geschütze, Sir? Was für Geschütze, wenn ich fragen darf? Ich sehe keine Geschütze.«

Er legte eine Hand vor die Augen und blickte ins Tal hinunter, ich folgte seinem Blick – und hol's der Henker, aber man konnte die Schanze, an der die Rußkis sich an unseren Geschützen zu schaffen gemacht hatten, tatsächlich nicht sehen, sondern nur den langgezogenen Hang der Voronzeff-Höhe und – in unbehaglicher Nähe – die russische Infanterie.

»Wo, Sir?« krähte Lucan. »Was sollen das für Geschütze sein?«

In Lews Gesicht zuckte es. Er war rot vor Wut, und seine Hand zitterte, als er an Lucans Schulter vorbei zu dem Höhenzug deutete.

»Dort, Mylord, sind die Geschütze. Dort steht Ihr Gegner.«

Er blaffte ihn an wie einen säumigen Rekruten, und Lucan zuckte zusammen wie unter einer Ohrfeige. Er war drauf und dran, die Beherrschung zu verlieren, fing sich aber gleich wieder. Lew riß seinen Gaul herum und kam, an allen Gliedern zitternd vor Erregung, in kurzem Galopp auf mich zu.

»Verdammter Narr. Will er den ganzen Tag auf seinem fetten Arsch sitzenbleiben?« stieß er hervor.

»Lew, hast du ihm gesagt, daß er sich defensiv verhalten und nichts gegen seine Überzeugung unternehmen soll?« fragte ich ziemlich scharf.

»Gesagt?« Lew griente böse. »Bei Gott, dreimal habe ich es ihm hergebetet. Als ob man dieser Memme noch sagen müßte, daß sie sich defensiv verhalten solle. Als ob der Tropf zu etwas anderem überhaupt fähig wäre. Sei's drum – seine gottverfluchte Order hat er. Bin gespannt, was er daraus macht.«

Und damit ritt er zu Tubby Morris hinüber, und ich dachte bei mir, daß wir es uns, nachdem das erledigt war, angelegen lassen sein sollten, mit größter Beschleunigung heimwärts zu reiten. Sollten sie sich hier unten nur verlustieren. Ich drehte gerade meinen Gaul herum, als ich von hinten Lucans Stimme hörte.

»Oberst Flashman!« Er stand neben Cardigan vor der Dreizehnten Leichten Brigade. »Hier herüber, wenn ich bitten darf.«

Na, das hat mir gerade noch gefehlt, dachte ich, und in meinem

Blähbauch krampfte sich alles zuammen. Lucan redete scharf und ungeduldig auf Cardigan ein.

»Ich weiß, ich weiß, aber Lord Raglans Befehl ist völlig eindeutig, und er muß ausgeführt werden.«

»Meinethalben.« Cardigan schien verteufelt übler Laune zu sein, und seine Stimme war nur ein Krächzen. Das kam vielleicht von seiner Brustgeschichte, vielleicht aber auch vom vielen Suff auf seiner Jacht. Er warf mir einen kurzen Blick zu, sah gleich wieder weg und zog die Nase hoch. Lucan wandte sich an mich.

»Sie werden Lord Cardigan begleiten«,sagte er. »Für den Fall, daß wir uns etwas mitzuteilen haben, braucht er einen Melder.«

Ich war wie vom Donner gerührt und kaum in der Lage, Cardigans nächste Worte aufzunehmen. »Ich sehe keine Notwendigkeit für Oberst Flashmans Anwesenheit oder für Mitteilungen an Seine Lordschaft.«

»In der Tat, Sir«, sagte ich. »Lord Raglan wartet gewiß schon auf mich, ich darf mich nicht länger versäumen. Mit Erlaubnis Eurer Lordschaft werde ich –«

»Sie werden tun, was ich sage«, blaffte Lucan mich an. »Auf Ehre, eine solche Dreistigkeit ist mir bei einem ganz gewöhnlichen Melder noch nicht untergekommen. Erst Nolan, dann Sie. Richten Sie sich nach Ihren Anweisungen, Sir. Gekniffen wird nicht.«

Damit riß er sein Pferd herum, und ich blieb wütend, voller Angst und Ratlosigkeit zurück. Was konnte ich auch machen; Den Gehorsam verweigern; Ausgeschlossen. Er hatte gesagt, ich solle mit Cardigan zu dieser verwünschten Schanze reiten und Raglans vermaledeiten Geschützen nachlaufen ... Grundgütiger, nach allem, was ich an diesem Tag bereits durchgemacht hatte. Von einer Sekunde zur anderen war ich durch einen bösen Zufall aus sicherem Hort wieder ins Getümmel geraten. Nein, das durfte ich nicht zugeben. Ich wandte mich an Cardigan. In jeder anderen Situation wäre er der letzte gewesen, an den ich appelliert haben würde. Aber in der Not frißt der Teufel Fliegen.

»Das ist doch grotesk, Mylord«,sagte ich. »Und unvernünftig. Lord Raglan braucht mich. Bitte sprechen Sie mit Seiner Lordschaft, er muß einsehen –«

»Wenn es auf dieser ungewissen Welt eins gibt«, krächzte Cardigan mit seiner schleppenden Stimme, »was für mich mit leidlicher Gewißheit feststeht, ist es die völlige Unmöglichkeit, Lord Lucan zu irgendwelchen wie auch immer gearteten Einsichten zu bewegen. Außerdem hat er deutlich gemacht, daß er keine Diskussion über seine Befehle wünscht.« Er musterte mich von oben bis unten. »Sie haben gehört, was er gesagt hat, Sir. Halten Sie sich links hinter mir. Sie dürfen mir glauben, daß mir Ihre Gesellschaft nicht willkommener ist als Ihnen die meine.«

In diesem Augenblick erschien George Paget, meine Zigarre zwischen den Zähnen.

»Wir haben Marschbefehl, Lord George«, sagte Cardigan. »Ich brauche engste Rückendeckung. Das Beste, was Sie geben können, Lord George. Haha. Sie verstehen?«

George nahm den Glimmstengel aus dem Mund, besah ihn sich gedankenvoll, klemmte ihn wieder zwischen die Zähne und sagte sehr formell: »Sie werden meine volle Unterstützung haben, Mylord. Wie immer.«

»Haha«, sagte Cardigan. »Nun wohl ...« Und dann wandte er sich ab. Ich blieb zurück – geschlagen und ein Opfer meiner eigenen Ränke. Warum hatte ich vor Raglan nicht den Mund halten können? Ich hätte weit vom Schuß auf dem Sapoune sitzen können – aber nein, ich hatte es so eilig gehabt, Cardigan ins Feuer zu schicken, daß ich jetzt mit ins Verderben gerissen wurde. Nun ist ein Scharmützel um eine Geschützstellung militärisch gesehen keine große Geschichte – sofern man nicht zufällig selbst daran beteiligt ist. Überdies konnte ich mich des Gefühls nicht erwehren, daß ich zwei meiner neun Leben heute bereits aufgebraucht hatte. Als sei das alles noch nicht schlimm genug, begann es abermals aufs scheußlichste in meinen Gedärmen zu rumoren. Ich saß da, den Rücken der Leichten Brigade zugewandt, und rieb mir jämmerlich den Bauch, während hinter mir Kommandorufe ertönten und die Schwadronen sich formierten. Die Siebzehner, zwei Gruppen dicht an dicht stehender Lanzen, waren jetzt direkt hinter mir, dahinter die Elfer. Und jetzt trabte Cardigan nach vorn und ließ seinen Blick über die schweigenden Schwadronen gehen.

Und als er sein Pferd zügelte und sie ansah, war außer dem unruhigen Hufgetrappel, dem Knarren und Klingeln des Zaumzeugs kein Laut zu hören. Fünf Kavallerieregimenter sahen ins Tal hinunter, allen voran Flash, der sich sterbenskrank fühlte und plötzlich merkte, daß sich Erschreckliches unter seinem Gürtel ereignete. Ich rutschte leise stöhnend im Sattel herum, und plötzlich ging ohne mein Zutun ein donnernder Wind ab. Es klang wie ein Mörsereinschlag. Mein

Gaul scheute. Cardigan zuckte zusammen und warf mir einen bitterbösen Blick zu, und aus den Reihen der Siebzehner ertönte eine halblaute Stimme: »Respekt. Von so was kann die russische Artillerie bloß träumen.«

»Ruhe«, brüllte Cardigan und zog ein grimmiges Gesicht, und das Volksgemurmel verebbte. Und dann, Gott helfe mir, gab es trotz meiner verzweifelten Bemühungen, dicht zu halten, eine zweite heftige Explosion, die vom Sattel widerhallte, und ich glaubte, Cardigan würde bersten vor Wut.

Daß ich dasaß und überhaupt nichts sagte, ging wohl nicht an. »Bitte um Verzeihung, Mylord, ich bin nicht wohl ...«

»Schweigen Sie«, fuhr er mich an, und seine Nerven müssen ebenfalls in einem recht beklagenswerten Zustand gewesen sein, sonst hätte er es bestimmt für unter seiner Würde gehalten, noch etwas hinzuzufügen. »Können Sie sich nicht zusammennehmen, Sie Laffe?« fragte er in heiserem Flüsterton.

»Ich kann nicht dagegen an, Mylord«, flüsterte ich zurück. »Es ist diese Darmverstimmung vom Fieber, sehen Sie –« und wieder unterbrach mich ein Donnerschlag. Er stieß einen lästerlichen Fluch aus, riß seinen Gaul herum und hob die Hand. »Brigade vorwärts«, krächzte er. »Erste Schwadron, Siebzehnte – Schritt-Marsch-Trab.« Sie rückten vor, sieben hundert Mann Kavallerie, darunter zumindest ein Kavallerist, der vor Angst schlotterte, aber innerlich aufs höchste erleichtert war. Es war das, was ich schon den ganzen Tag nötig gehabt hatte – wie diese dummen Schafe, die sich mit blähendem Grünzeug vollstopfen und die man stechen muß, damit sie wieder werden.

Ja, so ging es denn los. Vor mir sah ich das struppige Gras des Tals, das weiter hinten im Dunst verschwand, rechts und links von mir, nur wenige hundert Ellen entfernt, erhoben sich die Hänge mit den deutlich erkennbaren russischen Infanteristen. Sogar die Artilleristen waren zu sehen, die Kanonen herumrollten und um die Protzen herumwuselten. Wir waren in bequemer Reichweite ihrer Geschütze, aber sie wollten wohl erst abwarten, was wir jetzt unternehmen würden. Ich zwang mich, einen Blick geradeaus ins Tal zu werfen. Dort waren massenhaft Geschütze aufgefahren, flankiert von Kosakenschwadronen. Ihre Säbel und Lanzenspitzen funkelten in der Sonne und warfen tausend rasche Lichtblitze zurück. Würden sie versuchen uns anzugreifen, wenn wir auf die Schanze zuschwenkten? Würde Cardigan die Vierte Leichte Brigade vorrücken lassen? Würde er die

Siebzehner als Tarnung einsetzen, wenn wir unsere Flankenbewegung ausführten? Und würde es auch nicht zu brenzlig werden, wenn ich mich neben ihm hielt? Herrgott, wie war ich nur in dieses Schlamassel geraten, und das noch dreimal an einem Tag? Das hatte ich nicht verdient. Es war eine schreiende Ungerechtigkeit ... und dann gaben meine Gedärme wieder vernehmlich Laut, und vielleicht hatten die russischen Kanoniere es gehört, denn tief unten rechts auf den Voronzeff-Höhen stieg wie zur Antwort ein Rauchwölkchen hoch, man hörte den Knall, der Schuß pfiff über unsere Köpfe hinweg, und dann donnerten von der ganzen Höhe her die Salven. Hundert Schritte vor uns zuckte ein orangefarbener Blitz nieder, eine Erdfontäne wurde hochgeschleudert, dahinter knallte Gewehrfeuer, und eine neuerliche Salve kam von der Höhe links.

Und dann war es plötzlich, wie Lord Tennyson so schön gesagt hat, »der Hölle Schlund.« Ich merkte, daß ich in kurzen Galopp verfallen war und hektisch vor mich hinbrabbelte. Auch Cardigan galoppierte, aber nicht so schnell wie ich (in einem berühmt gewordenen Bericht heißt es: »In seinem Eifer, als erster an den Feind zu kommen, preschte Flashman vor. Es läßt sich denken, welch wildes Feuer in dieser männlichen Brust brannte.« Na schön, lassen wir das mal so stehen – aber es war nichts im Vergleich zu dem wilden Feuer, das in meinen männlichen Gedärmen brannte). An der ganzen Front krachten die Einschläge, pfiffen die Granatsplitter. »Stillgestanden«, brüllte Cardigan, aber auch sein Gaul strebte jetzt nach vorn, und das Knarren und Klingeln hinter mir versank in dem lauter werdenden Trommeln der Hufe, langsamer Trab, schneller Trab, langsamer Galopp – und während ich versuchte, das Stütchen und meine Panik zu zügeln, zischte ich wütend vor mich hin: »Schwenk um, Mann, Herrgott, warum schwenkst du nicht um, du Narr?« Wir waren unterdessen auf gleicher Höhe mit der ersten russischen Schanze, deren Geschütze nicht vierhundert Ellen von uns entfernt auf uns gerichtet waren. Der Boden war durch die Einschläge aufgepflügt. Und dann ertönte hinter mir ein verzweifelter Ruf.

Ich drehte mich im Sattel um und sah Nolan, der mit blankem Säbel vorpreschte. »Nicht dorthin, Mylord«, schrie er heiser. »Da hinüber!« In dem Geknalle und Geballere ging seine Stimme fast unter, und dann jagte er an Cardigan vorbei und riß seinen Gaul herum. Man sah sein leichenblasses Gesicht, als er vor der Brigade stand. Er schwenkte den Säbel und brüllte noch etwas, und dann barst direkt vor Cardigans

Gaul eine Kugel. Einen Augenblick verlor ich Nolan in dem Qualm aus dem Blick, und dann sah ich ihn, die Züge in Todesqual verzerrt, die Uniform zerfetzt, blutüberströmt von der Schulter bis zur Taille. Er stieß einen grauenhaften Schrei aus, sein Pferd kam auf uns zu, einen Bogen um Cardigan beschreibend, während Lew nach vorn sank. Entsetzensstarr sah ich noch, wie der Gaul wie gehetzt in die Lücke zwischen den Lancers und der Dreizehnten Leichten Brigade jagte, dann hatten die Menschen- und Pferdeleiber ihn verschlungen, und die Schwadronen rollten auf mich zu.

Ich drehte mich um und hielt nach Cardigan Ausschau. Er war dreißig Ellen vor mir und hatte alle Mühe, bei der wilden Knallerei von allen Seiten sein Roß im Zaum zu halten.

»Halt«, schrie ich. »Halt! Um Gottes willen, Mann, halten Sie!« Denn jetzt sah ich, was Lew gesehen hatte – der Tollkopf dachte gar nicht daran abzuschwenken, er wollte die Leichte Brigade mitten in die russischen Truppen hineinführen, geradewegs auf die schwer bestückten Batterien am Talgrund zu, die bereits Tod und Verderben spuckten, während die Geschütze rechts und links von uns die Flanken bestrichen. Vor uns lag eine tödliche Falle, in der unweigerlich die ganze Brigade bis auf den letzten Mann niedergemacht werden würde.

»Halt, gottverdammich«,brüllte ich wieder und wollte mich zu den Schwadronen hinter mir umdrehen, aber da schoß vor mir eine orangefarbene Stichflamme hoch, und die Erde schien sich zu öffnen. Ich schwankte betäubt im Sattel, das Pferd taumelte, stürzte, fing sich wieder, ich hielt mich auf Teufel komm raus – und da merkte ich, daß ich in schlotternde Zügel griff. Das Zaumzeug war zur Hälfte weggeschossen, die Stute hatte einen tiefen, blutenden Riß am Hals. Das Tier wieherte grell auf und stürmte blindlings vorwärts, und ich hielt mich an der Mähne fest, um nicht aus dem Sattel geschleudert zu werden.

Plötzlich war ich auf gleicher Höhe mit Cardigan, er brüllte und schwenkte seinen Säbel, und jetzt tauchten blaue Uniformen rechts und links neben mir auf, die Siebzehner hatten die Lanzen eingelegt und lagen tief im Sattel. Es war ein Inferno aus krachenden Granaten und pfeifenden Splittern, aus gelben Flammen und würgendem Rauch. Ein Reiter neben mir wurde wie von unsichtbarer Hand aus dem Sattel gehoben, und ich war plötzlich blutüberströmt. Meine kleine Stute jagte weiter, halb toll vor Schmerz, wir hatten Cardigan bereits hinter uns gelassen, ich erinnere mich, daß sich selbst in dieser

Hölle von Tod und Blei meine Gedärme wieder meldeten, und schreiend vor Angst und gleichzeitig laut furzend jagte ich dahin. Ich konnte das Pferd nicht mehr halten und war schon zufrieden, daß ich bei diesem Wahnsinnsritt überhaupt im Sattel blieb, und als ich zähneklappernd nach vorn blickte, merkte ich, daß wir nur wenige Ellen vor den russischen Batterien waren. Qualmumwaberte schwarze Mündungen sahen mich an, ich sah die Flammen hervorschießen, aber der Knall der Abschüsse wurde von dem unaufhörlichen Krachen um uns herum verschluckt. Ich hatte keine Möglichkeit, meinen rasenden Lauf aufzuhalten und bettelte lautlos bei den russischen Kanonieren dort drüben um Gnade. Nicht schießen, um Himmels willen, hört auf, bitte, bitte tut mir nichts ... Ich sah sie deutlich an ihren Verschlußblöcken hocken und wie besessen nachladen, um uns mit einem neuerlichen tödlichen Hagelschauer zu überschütten. Ich wütete und fluchte wie ein Tobsüchtiger und zerrte meinen Säbel heraus. Bei Gott, dachte ich, wenn ihr es denn unbedingt auf mich abgesehen habt, werde ich mein Bestes tun, einen von euch mitzunehmen, dreckiges russisches Gesindel. (»Und dann«, schrieb jener berühmte Esel von Kriegsberichterstatter, »sah man, welch Edelsinn und welche Kraft den wackeren Flashman beseelten. Seinen tapferen Anführer überholend, den Todesschrei des ruhmreichen Nolan im Ohr, kühn blitzenden Auges, den Säbel schwenkend, der die Horden in Jallabad aufgehalten hatte, jagte er dem Feind entgegen.«) Sei's drum – auch so kann man es wohl ausdrücken. Doch all mein Edelsinn und all meine Kraft waren in einem lichten Augenblick darauf gerichtet, das verstörte Tier aus der direkten Feuerlinie herauszumanövrieren. Ich herrte mit der freien Hand an der Mähne, die Stute brach aus und stolperte, fing sich, bäumte sich auf – und ich hing halb aus dem Sattel. Erneutes Grimmen befiel meine Eingeweide, und wäre ich ein Mann, der zu blumigen Vergleichen neigt, würde ich sagen, daß ich mich selbst wieder in den Sattel blies. Der Boden erzitterte unter einem weiteren Granateinschlag und warf uns zur Seite. Ich klammerte mich heulend fest, und während der Rauch sich verzog, donnerte Cardigan an mir vorbei, den Säbel vorgestreckt, und ich hörte ihn heiser schreien:

»Langsamer. Reihen schließen und langsam nach vorn gehen.«

Ich wollte ihm zurufen, er solle stehenbleiben, er habe die falsche Richtung eingeschlagen – aber die Stimme gehorchte mir nicht. Ich drehte mich um, wollte den Männern hinter mir etwas zuschreien, doch der Anblick, der sich mir bot, verschlug mir die Sprache. Mir auf den Fersen ein halbes Dutzend reiterloser Gäule, wahnwitzig vor Angst, hinter ihnen ein Häuflein von etwa zwanzig Lancers der Siebzehner – auf mein Wort, mehr schienen es nicht mehr zu sein – etliche ohne Hut, etliche blutüberströmt, ohne Schlachtordnung, mit irrwitzig glühenden Augen dahinjagend. Leere Sättel, zerschlagene Schwadronen, alle Ordnung beim Teufel, Mensch und Tier von schwirrendem Blei niedergemäht, fliegende Erdbrocken, tiefe Krater, wohin das Auge sah. Und noch immer gingen sie vor, die Lanzen der Siebzehner, und dahinter erschienen die Säbel der Elfer, selbst in diesem Inferno sah ich flüchtig das prunkvolle Bild der stolzen Rothosen bei der Truppenparade vor mir, und da stoben sie schon an mir vorbei wie ein Zug Verdammter auf dem Weg zur Hölle.

Nur einen Moment hatte ich hinter mich blicken können, dann trug meine Stute mich im Irrsinnsgalopp weiter, und während ich versuchte, sie zu beruhigen, sah ich Cardigan in den Steigbügeln stehen und mit dem Säbel herumfuchteln. Die Geschütze waren nur hundert Ellen vor uns, umwabert von einer schwarzen Rauchwolke, in der ab und zu rote Glut aufglomm, als habe Luzifer kurz die Ofentür aufgemacht. Da gab es kein Wenden und Anhalten mehr, und über den höllischen Lärm hinweg hörte ich einen Schrei aus vielen Kehlen, mit dem sich der klägliche Rest der Leichten Brigade zum letzten wahnwitzigen Ansturm auf die Batterie sammelte. Ich grub meinem Pferd die Absätze in die Flanken, röhrte sinnloses Zeug, schwenkte meinen Säbel, jagte mit einem letzten Trompetenstoß meiner Gedärme und einem Stoßgebet, die tapfere kleine Stute möge nicht geradewegs in ein Kanonenrohr hineinpreschen, durch den Qualm, taumelte unter dem unvorstellbaren Gedröhn eines Geschützes, das eine Elle vor mir losging – und dann waren wir durch, waren in offenem Gelände hinter den Geschützen, Protzen und Munitionskisten überspringend. Die Russen sprengten auseinander, knapp zwei Ellen vor mir war Cardigan und zog die Zügel an, bis sein Gaul fast auf den Hanken stand.

Und dann schien sich eine Weile alles wie im Schneckentempo abzuspielen. Wie deutlich ich das alles noch vor mir sehe ... Unmittelbar links von mir eine Schwadron von Kosaken mit eingelegter Lanze, unbeweglich, mit Gesichtern, aus denen fast so etwas wie Verblüffung sprach. Unter den Hufen meiner Stute ein russischer Kanonier mit einem Ladestock in der Hand, auf allen Vieren aus dem Weg kriechend – ich weiß noch, daß er nackt bis zur Taille war und eine Medaille an einer Schnur um den Hals trug –, vor uns, vielleicht fünfzig

Ellen entfernt, ein bunt berocktes Häufchen Berittener – das konnten nur Stabsoffiziere sein –, und direkt neben mir, noch immer kerzengerade aufgerichtet, Cardigan. Hol's der Henker, dachte ich, selbst hier bist du ohne Kratzer davongekommen. Aber ich auch, fiel mir ein. Bisher jedenfalls. Und dann ging alles plötzlich wieder sehr schnell. Die Leichte Brigade preschte aus dem Rauch heraus, und die ganze Batterie war mit einem Mal ein wildes Chaos von sich bäumenden Pferden, brüllenden Irren, knatternden Büchsen und blitzendem Stahl.

Ich habe die letzten Momente von Little Big Horn und das Grauen von Chillianwallah erlebt – und diese Stunden gehören zu meinem unerquicklichsten Erinnerungen –, aber an schierer mörderischer Raserei suchen die kurzen Minuten, als die geschlagenen Reste der Leichten Brigade die russische Batterie überrante, wahrhaftig ihresgleichen. Es war, als hätten sie den Verstand verloren – und das stimmte in gewissem Sinne ja auch. Sie massakrierten die russischen Geschützbesatzungen mit Säbeln und Lanzen und zertrampelten sie unter den Hufen ihrer Pferde. Ich sah, wie ein Korporal der Siebzehner seine Lanzenspitze vier Fuß durch einen Kanonier jagte und dann absaß, um sich mit bloßen Händen über den Mann herzumachen, wie Cardigan mit einem berittenen Offizier die Klingen kreuzte, wie Reiter mit Kosaken im Sattel rangen, wie einer unserer Husaren am Boden stand, seinen Säbel um den Kopf kreisen ließ und damit ein halbes Dutzend Gegner auf einmal abschlachtete, ich sah einen Russen, dem ein Arm am Ellbogen abgetrennt war, während einer unserer Reiter ihm noch den Säbel um den Kopf schlug – und dann kam ein Kosak mit eingelegter Lanze brüllend auf mich zugerannt, um mich zu durchbohren, aber er war ein ungeschickter Tölpel und verfehlte mich um eine Elle. Ich erwischte ihn von hinten, und dann wurde ich aus dem Sattel geschleudert und rollte waffenlos unter eine Geschützprotze.

Wäre ich nicht toll vor Angst gewesen, hätte ich mich vermutlich nicht vom Fleck gerührt, hätte ein wenig meinen Gedanken nachgehangen, hin und wieder einen Furz abgelassen und mir den Fortgang der Dinge von sicherer Warte aus betrachtet. Aber in meiner Panik kroch ich sofort wieder heraus, und da kam ausgerechnet George Paget vorbei, lehnte sich aus dem Sattel, packte mich am Arm und half mir auf ein reiterloses Pferd.

»Los, Flash, alter Heide«, röhrte er, »auf dich können wir nicht verzichten, ich werde dich in Kürze wieder um einen deiner Stinkrollen angehen.[19] Aufschließen, Vierte Leichte! Auf-schlie-ßen!«

Um uns herum ein wildes Gewühl von Reitern, verzerrte, rauchgeschwärzte, blutverschmierte Gesichter, eine Salve von Kommandorufen. Jemand drückte mir einen Säbel in die Hand, und George rief: »Verflucht, wir sitzen in der Klemme. Irgendwie müssen wir uns durchschlagen. Mir nach.« Und keuchend und geblendet hetzten wir hinter ihm her. In meiner Todesangst konnte ich nur noch eins denken: Ein Ausbruch noch, nur noch eine Anstrengung – dann haben wir dieses Teufelsloch hinter uns und sind wieder im Tal – wo es wahrhaftig fast genauso schlimm zuging, aber zumindest stimmte die Richtung, und der liebe Gott oder wer auch immer war bisher auf meiner Seite gewesen, und wenn mein Glück mir treu blieb, kam ich vielleicht durch und schaffte es bis auf den Sapoune und das Lager dahinter, bis zu meinem Bett und aufs Schiff und nach London, und nie, nie wieder würde ich diese verwünschte Uniform anziehen ...

»Halt«, donnerte George, und ich dachte, schrei du nur, dein tapferer Anverwandter macht um keinen Preis mehr halt, mir recht's, und wenn er der einzige ist, der ins Tal zurückprescht und seine Kameraden im Dreck sitzenläßt. Ich zog den Kopf ein und gab meinem Pferd die Sporen, zückte meinen Säbel, bereit, jeden niederzumachen, der sich erfrechen mochte, sich mir in den Weg zu stellen, und stürmte vorwärts, was die Pferdebeine nur hergaben.

»Halt! Nein, Flash, nein«, hörte ich George hinter mir brüllen. Nur weiter im Text, George, dachte ich, meinen Segen hast du. Ich flog über das Gras, das Geschrei hinter mir verebbte, ich hob den Kopf und sah – ja, es schien die gesamte russische Armee zu sein, die da in Paradeordnung angetreten war. Lange Reihen dieser Bestien, Kosaken vorneweg, nicht zwanzig Ellen von mir entfernt. Ich erhaschte nur einen flüchtigen Blick auf hilflos erstaunte Bartgesichter – von Anhalten konnte keine Rede sein –, dann ritt ich mit Pferd, Säbel und allem Drum und Dran mitten hinein.

Wie hat es dieser Trottel von Zeitungsmann ausgedrückt? »Der geneigte Leser stelle sich – falls er es vermag! – die unaussprechlichen Gefühle vor, die Lord George Paget und sein tapferes Häuflein in diesem Augenblick beseelten. Sie hatten heldenhaft in der Batterie gekämpft, Lord George persönlich hatte den edlen Flashman aus blutigem Streit Mann gegen Mann gerettet, sie hatten sich gesammelt und waren weitergeritten. Lord George hatte das Zeichen zum Anhalten gegeben, um abzuschwenken und ins Tal zu traben, wo Sicherheit winkte. Kann man ermessen, welches Entsetzen sie befiel, als dieser edle Mann, zu sehr erfüllt von dem Gedanken an die grausame Vernichtung so vieler Kameraden, um der eigenen Sicherheit zu gedenken, statt dessen allein der moskowitischen Schlachtordnung entgegenjagte? Mit erhobener Waffe, ein todesverachtendes Lächeln auf den Lippen, wählte er den Weg, den die Ehre ihm wies, und ritt wie ein Held alter Tage den Schwertern der Feinde entgegen.«

Da sieht man mal wieder, daß einem überhaupt nichts passieren kann, wenn man nur die Presse auf seiner Seite hat. Ich habe mir nie die Mühe gemacht, diese glanzvolle Huldigung richtigzustellen – bis heute. Und fast reut es mich schon, daß ich es jetzt getan habe. In welcher Gazette sie erschien, weiß ich nicht mehr, aber ich zweifele nicht daran, daß bei der Lektüre manch mannhafte Zähre rann und manch zarte Brust bebte, doch zunächst schien mir das von der mannhaften Zähre und der bebenden Brust eher auf mich zu passen, mein Pferd strauchelte, der Säbel flog mir aus der Hand, und mein schwergeprüfter Korpus wälzte sich im Gras, während die berittenen Bauernlümmel die Augen aufrissen, brummelnd zurückwichen, um mich gleich darauf zu umringen und in ihrer stumpfen russischen Art anzuglotzen. Ich lag da, schnappte nach Luft wie ein Lachs auf dem Trockenen, wartete auf den Kitzel der Lanzenspitzen und brabbelte:

»Kamerad. Ami. Sarte. Amigo. O Himmel, was heißt Freund auf Russisch?«

Die Kriegsgefangenschaft hat ihre Vorteile – oder hatte sie jedenfalls einmal. Als britischer Offizier konnte man im Gewahrsam eines zivilisierten Gegners eine wesentlich bessere Behandlung erwarten, als besagter Gegner sie seinen eigenen Leuten angedeihen ließ. Man wurde gewöhnlich als Gast behandelt, großzügig bewirtet, mit Freundlichkeiten überhäuft und konnte sich einer leidlichen Freiheit erfreuen. Ab und an wurde einem das Ehrenwort abgenommen, keinen Fluchtversuch zu machen, aber generell war das nicht üblich. Das Weglaufen lockte nicht, weil man bei der ersten besten Gelegenheit ohnehin gegen einen der eigenen Leute ausgetauscht wurde.

Wohlgemerkt – uns Briten ist es in dieser Beziehung wohl auch besser ergangen als den meisten anderen Nationen. Man hatte gehörigen Respekt vor uns, aber man wußte auch, daß wir im Krieg keine Rohlinge waren wie etwa dieses Balkangesindel, und deshalb behandelte man uns entsprechend. Einen von Polen gefangengenommenen Russen, einen von den Ithakern geschnappten Österreicher, selbst einen von Yankees hoppgenommenen Konförderierten erwartete bei weitem kein so glückliches Los. Wie man mir sagt, ist das jetzt alles anders geworden, der Krieg ist nicht mehr ein Spiel für Gentlemen (übrigens eine Einstellung, die ich persönlich nie geteilt habe), und bei den »neuen Professionellen« ist ein Gefangener ein Gefangener, der hinter Schloß und Riegel gehört. Also ich weiß nicht ...wir sind immer anständig miteinander umgegangen und waren nicht ein Jota inkompetenter als diese neue Sandhurst-Brigade. Man sehe sich nur diesen jungen Schnösel Kitchener an. Was der Junge braucht, ist ein Weib – oder mehrere.

Sei's drum – alles in allem habe ich es nirgends besser getroffen als bei den Russen, obgleich ich den Verdacht habe, daß ich das nicht ihrer Güte, sondern ihrer Ignoranz verdanke. Von dem Moment an, als ich mich der Länge lang zwischen die Kosaken legte, betrachtete man mich mit einer Art von Ehrfurcht. Es lag nicht nur an dem Fiasko der Leichten Brigade, das ihnen tiefen Eindruck gemacht hatte. Nein, sie wußten tatsächlich nicht so recht, was sie von uns Engländern halten sollten. Für sie waren wir so etwas wie der Mann vom Mond oder eine Ladung Dynamit, die hochgehen konnte, wenn man nur ein bißchen dran kratzt, und das liegt natürlich daran, daß dieses Russenvolk eine so dumpfe, mißtrauische Bauernbande ist – die gewöhnlichen Leute und die Soldaten meine ich –, daß eine Heidenangst vor jedweder ungewohnten Erscheinung herrscht, bis jemand daherkommt und dem Haufen sagt, wie er sich verhalten soll. Damals war bekanntlich das Gros von ihnen Sklaven – nur die Kosaken bildeten eine Ausnahme –, und so benahmen sie sich auch.

Mehr dazu später. Noch befanden wir uns auf der Ebene von Balaklawa, die Kosaken machten finstere Gesichter und trauten sich nicht an mich heran, bis einer der Offiziere absaß, mir hochhalf und meine Kapitulation entgegennahm. Ob er auch nur ein Wort davon begriffen hat, wage ich zu bezweifeln, denn konfus und erschüttert wie ich war, dürfte ich mich kaum sehr verständlich ausgedrückt haben, und auch auf Russisch – das ich damals noch kaum beherrschte – hätte es bestimmt nicht viel sinnvoller geklungen. Er führte mich durch die Menge, und als ich erst einmal begriffen hatte, daß man den Burschen nicht erlauben würde, mir etwas anzutun und daß ich diesem höllischen Treiben unversehrt entronnen war, machte ich mich daran, meine fünf Sinne wieder zusammenzubringen und mir zu überlegen, was jetzt zu tun sei.

Sie steckten mich in ein Zelt und stellten zwei derbe Kosaken als Wache davor – Schwarzmeerkosaken, wie ich später erfuhr, mit hohen zottigen Mützen und scharlachroten Lanzen –, und da saß ich nun und horchte auf das immer lauter werdende Stimmengewirr vor meinem Zelt. Hin und wieder steckte ein Offizier den Kopf herein, musterte mich und zog sich wieder zurück. Mir war noch immer rechtschaffen übel und schwindlig, und mein rechtes Ohr war taub von dem infernalischen Kanonendonner, aber während ich mit weichen Knien an dem Zeltpfahl lehnte, jubelte es in mir: Du bist am Leben, bist heil und gesund. Ich hatte – auf welche Weise, das mochte der Himmel wissen – das Ende der Leichten Brigade überlebt, von den früheren Gefechten dieses Tages gar nicht zu reden. Es kam mir vor, als sei ein Jahr vergangen, seit ich mit Campbells Hochländern dem Ansturm des Feindes standgehalten hatte, dabei waren es erst fünf Stunden her. Wieder mal geschafft, alter Junge, sagte ich mir. Du lebst – was willst du noch mehr? Kopf hoch, und Augen und Ohren aufgesperrt!

Wenig später erschien ein geschniegelter kleiner Bursche in piekfeiner weißer Uniform, schwarzen Stiefeln und einem Helm mit gekröntem Adler. »Lanskey, Major der Gardekürassiere«, sagte er in gutem Französisch, worin sich übrigens die meisten gebildeten Russen recht gut auszudrücken vermögen. »Mit wem habe ich die Ehre?«

»Flashman«, erwiderte ich. »Oberst, Siebzehnte Lancer.«

»Hocherfreut.« Er verbeugte sich. »Ich darf Sie bitten, mir zu General Liprandi zu folgen, der schon sehr begierig ist, die Bekanntschaft eines so tüchtigen und tapferen Offiziers zu machen.«

Nun, das war recht artig gesagt und munterte mich sogleich wieder auf. Er führte mich durch eine Schar neugieriger Offiziere und Stabshengste in ein großes Zelt, wo etwa ein Dutzend ranghöherer Offiziere herumstanden, während ein aufgeräumt wirkender alter Knabe mit dunklem Backenbart und in einem prächtigen Zobelmantel, den ich für Liprandi hielt, an einem Tisch saß. Das Stimmengewirr verstummte wie auf Kommando, ein Dutzend erwartungsvoller Augenpaare richteten sich auf mich, als Lanskey mich vorstellte, und ich, abgerissen und verdreckt wie ich war, Haltung annahm und, knapp über Liprandis Kopf hinwegvisierend, die Hacken zusammenschlug.

Er kam hinter dem Tisch hervor, trat dicht vor mich hin, und sagte, ebenfalls in exzellentem Französisch: »Mit Ihrer Erlaubnis, Oberst.«

Und zu meiner Verblüffung hielt er seinen Riechkolben dicht vor meine Lippen und sog die Luft ein.

»Was zum Teufel –« Ich trat einen Schritt zurück.

»Bitte tausendmal um Vergebung, Sir. Es ist wahr, meine Herren«, sagte er, zu seinem Stab gewandt. »Nicht die Spur von Alkohol.« Und dann fingen sie alle wieder an zu babbeln und ließen keinen Blick von mir.

»Sie sind völlig nüchtern«, sagte Liprandi. »Ebenfalls Ihre Mannschaften, soweit sie in Gefangenschaft geraten sind. Ich habe mich davon überzeugt. Ich stehe nicht an zu erklären, daß ich aufs äußerste verwundert bin.[20] Hätten Sie wohl die Liebenswürdigkeit uns zu verraten, Oberst, wie es zu dieser – dieser außergewöhnlichen Attacke Ihrer Kavallerie kam? Glauben Sie mir, ich will Ihnen keinerlei militärische Geheimnisse entlocken. Aber das Verhalten Ihrer Truppe war beispiellos, es entzieht sich jeder logischen Erklärung. Warum in Gottes Namen haben Sie das getan?«

Nun wußte ich damals gar nicht so recht, *was* wir getan hatten, wenn mir auch klar war, daß wir dank eines ungeheuerlichen Fehlers drei Viertel der Leichten Brigade verloren hatten. Daß ich soeben an dem berühmtesten Kavalleriegefecht aller Zeiten teilgenommen hatte, einem Gefecht, das einmal in aller Munde sein würde und das selbst Augenzeugen kaum fassen konnten – das ahnte ich damals noch nicht. Die Russen waren ratlos. Sie konnten sich die Sache nur so erklären, daß wir betrunken, durch Drogen berauscht oder wahnsinnig gewesen waren. Auf die Idee, daß es nur eine grausame Verkettung unglücklicher Umstände gewesen war, kamen sie nicht. Und ich gedachte nicht, sie darüber aufzuklären. Deshalb sagte ich:

»Nun ja, anders kann man euch Brüdern offenbar nicht beibringen, daß ihr eine gebührende Distanz zu wahren habt.«

Worauf sie laute Ausrufe der Verwunderung ausstießen und den Kopf schüttelten und fluchten und Liprandi eine verwirrte Miene zog und immer wieder vor sich hinbrabbelte: »Sechshundert Mann ... Wozu?« und sie umdrängten mich und bombardierten mich mit Fragen – in aller Freundschaft, wohlgemerkt –, so daß ich alsbald wieder kiebig wurde und so tat, als vollführten wir solche Heldentaten alle Tage. Wie wir geschlossen bis zur Batterie hatten vordringen können, ohne uns auseinanderreißen zu lassen oder zurückzuweichen, wiewohl vier von fünf Sätteln leer gewesen waren – das war etwas, was sie beim besten Willen nicht begreifen konnten. Ich sah sie treuherzig an und sagte schlicht: »Wir sind britische Kavallerie.« Und damit hatte ich wohl ein wahres Wort gelassen ausgesprochen, auch wenn ich vielleicht das geringste Recht hatte, mich damit zu brüsten.

Worauf das Getrampel und Gefluche von neuem anhob; ein Riese mit einem Rauschebart brach in Tränen aus und bestand darauf, mich zu umarmen und mir seinen knoblauchstinkenden Atem ins Gesucht zu blasen, und Liprandi ließ Brandy kommen, und sie erhoben die Gläser und brüllten im Chor: »Die Leichte Brigade!« und kippten ihren Brandy und traten auf ihren Gläsern herum und umarmten mich abermals und lachten und schrien und tätschelten mir den Kopf, während ich mit ungerührter Miene dastand und sagte, gottverdammich, das sei gar nichts, so was sei bei uns gang und gäbe. (Ich hätte wohl schamrot werden müssen bei dem Gedanken, daß ich, der alte Blähbauch-Harry, mich mit Ruhm und Ehren überhäufen ließ, aber – Sie kennen mich ja. Immerhin war ich vom Anfang bis zum Ende dabeigewesen. Sollte ich mich disqualifizieren lassen, nur weil ich die Hosen gestrichen voll gehabt hatte?)

Es gab eine alkoholselige Verbrüderung, und nachher, als ich mich gesäubert und umgezogen hatte, gaben Liprandi und sein Stab mir ein improvisiertes Diner, bei dem der Champagner in Strömen floß – französischer natürlich, die Russen wissen, was zum Kriegspielen taugt –, und sie waren der Aufmerksamkeit und Bewunderung voll und hatten tausend Fragen, aber hin und wieder verfielen sie in Schweigen und sahen mich auf diese seltsame Art an, die alle Überlebenden der Attacke inzwischen zur Genüge kennen: Achtungsvoll, fast ehrfürchtig, aber auch mit einer Spur von Argwohn, als sei man ihnen nicht ganz geheuer.

Die Gastlichkeit dieses Abends hatte mir so sehr behagt, daß der Gedanke, in ein, zwei Tagen ausgetauscht zu werden und mich wieder in das verlauste, fieberverseuchte Lager vor Sewastopol verfügen zu müssen, recht unangenehm berührte. Erstaunlicherweise taten meine Gedärme, die den ganzen Tag in einem so beklagenswerten Zustand gewesen waren, nach dem Diner keinen Mucks mehr. Wir besoffen uns alle miteinander ganz fürchterlich und brachten einen Toast nach dem anderen aus, und der bärtige Knoblauchriese und Lanskey schleppten mich ins Bett, und wir fielen alle drei brüllend vor Lachen zu Boden. Während ich unter die Decke kroch, zogen verschwommen die Erinnerungen an mir vorbei: Kanonendonner, die Reihen der Highlander, Scarletts grellbuntes Schnupftuch, der Teufelsritt den Sapoune hinunter, der kerzengerade dahintrabende Cardigan, das Krachen der Geschütze. Das alles tanzte in einem rauchigen Wirrwarr durcheinander und kam mir plötzlich fern und unwichtig vor, und dann sackte ich in eine tiefe Schwärze und pennte wie ein Igel im Winterschlaf.

Der erwartete Austausch fand nicht statt. Ich wurde einige Wochen in einem Häuschen in Jalta einquartiert, zwei Musketiere vor der Tür und einen russischen Oberst der berittenen Pioniere zur Gesellschaft, der mit mir durch den kleinen Garten spazierte, damit ich Bewegung hatte, und dann suchte mich Radziwill auf, ein sehr anständiger Kerl aus Liprandis Stab, der Englisch sprach und sich in London gut auskannte. Es war ihm sichtlich peinlich, daß er mir eröffnen mußte, es gäbe kein geeignetes Austauschobjekt, da ich Stabsoffizier und ein ziemlich kostbarer Fang sei – was ich ihm nicht abnahm. Wir hatten am Alma ranghohe russische Offiziere gefangengenommen, die mir an Bedeutung gewiß nicht nachstanden, und ich überlegte, warum sie mich wohl behalten wollten, aber natürlich bestand in meiner derzeitigen Lage keinerlei Hoffnung, der Sache auf den Grund zu gehen. Es kümmerte mich auch nicht weiter; gegen einen Urlaub in Rußland und die Aussicht, nicht als Gefangener, sondern als geehrter Gast behandelt zu werden, hatte ich nichts einzuwenden, und das hatten sie offenbar im Sinn. Man wolle mich über die Krim nach Kertsch schicken, sagte Radziwill, und dann mit dem Schiff aufs russische Festland, wo ich auf einem Landgut untergebracht werden sollte. Das habe den Vorteil, sagte er, daß ich dort weit vom Schuß sei und eine Flucht unmöglich sein würde – ich bemühte mich bei diesen Worten um eine ernsthafte und wissende Miene, dabei wäre es mir nie eingefallen, mich freiwillig wieder in diesen verwünschten Krieg zu begeben –, und ich könne dort ein beschauliches Leben ohne allzu viele Beschränkungen führen, bis der Krieg zu Ende sei, was ohnehin bald der Fall sein würde.

Nun, ich habe es mir stets angelegen sein lassen, im Leben allem die beste Seite abzugewinnen, also erklärte ich mich ohne Zögern einverstanden, packte meine wenigen Sachen – meine gereinigte und geflickte Lancer-Uniform und etliche Hemden und dergleichen, die mir Radziwill hatte besorgen lassen – zusammen und machte mich reisefertig. Tor, der ich war, freute ich mich sogar auf das bevorstehende Abenteuer.

Vor meiner Abreise verschaffte mir Radziwill die Gelegenheit, die Überlebenden der Leichten Brigade zu besuchen, die in Gefangenschaft geraten waren und bei Jalta festgehalten wurden. Er meinte es gewiß gut, aber ich wünschte doch, er hätte es nicht getan. Ich verspürte keine große Lust zu diesem guten Werk, konnte aber schlecht ablehnen.

Es waren ihrer dreißig in einem großen, stickigen Schuppen, von denen nicht mehr als sechs unverwundet davongekommen waren. Die anderen lagen mit Verbänden um Kopf und Glieder oder einem Arm in der Schlinge auf ihren Pritschen, manchen fehlte auch ein Arm oder ein Bein. Wie Wachsfiguren lagen sie da, dem einen oder anderen war anzusehen, daß er sich nur noch den Tod wünschte, und alle sahen sie verteufelt trübsinnig drein. Kaum hatte ich einen Fuß in den Raum gesetzt, da hätte ich am liebsten wieder kehrtgemacht. Gerade diese Dinge – der dumpfe Blutgeruch, die abgezehrten Gesichter, die matten Stimmen, die erschreckende, hoffnungslose Erschöpfung – sind es, die einem begreiflich machen, was der Krieg doch für eine üble Sache ist. Schlimmer als ein Schlachtfeld, schlimmer als Blut und Schlamm und Rauch und Stahl ist das Elend der Verwundeten in einem Lazarett, wobei sie hier noch sehr viel besser dran waren als anderswo. Reinlichkeit ist nicht gerade eine Stärke der Russen, aber das Krankenquartier, das sie für unsere Jungs eingerichtet hatten, war bei weitem anständiger als das, was unsere Medizinmänner in Balaklawa zustandegebracht hatten.

Sie werden es kaum glauben, aber als sie meiner ansichtig wurden, empfingen sie mich mit einem dreifachen Hurra. Die bleichen Gesichter leuchteten auf, wer es irgend schaffte, richtete sich im Bett auf, und ihr Unteroffizier, der nicht verwundet war, salutierte.

»Ryan, Sir«, sagte er. »Achte Husaren. Ein Jammer, daß man Sie geschnappt hat, Sir, aber wir freuen uns, Sie wohlauf zu sehen.«

Ich bedankte mich und schüttelte ihm die Hand, und dann machte ich die Runde, mit dem einen oder anderen ein paar Worte wechselnd, wie das so üblich ist, und beim Anblick von so viel Schmerzen und Verstümmelung drehte sich mir der Magen um. Auch ich hätte dort liegen können, mit zerschossenen Beinen oder notdürftig zusammengeflicktem Gesicht.

»Uns geht's soweit ganz ordentlich, Sir, das sehen Sie ja selbst«, sagte Ryan. »Der Fraß ist nichts Besonderes, aber er sättigt. Darf ich fragen, ob man Sie auch gut behandelt, Sir? Ja? Freut mich, freut mich wirklich. Sie werden doch bestimmt ausgetauscht, nicht? Nein? So was aber auch. Na ja, kann mir denken, daß die Sie nicht hergeben wollen. Wie wir das von Ihnen gehört haben, sagt Dick – das ist der da drüben,

Sir, der mit dem Säbelhieb ... ja, da sagt also Dick: Na, da werden die Rußkis sich aber freuen, unser Flashy ist mindestens ne Schwadron wert ... Nichts für ungut, Sir.«

»Das ist sehr freundlich von dem guten Dick«, sagte ich, »aber ich fürchte, im Augenblick ist es mit meinem Marktwert nicht sehr weit her.«

Sie lachten – ein jämmerlich dünnes Lachen – und brummten und machten sich mit ein paar Kraftworten Luft. Ryan senkte die Stimme und sah zur Tür, wo Lanskey sich herumdrückte, und sagte leise:

»Ich weiß es besser, Sir. Und ein paar von uns, ein halbes Dutzend etwa, sind soweit beisammen, daß sie zwanzig von diesen Rußkis wert sind. Sie brauchten nur ein Wort zu sagen, Sir, und ich schätze, wir könnten uns hier wegmachen, uns ein paar Säbel schnappen und uns zur Armee durchschlagen. Mehr als zwanzig Meilen können es bis Sewastopol nicht sein. Das wäre zu schaffen, Sir, die Jungs machen bestimmt mit, und –«

»Still, Ryan«, unterbrach ich ihn. »Das kommt überhaupt nicht in Frage.« Da war ich wieder mal an einen dieser abenteuerlichen Burschen geraten, die Pflichtgefühl und gefährliche Ideen aus allen Poren schwitzen. »Ausbrechen und die verwundeten Kameraden im Stich lassen? Nein, nein, das schlagen Sie sich nur aus dem Kopf. Ich muß mich doch sehr über Sie wundern.«

Er wurde rot. »Nichts für ungut, Sir, es war nur –«

»Ich weiß, mein Junge.« Ich legte ihm eine Hand auf die Schulter. »Sie brennen darauf, Ihre Pflicht zu tun, wie es sich für einen Soldaten gehört, aber jetzt geht das nun mal nicht. Sie können zufrieden sein mit dem, was Sie bisher geleistet haben. Ihr alle könnt damit zufrieden sein.« Ein paar patriotische Phrasen können nicht schaden, dachte ich bei mir. »Ihr seid alle miteinander wackere Burschen, England ist stolz auf euch.« Und wird euch später ins Armenhaus schicken oder euch Schuhriemen an den Straßenecken verhökern lassen, setzte ich still für mich hinzu.

»Jim der Bär wird auch stolz sein«, ließ sich einer vernehmen, der einen Verband über dem Kopf und einem Auge hatte. Ich sah, daß ein paar blutbefleckter kirschroter Hosen am Fußende seiner Pritsche lagen. »Es heißt, daß Seine Lordschaft aus der Batterie rausgekommen ist, Sir. Dryden haben die Russen im Tal geschnappt, und er hat gesehen, wie Lord Cardigan zurückgekommen ist. Sein Säbel war blutig, hat er gesagt, aber er selbst war nicht verwundet.«

Das war keine gute Nachricht. Cardigan hätte ich gewiß keine Träne nachgeweint.

»Guter alter Jim.«

»Pfundskerl.«

»Ein guter Kommandeur und ein Gentleman, wirklich wahr, auch wenn er bei den Elfern ist«, meinte Ryan, und alle lachten und warfen mir scheue Blicke zu, weil sie wußten, daß ich auch mal ein Elfer gewesen war.

Auf der Pritsche, die der Tür zunächst stand, lag ein blasser, schmächtiger junger Bursche, und als ich mich zum Gehen wandte, flüsterte er:

»Oberst Flashman, Sir ... der Unteroffizier sagt ... das war noch nie da ... daß die Kavallerie ohne Rückendeckung eine Batterie attakkiert und genommen hat. In keinem Krieg nicht. Stimmt das, Sir?«

Das wußte ich natürlich nicht, aber gehört hatte ich jedenfalls noch nicht davon. »Ich glaube schon«, sagte ich. »Ich könnte es mir jedenfalls vorstellen.«

Er lächelte. »Na, da bin ich aber froh. Danke, Sir.« Er legte sich zurück, seine Lider zuckten ein bißchen, und man mußte schon sehr genau hinsehen, um zu merken, daß er noch atmete.

»Ja, dann also ...« sagte ich. »Leben Sie wohl, Ryan. Adieu, alle miteinander. Und – äh – laßt den Mut nicht sinken, bald sind wir wieder zu Hause.«

»Wenn die Russen eins auf den Deckel bekommen haben«, rief einer, und Ryan sagte: »Ein dreifaches Hurra für den Oberst.« Und sie ließen mich hochleben mit ihren zittrigen Stimmen, und der Mann mit dem verbundenen Auge begann zu singen, und sie fielen alle ein. Ich kannte den Text, und als ich mit Lansky wegfuhr, klang mir das Lied der Leichten Brigade noch lange in den Ohren.

Ich habe das Lied in Afghanistan und in Whitehall, im afrikanischen Busch und auf besoffenen Jagdgesellschaften in Rußland gehört. Ich habe es Kinder auf Pennypfeifen flöten und in heiserem Chor von Custers Siebtem Regiment am Tag von Greasy Grass grölen hören – und auch da sangen Überlebende der Leichten Brigade mit –, aber es ist und bleibt ein schmerzliches Lied für mich, weil ich an diese tapferen, irregeführten, rührenden Toren in dem russischen Lazarett denke, diese armen Narren mit den zerschossenen Leibern und verlorenen Glieder – alles für einen Shilling pro Tag und ein Armengrab –, die Cardigan, der sie wegen einer rostigen Spore hätte auspeitschen lassen und seelenruhig zusah, wie sie von den russischen Geschützen massakriert wurden, weil er nicht Manns genug gewesen war, Lucan mit seiner Order zur Hölle zu schicken – die Cardigan, sage ich, für einen guten Kommandeur und Gentleman hielten und sogar mich, der ich sie beim leisesten Klicken eines Abzugs im Stich gelassen hätte, hochleben ließen. Dabei war ich vergleichsweise noch harmlos – ich habe niemanden mit Lügen und heißer Luft vollgestopft und dann in Not und Tod geschickt, nur weil es eitlen Politikern und gewinnsüchtigen Fabrikanten in den Kram paßte. Freilich, unter den Augen der Öffentlichkeit heuchle auch ich auf Teufel komm raus und trage mein Lametta spazieren, aber ich kenne mich, und für ehrlichen Stolz ist kein Platz in meinem Herzen. Aber wenn ich dafür neben der Verachtung und dem Haß und der Selbstsucht doch noch ein Eckchen übrig hätte, gebührte dieser Platz diesen siebenhundert britischen Soldaten.

Das muß der Suff sein, der da aus mir spricht. Das ist das Übelste an der ganzen Sache: Wann immer ich an Balaklawa denke, muß ich zur Flasche greifen. Nicht, daß ich Schuld oder Bedauern oder Scham empfinde – jedenfalls zählt das nicht gegenüber der Überlegung, daß ich am Leben geblieben bin, selbst wenn ich solcher Empfindungen fähig wäre. Nein, ich habe einfach Balaklawa bis heute nicht ganz begriffen. Für die meisten Arten von Mut bringe ich ein gewisses Verständnis auf, auch wenn ich sie nicht nachvollziehen kann – Mut, der aus dem Zorn erwächst, aus der Angst, der Habgier oder auch der Liebe. Ein bißchen davon steckt sogar in mir – jeder kann den Tapferen spielen, wenn seine Kinder oder seine Frau bedroht sind (sollte freilich das Heer der Midianiter mein bescheidenes Heim anfallen mit der Drohung, meine Liebste zu entehren, würde ich zu ihr sagen, höre mal, altes Mädchen, geh ihnen ein bißchen um den Bart und mach dich hübsch, ich lege mich indessen mit meiner Flinte hinter dem nächsten besten Felsen auf die Lauer). Aber sind diese Empfindungen, die dem Zorn oder der Angst oder der Begierde entspringen, wirklich Tapferkeit? Das wage ich zu bezweifeln. Aber das, was dort am Nordende des Tals angesichts der russischen Geschütze vollbracht wurde – und zwar ohne den mindesten Nutz- und Nährwert für alle Beteiligten –, das ist Tapferkeit, und wenn ein ausgemachter Feigling Ihnen das versichert, dürfen Sie es glauben. Glücklicherweise sind das Dinge, die über meinen Horizont gehen; ich will es deshalb genug sein lassen und mich weder darüber noch über Balaklawa, das immerhin nur ein unerquickliches Vorspiel zu meinem russischen Abenteuer war, weiter auslassen. Und wem das nicht reicht, der mag sich an Lord Tennyson halten.

Die Reise von Jalta durch die bewaldeten Höhen nach Kertsch bot keine besonderen Denkwürdigkeiten. Von der Krim ist im Grunde eine Ecke wie die andere, aber keiner glaube, er habe damit schon das echte Rußland zu Gesicht bekommen. Von Kertsch, wo mich ein exzeptionell mürrischer und maulfauler, Französisch sprechender Zivilist in seine Obhut nahm (nebst zwei Dragonern, auf daß ich nicht vergaß, wer ich war), fuhren wir mit einer Schaluppe über das Asowsche Meer nach Taganrog – eine schmuddelige kleine Hafenstadt – und schlossen uns der Gesellschaft eines kaiserlichen Kuriers an, der in die gleiche Richtung wollte. Ei, dachte ich, wenn das so ist, reisen wir gewiß standesgemäß. Was wieder mal ein Beweis dafür ist, wie sehr der Mensch sich irren kann.

Wir reisten in zwei *telegas*, Kästen auf Rädern, die vorn ein Brett für den Kutscher und hinten Stroh oder Kissen für die Fahrgäste haben. Der Kurier hatte es offenbar nicht eilig, denn wir krochen in widerwärtig langsamem Tempo dahin, obgleich *telegas* verteufelt schnell sein können, wenn sie es darauf anlegen; dann kommen sie mit gewaltigem Glockengebimmel dahergestürmt und alles rennt und flüchtet, um nicht über den Haufen gefahren zu werden. Als ich später den grauenhaften Zustand der russischen Straßen mit ihren Rinnen und Schlaglöchern sah, war ich immer höchst verwundert, daß die Chausseen, über die die *telegas* rollten, sich einer vortrefflich glatten, ebenen Oberfläche erfreuten. Des Rätsels Lösung: Telegas waren Kurieren und hochrangigen Staatsdienern vorbehalten, und sämtliche Bauern der Umgegend mußten Fronarbeit leisten, um die Straße instandzusetzen, ehe die *telega* sie passierte.

Aus diesem Grund standen, während wir über Land rumpelten, der Kurier mit Gepränge in der ersten, Flashy mit seiner Eskorte in der zweiten *telega*, stets Bauern am Wegrand herum, Männer und Frauen in gegürteten Kitteln und zerlumpten Wickelgamaschen, die uns stumm und starr nachsahen. Diese dumpf brütende Wachsamkeit ging mir auf die Nerven, besonders an den Poststationen, wo sie sich in schweigenden Gruppen zu versammeln pflegten, um uns anzuglotzen.

Sie waren so völlig anders als die Krimtataren, die ich kennengelernt hatte. Das sind lebhafte, hochgewachsene, gut gebaute Männer – nur ihre Frauen sind ein wenig heruntergekommen. Die Russen der Steppe waren viel kleiner und wirkten im Vergleich eher wie Affen.

Damals wußte ich noch nicht, daß diese Leute Sklaven waren, an ihren Herrn gefesselte europäische, weiße Sklaven, ein Ding, das man gesehen haben muß, um es zu begreifen. Das war nicht immer so gewesen. Es scheint, daß Boris Godunow – der Tropf, den die meisten von der Opernbühne her kennen, wo er eineinhalb Stunden braucht, um zu sterben – den russischen Bauern die Leibeigenschaft verordnete, was bedeutete, daß sie in den Besitz der Adligen und Landbesitzer übergingen, die sie kaufen und verkaufen, ausleihen, verhungern lassen, auspeitschen und einsperren konnten, die das Recht hatten, ihre Habe, ihr Vieh und ihre Frauen an sich zu bringen, wann immer es sie danach gelüstete – die, kurz gesagt, alles mit ihnen anstellen konnten, sofern sie damit nicht einen bleibenden Schaden oder ihren Tod herbeiführten. Auch das passierte natürlich – ich habe es erlebt –, aber offiziell war es verboten.

Den Leibeigenen erging es nicht anders als den Niggersklaven in den Staaten – ja, sie waren vielleicht noch schlimmer dran, denn sie schienen gar nicht begriffen zu haben, daß sie Sklaven waren. Sie sahen sich selbst als bodenständig (»Wir gehören dem Herrn, aber das Land gehört uns« war ein geflügeltes Wort unter ihnen), und das Herkommen sah vor, daß sie ein Stück Land zur eigenen Bearbeitung haben durften – drei Tage in der Woche Arbeit auf dem eigenen Land, drei Tage auf dem des Herrn, so stand es auf dem Papier, aber da, wo ich war, rackerten sie sechs Tage auf dem Land des Herrn und einen auf ihrem eigenen – wenn sie Glück hatten.

Man mag es kaum glauben, daß noch vor vierzig Jahren mit Weißen in Europa so umgesprungen werden konnte. Daß sie bis zu zehnmal am Tag mit dem Stock und der Peitsche traktiert werden konnten oder die Knute zu spüren bekamen (was unendlich viel bitterer ist). Daß sie ganz nach Lust und Laune ihres Herrn auf Jahre nach Sibirien verbannt werden konnten – er brauchte nur die Kosten für die Deportation zu zahlen. Sie konnten gezwungen werden, Halsbänder mit eisernen Spitzen zu tragen, die Frauen durften in Harems gehalten, die Männer in die Armee expediert werden, um es dem Gutsherrn zu ermöglichen, ihnen in aller Ruhe die Frauen zu stehlen, Kinder konnte man verkaufen – und dafür erwartete man noch, daß sie sich ihrem

Herrn und Meister gegenüber dankbar zeigten, buchstäblich vor ihm krochen, ihn »Väterchen« nannten, den Kopf bis auf den Boden neigten und ihm die Stiefel küßten. Ich habe es mit eigenen Augen gesehen und fühlte mich lebhaft an Kandidaten für ein politisches Amt in der lieben Heimat erinnert. Ich habe in meinem Leben vieles an menschlichem Jammer und Elend gesehen, aber das Los der russischen Leibeigenen war das Empörendste, was ich je erlebt habe.

Inzwischen ist das bekanntlich alles anders geworden. 1861, wenige Jahre nach meinem Rußlandaufenthalt, wurden die Leibeigenen befreit, und wie ich höre, sind sie jetzt schlechter dran als zuvor. Rußland war auf die Sklaverei angewiesen, und nach der Befreiung geriet das ganze System aus den Fugen, es kam zu furchtbaren Hungersnöten und die Wirtschaft stand vor dem Ruin. Früher hatten die Gutsherren die Leibeigenen zumindest am Leben gelassen, weil sie ja etwas von ihnen hatten, aber dazu bestand jetzt, nachdem sie freie Bürger geworden waren, keinerlei Notwendigkeit mehr. Das ganze Unternehmen war ohnehin ausgemachter Mumpitz. Die Russen werden immer Sklaven sein. Das gilt natürlich auch für den Rest der Menschheit, aber komischerweise fällt es einem bei den Rußkis mehr auf.

Es fängt schon damit an, daß sie so verteufelt sklavisch aussehen. Ich erinnere mich an meine erste Begegnung mit Leibeigenen, das war an dem Tag, nachdem wir Taganrog verlassen hatten. Es war an einer kleinen dörflichen Poststation, wo ein Beamter einen Bauern vermöbelte – den Grund habe ich nie herausbekommen –, und dieser dumpfe Tropf dastand und sich von einem Bürschlein durchhauen ließ, das nur halb so groß war wie er und unter den Schlägen kaum eine Miene verzog. Ein Häuflein Leibeigener schaute zu, ungeschlachtes, verdrecktes Gesindel in zottigen blauen Kitteln und groben Hosen mit ihren Weibern und ein paar zerlumpten Rangen. Sie glotzten wie eingeschüchterte, stupide Tiere. Und als dem Beamtenbürschlein schließlich der Stock zerbrach und er dem Bauern einen Tritt gab und ihm befahl, sich wegzuscheren, trottete der Kerl einfach davon, und die anderen trotteten hinterdrein. Es war, als hätten sie überhaupt keine Gefühle.

Ja, in der Tat, es ging lustig zu in diesem großen russischen Reich, wie ich es im Herbst 1854 erlebte – eine riesige mangelhaft bearbeitete Landmasse, beherrscht von einer dünnen Adelsschicht, die über ein gewaltiges Reservoir menschlicher Haustiere gebot, denen sie, falls nötig, durch Kosakenteufel Zucht und Ordnung beibringen ließ. Brutalität und Rückständigkeit feierten Triumphe, denn die Herrschenden lebten in ständiger Furcht vor den Sklaven und hielten den Daumen auf alles, was auch nur entfernt nach Bildung oder Fortschritt aussah; selbst von der Eisenbahn wollten sie nichts wissen, weil sie Angst hatten, sie könnte den Keim der Revolution in sich tragen. Und da überall die Unzufriedenheit gärte, besonders unter einer gewissen Schicht von Leibeigenen, die sich ein bißchen emporgearbeitet hatten, und viel aufrührerisches Gerede im Schwange war, lastete die eiserne Hand des Staates immer schwerer auf dem Volk. Der »weiße Terror«, wie sie die Geheimpolizei nannten, war überall. Die ganze Bevölkerung war in ihren Listen erfaßt, und ein jeder mußte seinen Meldeschein haben, seine »Lebensbestätigung« – ohne dieses Stück Papier war man ein Niemand und gewissermaßen gar nicht vorhanden. Selbst der Adel fürchtete die Polizei, und einen Gutsbesitzer hörte ich über das Gefängnis sagen: »Nur dort werden wir ruhig schlafen, denn nur dort sind wir sicher.«[21]

Das Land, durch das wir rollten, war der geziemende Platz für solche Menschen, ja, man muß es gesehen haben, um zu begreifen, weshalb sie sind, wie sie sind. Ich habe bereits den einen oder anderen weiträumigen Landstrich kennengelernt – die amerikanische Ebene auf den alten Planwagenstrecken westlich von St. Louis, wo das flüsternde Gras sich bis an den Rand der Erde erstreckt, oder die Prärien von Saskatchewan zur Grashüpferzeit, rötlich-gelb und leer unter dem weitesten Himmel dieser Welt. Aber Rußland ist größer. Dort gibt es keinen Himmel, nur leeren Raum über einem, keinen Horizont, nur fernen Dunst und endlose Meilen sonnenverbranntes geiles Gras und Leere. Die wenigen elenden Weiler, deren jeder seine baufällige Kirche besitzt, schienen die Einsamkeit dieser weiten Ebene nur noch zu vertiefen, die gerade durch ihre Leere wie ein riesiges Gefängnis wirkte. Es gibt keine Berge, auf die man steigen, an denen sich die Phantasie entzünden könnte, es gibt keinen Weg, kein Ziel. Kein Wunder, daß die Leute in so einem Land bodenständig sind.

Mich beschlich ein recht ungemütliches Gefühl, wie wir so durch die Lande rumpelten und dabei nichts Besseres zu tun hatten, als uns nach dem nächsten Dorf die Augen auszustarren, das regennaß oder sonnengedörrt oder unter den ersten Winterstürmen geduckt – sie haben dort alle Arten von Wetter gleichzeitig, aber schlecht sind sie alle – vor uns auftauchte. Spaßeshalber konnte man natürlich versuchen zu entscheiden, welcher Gestank widerwärtiger war, der Knoblauch, den der Fahrer kaute, oder die Wagenschmiere, oder man konnte den Steppenhexen nachsehen, die der Wind über die Ebene wehte. Ich habe manch öde, bedrückende Reise erlebt, aber so schlimm war keine vorher und keine nachher. Da wäre mir sogar eine Wanderung in Wales noch lieber.

Tatsächlich flößte dieses Rußland mit seiner stumpf dahinbrütenden Bevölkerung und der Landschaft, die so gut dazu paßte, mir allmählich Angst ein. Man verlor das Gefühl für Zeit und Raum. Die einzige Abwechslung bot der Halt an einer der Poststationen – armselige, verflohte Klabachen, entsetzliche Zimmer und noch entsetzlicherer Fraß. Auf der Krim hatte man annehmbares Rindfleisch für einen Penny das Pfund kaufen können, aber hier gab es nur schtschi und borscht – zwei Sorten Kohlsuppe – Haschee aus Pferdefleisch und süße kleine Kuchen, das einzig einigermaßen Eßbare weit und breit. Die und der Tee retteten mir das Leben; der Tee ist gut, sofern man Karawanentee ergattert, der aus China kommt und allen anderen Sorten überlegen ist. Ihren Wein können sie von mir aus in die *mujiks** zurückschütten.

So sank meine Stimmung täglich ein bißchen tiefer, aber was meiner Zuversicht den Todesstoß versetzte, war ein Vorfall, der sich am letzten Vormittag unserer Reise zutrug. Wir hatten in einem großen Dorf Rast gemacht, das nur dreißig Werst (zwanzig Meilen) von Starotorsk entfernt war, dem Gut, auf das ich gebracht werden sollte. Besagter Vorfall unterschied sich nicht sehr wesentlich von der Prügelszene, die ich zu Beginn der Fahrt mit angesehen hatte, führte mir aber ein für allemal vor Augen, in was für ein furchtbares, barbarisch grausames Land es mich verschlagen hatte.

Das Dorf lag an einer Kreuzung mehrerer Straßen, die von einiger Bedeutung zu sein schienen. Ich erinnere mich an einen Fluß und an ein Militärlager, ständig gingen Uniformen in der Gemeindeverwaltung ein und aus, in die mich mein Zivilist brachte, um meine Ankunft zu melden. In Rußland muß alles irgendwo irgendwem gemeldet werden, in diesem Fall war der örtliche Registrator zuständig, ein mürrischer, stiernackiger Klotz in grauer Uniform, der mir stechende Blicke zuwarf, während er die Papiere durchblätterte.

Die russischen Beamten sind ein übles Pack; wenn sie nur hochtrabend, dumm und unhöflich sind, kann man noch von Glück sagen. Sie

* leibeigene Bauern

haben eine komplette Rangordnung mit militärischen Titeln, so daß sich General und Oberst Sowieso unvermutet als ein Schubiak entpuppt, der sich nicht um die Sickergruben kümmert oder die Listen der Viehdiebstähle fälscht. Sogar Orden haben diese Bestien, und ihre Arroganz kennt keine Grenzen, und sofern man sie nicht reichlich schmiert, können sie einem rechtschaffenen Verdruß bereiten.

Ich wartete geduldig, indes mich die anderen Beamten und Offiziere, von denen es in der Gemeindeverwaltung nur so wimmelte, neugierig musterten. Der Registrator polkte in seinen Zähnen herum, machte ein finsteres Gesicht und ließ dann eine große Tirade auf Russisch los. Soweit ich es verstand, wandte er sich gegen alle Engländer im allgemeinen und mich im besonderen. Er erklärte meinem Begleiter und allen Umstehenden unmißverständlich, daß ihm Unterkunft und Verpflegung für mich zu schade seien; als stinkender Hund von Ausländer, der den heiligen Boden von Mutter Rußland entweiht hatte, gehörte ich ins Salzbergwerk – und in dem Ton ging es munter weiter. Er plusterte sich richtig auf, trommelte auf seinem Schreibtisch herum und brüllte und tobte, so daß allmählich das Stimmengewirr im Raum verebbte und alles gespannt zuhörte.

Es war schiere Wichtigtuerei eines Männchens, das sonst nicht eben viel zu sagen hatte, und ich ließ es mir angelegen sein, die Schreierei einfach zu ignorieren; etwas anderes konnte ich gar nicht tun. Aber jemand anders hatte sie nicht ignoriert. Einer der Offiziere, die plaudernd beisammengestanden hatten, schritt plötzlich gelassen auf den Tisch des Registrators zu, blieb stehen, um seine Zigarette wegzuwerfen und einen Fuß daraufzusetzen, und dann schlug er ohne Vorwarnung dem Registrator mit seiner Reitpeitsche mitten ins Gesicht. Der Mann schrie auf und plumpste auf seinen Stuhl, die Hände hebend, um einen weiteren Schlag abzuwehren. Der Offizier sagte etwas, mit leiser, frostklirrender Stimme, die zitternden Hände senkten sich, und man sah das fahle Peitschenmal auf dem groben, bärtigen Gesicht.

Im Raum war bis auf das Wimmern des Registrators kein Laut zu hören, als der Offizier abermals seine Peitsche hob und ihm mit größter Gelassenheit ein zweites Mal ins Gesicht schlug, wobei er die bärtige Wange aufriß. Die Kreatur schrie, wagte aber nicht, sich zu bewegen oder sich zu schützen. Ein dritter Schlag ließ Mann und Stuhl zu Boden stürzen, der Offizier sah sich seine Peitsche an, als habe sie in der Gosse gelegen, ließ sie zu Boden fallen und wandte sich mir zu.

»Dieses Vieh« sagte er zu meiner Überraschung auf Englisch, »hat

Strafe verdient. Mit Ihrer Erlaubnis werde ich die Lektion noch etwas eindrucksvoller gestalten.« Er warf einen Blick auf den blubbernden, blutenden Registrator, der sich gerade daranmachte, unter den Trümmern seines Stuhls hervorzukriechen, und äußerte in seiner tonlosen, frostigen Flüsterstimme einige Worte. Der Unglückliche wechselte die Richtung und kroch plappernd zu mir hinüber, wo er auf höchst widerwärtige Art und Weise um meine Knöchel herumschnuffelte, während der Offizier sich die nächste Zigarette ansteckte und zuschaute.

»Er wird Ihnen die Stiefel lecken«, erläuterte er, »und ich habe ihm gesagt, daß er die Knute schmecken wird, falls er sie mit Blut besudelt. Möchten Sie ihm einen Tritt in die Visage geben?«

Bekanntlich habe ich selbst etwas von einem Rohling und hätte mich, wenn ich Zeit zum Überlegen gehabt hätte, wohl dazu verstehen können, das freundliche Angebot anzunehmen. So eine Gelegenheit hat man nicht alle Tage. Aber ich war zu verblüfft, ja, und auch erschrocken über die kalte, gezielte Brutalität, die ich eben erlebt hatte, und der Registrator beeilte sich, davonzukriechen, von einem schmerzhaften Tritt meines Beschützers beschleunigt auf den Weg gebracht.

»Abschaum. Aber heute hat der Abschaum etwas dazugelernt«, sagte er. »Er wird nicht noch einmal einen Gentleman beleidigen. Zigarette, Oberst?« und er streckte mir ein goldenes Etui mit jenen papierenen Abscheulichkeiten hin, an die ich mich mit Grauen von Sewastopol her erinnerte. Ich ließ mir eine von ihm anzünden; sie schmeckte wie Dung in einem Sirupbad.

»Hauptmann Graf Nikolaus Pavlowitch Igantieff[22]«, sagte er mit seiner leisen, kalten Stimme. »Zu Ihren Diensten.« Und als sich unsere Blicke durch den Zigarettenrauch hindurch trafen, dachte ich mir, holla, Flashy, da hast du wieder mal einen denkwürdigen Zeitgenossen kennengelernt. Man brauchte nicht zweimal hinzusehen, um diesen Mann für alle Zeiten in Erinnerung zu behalten. Es lag, wie so oft, an den Augen; Bismarck fiel mir in diesem Moment ein und Charity Spring und Akbar Khan. Auch bei ihnen waren es die Augen gewesen. Aber bei diesem Burschen war es wieder anders. Das eine Auge war blau, das andere hatte eine geteilte Iris, zur Hälfte blau, zur Hälfte braun, was verwirrenderweise zur Folge hatte, daß man nie so recht wußte, welche Hälfte man ansehen sollte, sondern den Blick in einem fort von der einen zur anderen wandern ließ.

Im übrigen hatte er rötliches, lockiges Haar und ein kantiges, herrisches Gesicht mit einer übel zugerichteten Nase, was aber den Gesamteindruck in keiner Weise beeinträchtigte. Er wirkte zäh und ungeheuer selbstbewußt – man sah es an seinem Blick, an den schroffen Bewegungen, an dem Winkel der langen Zigarette zwischen seinen Fingern, dem verwegenen Sitz der Schirmmütze, der makellosen weißen Uniform der Kaiserlichen Garde. Er gehörte zu jenen Menschen, die genau wissen, was sie wollen und wer was ist – besonders sie selbst. Ein Kerl, der mit den Weibern machen konnte was er wollte, bewundert von seinen Vorgesetzten, gehaßt von seinen Rivalen und hündisch gefürchtet von seinen Untergebenen. Es gab nur ein Wort für ihn: Satansbraten.

»Ich habe in dem Wortschwall dieser Kreatur Ihren Namen aufgeschnappt«, sagte er. Er musterte mich mit distanzierter Anteilnahme – wie ein Arzt eine Probe mustert. »Sie sind der Offizier von Balaklawa, wenn ich nicht irre. Ihr Ziel ist Starotorsk, wo Sie bei Oberst Graf Pencherjevsky untergebracht werden. Er hat bereits einen englischen Offizier ... in seiner Obhut.« Ich versuchte, ihm in die Augen zu sehen und meinen Blick nicht zu dem Registrator abschweifen zu lassen, der sich an einem nahegelegenen Tisch hochgezogen hatte und mit zitternden Händen versuchte das Blut zu stillen, das ihm von dem zerschlagenen Gesicht tropfte. Keiner rührte einen Finger für ihn. Merkwürdigerweise wollte plötzlich meine Zigarette nicht ruhig bleiben. Es war lächerlich, denn machte nicht dieser elegante, korrekte, nicht unliebenswürdige junge Gentleman lediglich höfliche Konversation? Aber ich hatte ihn eben in Aktion erlebt und seine Sorte seelenloser, viehischer Grausamkeit hinter glatter Maske war mir wohlvertraut. Ich verstehe mich auf Schurken, und dieser Hauptmann Graf Ignatieff war einer von der übelsten Art. Man spürte die raubtierartige Kraft des Mannes wie eine elektrische Welle.

»Ich will Sie nicht aufhalten, Oberst«, sagte er unverändert kalt und leise, und in der Art, wie er meinen zivilen Begleiter weder ansah noch im winkte, sondern nur den Kopf um Bruchteile eines Zolls drehte, woraufhin der Tropf aus der schweigenden Menge auf ihn zustürzte, lag die unsägliche Arroganz des ganzen russischen Adels beschlossen.

»Es mag wohl sein, daß wir uns in Starotorsk wiedersehen«, schloß Ignatieff. Mit einer leichten Verbeugung wandte er sich ab, und mein Begleiter drängte mich achtungsvoll zu unserer *telega* hinaus, als könne er den Ort nicht schnell genug verlassen. Ich war dabei. Je weniger man sich mit solchen Leuten einläßt, desto günstiger für das eigene Wohlergehen.

Sie hatte mich doch recht mitgenommen, diese kurze Begegnung. Es gibt Menschen, bei denen das Beiwort »schrecklich« einen besonderen Klang hat. Jetzt weiß ich, dachte ich bei mir, wie Zar Iwan zu seinem Beinamen gekommen ist. Es liegt darin etwas, was die genüßliche Grausamkeit des gewöhnlichen Foltermeisters weit übersteigt. Satan dürfte, falls es ihn gibt ein Russe sein. Niemand sonst besitzt jene seelenlose Brutalität, die von ihm verlangt wird. Für Russen gehört sie einfach zum Leben.

Ich erkundigte mich bei meinem Zivilisten nach diesem Ignatieff, doch seine Antwort war nur ein widerwilliges Gemurmel. Kein Russe redet gern über einen Vorgesetzten, so etwas kann gefährlich werden, und soviel brachte ich immerhin heraus, daß Ignatieff so bedeutend und, obzwar ein bloßer Hauptmann, so hochgeboren war, daß man ihn tunlichst gar nicht erwähnte. Also tröstete ich mich damit, daß ich ihn wahrscheinlich nie wiedersehen würde (ha!) und sah mir statt dessen die Landschaft an. Nach wenigen Meilen wich die kahle Steppe ausgedehnten, wohlbestellten Feldern mit munter schuftenden Menschen und Tieren, die Straße wurde besser, und dann tauchte auf einer Anhöhe ein großes, aus Holz erbautes Herrenhaus mit zwei Nebenflügeln und zahlreichen Außengebäuden hinter Tor und Mauer auf, dahinter stiegen die dünnen Rauchsäulen eines Dorfes in die Luft. Wir rumpelten eine schöne, gekieste Auffahrt hinauf, die von gepflegten, mit Weiden bestandenen Rasenflächen gesäumt war, rollten durch den Torbogen eines weiträumigen Hofes und hielten an einem hübschen Rondell vor dem Haus, wo ein anmutiger weißer Springbrunnen spielte.

Nicht so übel, dachte ich bei mir und merkte, wie sich meine Lebensgeister wieder etwas hoben. Eine Insel der Kultur inmitten der Barbarei, und zwar offenbar von der feinsten Sorte. Hübsche Ländereien, gepflegte Unterkunft, gesunde Luft, vermutlich eine eigene Quelle – empfohlen für überarbeitete Militärs, die Ruhe und Erholung brauchen. Flashy, mein Sohn, da bist du bis zur Unterzeichnung des Friedensvertrages gut aufgehoben. Der einzige Mißton in schöner Harmonie war der Kosakenposten, der sich an der Freitreppe herumdrückte und mich daran erinnerte, daß ich nach wie vor ein Gefangener war.

Ein Verwalter kam unter tiefen Verbeugungen aus dem Haus gelaufen, der mir, wie mir mein Zivilist erläuterte, meine Räume zeigen würde; danach würde ich wohl die Bekanntschaft des Grafen Pencherjevsky machen. Ich wurde in eine kühle, hell getäfelte Halle geführt, und wenn noch etwas vonnöten war, meinen ermatteten Lebensgeistern neuen Odem einzuhauchen, so besorgten das die prächtigen Felle auf dem spiegelnden Boden, die behaglichen Ledersessel, die Blumen auf dem Tisch, die heimelig-zivile Stimmung und das entzükkende Blondchen, das soeben die Treppe heruntergekommen war und mir so jählings vor die Augen trat, daß ich die Kleine angestarrt haben muß wie der arme Willy seine St. John's Wood-Hure.

Aber sie war auch wirklich einen langen Blick wert. Etwa mittelgroß, achtzehn oder neunzehn, schwellender Busen, schmale Taille, freches Himmelfahrtsnäschen, rosa Grübchen, silbrig-blonde Haarfülle – ein Anblick, bei dem einem das Wasser im Munde zusammenlaufen konnte, besonders, wenn man seit zwei Monaten keine Frau gehabt und eine lange, staubige Reise durch Südrußland hinter sich hatte, auf der weit und breit nur mißgestaltete Bauernweiber zu sehen gewesen waren. In Gedanken hatte ich sie im Nu ausgezogen, gepackt und bestiegen, während sie vorübertrippelte, ich ihr meine martialischste Verbeugung machte und sie mich gänzlich ignorierte – von einem raschen, scheuen Blick aus schrägen grauen Augen abgesehen. Möge es ein langer Krieg werden, dachte ich, während sie sich wogend entfernte, und dann erheischte der Majordomus, sein ewiges »Poschalsta, Euer Gnaden« brabbelnd, meine Aufmerksamkeit, der mich die breite, knarrende Treppe hinauf und über einen gewundenen Gang führte und schließlich vor einer breiten Tür stehenblieb. Er klopfte, und eine Stimme rief auf Englisch:

»Herein – nein, zum Henker – chaditje!«

Angenehm berührt von den heimatlichen Klängen trat ich ein, sagte: »Holla, Sie da, wer immer Sie sind!« und streckte die Hand aus. Ein Mann meines Alters, der lesend auf dem Bett gelegen hatte, sah überrascht auf, erhob sich und sank dann wieder aufs Bett zurück, als habe er ein Gespenst gesehen. Unzusammenhängend vor sich hinstotternd schüttelte er den Kopf, dann brach es aus ihm heraus:

»Großer Gott – Flashman!«

Ich wurde stocksteif. Das Gesicht kam mir irgendwie bekannt vor, aber ich konnte es nicht recht unterbringen. Und dann versanken die Jahre, und ich sah ein Knabengesicht unter einem Zylinderhut und hörte eine Knabenstimme sagen: »Es tut mir leid, Flashman.« Ja, kein Zweifel, er war es: Scud East aus Rugby.

Einen langen Moment starrten wir einander nur an, bis es wie aus einer Kehle ertönte: »Was in aller Welt machst du denn hier?« Und dann schwiegen wir unsicher, bis ich sagte:

»Ich bin vor drei Wochen in Balaklawa gefangengenommen worden.«

»Mich haben sie in Silistria geschnappt, vor einem Vierteljahr. Ich bin seit fünf Wochen und zwei Tagen hier.«

Und dann starrten wir uns wieder eine Weile an, und schließlich sagte ich:

»Ist das dein Begriff von Gastfreundschaft? Willst du mir nicht wenigstens einen Stuhl anbieten?«

Er fuhr zusammen, errötete und stotterte, ganz der alte, täppische Scud, an einer Entschuldigung herum. Er war größer und dünner, als ich ihn in Erinnerung hatte, und das braune Haar lichtete sich bereits, aber an seinem zappelig-nervösen Getue hatte sich nichts geändert.

»Ich bin so überrascht«,stammelte er und schob mir einen Stuhl hin. »Ich – also ich freue mich wirklich, dich zu sehen, Flashman. Deine Hand, alter Junge. Nein ... also ... potztausend, was bist du für ein Riesenkerl geworden. Groß und ... und kräftig warst du ja schon immer, aber ... Jetzt sag einmal selbst, ist das nicht eine merkwürdige Sache, daß wir einander so wieder über den Weg laufen ... nach so langer Zeit? Warte, es muß vierzehn, nein, fünfzehn Jahre her sein, seit – äh –«

»Seit Arnold mich rausgeworfen hat, weil ich sternhagelvoll war.«

Er errötete abermals. »Seit wir uns getrennt haben, wollte ich sagen.«

»Stimmt. Na, lassen wir das. Welchen Rang hast du, Scud? Major, wie? Ich bin Oberst.«

»Ja«, sagte er. »Das sehe ich.« Er lächelte fast ein wenig schüchtern. »Du hast es weit gebracht, bist überall bekannt. Weißt du, daß die aus Rugby alle über dich reden, wenn man sie trifft?«

»Ach, wirklich? Aber wohl nicht sehr liebevoll, was, mein kleiner Scud?«

»Komm, komm, red keinen Unsinn. Wir waren jung damals, und unter Knaben gibt es immer mal Mißhelligkeiten, besonders wenn man etliche dabei hat, die größer und älter sind und ... aber das ist alles längst vergeben und vergessen. Sie sind alle mächtig stolz auf dich, Flashman. Brooks und Green ... und Brooks junior. Er ist in der Marine, weißt du.« Eine Pause. »Am stolzesten wäre wohl der Doktor gewesen.«

Kann gut sein, dachte ich. Widerwärtiger alter Heuchler.

»... alle wissen das von Afghanistan und Indien und so weiter«, plapperte er. »Ich war auch draußen, beim Sikh-Feldzug, bei dem du dich erneut mit Ruhm bedeckt hast. Ich habe von dort nur eine Verwundung aufzuweisen, ein Loch in den Rippen und einen gebrochenen Arm.«[23] Er lachte etwas kläglich. »Damit, fürchte ich, ist nicht viel Staat zu machen. Und dann bin ich raus aus dem 101. Regiment und ... Aber lieber Himmel, ich schwatze und schwatze. Wie ich mich freue, daß du da bist, alter Junge. Famos ist das, etwas Besseres könnte mir gar nicht passieren. Komm, laß dich einmal anschauen. Alle Wetter, das ist mir aber ein prächtiger Backenbart.«

Ich wußte nicht recht, ob es ihm mit diesem Geschwafel ernst war. Bei Gott, Scud East hatte keinen Grund gehabt, mir einen Platz in seinem Herzen zu bewahren, und sein Anblick hatte mir jenen letzten schwarzen Tag in Rugby so deutlich vor Augen geführt, daß ich vorübergehend ganz vergessen hatte, daß wir inzwischen Männer geworden waren und manches sich geändert hatte – vielleicht sogar mein Bild in seiner Erinnerung. Denn er schien sich, nachdem er seine Verblüffung überwunden hatte, ehrlich über meine Ankunft zu freuen. Freilich konnte das auch nur gespielt sein. Oder er übte sich in christlicher Nächstenliebe. Ich merkte, daß ich ihn prüfend musterte. In glücklicheren Tagen hatte ich ihn rechtschaffen geschurigelt. Zufrieden stellte ich fest, daß ich das, wenn ich es darauf anlegte, vermutlich auch jetzt noch könnte. Er war kleiner und schmaler als ich. Immerhin war er mir nie so zuwider gewesen wie sein Kumpan, dieser Leisetreter Brown. East hatte mehr Mumm in den Knochen gehabt als die anderen, und wenn er sich denn entgegenkommend zeigte und gewillt war, das Vergangene ruhen zu lassen ... Etliche Monate würden wir schon aufeinander angewiesen sein.

All das schoß mir in Sekundenschnelle durch den Kopf, und Sie mögen denken: Was für ein gemeiner, berechnender Charakter! Oder: Da sieht man das schlechte Gewissen. Sei's drum – von meinem eigenen Charakter weiß ich, daß er sich im Laufe von achtzig Jahren nicht geändert hatte. Warum sollte das bei anderen Menschen anders sein? Und ich vergesse keine Kränkung – dazu habe ich selbst anderen zu viele zugefügt.

So stimmte ich denn zwar nicht lauthals in seine Wiedersehensfreude ein, war aber sehr höflich, und nachdem er seinem vorgeblichen Entzücken über das unvermutete Auftauchen seines lieben alten Schulkameraden hinreichend Luft gemacht hatte, fragte ich:

»Wie ist es denn hier so? Und wie ist dieser Pencherjevsky?«

Er zögerte einen Augenblick, sah zur Wand, stand auf und sagte im Hinübergehen laut: »Es ist genau, wie es der erste Eindruck vermittelt – ein äußerst angenehmer Aufenthalt. Sie haben mich gut behandelt. Wirklich sehr gut.« Und dann winkte er mir und legte gleichzeitig einen Finger auf die Lippen. Verwundert folgte ich seiner deutenden Hand zu einem absonderlichen Höcker in dem üppigen Schnitzwerk der Täfelung neben dem Ofen. Er sah aus, als sei hier ein kleiner Trichter mit einem feinen Drahtgitter in das Holz eingelassen.

»Was hältst du von einem Spaziergang, alter Junge?« fragte East. »Der Graf hat einen prächtigen Garten, der uns uneingeschränkt zur Verfügung steht.«

Ich verstand den Wink, und wir gingen die Treppe hinunter in die Halle und hinaus ins Freie. Der Kosak sah uns nach, machte aber keine Anstalten, uns zu folgen. Sobald wir in sicherer Entfernung waren, fragte ich:

»Was zum Henker war das?«

»Horcheinrichtung, gut versteckt«, sagte er. »Ich habe mich gleich nach meiner Ankunft danach umgesehen. Im Nebenzimmer, wo sie dich unterbringen werden, ist auch eine. Unsere russischen Gastgeber wollen wohl sichergehen, daß wir keinen Unfug anstellen.«

»Hol's der Geier. Diese falschen Bestien. Ist das eine Art, einen Gentleman zu behandeln? Und wie zum Teufel bist du darauf gekommen, nach so etwas zu suchen?«

»Nur sicherheitshalber«, sagte er beiläufig, überlegte einen Augenblick und fuhr dann fort: »Weißt du, ich verstehe ein wenig von diesen Sachen. Als sie mich in Silistria schnappten, war ich zwar offiziell bei den Bashi-Bozouk-Leuten, aber eigentlich gehörte ich mehr zur politischen Seite. Und ich glaube, das wissen die Russen auch. Als sie mich herbrachten, wurde ich zunächst von etlichen sehr durchtriebenen Herren ihres Stabes gründlich vernommen – ich spreche nämlich ein bißchen Russisch. Ja, die Familie meiner Mutter heiratete vor ein paar Generationen hierher, und es gab da eine alte Großtante, die mich auf den Geschmack gebracht hat. Und da diese Fertigkeit ihren ohnehin vorhandenen Verdacht gegen mich noch verstärken dürfte, werden sie, was meine Wenigkeit betrifft, recht wachsam sein.«

»Deine Fertigkeit käme mir auch gut zupaß«, sagte ich. »Willst du damit sagen, daß sie dich für einen Spion halten?«

»Nein, nur für einen Engländer, den zu beobachten und zu belauschen sich lohnt. Sie sind das mißtrauischste Volk auf Gottes weiter Erde. Ihr Mißtrauen erstreckt sich auf alle und alles, auch untereinander trauen sie sich nicht über den Weg. Und wenn sie auch allgemein als stupide Barbaren gelten, gibt es doch etliche äußerst scharfsinnige Gauner unter ihnen.«

Impulsiv fragte ich: »Kennst du einen gewissen Ignatieff? Graf Ignatieff?«

»Und ob ich den kenne. Er war einer von denen, die mich nach Strich und Faden ausfragten, als ich herkam. Ein Captain Swing mit blauem Blut. Kennst du ihn denn?«

Ich berichtete, was ich an diesem Vormittag erlebt hatte, und er pfiff durch die Zähne. »Und ich sage dir, er ist eigens hingekommen, um dich zu besichtigen und ein paar Worte mit dir zu wechseln. Wir müssen in unseren Gesprächen sehr zurückhaltend sein, Flashman. Nicht etwa, daß wir kein reines Gewissen hätten, aber es könnte ja sein, daß wir über Informationen verfügen, die ihnen von Nutzen sein könnten.« Er sah sich um. »Und wenn wir zu lange an Orten miteinander sprechen, an denen sie uns nicht belauschen können, wird ihr Mißtrauen bestimmt noch stärker. Es wird am besten sein, wenn wir in fünf Minuten wieder ins Haus gehen. Wenn wir dort ungestört miteinander sprechen wollen, brauchen wir nur einen Mantel über ihr verteufeltes Lauschrohr zu hängen. Aber vorher will ich dich so gedrängt wie möglich über das unterrichten, was sich besser unter freiem Himmel sagt.«

Ein kaltblütiger kleiner Bursche, dieser East, dachte ich. Aber so war er auch schon als Knabe gewesen.

»Graf Pencherjevsky – ein Oger, großmäulig, brutal, tyrannisch. Er hat sich als Kosak zum Anführer eines Husarenregimentes hochgedient, hat die besondere Gunst des Zaren errungen und hat sich – fern vom Land seines Stammes – hierher zurückgezogen. Er herrscht über sein Gut wie ein Despot und springt mit seinen Leibeigenen abscheulich um, so daß ihm zweifelsohne eines guten Tages einer die Kehle durchschneiden wird. Ich kann ihn nicht ausstehen und mache nach Möglichkeit einen großen Bogen um ihn; nur manchmal nehme ich anstandshalber am Abendessen der Familie teil. Zu mir, das muß ich zugeben, war er immer recht anständig. Ich kann mich auf dem Gut frei bewegen, habe ein Reitpferd zur Verfügung und was dergleichen mehr ist.«

»Haben sie keine Angst, daß du auf und davon reiten könntest?« fragte ich.

»Wohin? Wir sind hier zweihundert Meilen nördlich der Krim, dazwischen liegt nur kahles, flaches Land. Außerdem steht ein Dutzend seiner alten Kosaken im Dienst des Grafen, und das sind die besten Wachhunde, die man sich nur wünschen kann. Kubankosaken – sie sind schneller als alles, was vier Beine hat. Nicht lange nach meiner Ankunft habe ich erlebt, wie sie vier geflüchtete Leibeigene zurückgebracht haben. Zwanzig Meilen hatten sie zurückgelegt, ehe die Kosaken sie fingen. Diese Teufel hatten sie an den Fußgelenken zusammengebunden und von ihren Ponys mitschleifen lassen – die ganze Strecke.« Er schauderte. »Schon nach wenigen Meilen hatte der wilde Ritt sie zu Tode gehäutet.«

Mein Magen vollführte einen seiner nervösen Hopser. »Aber das waren Leibeigene«, wandte ich ein. »So was würden sie doch nicht mit –«

»Ach nein? Tja, mag sein. Aber weißt du, wir sind nicht in England. Und auch nicht in Frankreich. Ja, nicht mal in Indien. Wir sind in Rußland, und diese Gutsbesitzer sind nicht berechenbarer als ... als die räuberischen Barone des Mittelalters. Gewiß, eine Mißhandlung würde er sich wahrscheinlich bei uns reiflich überlegen, dennoch würde ich es tunlichst vermeiden, ihn mir zum Feind zu machen. Gehen wir jetzt hinein und erfreuen wir sie mit harmlosem Geschwätz für den Fall, daß jemand dasitzt und die Ohren ans Rohr gelegt hat.«

Auf dem Weg zum Haus stellte ich ihm die Frage, die mich schon die ganze Zeit beschäftigt hatte: »Wer ist die holde Schöne, die ich bei unserer Ankunft gesehen habe?«

Er wurde rot wie Klatschmohn, und ich dachte, daher also weht der Wind, alter Junge. Jung-Scud mit fleischlichen Gelüsten – oder im Banne einer christlich-reinen Leidenschaft?

»Das muß Valentina gewesen sein, die Tochter des Grafen«, sagte er. »Sie und ihre Tante Sara – und eine taube Alte, die so was wie eine Cousine ist – das ist die ganze Familie.« Er räusperte sich verlegen. »Man sieht sie nicht oft. Wie gesagt, ich esse selten mit der Familie. Valentina ist ... äh ... verheiratet.«

Das war nun wieder etwas, worüber ich mich recht herzlich amüsieren konnte. Mein braver Scud hatte offenbar Appetit auf das Luderchen, was man ihm nicht verdenken konnte, aber heiligmäßig wie er war, ging er ihr lieber aus dem Weg, als der Versuchung Tür und Tor zu öffnen. Er war seinerzeit einer von Arnolds tugendhaften jungen Rittern gewesen. Aber nun war Sir Lancelot Flashy, der geile Halunke, auf den Plan getreten. Daß es da einen Ehemann gab, war natürlich ein wenig störend, aber zumindest war sie dann schon zugeritten. Zunächst mußte ich mir mal ihren Vater näher besehen und ganz allgemein die Lage erkunden. Es lohnt sich immer, in diesen Dingen Vorsicht walten zu lassen.

Ich lernte die Familie am frühen Abend beim Essen kennen, und es war eine äußerst fesselnde Begegnung. Die Reise hatte sich schon um Pencherjevskys willen gelohnt. Tatsächlich sah er auf den ersten Blick dem Oger gleich, als den East ihn beschrieben hatte. Ich mußte an den menschenfressenden Riesen im Märchen von Hans und der Bohnenranke denken, der das Blut von Engländern riecht – was bei Licht besehen eine recht unglückliche Gedankenverbindung war.

Ich schätzte ihn auf mindestens sechseinhalb Fuß, dabei war er so breit, daß er einen vierschrötigen Eindruck machte. Um Kopf und Gesicht wucherte braunes Haar, das ihm bis auf die Schultern reichte und in einem prächtigen Vollbart auf die Brust wallte. Die Augen unter großmächtigen, buschigen Augenbrauen waren schön, und die Stimme, die aus dem Bart herausquoll, war einer jener donnernden russischen Bässe. Er sprach übrigens gut Französisch, und so dunkel und kräftig wie sein Haar war, und so geschmeidig wie er sich bewegte, hätte man nie gedacht, daß er über sechzig war. Ein in jeder Beziehung überwältigender Mann – nicht zuletzt in seiner Begrüßung.

»Oberst Flashman«, dröhnte er. »Seien Sie willkommen in meinem Hause. Als Gegner sage ich: Vergessen wir den Streit für eine Saison. Als Soldat sage ich: Willkommen, Bruder.« Er schüttelte mir die Hand – ich hatte den Eindruck, daß er sie nur mit den obersten Gliedern seiner gewaltigen Finger umfaßte – und drückte sie, bis bei mir sämtliche Knochen knackten. »Ja, Sir, den Soldaten nimmt man Ihnen ab. Wie ich höre. haben Sie in der schändlichen Schlacht von Balaklawa gekämpft, wo unsere Kavallerie, dieses jämmerliche Gesindel, davongejagt worden ist. Ich neige mich vor Ihnen und all den Tapferen an Ihrer Seite. Ja, gerannt sind sie wie die Karnickel, diese Renegaten und Muschiks zu Pferde. Die Kubankosaken oder Vigensteins Husaren unter meinem Kommando[24] hätten sich nicht so jagen lassen, bei Gott.« Er funkelte mich aus seiner imponierenden Höhe an, dann gab er meine Hand frei und deutete auf die beiden Frauen, die am Tisch saßen.

»Meine Tochter Valla, meine Schwägerin, Madame Sara.« Ich verbeugte mich, und sie neigten die Köpfe und bedachten mich mit dem kühnen, taxierenden Blick, den russische Frauen an sich haben – sie sind weder schüchtern noch prüde, diese Damen. Valentina – oder Valla, wie ihr Vater sie nannte – lächelte und warf den silberblonden Kopf zurück. Sie war ein angenehm gerundetes, keckes Frauenzimmerchen, aber auch Tante Sara lohnte das Hinsehen. Sie mußte ein paar Jahre älter sein als ich, um die fünfunddreißig, mit dunklem, streng nach hinten frisiertem Haar und einem dieser Gesichter, die stark, herrisch und wie gemeißelt sind. Eine eindrucksvolle Frau, aber nicht schön. In ein paar Jahren würde sie einen Schnurrbart haben, aber sie war hochgewachsen, hatte eine gute Figur und war oben herum sehr wohlbestückt.

Ungeachtet seiner goliathgleichen Figur hatte Pencherjevsky – oder wer immer sich seiner Tafel oder seines Haushalts annahm – guten Geschmack. Das große Speisezimmer hatte, wie alle Räume des Hauses, einen prachtvollen Parkettboden, von der Decke hing ein Kronleuchter, Vorhänge und Polster waren aus Brokat oder geblümter Seide. (Pencherjevsky selbst übrigens war ganz in Seide gekleidet; die meisten Russen der guten Gesellschaft tragen formelle, mehr oder weniger abendländische Kleidung, aber er prunkte in einem prachtvoll schimmernden grünen Überrock, der in der Taille von einem Gürtel mit silberner Schnalle gehalten wurde, und seidenen Hosen in derselben Farbe, die in Stiefeln aus weichem Leder steckten, eine überaus imposante Aufmachung und wohl auch recht bequem).

Das Essen war gut, was mich sehr erleichterte – eine vorzügliche Suppe, danach gebratener Fisch, ein Rindfleischragout, Geflügel und Wild jeder Art, dazu kleine süße Kuchen und exzellenter Kaffee. Der Wein war mittelmäßig, aber trinkbar. Die Futteralien, die vier ansehnlichen Brüste und Pencherjevskys Konversation ließen das Mahl zu einer überaus genußreichen Angelegenheit werden.

Er fragte mich in allen Einzelheiten über Balaklawa aus, und als ich seine Wißbegier befriedigt hatte, demonstrierte er zu meiner Verblüffung mit Hilfe von Besteck, das er klirrend auf dem Tisch hin und herschob, wie die russische Kavallerie hätte geführt werden müssen. Er verstand sich auf das Geschäft, geizte aber nicht mit Bewunderung für unsere Leistungen, insbesondere die von Scarlett.

»Bei Gott, das ist ein englischer Kosak«, sagte er. »Bergauf, wie? Gefällt mir, der Mann. Lieber Gott, laß ihn in Gefangenschaft geraten und nach Starotorsk geschickt werden. Diesen Scarlett gebe ich nicht mehr her, mit dem kann ich reden und alte Schlachten schlagen und lautstark streiten, wie das unter guten Kameraden üblich ist.«

»Und jede Nacht sternhagelvoll sein, so daß man euch ins Bett tragen lassen muß«, sagte Miss Valla keck. Diese Russendämchen scheuen sich nämlich nicht, sich in das Gespräch der Männer zu mischen, und zwar mit einer Ungezwungenheit, die unsere gute Gesellschaft mit Entsetzen erfüllen würde. Auch trinken tun sie – ich sah, daß sie beide Glas für Glas mithielten und davon nur ein wenig lustig wurden.

»Das auch, mein Täubchen«, sagte Pencherjevsky. »Kann er trinken, dieser Scarlett? Aber ja, sicher doch. Alle guten Kavalleristen trinken, stimmt's, Oberst? Bis auf deinen Sasche«, fügte er, zu Valla gewandt, hinzu und blinzelte mir zu. »Stellen Sie sich das vor, Oberst. Ich habe einen Schwiegersohn, der nichts verträgt. Bei seiner Hochzeit ist er der Länge lang hingeschlagen, dort drüben, bei Gott, und das nach ein, zwei Gläsern Wodka. Heiliger Nikolaus, wie sehr muß ich Gottväterchen gekränkt haben, daß er mir einen Schwiegersohn schickt, der nichts verträgt und mir keine Enkel macht?«

Worauf Valla sehr wenig damenhaft durch die Nase schnaubte und den Kopf zurückwarf und Tante Sara, die, wie ich später feststellte, für gewöhnlich nicht sehr viel sagte, ihr Glas abstellte und ziemlich scharf bemerkte, Sasche könne kaum Kinder zeugen, während er auf der Krim kämpfte.

»Kämpft?« wiederholte Pencherjevsky streitbar. »Ich höre immer kämpfen ... und das bei der berittenen Artillerie. Hat man schon mal erlebt, daß einer von denen auf einer Bahre von der Front gekommen ist? Wenn er noch bei den Ulanen wäre oder meinetwegen bei den Moskauer Dragonern, aber – beim Leichnam der Heiligen Sofia – er ist kein guter Reiter. Ist das ein Schwiegersohn für einen Hetman von den Saporosher Kosaken?«

»Wäre er ein guter Reiter, lieber Vater«, sagte Valla schnippisch, »und wäre er bei den Ulanen oder den Dragonern gewesen, spricht viel dafür, daß die englische Kavallerie ihn in Stücke gehauen hätte, da du nicht dabei warst, um sie Mores zu lehren.«

»Wäre auch kein Verlust gewesen«, brummte er. Dann beugte er sich lachend zu ihr herüber und zauste ihr das blonde Haar. »Hast schon recht, Täubchen, er ist dein Mann, auch wenn nicht viel an ihm dran ist. Gott schicke ihn heil und gesund nach Hause.«

All das erzähle ich Ihnen, um Ihnen einen gewissen Eindruck davon zu vermitteln, wie es im Hause eines russischen Landadligen zuging – obschon ich gern zugeben will, daß ein Kosak vielleicht nicht eben typisch ist. Für Easts delikaten Geschmack war er natürlich nichts, und ich hatte den Eindruck, daß auch der Graf sich nicht sehr viel aus East machte, aber ich fand Gefallen an Pencherjevsky. Er war ordinär, laut, streitbar, bäurisch, wenn Sie wollen – aber er wog, jedenfalls in meinen Augen, zehn dieser sogenannten richtigen Gentlemen auf. Wir beide ließen uns an diesem Abend fürchterlich vollaufen, nachdem die Damen sich zurückgezogen hatten – sie waren auch rechtschaffen angesäuselt und erörterten mit schallender Stimme irgendwelche Garderobenfragen, während sie in ihrem Salon verschwanden –, und er sang mit seiner herrlichen Orgelstimme russische Jagdlieder und lachte sich krank, als ich versuchte, ihm den Text von »The British Grenadiers« beizubringen. Ich schmeichle mir, daß er großen Gefallen an mir fand – das passiert mir oft, besonders bei grobschlächtigen Naturen –, denn er beteuerte, ich sei eine Zierde meines Regiments und meines Vaterlandes und flehte den lieben Gott an, er möge dem Zaren ein paar wie mich schicken.

»Dann solltet ihr mal sehen, wie wir euch englische Bastarde ins Meer treiben«, röhrte er. »Eine Handvoll von euren Scarletts und Flashmans und Carragans – hieß er nicht so? –, und der Sieg ist unser.«

Aber stockblau wie er war – als er sich aufrappelte, drehte er sich schwankend in Richtung Kirche und bekreuzigte sich fromm, ehe er mich stolpernd die Treppe hinaufgeleitete.

Ich sollte im Laufe des Winters Pencherjevsky – und auch seine lieben Anverwandten – noch von einer anderen Seite kennenlernen, aber in den ersten Wochen hatte ich auf Starotorsk viel Spaß und fühlte mich wie zu Hause. Es übertraf all meine Erwartungen bei weitem. Der Graf war auf seine lautstarke, bärenhafte Art so wohlwollend, seine Damen so liebenswürdig (ich hatte beschlossen, es mit Vertraulichkeiten Valla gegenüber langsam angehen zu lassen) und ungezwungen und East und ich hatten so viel Freiheit, daß mir die Zeit dort vorkam wie eine Kette von Wochenenden in einem englischen Herrenhaus, nur daß es auf Starotorsk nicht so muffig zuging. Man konnte ganz nach Wunsch kommen und gehen, so tun als sei man der Herr im Haus, konnte zu den Mahlzeiten herunterkommen oder sie auf dem Zimmer einnehmen, hatte mit einem Wort in allem freie Bahn. Ich vertrieb mir die Zeit damit, eifrig Russisch zu lernen, mit Valla oder East spazierenzugehen oder auszureiten, abends mit dem Grafen zu schwatzen oder mit der Familie Karten zu spielen – sie haben eine Art Whist, den sie »britsch« nennen – ein Spiel, das in den letzten Jahren auch in England Verbreitung gefunden hat –, und alles in allem das Leben zu genießen. Daß ich mich für die russische Sprache interessierte, schmeichelte ihnen ganz besonders, denn sie sind überaus stolz auf ihr Land und sehr empfindlich in dieser Beziehung, und ich machte hier noch schnellere Fortschritte als bei anderen Sprachen. Bald sprach und verstand ich es besser als East. »Irgendwo in seinem Stammbaum muß sich ein Kosak herumtreiben«, pflegte Pencherjevsky mit seiner Donnerstimme zu bemerken. »Wie wäre es, Oberst, mögen Sie sich nicht dazu verstehen, sich statt des albernen Backenbartes einen richtigen schönen Vollbart stehenzulassen? Dann könnten Sie mit den Kubankosaken reiten.«

So war alles eitel Freude und Sonnenschein – bis man begriff, daß die Liebenswürdigkeit, das Gutmütig-Herzliche nicht tiefer ging als ein Frost im Mai, daß es eine hauchdünne Tünche über einer ganz und gar fremden Wesensart war. Und dicht unter dem Anschein von Kultur und gutem Geschmack lauerte der Barbar, der jeden Augenblick hervorbrechen konnte. Es vergaß sich leicht, aber ein Wort, eine Begebenheit genügte, um einem in Erinnerung zu rufen, daß man auf diesem hübschen Landsitz lebte wie auf einer mittelalterlichen Burg und unter Feudalrecht stand. Daß dieser joviale, gastliche Riese, der so kenntnisreich von Kavallerietaktiken und der Jagd zu erzählen wußte und Schach wie ein Meister spielte, gleichzeitig gefährlich und grausam wie ein Kannibalenhäuptling war. Daß seine Damen, die unbekümmert von französischer Mode oder Blumenarrangements plapperten, in mancher Hinsicht weniger weiblich waren als die Amazonen von Dahomey.

Einen dieser Vorfälle werde ich nie vergessen. Er begab sich an einem Abend, als wir alle vier im Salon versammelt waren. Pencherjevsky und ich spielten Schach – er war mit einem Handicap, nämlich ohne Königin und Turm, angetreten –, und die Frauen saßen in einer anderen Ecke über einem Kartenspiel. Tante Sara war still wie gewöhnlich, während Valla vergnügt schwatzte und beleidigt quiekte, wenn sie verlor. Ich achtete nicht weiter auf sie, weil ich mich an den Brandy des Grafen hielt, und es so aussah, als könne ich ihn ausnahmsweise einmal schlagen, aber als sie anfingen, von einer Wette zu schwatzen, warf ich doch einen Blick hinüber, und es fehlte nicht viel, so wäre ich vom Stuhl gefallen.

Vallas Zofe und die Haushälterin waren in den Salon gekommen. Die Zofe, eine Leibeigene, kniete am Kartentisch, und die Haushälterin war dabei, ihr mit einer Schere bedächtig das lange rote Haar abzuschneiden. Tante Sara schaute müßig zu. Valla hatte von der Operation kaum etwas bemerkt, bis die Haushälterin ihr die Flechten reichte.

»Recht hübsch«, sagte sie gleichmütig und gab sie an Tante Sara weiter, die gedankenverloren darüberstrich und fragte: »Was meinst du, soll ich mir eine Perücke daraus machen lassen oder sie verkaufen? Dreißig Rubel gibt man in Moskau oder St. Petersburg dafür.« Sie hielt die Haarpracht nachdenklich ans Licht.

»Nun, das ist mehr, als Vera jetzt wert ist«, gab Valla ungerührt zurück. Dann sprang sie auf, lief zu Pencherjevsky, schlang ihm von hinten die Arme um den zottigen Nacken und flötete: »Väterchen, gibst du mir fünfzig Rubel für eine neue Zofe?«

»Was sagst du da?« fragte er, ganz in sein Spiel vertieft. »Warte, Kindchen, warte. Der englische Halunke sitzt in der Falle. Wenn ich jetzt –«

»Nur fünfzig Rubel, Vater. Vera kann ich nicht mehr behalten, das siehst du doch ein, nicht wahr?«

Er sah auf, erblickte die noch immer am Boden kniende, wie ein Sträfling geschorene Zofe und lachte laut auf. »Hat sie Haare nötig, um deine Kleider aufzuhängen und dir die Schuhe zu bringen, du Dummchen?«

»Aber Väterchen, eine Zofe, die so aussieht? Das ist unmöglich, und das weißt du auch ganz genau. Nur fünfzig Rubel. Bitte, bitte, liebster *batjuschka.*«

»Die Pest hole die Weiber. Hat man denn nie Ruhe vor euch? Sei's drum, fünfzig Rubel, aber jetzt Schluß. Und bei der nächsten Wette setze etwas, was nicht auf meinen Geldbeutel drückt.« Er kniff sie in die Wange. »Schach, Oberst.«

Ich bin bekanntlich ein leidlich hartgesottener Bursche, aber diese Geschichte schlug mir denn doch auf den Magen. Nicht die Entstellung eines hübschen Mädchens, obschon ich auch das nicht richtig fand, sondern die muntere Gleichmütigkeit, die zwei kultivierte Damen in einem eleganten Salon dabei an den Tag legten, ganz so, als sei es bei der Wette um Pralinés oder Spielmarken gegangen. Und jetzt lehnte Valla an der Schulter ihres Vaters, lobte seine Züge, die ihm gewiß den Sieg bringen würden, und Sara ließ das Haar müßig durch die Hände gleiten, während das Mädchen am Boden kniete und den jämmerlich geschorenen Kopf hängen ließ, bis die Haushälterin kam und es hinausführte.

In London, dachte ich, wären diese beiden der letzte Schrei. Man beachte übrigens, daß der Preis für eine Zofe fünfzig Rubel betrug, wovon ihr Haar allein dreißig Rubel wert war.

Es war wohl einfach so, daß sie in diesem Mädchen kein menschliches Wesen sahen. Von den Leibeigenen war in diesem Bericht schon einmal die Rede. Das meiste von dem, was ich hier erzähle, erfuhr ich aus erster Hand auf Pencherjevskys Gut, wo sie schlimmer als Vieh behandelt wurden. Wer Glück hatte, wohnte in den Nebengebäuden und übte die eine oder andere Tätigkeit im Haus aus, aber die meisten hausten im Dorf, einem armseligen Drecknest mit Holzkaten, *isbas* genannt, deren Eingang so niedrig war, daß man sich bücken mußte, wenn man ins Haus wollte. Es waren stinkende Klabachen, in denen es von Ungeziefer wimmelte, bestehend aus einem einzigen Raum, in dem sich das große Bett befand, ein gewaltiger Ofen und eine Art Herrgottswinkel, in dem armselige, kitschig-bunte Bilder ihrer Heiligen hingen.

Ihr Fraß war schauderhaft – es gibt kein anderes Wort dafür. Meist Roggenbrot, Kohlsuppe mit einem Klumpen Talg drin, gesalzener Kohl, geschmorter Knoblauch, grober Haferbrei und als Luxus manchmal ein Stückchen Gurke oder ein paar Rote Beete. Und das galt noch als durchaus ordentliches Essen. Was sie tranken, war ebenso übel. In Alkohol vergorenes Brot, *kvas* genannt (»Es ist schwarz, es ist dick, und es schenkt dir einen Rausch!« sagten sie), und zu besonderen Anlässen ein Wodka, der reines Gift war. Für Brandy waren sie bereit, ihre Seelen zu verkaufen, aber an den kamen sie nur ganz selten heran.

Wenn man diese unglaubliche Verelendung sah, wenn man von der drückenden Hitze in der einen Jahreshälfte, der unvorstellbaren Kälte in der anderen wußte und von der elenden Schufterei, der sie unterworfen waren, konnte man schon verstehen, warum es ein so unterdrücktes, schmutziges, vertiertes, unnützes Volk war – im Grunde waren sie nicht anders als die Iren, aber ohne deren Fröhlichkeit. Selbst die Mississippi-Nigger waren vergnügter; auf den Zügen der Leibeigenen sah man nie ein Lächeln, nur geduldigen, trübsinnigen Jammer.

Doch war das noch nicht alles an Prüfungen, die ihnen auferlegt waren. Ich erinnere mich an die Gerichtstage, die Pencherjevsky in einer Scheune hinter dem Haus abzuhalten pflegte, an die demütigen Kreaturen, die bäuchlings auf ihn zugekrochen kamen, um den Saum seines Mantels zu küssen, wenn er über ihre Vergehen sein Urteil sprach.

Da gab es den örtlichen Hundetöter; die russischen Dörfer haben im Winter stark unter der Hundeplage zu leiden, es sind wilde Bestien, die sich nicht scheuen, einen Menschen anzufallen, und dieser Bursche hatte die Aufgabe, Jagd auf sie zu machen und sie mit einer Keule totzuschlagen. Für jedes Fell bekam er ein paar Kopeken. Offenbar war man der Meinung, daß er seine Pflichten nicht gewissenhaft genug erfüllt hatte.

»Vierzig Streiche mit dem Stock«, sagte Pencherjevsky und setzte hinzu: »Sibirien!«, woraufhin sich unter der im hinteren Teil der Scheune zusammengedrängten Menge ein jämmerliches Geheul erhob. Einer der Kosaken schwang seine Nagaika, und das Geheul verstummte.

Einer Frau wurde ein eisernes Halsband verordnet, weil ihr Sohn davongelaufen war, anderen, die nicht schwer genug auf Pencherjevskys Feldern geschuftet hatten, wurden Prügel mit dem Stock oder mit der Peitsche verschrieben. Ein junger Mann, zu dessen Aufgaben es gehörte, die Fenster im Gutshaus zu putzen und der einmal zu früh mit seiner Arbeit angefangen und Valla gestört hatte, wurde nach Sibirien verschickt, ebenso eins der Hausmädchen, weil es eine Schüssel zerbrochen hatte. »Dieser Flashy mit seinen Räuberpistolen«, werden Sie sagen, aber es sind keine Räuberpistolen, und wenn Sie mir nicht glauben, fragen Sie jeden beliebigen Professor für russische Geschichte.[25]

Aber der springende Punkt ist der: Hätte man Pencherjevsky oder seinen Damen oder auch den Leibeigenen gesagt, daß dies doch überaus grausame Strafen seien, hätten sie einen für verrückt erklärt. Für sie war es das Selbstverständlichste von der Welt. Ich habe erlebt, wie einem Mann auf Pencherjevskys Hof von den Kosaken seine Prügelstrafe verabreicht wurde. Halbnackt hing er bei Frostwetter an einem Pfosten und wurde mit schweren Ruten geschlagen, bis er nur noch ein stöhnender, blutiger Fleischklumpen mit zerbrochenen Rippen war – und nicht zehn Ellen von ihm entfernt stand Valla und unterhielt sich mit einem Reitknecht über die Vor- und Nachteile eines neuen Schlittengeschirrs.

Pencherjevsky war felsenfest davon überzeugt, daß die Muschiks es bei ihm gut hatten. »Habe ich ihnen nicht eine steinerne Kirche mit blauer Kuppel und goldenen Sternen gebaut? Welches Dorf hat schon so was aufzuweisen?« Und als die Unglücklichen, die er zu jahrelangem Exil in Sibirien verdonnert hatte, in Ketten von den Nagaikas der Kosaken weggetrieben wurden – man brachte sie in die nächstgelegene Stadt, wo sie zusammen mit anderen Unglücklichen den Fußweg nach Sibirien antreten würden – kam er, um ihnen seinen Segen zu geben, und sie umfaßten seine Knie und riefen: *»Isvenite, batjuschka, veno vat!«** und er sagte: *»Choroscho!«***, und die Haushälterin teilte Bündel mit Leckereien aus, die *sudarinia**** Valla ihnen hatte zukommen lassen. Gott weiß, was es war – Gurkenschalen vielleicht.

»Ich behandele sie streng, aber gerecht«, erklärte dieser erstaunliche Gorilla. »Und dafür lieben sie mich. Hat man je die Knute oder die *butik***** auf meinem Gut gesehen? Nein, und die wird man bei mir auch nicht sehen. Wenn ich meine Leute bestrafe, dann deshalb, weil sie ohne Strafen faul und träge werden und mich – und sich selbst – zugrunderichten würden. Was sollten sie ohne mich anfangen? Diese armen Seelen leben doch tatsächlich noch in dem Glauben, die Welt ruhe auf drei Walfischen, die im Ewigen Meer herumschwimmen. Was soll man mit so einem Volk anfangen? Ich treffe den Besten, den Weisesten unter ihnen, den Sprecher ihrer *gromada******, der in seiner *droshky******* *an mir vorüberrollt. ›He, Iwan‹, sagte ich. ›Deine Achsen quietschen, willst du sie nicht schmieren?‹ Und er denkt nach und antwortet: ›Nur ein Dieb hat Angst, Lärm zu machen, batjuschka.‹* Nun denn, die Achsen bleiben ungeschmiert – sofern ich ihm nicht ein paar tüchtige Hiebe über seinen Holzkopf gebe oder ihm durch die Kosaken den Rücken gerben lasse.« Er ließ seine Riesenfaust auf seinen Schenkel niedersausen. »Er hat Respekt vor mir, weil er weiß, daß ich ein Mann ohne Flausen bin und mit offenem Hemd gehe, genau wie er.[26] Und daß ich strenge Gerechtigkeit walten lasse.«

Und aus seiner Sicht stimmte das sogar. Als er seinen *dvornik********* wegen Aufsässigkeit peitschen ließ und der Mann zusam-

* Verzeiht, Väterchen, ich habe gefehlt.
** Nun wohl!
*** Herrin
**** Folterinstrument, in dem die Füße eingequetscht werden
***** Dorfversammlung
****** Kutsche
******* Hausmeister

menbrach, ehe die Strafe ganz vollstreckt war, schickten sie ihn zum Quacksalber, und als es ihm besser ging, bekam er die restlichen Streiche. »Sie würden mir nie wieder über den Weg trauen, wenn ich ihm auch nur einen einzigen Schlag erlassen hätte«, erklärte Pencherjevsky.

Verstehen Sie mich recht, ich erzähle all diese Abscheulichkeiten nicht, um Ihnen Schauer über den Rücken zu jagen oder Mitleid zu schinden oder mich als einer dieser heiligmäßigen Heuchler herauszustreichen, die Krokodilstränen über die Unmenschlichkeit in dieser Welt vergießen. Dazu habe ich von dieser Ware schon zu viel gesehen und weiß, daß es zu Unmenschlichkeiten überall dort kommt, wo die Starken absolute Macht über rückgratlose Kreaturen haben. Ich berichte nur wahrheitsgemäß, was ich gesehen habe. Wenn Sie meine Meinung dazu hören wollen: Daß die Bauern in Zucht und Ordnung gehalten werden, ist nur gut und richtig so, und wenn es uns das Leben angenehmer macht, ihnen tüchtig eins draufzugeben, bin ich ganz gewiß nicht derjenige, der sich zwischen Tyrann und Opfer wirft und blökt: »Halt ein, grausamer Despot!« Aber soviel muß ich doch sagen, daß viel Grausames, was ich in Rußland gesehen habe, pure, sinnlose Brutalität war. Vermutlich hatten sie nicht einmal viel Spaß daran. Sie wußten es einfach nicht besser.

Manchmal fand ich es verwunderlich, daß die Leibeigenen, mochten sie auch dumpfe, ignorante und abergläubische Tröpfe sein, sich das alles gefallen ließen. Von Pencherjevsky erfuhr ich, daß das durchaus nicht immer der Fall war. In den dreißig Jahren, die während meines Aufenthaltes in Rußland gerade zu Ende gingen, hatte es in irgendeiner Ecke des Landes alle vierzehn Tage eine Bauernrevolte gegeben, und meist hatte das Militär eingreifen müssen, um sie niederzuschlagen. Oder besser gesagt die Kosaken – denn mit der russischen Armee war es, wie wir auf der Krim gesehen hatten, nicht weit her. Aus Sklaven kann man eben keine Soldaten machen. Die Kosaken hingegen waren freie, unabhängige Stammesangehörige. Sie besaßen Land, zahlten wenig Steuern, hatten ihre eigenen Stammesgesetze, soffen wie die Löcher und dienten dem Zaren von Jugend auf bis zu ihrem fünfzigsten Lebensjahr, weil Reiten, Kämpfen und Plündern der schönste Zeitvertreib war, den sie sich vorstellen konnten, und nur zu gern ließen sie ihre Nagaikas auf die Leibeigenen niedersausen, das war ein Hauptspaß für sie.

Pencherjevsky fürchtete keinen Aufruhr unter seinen Muschiks, weil er sich, wie gesagt, für einen mustergültigen Herrn hielt. Außerdem verfügte er ja über einen eigenen Kosakentrupp, der es sich angelegen sein ließ, etwaige Unzufriedene das Fürchten zu lehren. »Und *eine* Torheit würde ich nie begehen«, sagte er. »Ich würde mich nie an einer Leibeigenen vergreifen oder sie als Konkubine verkaufen lassen.« (Ob er dabei auch ein bißchen an mich gedacht hatte oder nicht – die Mitteilung berührte mich äußerst unangenehm, denn ich hatte seit Ewigkeiten kein Weib mehr gehabt, und etliche der Bauerndirnen, Vallas Zofe zum Beispiel, sahen gewaschen gar nicht so übel aus). »Wenn man sich die Erhebungen auf anderen Gütern mal genauer ansieht«, fuhr er fort, »möchte ich wetten, daß so etwas dahintersteckt. Daß der Herr ein Mädel genotzüchtigt oder einem Muschik die Frau gestohlen oder einen jungen Burschen zur Armee geschickt hat, um sich mit dessen Liebster zu verlustieren. Da werden sie wild, sage ich Ihnen, und ich kann's ihnen nicht verdenken. Wenn ein Gutsherr eine Frau haben will, soll er eine heiraten oder sich eine in einer anderen Gegend kaufen – aber wenn er seine Lust bei einer seiner eigenen Leibeigenen stillt, haben sie ihm eines guten Tages das Dach über dem Kopf angezündet und den Schädel gespalten. Und recht geschieht ihm.«

Pencherjevskys Einstellung war offenbar nicht die Regel. Die meisten Gutsbesitzer sprangen mit den Leibeigenenfrauen nicht anders um als die amerikanischen Sklavenhalter mit ihren Niggermädchen, und machten ihnen massenhaft Bälger. Aber Pencherjevsky hatte da seine eigenen Ansichten und glaubte, seine Muschiks hielten's ihm zugute und wären es zufrieden. Ich fragte mich manchmal, ob er sich da nicht blauen Dunst vormachte.

Weil ich mir seine Tiraden mit kriecherischer Andacht anhörte und mich so eifrig dem Erlernen seiner Sprache widmete, meinte er, ich interessierte mich für sein abscheuliches Land und dessen Sitten und Gebräuche und gab sich die größte Mühe, mich zu bilden, so wie er es verstand. Er erzählte mir von den absonderlichen Gesetzen, die für Leibeigene galten. Daß sie frei waren, wenn es ihnen gelang, wegzulaufen und sich zehn Jahre lang nicht fangen zu lassen; daß es etlichen gestattet wurde, das Gut zu verlassen und in der Stadt zu arbeiten, sofern sie ihrem Herrn einen Anteil ihres Verdienstes schickten; daß einige dieser Leibeigenen steinreich wurden, manchmal reicher als ihre Herren, ja, millionenschwer, und sich dennoch nicht freikaufen konnten, wenn ihre Herren es nicht erlaubten. Es gab sogar Leibeigene, die sich selbst Leibeigene hielten. Das ganze System war total verrückt, aber die Gutsbesitzer schworen darauf, und selbst die humanitären unter ihnen glaubten, das Land würde der Anarchie anheimfallen, wenn man etwas daran änderte und politische Reformen zuließe. Wahrscheinlich hatten sie recht, obschon ich persönlich glaube, daß es so und so dazu kommen wird. Angefangen hat es damit schon damals, wie Pencherjevsky auch zugab.

»Die Agitatoren sind nie untätig«, sagte er. »Haben Sie schon von diesem verruchten deutschen Juden Marx gehört?« (Ich mochte ihm nicht sagen, daß Marx als ungeladener Gast bei meiner Hochzeit gewesen war.*)

»Er verspritzt sein Gift über ganz Europa, er und andere gemeine Schurken würden, wenn sie könnten, ihre Bosheit sogar in unserem Land verbreiten.[27] Nun sind gottlob die Muschiks ein ungebildetes Volk, das nicht schreiben und lesen kann – aber hören können die Tröpfe, und in unseren Städten wimmelt es von verbrecherischem Revolutionärspack der übelsten Sorte. Was versteht dieses Gesindel von Rußland? Was haben sie anderes im Sinn, als unser Land zugrundezurichten? Und doch bieten Staaten wie der Ihre solchem Abschaum eine Zuflucht, auf daß sie dort ihr boshaftes Süppchen für uns rühren können. Ja, und auch für euch, das begreift ihr nur nicht. Euch dünkt es noch klug, sie zu fördern, um eure Feinde stürzen zu sehen, aber auch ihr werdet noch den Sturmwind ernten, mein Wort darauf, Oberst Flashman.«

»Wissen Sie, Graf«, sagte ich, »wir lassen die Leute mehr oder weniger reden, was sie wollen, und das haben wir eigentlich immer so gehalten. Wir haben keine *kabala*** wie Sie, so was haben wir komischerweise nie nötig gehabt. Wahrscheinlich, weil es bei uns Fabriken gibt und so weiter, und alle was zu tun haben. Sie mögen schon recht haben, aber das ist nun mal unsere Art. Und unsere Muschiks sind eben anders als Ihre.« Waren sie wirklich so anders? Wenn ich an das Lazarett in Jalta zurückdachte, kamen mir gelinde Zweifel. Trotzdem konnte ich mir die Frage nicht verkneifen: »Wären Ihre Muschiks in die Batterie von Balaklawa geritten?«

Worauf er in brüllendes Gelächter ausbrach und mich einen üblen englischen Gauner nannte und mir auf den Rücken schlug. Wir waren, wenn man es so betrachtet, die besten Freunde – aber er hat mich eben nie richtig gekannt.

* Siehe: Flashman – Prinz von Dänemark (UB 21003)
** Sklaverei

Ja, so verhielt es sich nun also mit Pencherjevsky und mit Starotorsk. Alles in allem gefiel es mir recht gut dort. Es war ein leichtes, angenehmes Leben, bis man, wie gesagt, auf unerfreuliche Weise mit der Nase darauf gestoßen wurde, wie fremd, feindlich und finster dieses Land doch war. In solchen Augenblicken machte es mir Angst, und es fiel mir schwer, mir selbst begreiflich zu machen, daß es noch ein England und ein London und eine Elspeth gab, daß fern im Süden Cardigan noch immer sein »haha« krächzte und Raglan vor Sewastopol im Schlamm herumstapfte. Wenn ich dann aus dem Fenster in den schneebedeckten Garten und auf die weite, weiße, endlose Ebene dahinter schaute, von der sich nur die Feldraine dunkel abhoben, kam mir die alte Welt nur noch wie ein Traum vor. Und dann erwischte einen ganz leicht die russische Schwermut, die sich einem in die Knochen frißt und dem Wissen entspringt, daß man hilflos und fern der Heimat ist.

Die größte Plage für mich war selbstredend die elende Frauenlosigkeit. Ich versuchte mich an Valla heranzumachen, nachdem wir uns ein bißchen besser kannten und ich annehmen durfte, daß sie mich nicht gleich bei ihrem Vater verpetzen würde. Ich kniff sie in den Popo, da lachte sie mich aus und sagte, sie sei eine anständige verheiratete Frau, worauf ich, diese Worte als Einladung wertend, den Arm um sie schlang. Sie kicherte und wand sich wie ein Aal, und dann versetzte sie mir mit der geballten Faust einen mordsmäßigen Hieb in den Unterbau und lief lachend weg. Ich konnte mich tagelang nur in gebückter Haltung vorwärtsbewegen und kam zu dem Schluß, daß diese Russinnen mit Respekt behandelt werden wollten.

East litt mehr als ich darunter, in dieser weißen Wildnis gefangen zu sein. Oft hockte er stundenlang auf seinem Zimmer und schrieb. Als er eines Tages nicht da war, schnüffelte ich ein bißchen in seinen Papieren herum und stellte fest, daß er seine Eindrücke in Form eines endlosen Briefes an seinen widerwärtigen Freund Brown festhielt, der, wie es schien, Farmer in Neuseeland geworden war. Ich stieß auf einen Abschnitt über mich, den ich gierig verschlang.

»Ich weiß nicht, was ich von Flashman halten soll. Er ist bei der ganzen Familie, besonders beim Grafen, sehr beliebt, und ich befürchte, daß ihn auch die kleine Valla bewundert, was ich ihr nicht einmal verdenken kann, denn er ist in der Tat ein gut aussehender, strammer Kerl. (Brav, guter Scud, nur weiter so.) Ich befürchte es, sagte ich – denn manchmal sehe ich die feurigen Blicke, die er ihr zuwirft, und ich denke daran, was für ein gemeiner Schuft er in Rugby war, und mein Herz zittert um ihre holde Unschuld. Wie sehr hoffe und wünsche ich, daß ich mich irre. Immer wieder sage ich mir, daß er sich geändert hat. Wie anders könnte aus dem gemeinen, feigen, boshaften, kriecherischen Kameradenschinder (na, na, Mr. East, geht das nicht ein bißchen weit?) ein so tapferer Soldat geworden sein? Doch die Angst ist geblieben. Ich weiß, daß er nicht betet, daß er flucht und sündhafte Gedanken hat, und daß der grausame Zug seines Charakters noch vorhanden ist. Arme kleine Valla – doch halt, ich darf nicht zulassen, daß der dunkle Argwohn die Oberhand gewinnt. Ich muß das Gute in ihm sehen und glauben und hoffen, daß meine Gebete ihm helfen, auf dem rechten Pfad zu bleiben, und daß er sich meiner Bedenken zum Trotz am Ende als aufrechter, christlicher Gentleman erweisen wird.«

Wer – wie ich – ein lasterhafter Halunke ist, macht häufig die Erfahrung, daß Hinz und Kunz dem lieben Gott seinetwegen in den Ohren liegt. Wenn das, was meine frommen Feinde an Gebeten gen Himmel geschickt haben, dort oben zählt, komme ich auch dann noch hinein, wenn der Erzbischof von Canterbury in die ewige Verdammnis gestürzt wird. Es ist ein tröstlicher Gedanke.

So verging die Zeit, Weihnachten kam und ging, und ich verfiel in einen ausgedehnten Dämmerschlaf der Langeweile. Ich verweichlichte und war nicht mehr auf der Hut – dabei braute sich über unseren Köpfen bereits ein höllisches Donnerwetter zusammen.

Kurz vor dem »Altweiberwinter«, wie die Russen den Februar nennen, kam Vallas Eheliebster auf eine Woche nach Hause. Er war ein liebenswürdiger, beflissener kleiner Bursche, der sich gut mit East verstand, aber daß der Graf ihn nicht mochte, merkte man deutlich, und nachdem er uns das Neustes aus Sewastopol berichtet hatte – die Belagerung war noch im Gange, kam aber nicht vom Fleck, was mich nicht weiter wunderte –, ignorierte der alte Pencherjevsky ihn völlig, zog sich übellaunig in sein Arbeitszimmer zurück und hielt sich an die Flasche. Ab und an ließ er mich zur Unterstützung antreten, und ich ertappte ihn dabei, wie er mir rätselhafte, nachdenkliche Blicke zuwarf, was mich einigermaßen beunruhigte, und unverständliches Zeug vor sich hinbrummelte, ehe er den nächsten Brandy kippte und höhnische Toasts auf das »glückliche Paar« ausbrachte.

Genau eine Woche, nachdem Vallas Angetrauter – nach einem nicht eben überschwenglichen Abschied von seiner kleinen Frau, wie mir scheinen wollte – wieder abgereist war, saß ich gähnend im Salon und quälte mich durch einen russischen Roman, als Tante Sara hereinkam und fragte, ob ich Langeweile hätte. Ich wunderte mich ein wenig, denn sie war nicht eben redselig und hatte mich erst sehr selten direkt angesprochen. Sie musterte mich von oben bis unten, ohne eine Miene zu verziehen, und dann sagte sie unvermittelt: »Was Sie brauchen, ist ein russisches Dampfbad. Es ist das sicherste Mittel gegen unsere langen Winter. Ich habe die Dienstboten angewiesen, alles vorzubereiten. Kommen Sie.«

Nach so viel tatenlosem Herumsitzen war ich zu allen Schandtaten bereit, also zog ich meinen *tulup** an und folgte ihr zu einem der Nebengebäude, das weit draußen, schon außerhalb der Umfassungsmauer lag. Es schneite wie toll, aber ein Häuflein Leibeigener hatte draußen im Schnee unter einem großen Gitter ein gewaltiges Feuer in Gang gesetzt, und Tante Sara führte mich hinein, um mich mit den Örtlichkeiten vertraut zu machen. Wir standen in einem großen Blockhaus mit einer hohen Trennwand in der Mitte. In der Hälfte, in der wir standen, befand sich eine erhöhte hölzerne Platte, dem Hauklotz des Fleischers nicht unähnlich, die von einem Graben im Fußboden umgeben war. Und da kamen schon die Leibeigenen mit großen, glühenden Steinen auf Eisenstangen herein, die sie in den Graben legten. Die Hitze war schrecklich, und Tante Sara erklärte mir, daß man sich nackt auf die Pritsche legte, während draußen die Diener kaltes Wasser durch dafür vorgesehene Maueröffnungen gossen, das zu Dampf wurde, wenn es mit den Steinen in Berührung kam.

»Diese Seite ist für die Männer«, sagte sie. »Zu den Frauen geht es hier durch ...« Sie deutete auf eine Öffnung in der Trennwand. »Für Ihre Sachen gibt es einen Wandschrank. Wenn Sie so weit sind, legen Sie sich auf den Holztisch und lassen sich vom Dampf einhüllen.« Sie streifte mich wieder mit diesem leicht gelangweilten Blick. »Die Tür ist von innen verriegelt.« Damit verschwand sie hinter der Trennwand.

Ich lasse mir gern mal was Neues bieten, also zog ich mich aus und legte mich auf den Tisch. Wenig später hörte ich Tante Sara von ihrer Seite her etwas nach draußen rufen, und das Wasser donnerte in den Raum wie ein leibhaftiger Niagara. Es zischte und platschte gegen die Steine, und im Nu herrschte dichter Londoner Nebel, der einen würgte, verbrühte und blind machte, und ich lag japsend da und war rot wie ein Krebs. Es war höllisch heiß und feucht, aber nicht unangenehm, und ich lag da und weichte. Dann schütteten sie Wasser nach,

* Schaffellmantel

wieder zischte und dampfte es, und ich drehte mich träge auf den Bauch – als ich unvermutet Tante Saras Stimme neben mir vernahm.

»Liegen Sie still«, sagte sie, und als ich durch den Dunst blinzelte, sah ich, daß sie in ein Laken gewickelt war, das eng an ihrem Körper anlag, das lange dunkle Haar hing ihr in nassen Strähnen um das starke, unbewegte Gesicht. Ich erstickte plötzlich fast an dem, was East sündhafte Gedanken genannt haben würde. Sie hatte ein Bündel langer Birkenzweige mitgebracht, legte mir eine nasse, heiße Hand auf die Schulter und sagte mit dunkler Stimme: »Das ist die eigentliche Wohltat unserer Bäder. Rühren Sie sich nicht.«

Und dann begann sie mich in dieser Dampfhitze mit Birkenreisern zu traktieren – zuerst ganz sanft, die Beine hinauf bis zu den Schultern und wieder zurück, dann immer heftiger, bis ich zu wimmern begann. Wieder wallte der weiße Dampf hoch, und sie drehte mich um und begann Brust und Bauch zu bearbeiten. Inzwischen war mein Interesse geweckt, denn die Prozedur war zwar ein wenig schmerzhaft, aber auch entschieden stimulierend.

»Jetzt ich«, sagte sie und bedeutete mir aufzustehen und mich der Birkenreiser zu bemächtigen. »Russische Damen benutzen häufig Nesseln«, sagte sie, und zum ersten Mal war in ihrer Stimme ein ganz leichtes Schwanken. »Mir ist die Birke lieber, sie ist kräftiger.« Und im Umsehen hatte sie sich aus ihrem Laken geschält und lag mit dem Gesicht nach unten auf der Pritsche. Ich weidete mich gerade so recht an diesem langen, starken, blanken weiblichen Gestell, als mir die verwünschten Leibeigenen mit ihrem Dampf wieder die Sicht nahmen, aber sei's drum – ich ließ meine Reiser durch den Nebel sausen und bearbeitete sie aus voller Kraft. Sie begann zu keuchen und zu stöhnen, und ich drosch wie ein Rasender, bis die Reiser splitterten, und als der Dampf sich verzogen hatte, rollte sie sich auf den Rücken, den Mund weit aufgerissen, die Augen geweitet, packte mich und japste:

»Jetzt! Jetzt! Für mich! Poschalsta. Ich brauche es! Jetzt! Poschalsta.«

Na, dachte ich bei mir, wenn das keine windige Stute ist, also versetzte ich ihr noch ein paar kräftige Hiebe und sprang, nahezu berstend, an Bord. Herrgott, es war Monate her, seit ... Da mußte ich sie in meiner Niedertracht natürlich auch noch aufgeilen, bis sie laut aufschluchzte und mir mit den Fingernägeln über den Rücken fuhr und mich zu sich herunterzog, und dann wälzten wir uns dampfumwabert auf dieser glitschigen Ruhestätte, und sie wand und zappelte sich fast die Glieder aus den Gelenken, bis ich ernstlich fürchtete, wir würden beide herunterrutschen und auf den heißen Steinen landen. Und als ich gänzlich verausgabt dalag, ging sie hin und goß einen Eimer kaltes Wasser über meinen armen Korpus. Daß ich dieses Bad überlebt habe, kann ich auch heute noch nur als ein Wunder bezeichnen.

Ich gebe zu, daß ich mich hinterher bedeutend besser fühlte. Die Russen mögen Barbaren sein, aber es gibt etliche vortreffliche Einrichtungen bei ihnen, und Sara werde ich ewig dankbar sein. Sie ist zweifellos meine Lieblingstante.

Eitel, wie ich war, dachte ich natürlich, sie habe mir die Dampfbadtortur nur angedeihen lassen, um mir an den langen Wintertagen ein wenig Zerstreuung zu gönnen. Doch wie ich am folgenden Tag erfahren sollte, steckte etwas anderes dahinter. Ihnen und mir mag es bizarr und unglaubhaft vorkommen – aber hören Sie zu.

Nach dem Mittagessen lud Pencherjevsky mich zu einem Ausritt ein. Das war nichts Ungewöhnliches; ungewöhnlich hingegen war sein Benehmen. Er war kurz angebunden und wortkarg. Hätte ich einen anderen als diesen tyrannischen Riesen an meiner Seite gehabt, hätte ich gesagt, er sei nervös. Das Haus lag schon ein Stück hinter uns, und wir ritten im Schritt über die stillen, verschneiten Felder als er plötzlich ganz gesprächig wurde. Er hatte wieder mal die Kosaken beim Wickel. Erst brachte er völlig nebensächliches Zeug aufs Tapet – daß sie mit gebeugten Knien ritten wie Jockeys (was mir natürlich schon aufgefallen war) und daß man einen Uralkosaken von einem Schwarzmeerkosaken dadurch unterscheiden kann, daß der eine Schaffellmütze und der andere eine hohe zottige Kappe trägt. Und daß die Creme des Volkes seine eigenen Leute seien, die Saporosher oder Kubankosaken, die vor Generationen von der Zarin in neue Gebiete im Osten umgesiedelt worden waren, aber er, Pencherjevsky, sei in das alte Revier zurückgekommen, und hier, bei Gott, würde er bleiben, mitsamt seinen Nachkommen, auf alle Zeiten.

»Die alten Tage sind dahin«, sagte er, und ich sehe ihn noch vor mir, den Hünen in seinem *tulup,* leicht vorgebeugt, grüblerisch über die weiße Öde blickend, ohne etwas wahrzunehmen, die blutrote Scheibe der Wintersonne im Rücken. »Der Tag des großen Kosaken, als wir dem Zaren wie dem Sultan eine lange Nase machen konnten und Leben und Freiheit auf unseren Lanzenspitzen trugen, ist dahin.

Damals waren wir zur Treue nur unseren Kameraden und dem Hetman verpflichtet, den wir zu unserem Führer erwählt hatten – auch ich war einmal einer. Jetzt haben wir ein neues Rußland, und statt des Hetman sind es Herrscher aus Moskau, die über den Stamm gebieten. Sei's drum. Ich habe hier, im Land meiner Vorväter, Fuß gefaßt. Ich habe mein schönes Gut, meine Muschiks, mein Land, das Erbe für den Sohn, den ich nie gezeugt habe.« Er sah mich an. »Einen wie Sie hätte ich gern gehabt, einen langen Ulanen, der an der Spitze seiner eigenen *sotnia** hätte reiten können. Sie haben einen Sohn? Ein strammes Kerlchen? Nun, das freut mich. Fast wünschte ich, es verhielte sich nicht so. Ich wünschte, Sie hätten keine Frau in England, keinen Sohn, nichts, was Sie an die Heimat bindet, was Sie in Ihr Land zurückruft. Dann würde ich sagen: Bleib hier bei uns. Sei mir ein Sohn. Sei meiner Tochter ein Ehemann, mach dir auch einen Sohn und mir einen Enkel, einen Nachfolger für uns, der an unserem Land festhalten wird in diesem neuen russischen Reich, diesem aus dem Sturm geborenen Imperium, wo nur ein Mann, der ein Mann ist, noch hoffen kann, sich zu behaupten und das Erworbene für seinen Samen zu erhalten ... Ja, das würde ich sagen.«

Nun war das gewiß recht schmeichelhaft, obschon ich ihn darauf hätte hinweisen können, daß Valla bereits mit einem Ehemann versehen war, und selbst wenn ich frei und ledig gewesen wäre ... Aber andererseits war er wohl nicht der Mann, sich durch eine solche Bagatelle von seinem Ziel abbringen zu lassen. Morrison war weiß Gott nicht der idealste aller Schwiegerväter gewesen, aber einer wie der hier wäre entschieden noch ungemütlicher gewesen.

»Aber leider«, fuhr er in seinem tiefen Baß fort, »habe ich bereits einen Schwiegersohn, und Sie haben gesehen, was für ein kümmerlicher Wicht es ist. Gott allein weiß, wie meine Tochter ... aber sei's drum. Ich habe sie verhätschelt und verwöhnt, um ihrer lieben Mutter willen und – und – ja, weil ich sie lieb habe. Und wenn er auch der Letzte gewesen wäre, den ich ihr ausgesucht hätte – nun ja, sie hatte ihn sich nun mal in den Kopf gesetzt, und ich sagte mir, ihre Söhne werden mein Blut haben, wir werden Kosaken aus ihnen machen – Pferdenarren und Lanzenwerfer, Enkel, auf die man stolz sein kann. Aber ich habe keine Enkel, weil er versagt.«

Und er brummte und spuckte, und dann schwenkte er zu mir herum.

* Kompanie

Einen Augenblick war es noch, als sei seine Zunge ihm im Wege, und dann brach es aus ihm heraus:

»Hier muß ein Mann meine Nachfolge übernehmen. Ich bin zu alt und habe keine Kinder mehr im Sack, sonst würde ich noch einmal heiraten. Meine einzige Hoffnung ist Valla, mein schönes Kind. Aber sie hat sich an diesen ... diesen Wallach gehängt, und ich sehe sie schon kinderlos in die Grube fahren. Es sei denn ...« Er kaute an seiner Lippe, und sein Gesicht war erschrecklich anzusehen. »Es sei denn, sie bringt für mich einen Enkel zur Welt. Das wäre mein Herzenswunsch, einst einem Pencherjevsky mein Erbe übergeben zu können. Mag der Vater sein, wer er will, wenn es nur ein Mann ist. Und wenn es nicht der Ehemann sein kann, dann ... Und mag es gegen Gottes Gebot, gegen das Gebot der Kirche und gegen das Gesetz sein – ich bin Kosak, und wir waren vor Gott, vor der Kirche und vor dem Gesetz hier. Es gilt mir gleich, ich brauche einen Enkel, der die Linie fortsetzt, der den Namen fortsetzt und der nach mir das Land bebaut. Und wenn ich in der Hölle dafür braten muß – es wäre mir's wert, damit ein Pencherjevsky hier gebietet und das, was ich aufgebaut habe, nicht stückweise unter die bucklige Verwandtschaft dieses Schwächlings verstreut wird. Ein Mann soll meiner Valla einen Sohn machen.«

Nun bin ich durchaus nicht schwer von Begriff, nicht einmal, wenn ein fast sieben Fuß großer bärtiger Kerl aus nächster Nähe auf mich einbrüllt – aber was ich diesem erstaunlichen Ausbruch glaubte entnehmen zu können, verschlug mir den Atem. Ich bin auch für Familie, aber dieser ausgeprägte dynastische Instinkt ging mir ab.

»Sie sind ein Mann«, sagte er, und plötzlich kam er mit seinem Pferd noch ein Stück näher heran und zerdrückte in seiner Riesenpfote fast meinen Arm. »Sie können Söhne zeugen, Sie haben es bewiesen. Sie haben ein Kind in England, und Sara hat Sie auf die Probe gestellt. Wenn der Krieg vorbei ist, werden Sie nach England gehen, in ein fernes Land. Niemand wird es wissen – nur Sie und ich.«

Ich fand meine Stimme wieder und stotterte etwas von Valla.

»Sie ist meine Tochter«, sagte er, und seine Stimme kratzte wie eine Eisenfeile. »Sie weiß, was es für das Haus Pencherjevsky bedeutet. Sie wird gehorchen.« Und jetzt lächelte er, es war ein fürchterliches, schiefes Grinsen, das durch seinen Bart schimmerte. »Kann sein, daß sie sogar nicht ungern gehorcht, wenn Sara mir recht berichtet hat. Und für Sie dürfte es keine Mühsal sein.« Er packte meine Schultern, so daß ich ins Schwanken kam. »Und danach – mag das nun wert sein, was es will – können Sie von jenseits des Hades nach Pencherjevsky rufen, und er wird an Ihre Seite eilen.«

Es war ein erstaunlicher Vorschlag, aber ich will nicht behaupten, daß er mir völlig unwillkommen war. Widersinnig, gewiß, aber doch auch überaus schmeichelhaft. Und man stelle sich einmal vor, ich hätte Pencherjevskys Ansinnen höflich abgelehnt. Nein, ich verzichtete ganz schnell darauf, mir Pencherjevskys Replik vorzustellen.

»Es wird ein Knabe sein«, sagte er. »Ich weiß es. Und sollte es wider Erwarten doch ein Mädchen werden, soll sie einen richtigen Kerl zum Mann bekommen, und wenn ich die ganze Welt nach ihm absuchen müßte.«

Ein heißblütiger Bursche, dieser Graf; der Gedanke, daß es seine kleine Valla sein könnte, die unfruchtbar war, daß die Schuld gar nicht bei ihrem Mann lag, war ihm offenbar überhaupt noch nicht gekommen. Aber das ging mich schließlich nichts an, so hielt ich denn den Mund und überließ die Vorbereitungen dem Herrn Papa.

Seine Planung war vortrefflich, und ich hatte den Verdacht, daß ihm meine liebe Freundin Sara – die ihre Rolle als Vorkosterin sichtlich genossen hatte – dabei tatkräftig unter die Arme griff. Um Mitternacht machte ich mich auf den Weg – nicht unähnlich einem Preisbullen auf der Landwirtschaftsausstellung: »Hier ist er, meine Damen und Herren, Flashman Blumenstock der Einundzwanzigste von Brunzenhausen!« – und schlich mich auf Zehenspitzen über den Gang, an dem East's und meine Zimmer lagen, in den anderen Flügel des Hauses. Es war eine gespenstische Wanderung durch dieses knarrende alte Gebäude, in dem keine Seele zu sehen war, aber die wahre Liebe verlieh mir Flügel, und als ich zu Vallas Zimmer kam, stand doch tatsächlich die Tür einen Spalt weit offen, und ein kleiner Lichtstreif fiel auf den Gang hinaus.

Ich sah hinein. Da kniete sie neben dem Bett und betete. Ob sie um Vergebung für den bevorstehenden Ehebruch betete oder um dessen erfolgreichen Vollzug, entzieht sich meiner Kenntnis, und ich hielt mich auch damit nicht auf, sie danach zu fragen. Wenn die Dinge so liegen, ist es sinnlos, höfliche Konversation zu machen oder mit den Füßen zu scharren und zu stottern: »Äh ... wollen wir?« Andererseits geht es wohl auch nicht an, sich mit Gebrüll auf achtbare verheiratete Frauen zu stürzen, also beugte ich mich vor und küßte sie sehr sanft, zog ihr das Nachthemd aus und legte sie aufs Bett. Ihr wohlgerundetes Figürchen erzitterte unter meinen Händen, ich küßte und streichelte sie lange und ausgiebig und murmelte ihr Schwachsinn ins Ohr, und dann legten sich ihre Arme um meinen Hals.

Ehrlich gesagt, glaube ich, daß der Graf ihren Ehemann, den Herrn von der berittenen Artillerie, unterschätzt hatte, denn irgend jemand hatte ihr eine Menge beigebracht. Ich hatte mich darauf eingestellt, daß sie sich zieren würde oder ich es langsam angehen lassen müßte, aber sie hieß mich in ihrer guten Stube wärmstens willkommen, und wenn ich bis früh um vier bei ihr blieb, dann nicht etwa aus Pflichtgefühl oder weil ich dem Hause Pencherjevsky etwas bieten wollte. Stramme Blondinen mit herzhaftem Appetit sind ganz mein Fall, und als ich schließlich in mein kaltes einschichtiges Bett kletterte, tat ich es in dem angenehmen Bewußtsein, meine nächtlichen Obliegenheiten vortrefflich erledigt zu haben.

Doch nach dem Motto, daß man ohne Arbeit nicht zur Ruhe gelangt und ohne Kampf nicht zum Sieg, und da es mir schien, man ginge stillschweigend davon aus, daß eine längere Behandlung angezeigt sei, begab ich mich auch in den folgenden Nächten in Vallas Zimmer. Und ich glaube wohl behaupten zu können, daß das Luderchen ihren Spaß an der Rolle der gehorsamen Tochter hatte – sie sind verteufelt scharf, diese Russinnen. Kann sein, daß es etwas mit dem kalten Klima zu tun hat. Sonderbarerweise kam es mir bald so vor, als seien wir wirklich verheiratet, vielleicht auch wegen des Ziels, das wir bei unseren nächtlichen Spielen im Auge hatten. Untertags gaben wir uns so unbefangen wie immer, und wenn Sara vielleicht auch ihrer Nichte die Nachtmusik nicht gönnte, so verriet sie das mit keinem Wort. Pencherjevsky sagte nichts, aber ab und an ertappte ich ihn dabei, wie er uns vom Kopfende der Tafel aus einen Blick verschlagener Zufriedenheit zuwarf und sich den Bart strich.

East muß etwas geahnt haben. Im Umgang mit mir wurde er seltsam nervös, und die Familie mied er mehr denn je. Aber er brachte nicht den Mut auf, etwas zu sagen. Wahrscheinlich hatte er zu viel Angst davor, daß seine Befürchtungen sich bewahrheiten würden.

Das einzige Haar in der Suppe war der Gedanke, mein Einsatz könne sich in den kommenden Monaten als vergeblich erweisen. Aber das mußte man eben abwarten und sich zur Not mit einem enttäuschten Pencherjevsky auseinandersetzen. Vallas Gähnen am Frühstückstisch war Beweis genug, daß ich meinen Pflichten mannhaft nachkam.

Und dann geschah etwas, was all diese Spekulationen sinnlos erscheinen ließ.

In den ersten Wintermonaten hatte das Herrenhaus von Starotorks gelegentlich außer uns noch andere Gäste beherbergt. Militärische Gäste. Die nächstgelegene Ortschaft, in der ich Ignatieff kennengelernt hatte, war ein wichtiger Knotenpunkt für die Armee, eine Art Zwischenstation auf dem Weg zur Krim, aber da es dort keine anständigen Unterkünfte gab, pflegten die bedeutenderen Herrschaften bei Pencherjevsky abzusteigen. Wenn das geschah, wurden East und ich höflich veranlaßt, in unseren Räumen zu bleiben, auf dem Gang bezog ein Kosak Posten, und die Mahlzeiten wurden uns aufs Zimmer geschickt. Doch konnten wir vom Fenster aus das Kommen und Gehen verfolgen. So sahen wir Liprandi und einen überaus prächtig wirkenden Herrn mit großem militärischen Gefolge, der, wie East mir sagte, Prinz Worontzoff war. Nach einem dieser Besuche stand für uns beide fest, daß in der Bibliothek des Grafen eine Art Generalstabsbesprechung stattgefunden hatte – man roch es am nächsten Morgen, und an der Wand lehnte ein großer Landkartenhalter, der zuvor nicht dagewesen war.

»Wir müssen Augen und Ohren offenhalten«, sagte East später zu mir. »Weißt du, wenn wir während des Palavers unser Zimmer hätten verlassen können, hätten wir uns auf die Galerie dort drüben schleichen können und bestimmt einen Haufen interessanter Dinge aufgeschnappt.«

Er meinte eine Art Balkon mit geschnitzter Brüstung, von dem aus man auf die Bibliothek heruntersehen konnte. Man betrat ihn durch eine kleine Tür, die vom Treppenvorplatz abging. Begreiflicherweise hörte ich, der ich mich am liebsten bedeckt hielt, diesen Vorschlag gar nicht gern.

»Red keinen Unsinn«, sagte ich. »Wir sind keine Spione, und selbst wenn wir es wären, möchte ich wissen, was wir mit dem Aufgeschnappten anfangen sollten, und wenn dreist der ganze russische Generalstab seine Pläne vor uns ausbreiten würde.«

»Man kann nie wissen.« Er machte ein schlaues Gesicht. »Hast du zum Beispiel gewußt, daß dieser Kosak, den sie uns vor die Tür gestellt haben, die halbe Nacht schläft? Er hat eine ellenlange Brandyfahne. Es wäre wahrscheinlich gar nicht so schwer herauszukommen, und ich will dir was sagen, Flashman, wenn der nächste hohe Herr hier absteigt, müssen wir versuchen zu horchen, das ist einfach unsere Pflicht und Schuldigkeit.«

»Horchen nennst du unsere Pflicht und Schuldigkeit?« wiederholte ich erschüttert. »Sag mal, in was für Kreisen verkehrst du neuerdings? Was würde Raglan oder jeder andere Mann von Ehre dazu sagen?« Das Hohelied von der Offiziersmoral kam mir ausnahmsweise mal sehr zupaß. »Bedenke bitte, daß wir Gäste in diesem Hause sind.«

»Wir sind Gefangene«, widersprach er, »und haben uns zu nichts verpflichtet. Informationen sind legitime Kriegsbeute. Und sollten wir etwas ganz besonders Wichtiges erfahren, könnte es sogar dafür stehen, einen Fluchtversuch zu machen. So weit ist es gar nicht zur Krim.«

Mir fuhr ein gewaltiger Schreck durch alle Glieder. Aber es ist immer dasselbe. Wo immer man ist und wie behaglich man sich auch eingerichtet haben mag – man kann sich darauf verlassen, daß so ein pflichtbesessener, energiestrotzender Trottel daherkommt und einem Verdruß bereitet. Den Russen nachspionieren, in einer dunklen Nacht in den Schnee hinausstapfen, Pencherjevskys Kosaken auf den Fersen ... im Nu war meine Phantasie mit mir davongaloppiert, während Scud nachdenklich an den Lippen nagte und seine hirnverbrannten Überlegungen von sich gab. Ich widersprach ihm nicht; wäre bei ihm der Eindruck entstanden, ich sei nicht gar so erpicht darauf, für Britannien Heldentaten zu vollbringen, hätte das schlecht ausgesehen. Und es lohnte auch gar nicht, darüber zu reden – die Gelegenheit zum Horchen oder zur Flucht und was dergleichen Dummheiten mehr waren, würde sich nie ergeben. Darauf hätte ich tausend zu eins gewettet – was, wie sich herausstellte, sehr leichtsinnig gewesen wäre.

Wochen verstrichen ohne hohen russischen Besuch, und dann wurde ich durch Valla abgelenkt, und Easts lächerliche Hirngespinste waren mir ganz und gar entfallen. Da kamen eines Morgens, etwa zehn Tage, nachdem ich angefangen hatte, mich mit ihr zu verlustieren, zwei russische Stabshauptleute in den Hof geritten, gefolgt von einem großen Pferdeschlitten, und wenig später trat der Majordomus des Grafen bei East und mir an, um uns mit tausend Entschuldigungen unter Stubenarrest zu stellen.

Wir verhängten vorsichtshalber das Hörrohr und richteten an Easts Fenster einen Beobachtungsposten ein. Es trafen immer mehr Schlitten ein, und so wie im Haus und auf den Treppen geredet und herumgetrampelt wurde, mußte es eine ziemlich große Gesellschaft sein. East war in heller Aufregung. Ganz schlimm wurde es, als am Nachmittag ein Schlitten in den Hof rollte, zu dessen Empfang Pencherjevsky höchstpersönlich erschienen war. Er war, was wir noch nie bei ihm erlebt hatten, in Galauniform.

»Hier ist etwas Wichtiges im Gange.« Easts Augen glänzten wie im Fieber. »Verlaß dich drauf, das ist ein ganz hohes Tier. Jesus, einen Jahressold würde ich dafür geben, wenn ich wüßte, was heute nacht da unten vorgeht.« Er war bleich vor Aufregung. »Flashman, ich versuche es.«

»Bist du nicht gescheit? Während ein Kosak auf dem Gang Posten schiebt? Meist schläft er, behauptest du. Aber was ist, wenn er aufwacht?«

»Das nehme ich in Kauf«, erklärte er, und obschon ich an seinen gesunden Menschenverstand appellierte, an seine Stellung als Gast des Hauses, an seine Offiziersehre (ich glaube, selbst Arnold und die Religion brachte ich ins Spiel) – ließ er sich von seinem Vorhaben nicht abbringen.

»Auf mich zähle bitte nicht«, sagte ich. »Es lohnt sich nicht, bestimmt sagen sie gar nichts von Interesse, es ist gefährlich und beim Henker,es schickt sich nicht für einen Gentleman.«

»Ich respektiere deine Einstellung, alter Junge«, sagte er zu meiner Überraschung und tätschelte meinen Arm. »Aber weißt du – ich kann nun mal nicht anders. Mag sein, daß es sich nicht schickt, aber Pflicht ist Pflicht. Aller Voraussicht nach ist es ein Narrengang, aber ... man kann eben nie wissen. Und im Gegensatz zu dir habe ich noch nicht viel für Königin und Vaterland getan. Dies mag eine Gelegenheit sein.«

Und so steckte ich denn in jener Nacht den Kopf unter die Bettdecke und schnarchte, daß die Wände wackelten, auf daß alle Welt merkte: Flashy macht keine dummen Streiche. Auch der kühne East machte keine dummen Streiche. Der Kosak, berichtete er am nächsten Morgen, sei die ganze Nacht wach geblieben, so daß er seine Expedition abblasen mußte. Aber die Schlitten fuhren weder an diesem noch am folgenden Tag weg, wir blieben eingesperrt, und der Kosak zeigte, was East immer mehr fuchste, keinerlei Anzeichen von Schläfrigkeit.

»Drei Tage«, sagte er. »Wer um alles in der Welt kann es sein, Flashman? Wichtig ist es bestimmt, das sage ich dir. Aber wir hocken hier wie Mäuse im Käfig, und wenn wir nur für eine Stunde heraus könnten, wäre vielleicht etwas zu erfahren, was ... ach, ich weiß nicht, aber es könnte kriegsentscheidend sein. Da soll einer nicht toll werden.«

»Ich kenne einen, der schon toll geworden ist«, sagte ich. »Man merkt, daß du zum erstenmal in Gefangenschaft bist. Ich bin öfter meiner Freiheit beraubt gewesen, als mir lieb war, und glaub mir, nach einer gewissen Zeit als Gefangener kann man nicht mehr vernünftig denken. Das ist dein ganzes Leiden. Außerdem bist du übermüdet. Leg dich heute nacht aufs Ohr und vergiß den Unsinn.«

Aber er fand kein Ende mit seinem Gejammer und hatte bis zum Abendessen meine Geduld schon arg strapaziert – und dann erschien im Kielwasser der Dienstboten, die das Essen brachten, meine kleine Valla. Sie habe nur einmal nach uns sehen wollen, sagte sie und gab sich sehr heiter und spielte eine Partie Karten mit uns, was für East eine arge Prüfung war. War er schon sonst überaus linkisch in ihrer Gegenwart, ständig errötend und über die eigenen Füße stolpernd, so mußte er sich heute noch die größte Mühe geben, nicht mit neugierigen Fragen nach dem Besuch herauszuplatzen. Sie plauderte bis gegen neun, dann verabschiedete sie sich, und als ich ihr dieTür aufhielt, sah sie mir tief in die Augen und warf den hübschen Blondkopf zurück, was ich mir sehr richtig als ein »Seit drei Tagen warte ich, was ist los mit dir?« übersetzte. Erfüllt von sündhaften Gedanken begab ich mich in mein Zimmer und ließ East gähnend und grübelnd zurück.

Wäre ich nicht ein so rascher Hirsch gewesen, hätte ich auch diese Nacht vorsichtigerweise in meinem eigenen Bett verbracht. Aber als ich um Mitternacht einen Blick auf den Gang warf, hing der Kosak auf seinem Schemel, hatte den Kopf zurückgelegt und das Maul weit aufgerissen und stank wie ein Brandyfaß. Das war Valla, dieses süße Luder, dachte ich. Ich schlich mich an ihm vorbei – er tat keinen Mucks – und trat aus dem Kreis der neben ihm stehenden Laterne zum Treppenabsatz.

Hier oben war alles leer und still, aber unten in der Halle brannte gedämpftes Licht, und durch das Treppengeländer sah ich zwei weiß uniformierte, behelmte Posten mit blankem Säbel an der Flügeltür zur Bibliothek stehen, und einen Ordonnanzoffizier, der müßig und zigarettenrauchend hin- und herlief. Es erschien mir nicht ungefährlich, sich in diesem Haus im Dunkeln länger als nötig herumzudrücken – am Ende dachten sie noch, ich hätte mich wie East aufs Herumspionieren verlegt –, deshalb ging ich rasch weiter, und zwei Minuten später ritt ich aufs Vergnüglichste meine holde Steppenblume – und ich weiß noch, daß sie das reinste Pfeffermühlchen war. Wir hatten einen wilden Ritt, dann labten wir uns mit etwas Wein, den sie auf dem Spirituslämpchen gewärmt hatte, unterhielten uns leise, schlummerten ein

Weilchen und spielten ein wenig, und dann taten wir einen zweiten Gang, der war ganz wunderschön, und noch heute sehe ich die liebliche weiße Gestalt im flackernden Licht, rieche den Duft des silbrigen Haares und ... jaja, das ist schon was Rechtes, wenn wir alten Soldaten ins Schwatzen kommen.

»Du darfst nicht zu lange verweilen, Liebster«, sagte sie schließlich. »Selbst betrunkene Kosaken schlafen nicht ewig.« Kichernd nagte sie an meinem Kinn. So gab ich ihr noch einen langen, zärtlichen Gutenachtkuß, zog mein Nachthemd über den Kopf, kniff ihr zum Abschied noch einmal in die Äpfelchen, schlich über den Gang zum Treppenvorplatz – und drückte mich, eiskalt vor Angst und mit hämmerndem Herzen, gegen die Wand.

Auf dem Treppenvorplatz kroch jemand herum. Ich hörte es deutlich. Und dann sah ich ihn in dem matten Licht, das von dem hinteren Gang, an dem mein Zimmer lag, nach vorn fiel. Er hockte am Bogengang und horchte. Ein Mann, nur mit einem Nachthemd bekleidet, wie ich auch. Das konnte nur East sein.

Der Narr war wachgeblieben, hatte festgestellt, daß der Kosak schlief und hatte sich doch wahrhaftig in seinen hirnrissigen patriotischen Mumpitz gestürzt. Ich zischte leise, sah befriedigt, daß er vergeblich versuchte, in der Wand zu verschwinden, dann war ich neben ihm und versuchte nach Kräften, ihn zu beruhigen. Gurgelnd griff er nach mir.

»Flashman – du!« Er stieß zitternd die Luft aus. »Was ... du warst ... warum hast du es mir nicht gesagt?« Ich hatte keine Ahnung, was er meinte, aber da fuhr er fort: »Gut gemacht. Hast du was gehört? Sind sie noch da?«

Der Wahnsinnsknabe bildete sich offenbar ein, ich sei auf seine Richtung eingeschwenkt. Sei's drum – damit ersparte ich mir Vorhaltungen, weil ich es mit seiner vergötterten Valla getrieben hatte. Ich schüttelte den Kopf, er biß sich auf die Lippen, und dann flüsterte der Irrsinnige mir ins Ohr: »Dann komm, schnell. Zur Galerie. Sie sind noch unten.« Und während ich noch voller Angst durchs Treppengeländer blickte, wo im Dämmerlicht die weißberockten Posten zu sehen waren, schoß er plötzlich über den Vorplatz. Nicht mal im Flüsterton wagte ich ihn zurückzurufen. Er mühte sich mit dem Riegel des Türchens, und ich hatte bereits beschlossen, mich in mein Bett in Sicherheit zu bringen, als aus dem Gang ein gewaltiges Gähnen schallte. Die Angst trieb mich zu East hinüber, der sich gerade durch die niedrige

Öffnung auf die Galerie hinausschob. Komm zurück, du Idiot, sagten meine Lippen, aber es kam kein Ton heraus, und das war vielleicht gut so, denn als wir die Tür zur Galerie geöffnet hatten, hallte deutlich vernehmbar eine Stimme aus der Bibliothek zu uns hinauf, und Licht fiel durch das Schnitzwerk der Balustrade auf den Gang hinaus. Wenn unser Kosak aufwachte und einen Erkundungsgang auf den Treppenvorplatz unternahm, mußte er zumindest das Licht sehen. Lautlos vor mich hinbrabbelnd kroch ich hinter East her und zog behutsam die Tür hinter mir zu.

East lag flach auf dem schmutzigen Boden der Galerie und streckte mir die Füße ins Gesicht. In dem engen Kabuff müffelte es wie in einer Kirche. Mein Kopf war nicht mehr als einen Fuß von der Balustrade entfernt. Gottseidank war sie recht solide gebaut. Keuchend und starr vor Angst lag ich da und hörte die Stimme unter mir auf Russisch sagen:

»... es bestünde also keine Notwendigkeit, derzeit an den Befehlen etwas zu ändern. Der Mannschaftsbestand ist groß genug und würde nicht tangiert werden.«

Die Worte sind mir in Erinnerung geblieben, weil es die ersten waren, die ich hörte, aber danach hatte ich etliche Sekunden zu viel damit zu tun, East an den Füßen zu kitzeln und ihm pantomimisch klarzumachen, daß wir uns verflüchtigen müßten, je schneller, umso besser, um das Gespräch zu verfolgen. Aber der Teufelsbraten rückte und rührte sich nicht, sondern bedeutete mir gestenreich, ich solle brav liegenbleiben und zuhören. Das tat ich denn auch und wurde durch wirklich fesselnde militärische Nachrichten belohnt. Daß ein Generalkommissar für die Region Omsk ernannt worden war, und ob der Knabe, der Orianburg befehligte, nicht in den Ruhestand versetzt werden sollte. Unser Generalstab würde sonstwas dafür geben, das zu erfahren, dachte ich vergrätzt und hatte gerade beschlossen, mich davonzumachen und East mit seiner gefährlichen und fruchtlosen Narretei alleinzulassen, als sich in der Bibliothek eine müde, belegte, aber gebildete Stimme vernehmen ließ, und was sie sagte, ließ mich erstarren. Ich spitzte die Ohren.

»Hätten wir damit unsere Tagesordnung abgeschlossen? Gut. Wir sind Ihnen verbunden, meine Herren. Sie haben gute Arbeit geleistet, und wir sind sehr zufrieden mit den uns vorgelegten Berichten. Bleibt natürlich noch Punkt Sieben.« Die Stimme legte eine kleine Pause ein. »Es ist zwar schon spät, aber vielleicht ist Graf Ignatieff dennoch so freundlich, uns noch einmal ein Résumé der wesentlichen Gesichtspunkte zu geben.«

Ignatieff. Mein eiskalter Menschenschinder aus dem Büro des Registrators. Unerklärlicherweise begann mein Puls noch schneller zu schlagen. Vorsichtig drehte ich den Kopf und legte ein Auge an die nächstgelegene Öffnung in der hölzernen Brüstung. Pencherjevskys langer Tisch war durch Kerzen beleuchtet und mit Papieren überhäuft. Fünf Männer saßen daran. Am hinteren Ende, mit dem Gesicht zu uns, war Ignatieff, sehr flott und selbstbewußt in seiner weißen Uniform, hinter ihm der große Kartenständer. Zu seiner Linken saß ein beleibter Tropf mit weißem Backenbart in einer blauen, ordensbehängten Uniform – das konnte nur ein Marschall sein. Ihm gegenüber, rechts von Ignatieff, saß ein hochgewachsener Zivilist mit Kahlkopf und Adlernase, der das Kinn auf die gefalteten Hände gestützt hatte. An dem uns zunächst stehenden Tischende stand ein Sessel, dessen hohe Lehne den Sitzenden unseren Blicken entzog, aber er mußte wohl der letzte Sprecher gewesen sein, denn ein neben ihm sitzender Adjutant sagte gerade:

»Ist das wirklich erforderlich, Majestät? Die Genehmigung liegt bereits vor, und ich fürchte, Eure Majestät sind übermüdet. Morgen vielleicht …«

»Nein, heute noch«, sagte der verborgene Sprecher mit todmüder Stimme. »Ich kann mir des Morgen dieser Tage nicht mehr so sicher sein. Und die Sache ist von größter Dringlichkeit. Bitte, Graf.«

Der Adjutant verbeugte sich, und East wandte sich mir zu. Sein Gesicht war sehenswert. Lautlos formten seine Lippen die Frage: »Der Zar?«

Wen sonst hätte der Mann wohl Majestät genannt?[28] Ich war jetzt hellwach, als Ignatieff sich verneigte und eine halbe Drehung zu der hinter ihm hängenden Landkarte machte. Die leise, metallische Stimme stieg an der Täfelung der Bibliothek zu uns hinauf.

»Punkt Sieben, Expedition zum Indus … Mit Euer Majestät gnädiger Erlaubnis.«

Ich glaubte mich verhört zu haben. Der Indus war in Nordindien. Was zum Henker wollten sie dort?

»Artikel Eins«, sagte Ignatieff. »Da die Aufmerksamkeit der Verbündeten, insonderheit Großbritanniens, ganz auf die Invasion der Krimprovinz Eurer Majestät gerichtet ist, bietet sich die Gelegenheit, die Politik einer nach Osten gerichteten Befriedung und Zivilisierung der unruhigen Landstriche jenseits unserer östlichen und südlichen Grenzen weiterzuverfolgen. Artikel Zwei. Die sicherste Möglichkeit, diese Politik zu fördern und gleichzeitig dem Feind einen schweren Schlag zu versetzen, besteht darin, durch einen Eingeborenenaufstand mit Unterstützung der Armee die britischen Positionen auf dem indischen Kontinent zu vernichten. Artikel Drei. Die Zeit zu einer bewaffneten Invasion durch die Streitkräfte Eurer Majestät ist jetzt reif, und diese sollte unverzüglich in die Wege geleitet werden. Dazu dient die Expedition Indus.«

Es muß mir einen Augenblick buchstäblich den Atem verschlagen haben. Ich konnte nicht glauben, was ich da hörte.

»Artikel Vier«, fuhr Ignatieff fort. »Vorgesehen für die Invasion ist eine kaiserliche Truppe von dreißigtausend Mann, davon zehntausend Mann Kosakenkavallerie. General Duhamel –« Er verbeugte sich vor dem Kahlkopf, »Agent Eurer Majestät in Teheran, glaubt, daß es von Nutzen wäre, wenn es gelänge, Persien zu einem Krieg gegen Englands Verbündeten, die Türkei, anzustiften. Artikel Fünf –«

»Lassen Sie mal Ihre Artikel beiseite«, sagte Duhamel. »Diese Empfehlung ist zurückgezogen worden. Persien wird neutral bleiben, britischen Interessen gegenüber jedoch die gewohnt feindselige Haltung einnehmen.«

Ignatieff verneigte sich abermals. »Mit Euer Majestät gnädiger Erlaubnis. Vereinbart und gebilligt ist desgleichen, die Afghanen und die Sihks für die Invasionspläne zu gewinnen. Ihnen wie auch der eingeborenen indischen Bevölkerung ist klarzumachen, daß mit unserer Expedition keine Eroberung angestrebt wird, sondern daß unser Ziel der Sturz der Engländer und die Befreiung Indiens ist.« Er legte eine kleine Pause ein. »Somit bringen wir eben jenem Volk die Freiheit, das die Quelle britischen Wohlstandes ist.«

Er griff nach einem Zeigestock und tippte auf die Karte, die Zentralasien und Nordindien zeigte. »Wir haben fünf mögliche Aufmarschrouten geprüft. Zunächst die drei Wüstenrouten – Ust-Yurt-Khiva-Herat, oder Raim-Buchara, oder Raim-Syr-Darja-Taschkent. Diese sind, obschon von General Khruleff bevorzugt –« hier regte sich der Dickwanst mit dem weißen Backenbart auf seinem Sessel – »verworfen worden, weil sie durch die Unruhegebiete führen, in denen die Befriedung der Tadschiken, Usbeken und Khokandier unter den Brigantenführern Yakub Beg und Izzat Kutebar noch nicht abgeschlossen ist. Zwar mußten diese gesetzlosen Banditen schwere Rückschläge hinnehmen, ihre Festung Ak Mechet konnte erobert werden, dennoch könnten sie durchaus noch in der Lage sein, die Expedition zu verzögern. Je seltener es vor Überschreitung der indischen Grenze zu Kampfhandlungen kommt, desto besser.«

Ignatieff ließ den Zeigestock weiter nach unten wandern. »Deshalb wäre den südlichen Routen der Vorzug zu geben – entweder via Täbris und Teheran oder via Herat. Eine sofortige Entscheidung ist nicht erforderlich. Wichtig ist die Erwägung, daß Infanterie und Artillerie mühelos über das Kaspische Meer nach Herat verlegt werden können, während die Kavallerie durch Persien marschiert. Sind wir erst in Persien, werden die Briten von unserem Vorstoß erfahren, aber dann ist es zu spät. Viel zu spät. Wir werden über Kandahar und Kabul – mit Rückenstärkung der Afghanen, die einen tiefen Haß auf die Briten haben – weiter nach Indien ziehen.

Zuverlässigen Berichten zufolge beläuft sich die britische Truppenstärke in Indien auf fünfundzwanzigtausend Mann, dazu kommen dreihunderttausend Mann Eingeborenentruppen, die jedoch keine Gefahr darstellen dürften. Ist die Invasion erst erfolgreich angelaufen, wird das Gros desertieren oder sich der durch unsere Präsenz ausgelösten Erhebung anschließen. Ich wage zu bezweifeln, daß ein halbes Jahr, nachdem wir den Khyber-Paß überschritten haben, noch ein einziger britischer Soldat oder Zivilist oder eine einzige britische Ansiedlung auf dem indischen Subkontinent zu finden sein wird. Bis dahin ist das Land befreit und gehört wieder dem indischen Volk, das auf einen unbestimmten Zeitraum unserer Unterstützung und bewaffneter Präsenz bedarf, um für eine Gegeninvasion gerüstet zu sein.«

»Das habt ihr euch ja fein ausgedacht«, murmelte East, der vor Erregung zitterte. Ich selbst hatte an der Ungeheuerlichkeit des Plans zu kauen. Gewiß, die Angst, der russische Bär könne über die Pässe kommen, ging in Indien um, solange ich denken konnte, aber niemand glaubte im Ernst, die Russen würden je Mut oder Kraft genug haben, einen solchen Versuch zu machen. Doch hier war ihr Plan, simpel, direkt, bis in Einzelheiten hinein festgelegt. Mit das Bemerkenswerteste an unserer bemerkenswerten Lauschaktion war die Tatsache, daß ausgerechnet ich, der die Verhältnisse in Afghanistan aus erster Hand kannte und so gut um unsere Schwächen an der nordindischen Grenze wußte, einer der Lauscher war. Und noch während ich mir Ignatieffs Ausführungen anhörte, wußte ich, sie konnten es schaffen. »Das, Euer Majestät«, sagte Ignatieff, »ist im wesentlichen unser Ziel. Wir haben, wie Euer Majestät höchstselbst, die Pläne in allen Einzelheiten studiert, und sofern sich aus meinem Resümee keine neuen Gesichtspunkte ergeben haben, werden Euer Majestät gewiß nicht zögern, die allerhöchste Zustimmung, die bereits vorliegt, hiermit zu bestätigen.« Er sagte es in aller Ehrerbietung und versuchte sich nicht anmerken zu lassen, wie die Ungeduld an ihm nagte.

»Danke, Graf«, ließ sich die matte Stimme vernehmen. »Ist das soweit klar, meine Herren?« Eine Pause. »Es ist eine gewichtige Frage. Ein Vorstoß dieser Art ist noch nie unternommen worden. Aber wir sind guten Mutes, nicht wahr?«

Khruleff nickte langsam. »Die Möglichkeit hat schon immer bestanden. Jetzt ist der Erfolg gewiß. Mit einem Schlag jagen wir die Briten aus Indien heraus und erweitern die Imperialmacht Euer Majestät vom Nordkap bis zur Insel Ceylon. Kein Zar der Geschichte hat je einen solchen Fortschritt für unser Land erzielt. Die zur Verfügung stehende Streitmacht ist ausreichend, die Planung exakt, die Verhältnisse sind ideal. Die Blüte der britischen Armee und Marine ist in der Krim gebunden, bis sie Unterstützung nach Indien schicken können, vergeht mit Sicherheit ein Jahr. Unterdessen ... sind wir in Südasien an Englands Stelle getreten.«[29]

»Und es kann sofort begonnen werden?« wollte der Zar wissen.

»Unverzüglich, Majestät. Über die Südroute können wir in sieben Monaten mit allen Mannschaften, Geschützen und Trains am Khyber stehen.« Ignatieff hatte sich in Position geworfen, den Kopf zurückgelegt und eine Hand auf den Tisch gestützt. Sie warteten schweigend, und ich hörte den Zaren aufseufzen.

»So sei es. Sie werden es uns nachsehen, meine Herren, daß wir noch einmal ein Resümee hören wollten, aber ein solches Unternehmen muß man sich zwei- oder sogar dreimal überlegen, auch wenn die Zustimmung bereits vorliegt.« Er hustete matt. »So haben Sie denn meine Billigung ... und die anderen Punkte sind erledigt, mit Ausnahme von ... ja, Punkt Zehn. Das Thema kann an Omsk zur weiteren Bearbeitung überwiesen werden. Sie dürfen gehen, meine Herren.«

Stühle scharrten, und East gab mir einen Rippenstoß und deutete zur Tür. Unsere welterschütternde Entdeckung hatte mich derart gefesselt, daß ich fast vergessen hatte, wo wir uns befanden, aber bei Gott, es wurde Zeit, daß wir uns anderswohin verfügten. Ich bewegte mich rückwärts in Richtung Tür, East drängte hinter mir her, und dann hörten wir noch einmal Ignatieffs Stimme.

»Wenn Euer Majestät gnädigst gestatten ... Im Zusammenhang mit Punkt Sieben – der Expedition nach Indien – war auch von bestimmten Ablenkungsmanövern die Rede, um eine vorzeitige Entdeckung unserer Absichten zu verhindern. Ich erwähnte, ohne Einzelheiten zu nennen, gewisse Überlegungen, den Feind auf eine falsche Fährte zu lokken.«

Wir blieben geduckt an der Tür stehen. Er fuhr fort:

»Es besteht ein bisher noch nicht in allen Details ausgearbeiteter Plan für eine vorgebliche Expedition durch Ihre Besitzungen in Alaska zu den britischen Besitzungen in Nordamerika. Wenn es gelänge, diese Pläne gewissermaßen zufällig der britischen Regierung zur Kenntnis zu bringen, könnte man damit den Gegner wirkungsvoll von den Schauplätzen im Osten ablenken.«

»Gefällt mir nicht«, hörten wir Khruleff sagen. »Ich habe den Plan gesehen, Euer Majestät. Er ist zu kompliziert und auch ganz unnötig.«

»Zur Zeit«, fuhr Ignatieff ungerührt fort, »befinden sich in diesem Hause zwei britische Offiziere, Gefangene von der Krim, die ich eigens zu diesem Zweck habe herbringen lassen. Es könnte Vorsorge getroffen werden, daß sie den falschen Nordamerikaplan entdecken. Daraufhin würden sie natürlich versuchen zu fliehen, um ihre Regierung zu warnen.«

»Und dann?« fragte Duhamel.

»Der Fluchtversuch würde selbstredend gelingen. Es ist nicht weit zur Krim – es ließe sich einrichten, ohne in ihnen den Verdacht wachwerden zu lassen, daß sie nur unsere Werkzeuge sind. Und ihre Regierung würde zumindest abgelenkt werden.«

»Zu raffiniert, diese Spionagespielchen«, sagte Khruleff.

»Gestatte mir ergebenst zu widersprechen, Majestät«, sagte Ignatieff. »Ich sehe da keinerlei Schwierigkeiten. Die beiden Offiziere, von mir persönlich ausgewählt, sind für unsere Zwecke vortrefflich geeignet. Der eine, ein intelligenter Geheimagent, der in Silistria in Gefangenschaft geriet, ist ein gescheiter, gefährlicher Bursche. Man zeige ihm nur die Spur eines Anschlages auf sein Land, und er stürzt sich darauf wie ein Habicht. Der andere ist ein durchaus anderer Typ. Groß, kräftig, von ordinärem Schlag, viel Muskeln und wenig Hirn, wild auf jeden Weiberrock.« Ich merkte, während wir uns diese Unverschämtheiten anhörten, wie es East einen Ruck gab. »Aber ohne ihn kommen wir nicht aus, denn auch wenn wir ihnen die Flucht ermöglichen und ihnen die Wege zur Krim ebnen – bis zu ihrer Armee vor Sewastopol müssen sie sich auf eigene Faust durchschlagen; wir könnten schwerlich unsere Truppen in der Krim anweisen, sie durchzulassen. Dieser zweite Engländer gehört zu den einfallsreichen Schurken, die immer ein Schlupfloch finden.«

Es gab eine Pause, und dann sagte Duhamel: »Ich muß Khruleff Recht geben, Euer Majestät. Der Plan ist nicht notwendig und könnte sogar gefährlich werden. Die Briten sind nicht dumm, ein falsches Spiel durchschauen sie recht schnell. Unechte Pläne und schlaue Winkelzüge könnten Mißtrauen wecken und auf uns zurückfallen. Unser Indusplan hat ein solides Fundament, er braucht keine Schnörkel und Verzierungen dieser Art.«

»Nun denn«, sagte der Zar heiser. »Die Mehrheit steht gegen Sie, Graf. Lassen Sie Ihre britischen Offiziere nur ruhig schlafen. Doch danken wir Ihnen für Ihren Eifer in dieser Sache. Und jetzt, meine Herren, haben wir lange genug gearbeitet ...«

East zog mich auf den dunklen Vorplatz, ehe er ausgesprochen hatte. Wir machten leise die Tür zu und schlichen uns auf Zehenspitzen zu unserem Gang hinüber, während sich unten die Flügeltüren der Bibliothek öffneten. Ich schaute vorsichtig um die Ecke. Der Kosak schnarchte wieder friedlich; wir gingen rasch und lautlos an ihm vorbei und verschwanden in Easts Zimmer. Ich sank zitternd auf sein Bett, während er, ungeduldig vor sich hinmurmelnd, die Kerze entzündete. Sein Gesicht war weiß wie ein Bettuch, aber immerhin dachte er noch daran, sein Kissen vor den Auslaß des verborgenen Horchrohres zu legen.

»Großer Gott, Flashman«, sagte er, als er wieder sprechen konnte. Wir sahen uns hilflos an. »Was sollen wir nur machen?«

»Machen? Überhaupt nichts können wir machen.«

»Wir haben doch recht gehört, oder? Sie wollen sich hinter unserem Rücken Indien schnappen. Eine russische Armee überschreitet den Khyber ... eine Erhebung ... Herr des Himmels, ist denn das überhaupt durchführbar?«

Ich dachte an 1842 und an die Afghanen, und was sie mit der Unterstützung einer russischen Armee zuwege bringen könnten. »Ja«, sagte ich. »Das ist sehr wohl durchführbar.«

»Siehst du, wir haben recht daran getan, zu horchen«, sagte er erregt. »Ich wußte es. Aber nie hätte ich mir träumen lassen ... Nein, das ist ja entsetzlich.« Er rang die Hände und ging unruhig im Zimmer auf und ab. »Wir müssen etwas tun. Wir müssen weg von hier. Irgendwie. Sie müssen es in Sewastopol erfahren. Raglan ist dort, er ist der Befehlshaber. Wenn wir ihm die Nachricht zuspielen könnten und er sie nach London weitergeben würde, wäre noch Zeit ... Sie könnten zumindest versuchen, Vorbereitungen zu treffen. Sie könnten Truppen hinschicken, die Garnisonen im Nordwesten verstärken, vielleicht sogar eine Expedition nach Persien oder Afghanistan entsenden ...«

»Soviel Zeit haben sie nicht«, sagte ich. »Du hast es doch gehört: In sieben Monaten stehen die Russen mit dreißigtausend Mann am Punschab, und Gott allein weiß, wie viele Afghanen, verlockt von der Aussicht, uns eines auszuwischen und in Indien Beute zu machen, zu ihnen stoßen werden. Bis die Nachricht in London eintrifft, vergeht ein Monat, rechne noch einmal zwei Monate, ein Heer zusammenzubringen, falls das möglich wäre, was ich bezweifle ... dann vier Monate bis nach Indien ...«

»Aber so wäre es doch zu schaffen. Gerade noch zu schaffen«, ereiferte er sich. »Wir müssen weg. Sofort.«

»Das ist ausgeschlossen.«

»Nicht unbedingt. Schau dir das an.« Er nahm ein Buch von seinem Schreibpult. Es war eine Art Geographiebuch oder Reiseführer in russischer Schrift, jenem greulichen Buchstabensystem, bei dem ich immer an schwarze Magie denken muß. »Schau dir diese Karte an. Ich habe in den letzten Monaten fleißig die Ohren aufgesperrt und meinen Kopf gebraucht und weiß jetzt ungefähr, wo wir sind, auch wenn Starostorsk nicht auf der Karte verzeichnet ist, der Maßstab ist zu groß. Aber ich schätze, wir sind etwa hier, an diesem leeren Fleck, etwa fünfzig Meilen von Ekaterinoslav und dreißig von Alexandrovsk entfernt. Ich habe nicht schlecht gestaunt, sage ich dir. Ich dachte, wir wären viel weiter im Inneren des Landes.«

»Ich auch. Da müssen sie aber einen verteufelt langen Umweg mit uns gemacht haben.«

»Natürlich, das ist doch typisch für sie. Sie kennen keine geraden Wege, sage ich dir. Irritieren, konsternieren, derangieren – das ist ihr Katechismus. Aber begreif doch – wir sind knapp hundert Meilen vom Nordende der Krim, vielleicht nur zweihundert Meilen von Raglan in Sewastopol entfernt.«

»Und dazwischen liegen mehrere russische Armeen«, dämpfte ich ihn. »Und überhaupt ... hast du dir schon mal überlegt, wie wir hier wegkommen sollen?«

»Wir könnten in der Nacht einen Schlitten stehlen. Und Pferde.

Wenn wir schnell genug sind, könnten wir an den Poststationen die Pferde wechseln, wichtig ist nur, daß wir immer einen ausreichenden Vorsprung haben. Versteh doch, es muß eine Möglichkeit geben.« Seine Augen glühten. »Und genau das hatte Ignatieff für uns geplant. Herrgott, warum haben sie nur seinen Plan abgelehnt. Stell dir vor, wenn er seinen Willen durchgesetzt hätte, wären sie uns dabei behilflich gewesen, mit ihren Falschinformationen zu entkommen, ohne zu ahnen, daß wir von dem echten Plan wußten. So ein verteufeltes Pech.«

»Es ist nun aber mal so, daß Ignatieff nicht durchgekommen ist«, sagte ich. »Und die Sache ist hoffnungslos, glaub mir das. Einen Schlitten stehlen, sagst du. Wie weit würden wir wohl kommen, gejagt von Pencherjevskys Kosaken? Kufenspuren verschwinden nicht wie von Zauberhand in einer Landschaft, die flach ist wie ein Brett. Und außerdem wüßten sie genau, wo sie uns zu suchen haben, es gibt nur eine Route ...« Ich deutete auf seine Karte. »Über die Landenge der Krimhalbinsel bei ... wie heißt es ... Armjansk. Sie würden uns überholen, lange ehe wir dort angekommen sind.«

»Würden sie nicht.« Er grinste. Schon als Rotznase, vor fünfzehn Jahren, hatte er dieses durchtriebene Grinsen gehabt. »Weil wir nicht diese Route nehmen. Es gibt noch einen anderen Weg auf die Krim, ich habe ihn aus diesem Buch, aber daß wir ihn kennen, wird sich keiner träumen lassen. Hör mich an, Flashy, alter Freund, und gib zu, daß es seine Vorteile hat, in Geographie nicht zu schlafen. Die Krim ist mit dem Festland nur durch eine schmale Landenge verbunden, wie du vorhin sehr richtig gesagt hast. Jetzt schau ein wenig weiter nach Osten. Was siehst du dort?«

»Eine Stadt, ein Nest namens Yenitchi. Aber wenn du daran gedacht hast, dir ein Boot zu schnappen, bist du verrückt –«

»Boot? Nichts da. Was siehst du im Meer südlich von Yenitchi?«

»Einen Fliegenschiß«, sagte ich ungeduldig. »Jetzt hör mal zu, Scud –«

»Falsch«, fiel er mir triumphierend ins Wort. »Das ist kein Fliegenschiß, alter Junge, sondern der Pfeil von Arabat, eine Landzunge, nicht breiter als eine halbe Meile, die von Yenitchi glatte sechzig Meilen durch das Asowsche Meer nach Arabat in der Krim führt – und von dort sind es nur noch knappe hundert Meilen nach Sewastopol. Verstehst du nicht, Mann? In diesem Buch steht, daß sie so gut wie nie benutzt wird, nur im Sommer zieht dort die eine oder andere Dromedarkarawane vorbei. Die wenigsten Russen wissen, daß es sie überhaupt gibt. Wir brauchen nur eine Nacht mit Schneefall abzuwarten, damit unsere Spuren verwischt werden, und während sie uns zur Landenge nachjagen, preschen wir nach Yenitchi, über die Landzunge nach Arabat und dann nach Westen gen Sewastopol.«

»Mitten durch die russischen Truppen«, ergänzte ich trocken.

»Und wenn schon ... Begreifst du nicht – dort sucht uns niemand. Telegraphen gibt es in diesem rückständigen Land noch nicht, und wir sprechen beide genug Russisch, um durchzukommen. Ich möchte wetten, daß wir es besser sprechen als die meisten Muschiks. Das ist unsere Chance, Flashman. Die einzige Chance.«

Ich war alles andere als erfreut über diese Wendung. Damit kein Mißverständnis entsteht – ich bin Brite bis auf die Knochen, und wenn ich dafür meinen Sold beziehe, bin ich durchaus bereit, dem lieben Vaterland zu dienen, sofern es nicht mit allzu vielen Ungelegenheiten oder Unkosten verbunden ist. Aber wenn es um meinen Kopf geht, ist bei mir Schluß. Das Leben – wie auch manches andere – würde ich nie für mein Land opfern. Schon gar nicht, wenn das Ableben mit einem Strick um den Hals oder einer Lanze in den Gedärmen oder dem Mitgeschleiftwerden durch ein Kosakenpferd verbunden ist. Wenn ich mir vorstellte, daß ich dieses Refugium verlassen sollte, wo es gutes Essen, reichlich geistige Getränke und ein williges blondes Weibchen gab, um statt dessen durch die verschneite russische Steppe zu jagen, verfolgt von heulenden Kosakenteufeln, nur damit wir Raglan diesen verrückten Plan überbringen konnten ... nein, das war schierer Wahnsinn. Was ging mich Indien an? Freilich sah ich es lieber, wenn wir es hatten und nicht die Russen, und wenn man die Nachricht Raglan gefahrlos hätte übermitteln können (der sie wahrscheinlich prompt vergessen oder aus Versehen eine Armee nach Grönland geschickt hätte), wäre ich sofort dabeigewesen. Aber wenn ich mich in Gefahren begeben soll, die nicht mein eigenes Wohlergehen fördern – nein, da mache ich nicht mit. Und nur darauf führe ich es zurück, daß ich mittlerweile achtzig bin, während sich Scud East seit über vierzig Jahren in Cawnpore die Radieschen von unten ansieht.

Aber das konnte ich ihm natürlich nicht sagen, und so zog ich denn eine besorgte, tiefsinnige Miene und schüttelte den Kopf. »Es geht nicht, Scud. Hör einmal zu. Außer dem, was in deinem schlauen Buch steht, ist dir so gut wie nichts über diesen sogenannten Pfeil von Arabat bekannt. Woher willst du wissen, daß er im Winter offen ist – oder daß es ihn überhaupt noch gibt? Vielleicht ist er weggespült worden. Und wer sagt dir, daß nicht an beiden Enden Posten stehen? Und wie kommen wir durch die Krim nach Sewastopol? Ich habe schon etliche Reisen verkleidet zurückgelegt – durch Afghanistan, durch Deutschland, um nur zwei zu nennen –, und das ist erheblich schwieriger, als du dir das offenbar vorstellst. Und in Rußland, wo man alle paar Meilen sein verteufeltes Meldepapier vorzeigen muß, kämen wir damit nie durch. Aber ...« Ich hob streng die Hand, als er protestierend den Mund aufmachte. »– das würde ich selbstverständlich riskieren, wenn ich nicht mit absoluter Sicherheit voraussagen könnte, daß man uns schnappen wird, ehe wir auch nur halbwegs bis zu diesem Yenitchi gekommen sind. Selbst wenn es uns gelänge, hier ungehindert wegzukommen – was ohnehin fast unmöglich ist –, haben sie uns mit ihren schnellen Pferde in wenigen Stunden eingeholt. Es ist hoffnungslos, glaub es mir.«

»Das weiß ich ja. Ich habe selber Augen im Kopf. Aber versuchen müssen wir es trotzdem. Daß wir von diesem schnöden russischen Verrat erfahren haben, ist eine Jahrhundertchance, die wir uns einfach nicht durch die Finger gleiten lassen dürfen. Wir müssen Raglan und die Heimat warnen. Was haben wir schon zu verlieren – wenn man von unserem Leben einmal absieht.«

Derlei Redensarten schmecken mir ganz und gar nicht. Warum ich anderer Leute Leben oder die Dividende der Ostindischen Kompanie oder den Kredit des Lords Aberdeen oder die Ehre der britischen Waffen höher einschätzen soll als meine eigene Gänsehaut, das habe ich nie begreifen können.

»Die Hauptsache hast du nicht begriffen«, sagte ich. »Gewiß, wenn es um die Pflicht geht, denkt man nicht an den eigenen Kopf, aber zunächst muß man wissen, wie diese Pflicht aussieht. Ich glaube wohl, daß ich schon öfter als du ganz übel in der Tinte gesessen habe, und dabei habe ich gelernt, daß Selbstmord sinnlos ist, wenn man ein bißchen Zeit hat, sich umzusehen und scharf nachzudenken. Wer weiß, was sich für eine Chance ergibt, von der wir bis jetzt noch gar nichts ahnen können, wenn wir abwarten und uns in Geduld fassen? Aber wenn wir uns jetzt Hals über Kopf davonmachen und dabei ums Leben kommen, gelangt unsere Nachricht auch nicht zu Raglan. Und überleg einmal folgendes: Da wir für Ignatieff jetzt uninteressant geworden sind, könnte es sogar sein, daß man uns austauscht, und dann könnten wir ihnen eine lange Nase machen.«

Worauf er davon faselte, daß die Zeit kostbar sei und wir nicht warten könnten. Aber losmarschieren könnten wir auch nicht, gab ich zurück, bis zumindest eine gewisse Hoffnung auf Erfolg bestünde (und wenn es nach mir ging, konnten wir darauf hübsch lange warten), und so ging es endlos hin und her, und wir kamen nicht weiter und legten uns schließlich völlig erschöpft ins Bett.

Als ich mir in meinem Zimmer die ganze Geschichte noch einmal in aller Ruhe durch den Kopf gehen ließ (und bei der Erinnerung an die riskante Situation, in die wir uns auf dieser muffigen Galerie begeben hatten, brach mir noch nachträglich der Angstschweiß aus), begriff ich Easts Drängen. Da waren wir nun durch einen geradezu unwahrscheinlichen Zufall an eine Information gekommen, die jeder anständige Soldat quer durch die Hölle zu seinem Vorgesetzten gebracht hätte. Und Scud East war nach gängiger Auffassung – die nicht die meine ist – ein anständiger Soldat. Meine Aufgabe war daher ganz klar die, ihn an übereilten Handlungen zu hindern, mit anderen Worten, dafür zu sorgen, daß überhaupt nichts geschah, und trotzdem so zu tun, als sei mein Blut nicht weniger in Wallung als seins. Was einen Mann mit meinen Talenten nicht vor unüberwindliche Schwierigkeiten stellte.

In den nächsten Tagen erörterten wir Fluchtpläne dutzendweise, einer immer wahnwitziger als der andere. Im Grunde war es ganz spannend zu beobachten, an welchem Punkt irgendeiner Irrsinnsidee selbst den armen Scud der Mut verließ. Ich sehe noch, mit welch achtungsvollem Grauen er mich betrachtete, als ich flüchtig mein Bedauern darüber äußerte, daß wir uns nicht in jener Nacht von der Galerie gestürzt und sämtlichen Anwesenden – den Zaren eingeschlossen – die Kehle durchgeschnitten hatten. »Leider zu spät, inzwischen sind sie über alle Berge«, sagte ich. »Aber schade ist es trotzdem. Hätten wir sie erledigt, wäre es aus gewesen mit ihrem fein gesponnenen Plan. Und ich war seit Balaklawa in keiner rechtschaffenen Schlägerei mehr. Na ja, nichts zu machen.«

Trotzdem machte ich mir zunehmend Sorgen um Scud. Er steigerte sich derart in seine Sorge und Ungeduld hinein, daß ihm jederzeit die eine oder andere Torheit zuzutrauen war. »Wir müssen es versuchen«, wiederholte er unablässig. »Wenn wir uns nicht bald etwas einfallen lassen, fahre ich eines Tages einfach los. Ich werde toll, wenn nichts passiert, sage ich dir. Wie kannst du so dasitzen und ... Nein, verzeih, Flashman. Ich weiß, daß es auch für dich eine Qual sein muß. Verzeih, alter Junge, ich habe eben nicht deine eisernen Nerven.«

Und er hatte keine Valla, bei der er sich erholen konnte. Ich überlegte, ob ich ihm zur Beruhigung seiner Nerven ein Dampfbad mit Tante Sara vorschlagen sollte, aber am Ende hätte er daran so viel Gefallen gefunden, daß er sich hinterher in Selbstvorwürfen zerfleischt hätte. So gab ich mich denn ebenfalls besorgt und ratlos, und er kaute an den Nägeln und alterierte sich ganz fürchterlich und nahm in der folgenden Woche gut und gern fünfzehn Pfund ab. Alles bloß wegen Indien – man stelle sich das mal vor. Und dann passierte das Schlimmste, was passieren konnte: Unsere Chance kam, und zwar kam sie so, daß nicht einmal ich sie ausschlagen konnte.

Es war an einem Tag, an dem Pencherjevsky, was selten vorkam und deshalb um so denkwürdiger war, in Rage geriet. Ich befand mich im Salon, als ich ihn an der Haustür herumröhren hörte. Als ich herauskam, stand er in der Halle und las zwei Burschen die Leviten, die draußen auf der Freitreppe standen. Einer sah aus wie ein Mann der Kirche, der andere war ein dürrer, häßlicher Wicht, der angezogen war wie ein Schreiber.

»... eine Dreistigkeit ohnegleichen, einen Keil zwischen mich und meine Leute treiben zu wollen«, tobte Pencherjevsky. »Gott im Himmel, gib, daß ich mich nicht an euch vergreife. Kannst du dich nicht an die Seelenrettung halten, Pfaffe, und du, Blank, hast du nicht genug zu tun mit deiner Federfuchserei? Nein, da muß gewühlt und gehetzt werden. Aufrührerisches Gesindel. Agitiert anderswo, sonst lasse ich euch von meinen Kosaken das Fell gerben. Geht mir aus den Augen und verschwindet von meinem Grund und Boden. Beide.«

Er war grotesk in seiner Wut, wie ein bärtiger Heidengott vor ihnen aufragend. Ich wäre bei diesem Anblick schon längst über die Grenze gegangen, aber diese beiden hielten die Stellung, obschon das für ihre Gesundheit recht abträglich werden konnte.

»Wir sind nicht Eure Leibeigenen«, erklärte dieser Blank hochtrabend. »Ihr habt uns nichts zu befehlen.« Woraufhin Pencherjevsky einen erstickten Schrei ausstieß und einen Schritt vortrat. Doch der Pfaffe schob sich dazwischen.

»Einen Moment, Herr Graf.« Courage hatte der Bursche. »Ich bitte Euch, hört mich an. Ihr seid ein gerechter Mann, und unsere Bitte ist billig genug. Es handelt sich um eine alte Frau, und ihr wißt, was geschieht, wenn sie die Seelensteuer für ihre Enkel nicht zahlen kann. Die Beamten werden ihr den Ofen verstopfen, man wird sie in die Kälte hinaustreiben, sie wird verhungern und die Kinderchen mit ihr.

Es sind doch nur hundertsiebzig Silberkopeken, und ich begehre nicht von Euch, daß Ihr sie zahlt, sondern ich bitte Euch, mir und meinem Freund zu gestatten, das Geld aufzubringen. Dagegen könnt Ihr doch nichts haben. Seid barmherzig.«

Pencherjevsky hielt sichtlich nur mit Mühe an sich. »Was liegt mir an einer Handvoll Kopeken? Und wenn es hundertsiebzigtausend Rubel wären – ich würde sie nicht ansehen. Aber da kommst du mit einer rührseligen Geschichte von dieser alten Vettel daher, die, wie du sagst, die Steuer für ihre Blagen nicht zahlen kann. Glaubt ihr, ich wüßte nicht, daß ihr Nichtsnutz von Sohn *koulak** in Odessa ist und fünfzigmal die Steuer für sie zahlen könnte? Und wenn er es nicht tut, muß der Staat dafür sorgen, daß dem Gesetz Genüge getan wird, und dagegen kann niemand an, nicht einmal ich. Was geschieht, wenn ich die Summe zahle oder euch gestatte, sie für die Alte zu zahlen? Ich will es euch sagen. Im nächsten Jahr und danach Jahr für Jahr stehen sämtliche Muschiks von hier bis Rostow vor meiner Tür und jammern: Wir können die Seelensteuer nicht zahlen[30], *batjuschka*, zahl sie für uns, wie du sie für die Soundso gezahlt hast. Und wo soll das enden?«

»Aber –« setzte der Pfaffe an, doch Pencherjevsky fuhr dazwischen.

»Willst du mir sagen, daß du für all diese Leute zahlen würdest? Meister Blank, ja, gewiß, der würde zahlen. Mit dem schmierigen Geld, das er von seinen Kommunistenfreunden aus Deutschland bekommt. Damit er zwischen meinen Muschiks herumkriechen, damit er Aufruhr und Revolution predigen kann. Ich kenne ihn. Schaff ihn weg, Pfaffe, ehe ich mich vergesse.«

»Aber die alte Frau? Habt Mitleid, Graf.«

»Habe ich euch nicht erklärt, daß es nicht sein kann?« brüllte Pencherjevsky. »Dabei hätte ich nicht einmal das nötig gehabt. Hinaus.«

Er ballte die Faust und rückte vor, und die beiden stolperten eilig die Treppe hinunter. Aber dieser Blank[31] konnte sich einen letzten Hieb nicht verkneifen:

»Schmutziger Tyrann, du gräbst dir dein eigenes Grab. Du und deinesgleichen, ihr denkt, ihr könnt von Unterdrückung und Folter und Diebstahl leben. Ihr sät Drachensaat mit eurer Grausamkeit, und sie wird aufgehen und euch verschlingen. Wart's nur ab, du Teufel.«

* Bauer, der Geld besitzt; Wucherer

Und da wurde Pencherjevsky toll. Er schleuderte, Schaum vor dem Mund, seine Mütze auf den Boden und rannte davon, nach seiner Peitsche, seinen Kosaken, seinem Säbel brüllend, während die beiden Querulanten um ihr Leben rannten. Selbst jetzt noch rief Blank Drohworte und Beschimpfungen über die Schulter.

»Folgt ihnen«, tobte er. »Bei Gott, diese dreckige Kreatur werde ich die Knute kosten lassen. Reitet ihm nach und laß keinen Fingerbreit Haut mehr an seinem Kadaver.«

Wenig später war ein Kosakentrupp aufgesessen und donnerte durchs Tor, während der Graf noch immer in der Halle herumtobte:

»Hund! Lausiger Bastard! Sich mir zu widersetzen, auf meiner eigenen Schwelle. Der Pfaff ist ein harmloser Narr, der es nicht lassen kann, sich in Dinge einzumischen, die ihn nichts angehen, aber dieser Blank ... Anarchistenschwein. Aber die Unverschämtheit wird ihm noch vergehen, wenn meine Burschen ihm erst den Hintern zerfetzt haben.«

Endlich verzog er sich, noch immer fluchend und sich giftend, und eine Stunde später kamen die Kosaken zurück, und ihr Anführer stapfte die Freitreppe hinauf, um Bericht zu erstatten. Pencherjevsky hatte sich inzwischen erheblich beruhigt, er hatte einen Topf Punsch kommen lassen und East und mich eingeladen, ihn vertilgen zu helfen. Wir saßen in der Halle vor dem Kamin und tranken das heiße Gebräu in vorsichtigen Schlucken, als der Kosak hereinkam, ein alter, beleibter Schurke mit weißem Backenbart und dem Gürtel im letzten Loch.[32] Er grinste und hatte seine Nagaika in der Hand.

»Was ist?« knurrte Pencherjevsky. »Habt ihr die Bestie eingefangen und ihr eine Lektion erteilt?«

»Ja, *batjuschka*«, gab der Kosak zufrieden zurück. »Er ist tot. Dreißig Schläge und aus war's. Ein Schwächling.«

»Tot?« Pencherjevsky setzte sehr plötzlich seinen Becher ab und runzelte die Stirn. Dann zuckte er die Schultern. »Sei's drum, schade ist es nicht um ihn. Keiner wird ihm eine Träne nachweinen. Ein Anarchist mehr oder weniger dürfte dem Polizeichef keine schlaflosen Nächte bereiten.«

»Dieser Blank ist entkommen«, fuhr der Kosak fort. »Es tut mir leid, *batjuschka* ...«

»Blank entkommen?« stieß Pencherjevksy heiser hervor. Seine Augen weiteten sich. »Dann habt ihr den Pfaffen umgebracht? Den Gottesmann!« Er starrte den Kosaken ungläubig an und bekreuzigte sich. »*Slava Bogu.** Den Pfaffen ...«

»Pfaffe? Kann ich's wissen? Hab ich was falsch gemacht, *batjuschka*?«

»Falsch gemacht, du Hohlkopf? Ein Pfaffe. Und du hast ihn totgeschlagen ...« Er sah aus, als könne ihn jeden Augenblick der Schlag treffen. Er rang nach Luft und raufte sich den Bart, und dann stolperte er an dem Kosaken vorbei die Treppe hinauf, und wir hörten, wie die Tür zu seinem Zimmer krachend hinter ihm zuschlug.

»Lieber Himmel«, sagte East. Der Kosak sah uns verwundert an, dann zuckte er, wie das die Art dieser Leute ist, gleichmütig die Schultern und tappte davon. Wir sahen uns an.

»Was bedeutet das?« fragte East.

»Wenn ich das wüßte. Hierzulande sind sie ja recht schnell bei der Hand, sich gegenseitig abzuschlachten. Aber einen Priester zu Tode zu peitschen ... ich glaube, das ist selbst in Rußland etwas zu viel des Guten. Unser guter Pencherjevsky wird sich da schon etwas einfallen lassen müssen. Sollte mich nicht wundern, wenn er aus dem Moskauer Carlton-Club fliegt.«

»Lieber Himmel, Flashman«, wiederholte East. »Was für ein Land.«

Beim Abendessen ließen sich weder der Graf noch Valla sehen, und Tante Sara hüllte sich in Schweigen. Aber man merkte es ihr und den Dienstboten an, man spürte es in der ganzen Atmosphäre, daß auf Starotorsk Furcht und Entsetzen herrschten. Ausnahmsweise schenkte East sich sein Fluchtgeschwätz, und wir gingen, uns im Flüsterton eine gute Nacht wünschend, zeitig zu Bett.

Aber ich hatte keine gute Nacht. Mein Ofen qualmte und machte das Zimmer stickig, und die allgemeine Niedergeschlagenheit hatte mich wohl angesteckt, denn als ich endlich einschlief, hatte ich schwere Träume. Mein alter Alptraum, in der Röhre in Jotunberg zu ertrinken, suchte mich heim – wahrscheinlich waren die Ofendünste schuld daran[33], und dann verwandelte sie sich in das unterirdische Verlies in Afghanistan, wo meine alte Flamme Narriman sich redlich bemüht hatte, bei mir die unerläßlichen Voraussetzungen für den Posten eines Haremswächters zu schaffen, und dann begann jemand vor meiner Zelle zu schießen, und plötzlich war ich wach und schweißge-

* Großer Gott!

badet, und die Schüsse waren gar nicht geträumt, sondern echt, und im unteren Stockwerk hörte ich ein entsetzliches Krachen, Pencherjevskys Donnerstimme und hastige Schritte. Inzwischen war ich aus dem Bett gesprungen und in die Hose gefahren und kämpfte noch mit den Stiefeln, während ich schon die Tür aufriß.

East war, ebenfalls nur halb angekleidet, bereits auf dem Gang und lief auf den Treppenvorplatz zu. Ich war ihm dicht auf den Fersen und rief: »Was ist passiert? Was zum Henker ist hier los?« Doch da ertönte aus Vallas Gang ein gellender Schrei, während Pencherjevsky die Treppe hinaufstürzte und über die Schulter den Kosaken unten in der Halle zubrüllte:

»Haltet sie. Haltet die Tür. Mein Kind, Valentina! Wo bist du?«

»Hier, Vater.« Sie trug nur ihr Nachtgewand, das Haar war wirr, die Augen entsetzt geweitet. »Sie sind überall, Vater ... im Garten, ich habe sie gesehen ... o mein Gott.«

Von der Haustür her krachte ein Musketenschuß, Splitter flogen in die Halle hinein, und einer der Kosaken schrie auf, schwankte und griff sich ans Bein. Die anderen standen an den Fenstern der Halle, Glas splitterte, von draußen hörte man Geschrei und Geheul. Pencherjevsky fluchte, drückte Valla an sich, sah uns und brüllte, die Schüsse übertönend:

»Verwünschter Pfaffe! Sie haben sich erhoben – die Leibeigenen haben sich erhoben. Sie greifen das Haus an.«

Ich habe im Laufe meines Lebens so manche Belagerung mitgemacht, von ausgewachsenen Blockaden wie Cawnpore, Lucknow und dem Peking-Unsinn vor einigen Jahren bis zu eher zahmen Raufereien wie die vor der Residenz von Kabul im Jahre 1841. Aber einen so schlecht vorbereiteten Sturm wie den der Muschiks auf Starotorsk habe ich noch nie erlebt. Ich erfuhr später, daß mehrere tausend, aufgestachelt durch Blanks feurige Reden, einfach losgezogen waren, um den Tod ihres Priesters zu rächen, bewaffnet nur mit dem, was gerade zur Hand war, ohne Plan und Ziel und ohne einen Gedanken daran, sich unauffällig heranzupirschen oder das Haus von allen Seiten gleichzeitig zu nehmen. So stolperten sie brüllend die Straße hinauf, wo sie von den Kosaken in ihrem Kasernengebäude gesichtet wurden. Etliche der Bauern erledigten sie mit Gewehrschüssen und zogen sich dann ins Haupthaus zurück, während der Mob über die Auffahrt flutete und sich gegen die Haustür warf. Hier wurde es kritisch. Die Muschiks hämmerten an die Täfelung, warfen die Fenster ein, schwenkten ihre Schaufeln und Fackeln und schrien nach Pencherjevskys Blut.[34]

Der stand da, einen Arm um Valla gelegt, und blickte um sich wie ein Wahnsinniger. Ich glaube, er hatte noch nicht ganz begriffen, daß seine geliebten Sklaven drauf und dran waren, ihn an den nächsten besten Balken zu knüpfen und seine Familie desgleichen. Für ihn war das, als sei die Sonne vom Himmel gefallen. Aber er hatte sehr wohl erkannt, daß es auf Tod und Leben ging, und seine einzige Sorge galt seiner Tochter. Er packte mich am Arm.

»Nach hinten hinaus, zu den Ställen. Schnell. Schafft sie fort, ihr beiden. Wir halten sie inzwischen hier auf. Diese Narren, diese undankbaren Bauerntrampel.« Er warf mir Valla praktisch in die Arme. »Nehmt einen Schlitten und Pferde und fahrt wie der Teufel zu den Arianskis an der Straße nach Alexandrovsk. Dort ist sie sicher. Aber eilt euch, in Gottes Namen.«

Mir brauchte man das nicht zweimal zu sagen, aber East, dieser Wichtigtuer, mußte noch seinen Senf dazugeben.

»Einer von uns wird hierbleiben, Sir. Oder laßt Eure Tochter durch einen Kosaken begleiten. Es ziemt sich nicht, daß britische Offiziere –«

»Hohlkopf«, röhrte Pencherjevsky und gab ihm einen kräftigen Stoß in Richtung Hinterausgang. »Los jetzt. Über diesem Geschwätz werden sie uns noch die Tür einschlagen oder die Hintertür besetzen. Hier führe ich den Befehl.« Von der Haustür her drang Bersten und Knistern zu uns herauf, Pistolenschüsse krachten, der Mob lärmte, die Kosaken brüllten, und als ich einen Blick übers Treppengeländer warf, sah ich, wie die Tür sich nach innen neigte und einen Strom zerlumpter Gestalten einließ, die die Kosaken bis zur Treppe zurückdrängten. In dem rauchigen Rot ihrer Fackeln sah die Halle aus wie ein Höllenloch, in dem die Kosaken ihre Säbel und Nagaikas schwangen, um die Eindringlinge zurückzutreiben.

»Bringt sie weg.« Pencherjevsky zog Valla und mich in einer bärengleichen Umarmung an seine Brust, sein bärtiges Gesicht war nur wenige Zoll von dem meinen entfernt, Tränen standen ihm in den geweiteten Augen. »Du weißt, was zu tun ist, mein Sohn. Schütze sie – und jenes andere Leben. Gott mit dir.«

Er drängte uns in den Gang und lief dann zum obersten Treppenabsatz. Ich sah seine hünenhafte Gestalt, von dem rauchigen Glühen umwabert, dann verdoppelten sich Geschrei und Getöse, man hörte eilige Schritte, das Splittern von Holz – und East und ich, die schluchzende Valla mit uns ziehend, preschten die Hintertreppe hinunter.

Auf dem Weg durch die Küche schnappte sich East ein paar Laib Brot und etliche Flaschen, während ich auf den Hof lief. Hier herrschte mondbeglänzte Stille, man hörte nur das leise Stampfen der Pferde in ihren Boxen, der Tumult am anderen Ende des Hauses drang nur ganz gedämpft zu uns hinüber. Ich war wie der Blitz in der Remise, setzte Valla in den größten der vorhandenen Schlitten und führte schon das erste Schlittenpferd heraus, als East schwer beladen zu mir stieß.

Ich weiß nicht, wo der Rekord für das Anschirren eines Schlittens mit drei Pferden steht, aber ich möchte wetten, daß wir ihn gebrochen haben. Ich zog die letzten Riemen an, während East durch den Schnee rannte, um das Tor zu öffnen. Ich schwang mich auf den Bock, zog die Zügel an, die Pferde wieherten und bäumten sich auf und zogen an verschiedenen Riemen – einen Schlitten zu kutschieren ist eine hohe Kunst –, ich verfluchte die Pferde, East schwang sich hinauf, als wir vorbeibrausten, und wir rutschten scharrend durchs Tor und waren auf der Straße. Links von uns knallte es, eine Kugel pfiff über unsere Köpfe hinweg, so daß ich schleunigst den Kopf einzog und die Pferde hastig zur Seite drängten. Knapp dreißig Ellen von uns entfernt kamen sie um die Hausecke, ein wirrer, brüllender Haufen, der sich jetzt fakkelschwingend in Trab setzte, um uns den Weg abzuschneiden. East zog die Peitsche aus der Halterung und ließ sie auf die Pferderücken niedersausen, und mit einem Satz, der uns fast ungeworfen hätte, zogen sie los, indes der Mob hinter uns herfluchte und mit den Fäusten drohte und ein letzter Schuß weit danebenging.

Wir flogen noch eine gute Weile in voller Fahrt dahin, dann hatte ich das Gespann im Griff, und wir konnten auf einer kleinen Anhöhe haltmachen und zurückblicken. Es sah aus wie eine Weihnachtskarte – eine endlose weiße Fläche, die im Licht des Mondes glitzerte und aus der sich das dunkle Haus erhob, umtanzt von den roten Fünkchen der Fackeln zwischen den Nebengebäuden, indes der dünne Klang von Stimmen durch die Frostluft hallte und die Sterne am purpurnen Himmel blinkten. Ein gar hübsches Bild – und dann packte mich East am Arm.

»Großer Gott, schau doch.«

An einer Ecke des Hauses erschien ein matter rötlicher Glanz, und aus dem Glanz wurde eine orangefarbene Flamme, die funkensprühend steil in die Höhe stieg. Der Tanz der Fackeln wurde noch wilder, aus dem Schlitten hinter uns ertönte ein schluchzender Schrei, und Valla – Grundgütiger, sie hatte immer noch nichts weiter an als ihr Nachthemd – versuchte herauszuklettern, dabei blieb sie mit dem weißen Gewand hängen, und sie stürzte in den Schnee.

Ich warf East die Zügel zu, sprang vom Bock, packte sie schnellstens wieder in den Schlitten und hüllte sie in die Pelze, die reichlich darin herumlagen, damit sie nicht durch die Kälte Schaden nahm. »Vater, Vater«, stöhnte sie, und dann schwanden ihr die Sinne, und ich legte sie auf die hintere Bank, ging zu East nach vorn und gab ihm einen der Pelze. Wir trugen nur Hemd, Hose und Stiefel, und es fror Stein und Bein.

»Dann los«, sagte ich zähneklappernd und hüllte mich ebenfalls in wärmendes Fell. »Je eher wir hier wegkommen, desto besser. Jesus, Mann, was ist denn mit dir?«

Er saß da wie Lots Weib und starrte mit geöffnetem Maul geradeaus, und hol's der Henker, als er sich zu mir umwandte, lachte er.

»Das ist unsere Chance, Flashman. Die schickt uns der Himmel. Schlitten ... Pferde ... freie Fahrt. Wir haben es geschafft, alter Junge, niemand wird uns aufhalten.«

Ich hatte, seit die wilde Knallerei mich jählings aus dem Schlaf gerissen hatte, keine Minute Zeit zur Besinnung gehabt, und einen Moment wußte ich wirklich nicht, worauf er hinauswollte. Und dann ging mir ein Licht auf. Die Flucht. Wir konnten uns auf den Weg nach Yenitchi und zu Easts Landzunge machen, ohne daß eine Seele davon erfuhr. Ob auch nur ein Erdenwurm die Hölle von Starotorsk überleben würde, erschien mir zweifelhaft, obschon man das natürlich nie genau wissen konnte. Es konnte Tage dauern, bis Polizei oder Militär zur Stelle waren und darauf kamen, daß drei Köpfe fehlten. Unterdessen konnten wir bereits in Sewastopol sein – sofern es uns gelang, durch die russischen Linien zu kommen. So ganz behagte mir die Geschichte nicht, andererseits war ich auch nicht begierig, gen Alexandrovsk zu reisen. Gott allein wußte, wie weit die Erhebung inzwischen um sich gegriffen haben mochte, und wer mit Pencherjevskys Tochter im Schlepptau dort hineingeriet, lief Gefahr, ebenfalls in Stücke gerissen zu werden.

Noch während ich das in aller Eile bedachte, sah ich zu den Sternen auf, fand den Großen Bären und schätzte die Entfernung nach Süden. Selbst wenn wir fünfzig Werst rechts oder links von Yenitchi die Küste erreichten, standen die Chancen, überhaupt bis zur Küste zu kommen, nicht schlecht, und die Zeit arbeitete für uns.

»Na gut, vorwärts in Gottes Namen«, sagte ich. »Irgendwo findet sich bestimmt ein Gehöft oder eine Poststation, wo wir die Pferde wechseln können. Die Zügel nehmen wir umschichtig, und – «

»Wir müssen Valla mitnehmen«, fiel er mir ins Wort, und selbst in dem trüben Dämmerlicht hätte ich schwören mögen, daß er rot geworden war. »Wir können sie nicht ihrem Schicksal überlassen. Weiß der Himmel, wie die Nester beschaffen sind, durch die wir kommen. Dort könnten wir sie nicht zurücklassen, ohne zu wissen, was ... ich meine, wenn es uns gelingt, unser Lager in Sewastopol zu erreichen, ist sie in Sicherheit, und ... und ...«

Und du könntest deine Werbung mit Volldampf weitertreiben, armer, liebestoller Tropf – falls du den Mut dazu aufbringst, dachte ich und überlegte, was wohl geschehen würde, wenn er wüßte, daß ich seit Wochen rechtschaffen bemüht war, sein ukrainisches Engelchen zu schwängern, das splitterfasernackt hinter uns im Schlitten lag.

»Recht hast du, Scud, selbstverständlich nehmen wir sie mit«, erklärte ich. »Du bist ein edler Mensch. Vorwärts denn. Wenn du müde wirst, löse ich dich ab.«

Ich sprang in den Schlitten, und los ging die Fahrt über die verschneite Ebene, während hinter uns die rote Glut zum Himmel aufstieg. Ich sah zurück. Ob Pencherjevsky schon tot war? Und Tante Sara? Hoffentlich, dachte ich, hatte sie es wenigstens schnell hinter sich. Und dann begab ich mich daran, ein wenig Ordnung im Schlitten zu schaffen.

Prächtige Fahrzeuge sind diese Dreigespann-Schlitten, weniger Kutschen als kleine Zimmer auf Kufen. Sie haben ein hohes, rundrum festgezerrtes Verdeck, und alle Fensteröffnungen lassen sich mit einer Klappe schließen. Wenn ringsum alles schön dicht ist, hat man es recht mollig darin, und sofern genug an Pelzen und die eine oder andere Flasche vorhanden ist, läßt es sich schon aushalten. Ich sah nach, ob alles in der Reihe war, legte das Brot und einen ganzen Schinken, den East vorsorglich ebenfalls hatte mitgehen lassen, auf den vorderen Sitz und zählte die Flaschen. Es waren drei Stück, zweimal Brandy und einmal Weißwein. Valla schien noch nicht wieder zu sich gekommen zu sein, sie lag unter einem Berg von Pelzen zwischen den Sitzen, und als ich die hintere Fensterluke öffnete, um etwas Licht hereinzulassen, sah ich sie in dem unruhigen Schlaf liegen, in den manche Menschen nach einer schweren Erschütterung verfallen. Der breite Strahl des Mondlichts fiel auf ihr silbriges Haar und auf eine weiße Brust, die vorwitzig zwischen den Pelzen hervorsah. Freilich mußte ich mich davon überzeugen, daß ihr Herz schlug, ließ sie aber sonst in Ruhe ... vorläufig. Diese Troika-Schlitten waren in jeder Beziehung eine vortreffliche Erfindung: Der Fahrer sieht und hört nichts von dem, was hinter ihm vorgeht.

Ich wickelte mich fester in meinen Pelz und genehmigte mir einen Schluck Brandy, dann kletterte ich unter der seitlichen Fensterklappe hervor auf die Kufenhalter. Der Wind schnitt mir wie mit Messern ins Gesicht, der Schnee wirbelte von den Kufen zu meinen Beinen herauf. Wir flogen förmlich dahin, während ich mich neben East auf den Bock schwang und ihm die Brandyflasche reichte.

Da er trotz der wärmenden Hülle vor Kälte zitterte, zog ich den Pelz enger um ihn, dann fragte ich, wie wir vorankämen. Wenn wir bald auf ein Dorf träfen, wo man uns die Richtung weisen könnte, meinte er, sei es in fünf, sechs Stunden bis Yenitchi zu schaffen, sofern es uns gelang, unterwegs frische Pferde zu bekommen. Aber mehr als eine halbe Stunde, sagte er, wäre die Kälte hier draußen nicht auszuhalten. So nahm ich ihm denn die Zügel ab, und er begab sich in einer gefährlichen Kletterpartie nach hinten. Um Valla brauchte ich mich erfreulicherweise im Augenblick nicht zu fürchten.

Wäre nicht diese infernalische Kälte gewesen, hätte diese Fahrt im Mondlicht ein Hauptspaß sein können. Der Schnee war fest und eben, so daß er sich nicht in den Hufen der Pferde festsetzte, und die Kufen glitten mit leisem Zischen über den Schnee. Es war absonderlich, wie wenig Geräusche wir bei diesem Höllentempo verursachten. Vor mir drei wehende Mähnen, Dampfwolken, die aus Pferdenüstern in die eisige Luft aufstiegen, und jenseits der Pferdeköpfe – nichts. Nur eine endlose weiße Fläche bis zum schwarzen Horizont, ein prachtvoller Silbermond und achtern der tröstliche Polarstern.

Ich war halb erfroren, als an unserer Steuerbordseite nach etwa zwanzig Minuten Lichter auftauchten. Ich schwenkte ab und sah, daß wir in einem armseligen, von der üblichen Schar halb vertierter Bauern bevölkerten Dörfchen gelandet waren. Nach kurzer Beratung mit East kamen wir überein, daß ich mich erkundigen sollte, wie weit es nach Osipenko war und in welcher Richtung es lag. East hatte sich aus seinem schlauen Buch eine Reihe von Ortschaften und deren Lage eingeprägt, und aufgrund der verängstigten Antworten der Bauern

– die vor Fremden, wer immer sie sein mögen, einen heillosen Respekt hatten – konnten wir unseren Kurs berechnen und schlugen eine südwestliche Richtung ein.

Indes saß East wieder auf dem Bock. Valla war zu sich gekommen, während er hinten im Schlitten gesessen hatte – ich überlegte, ob er sein Glück bei ihr versucht hatte, hielt es aber für unwahrscheinlich – und hatte ein wenig die Nerven verloren, ihres Vaters wegen und wegen Tante Sara, die bei der kranken Frau eines Kosaken in deren Quartier gewacht hatte und vermutlich dort abgeschnitten worden war.

»Armes Lämmchen«, sagte East, als er mir die Zügel abnahm. »Ihr Kummer war herzzerreißend, Flashman. Ich habe ihr ein wenig Laudanum gegeben, aus einer Phiole, die ich ... die ich immer bei mir trage. Es wird ihr zu etlichen Stunden Schlaf verhelfen. Das ist am besten so.«

Ich hätte ihm sonstwas antun können, denn zu meinen unbestrittenen Talenten gehört es, daß ich mich darauf verstehe, verwaisten, unbekleideten Blondinen unter einer Pelzdecke Trost zu spenden, doch konnte ich mich mit eigenen Augen – und Ohren – davon überzeugen, daß er sie in der Tat eingeschläfert hatte; sie schnarchte wie ein Walroßweibchen. So hielt ich mich denn wohl oder übel an Brot und Schinken und versuchte, auch ein Nickerchen zu machen.

Wir kamen gut voran, und nach zwei Stunden, auf der Straße nach Mariupol, hatten wir das Glück, an einer Poststation drei frische Gäule zu bekommen. Nun ging es wieder prächtig vorwärts, obschon uns das Kutschieren durch den Schlafmangel jetzt doch recht schwer fiel, und zwei Stunden nach Sonnenaufgang hielten wir in dem ersten Wald, den wir sahen – eigentlich nur ein armseliges kleines Gehölz – und beschlossen, uns und den Pferden ein wenig Ruhe zu gönnen. Valla weilte noch im Land der Träume, und East und ich streckten uns auf den Sitzbänken aus und schliefen wie die Toten.

Ich wachte als erster auf; als ich den Kopf zur Fensterluke heraussteckte, sah ich, daß es bereits dämmerte. Es mußte später Nachmittag sein. Der Tag war grau und trübe, und es fror Stein und Bein, und wie ich so durch die verkrüppelten Zweige in die bleiche, endlose Öde hinaussah, überlief mich ein Schauer, der nicht von der Kälte kam. Ganz in unserer Nähe standen zwei oder drei dieser drolligen Hügelchen, die sie *kurgans* nennen und die, wenn ich recht berichtet bin, Grabstätten längst vergessener Barbarenvölker sind. Unheimlich und gespenstisch sahen sie aus in dem schwindenden Licht, wie monströse Schneemänner. Die Stille war furchterregend, man spürte sie förmlich. Kein Lüftchen regte sich, nur Kälte und lastende Leere hingen über der Steppe. Es war entnervend, und plötzlich hatte ich Kit Carsons leise, mühsame Stimme im Ohr, die sich in der Totenstille des Planwagenzuges westlich von Leavenworth vernehmen ließ: »Kein Laut, keine Bewegung weit und breit, nicht einmal ein Rüchlein von Gefahr. Das ist verdächtig.«

Genau das war jetzt auch mir verdächtig. Ich weckte East, wir machten alles fest, ich nahm die Zügel, und wir glitten an den einsamen *kurgans* vorbei lautlos nach Südwesten in die eisige Öde hinein. Ich hatte mir eine Flasche und etwas Brot mit auf den Kutschbock genommen, aber nichts vermochte mich zu wärmen. Ich hatte Angst, ohne zu wissen wovor, wahrscheinlich einfach vor dem großen Schweigen und dem Unbekannten. Und dann hörte ich irgendwo rechts von mir jenen dünnen Klagelaut, den Schrecken der leeren Steppe, unverkennbar und bedrohlich – den geisterhaften Ruf des Wolfes.

Auch die Pferde hatten ihn gehört, sie wieherten und legten sich ins Geschirr, bis wir mit äußerster Geschwindigkeit dahinflogen. Doch meine Phantasie eilte mir voran. Ich erinnerte mich an Pencherjevskys Erzählungen von der Frau, die, erbarmungslos verfolgt von diesen Ungeheuern, ihre Kinder aus dem Schlitten geworfen hatte und dafür hingerichtet worden war, und an zahllose andere Geschichten von verhungerten Rudeln, die Schlitten überfallen und ihre Insassen praktisch bei lebendigem Leib aufgefressen hatten. In meiner Angst vor dem, was vielleicht hinter mir durch den Schnee stob, wagte ich es nicht, mich umzusehen.

Der Ruf wiederholte sich nicht, und nach einigen Meilen atmete ich freier. Direkt vor uns blinkte ein Licht. Wie sich herausstellte, kam es aus einer Bauernkate. Vor der Tür stand der Muschik, ein Beil in der Hand, und glotzte uns feindselig an. Wir fragten ihn nach dem Namen der nächsten Stadt und hätten vor Erleichterung weinen mögen, als er sagte, das sei Yenitichi. Bis dahin waren es nur noch vierzig Werst – zwei Stunden Fahrt, sofern die Pferde durchhielten und nicht zu sehr gejagt wurden. East nahm die Zügel, ich stieg an seiner Stelle in den Schlitten – Valla schlief noch immer unruhig, abgerissene Worte vor sich hinmurmelnd –, und ich konnte nur hoffen und beten, daß damit die letzten Stunden unserer Reise auf dem Festland angebrochen waren.

Etwas über eine Stunde geschah überhaupt nichts. Wir glitten durch die Stille, ich löste abermals East ab, und dann hielt ich unweit einer Gruppe von *kurgans* an, um East wieder auf den Bock klettern zu lassen. Ich hatte den Fuß auf der Kufe, streichelte die Pferde – da kam es wieder, das Geheul, bei dem einem das Blut in den Adern stockte, diesmal lange nicht so weit entfernt und von links. Die Pferde wieherten wild auf, der Schlitten machte einen Satz nach vorn, so daß ich ein Stück mitgeschleift wurde, bis es mir gelang, mich ins Innere des Schlittens zu ziehen. Valla brabbelte schläfrig vor sich hin, aber mit ihr hatte ich jetzt nichts im Sinn. Angsterfüllt sah ich in den Schnee hinaus, aber es war nichts zu erkennen. East ließ den Pferden die Zügel, und der Schlitten schaukelte bei der schnellen Fahrt. Und dann kam es wieder, noch näher, wie der Schrei einer verlorenen Seele, die in die Verdammnis stürzt. Ich hörte, wie East die Pferde anfeuerte und mit der Peitsche knallte. Ich klammerte mich an der Seite fest und spürte, wie trotz der Kälte der Schweiß in Strömen an mir herunterlief.

Wir flogen über die Steppe. Noch immer war nichts zu sehen. Eine Viertelmeile links von uns tauchte eine weitere Gruppe von *kurgans* im Dämmerlicht auf. Bewegte sich etwas hinter ihnen? Das Herz fiel mir in die Hose. Aber nein – düster und einsam standen sie da, keuchend vor Angst wischte ich mir den Schweiß aus den Augen und sah noch einmal hin. Außer dem gedämpften Hufschlag und dem Zischen der Kufen war nichts zu hören ... doch da huschte zwischen den letzten beiden *kurgans* eine niedere, langgezogene dunkle Gestalt über den Schnee, dahinter noch eine und noch eine. Sie verließen jetzt ihre Deckung und kamen zielstrebig auf uns zu.

»Herrgott, Wölfe«, schrie ich auf.

East rief etwas, was ich nicht verstand, und der Schlitten kam bedenklich ins Schwanken, während East den linken Zügel anzog. Als ich aus dem Seitenfenster spähte, erhob sich das teuflische Geheul fast unmittelbar hinter uns. Da waren sie. Zu fünft hatten sie sich auf unsere Spur gesetzt. Ich sah, wie der Anführer seine häßliche Schnauze hob und sein bösartiges Gejaul ausstieß, dann senkten sie die Köpfe und machten sich in tödlichem Schweigen an die Verfolgung.

Ich habe in meinem Leben manches Grausige mit Menschen, Tieren, ja, der Natur selbt erlebt, aber ich kenne kaum Schlimmeres als diese Erinnerung an die düsteren grauen Schatten, die hinter uns herwetzten, sich unerbittlich näherten, bis ich die schmalen, garstigen Köpfe erkennen konnte und den Schnee, den ihre flinken Pfoten aufwühlten. Ich muß wie versteinert gewesen sein, Gott weiß, wie lange ich sie angestarrt habe, doch dann kam ich wieder zur Besinnung, griff mir den ersten besten Pelz und schleuderte ihn so weit, wie ich es nur vermochte, in den Schnee hinaus.

Wie ein Tier schwenkten sie ab, stürzten sich darauf und rissen ihn mit vereinten Kräften kurz und klein. Aber das währte nur eine Sekunde, dann waren sie wieder hinter uns her, vermutlich noch rabiater, weil wir sie genasführt hatten. Ich warf den nächsten Pelz, und diesmal blieben sie nicht einmal stehen, sondern rannten glatt an dem dunklen Fleck vorbei und holten auf, bis sie knappe zwanzig Schritt hinter dem Schlitten waren und ich ihre aufgerissenen Mäuler erkennen konnte – ich habe es seither nicht mehr über mich gebracht, einem Schäferhund ins Gesicht zu sehen – und mir einbildete, ich könne sogar ihre glitzernden Augen sehen. In diesem Augenblick hätte ich meinen rechten Arm dafür gegeben, den treuen alten Adams-Revolver in der Faust zu haben. »Wenn ihr eine vierundvierziger Kugel im Leib hättet, würde euch das Rennen schon vergehen!« brüllte ich ihnen zu. Näher und immer näher kamen sie, indes die Pferde vor Angst schrien und sich streckten und zehn gesegnete Sekunden lang den Abstand vergrößerten. Fluchend suchte ich nach weiteren Wurfgeschossen. Eine Flasche? Nein, das nützte nichts, aber beim Himmel, wenn ich einer den Hals brach, konnte ich sie als Waffe benutzen, falls es zum Letzten kommen sollte und sie heißhungrig durch die hintere Klappe hereinkamen. In meiner Verzweiflung griff ich nach einem Brot (dem Schinken hatten wir den Garaus gemacht) und schleuderte es der Bestie, die mir am nächsten war, gegen die Schnauze. Lassen Sie sich von einem, der etwas von der Materie versteht, zuverlässig versichern, daß Wölfe Brotverächter sind. Kaum einen müden Blick hatten sie dafür übrig. Ich hörte East brüllen, er knallte wie besessen mit der Peitsche und bei Gott, jetzt sah ich tatsächlich die Augen, die in den spitz zulaufenden Köpfen glühten, sah die geöffneten Mäuler, die blitzenden Zähne, den dampfenden Atem. Der Anführer war noch knappe fünf Schritt hinter uns und preschte dahin wie ein wahrer Höllenhund. Ich griff mir noch einen Pelz, knüllte ihn zusammen, schickte ein Stoßgebet gen Himmel und schleuderte ihn nach der Bestie. Einen wunderbaren Moment lang hüllte der Pelz den Burschen ganz ein, er kam ins Straucheln, fing sich und rannte weiter, und East rief vom Bock her, wir sollten uns festhalten. Der Schlitten schwankte, wir schossen zwischen hohen Schneewällen dahin, die fünf Teufel knapp einen Sprung von uns entfernt – und plötzlich, ich traute meinen Augen kaum, blieben sie zurück, wurden langsamer, und dann zog rechts von uns eine Kate vorbei und noch eine, warmes, tröstliches Licht leuchtete in den Fenstern, und die fünf gräßlichen Gestalten versanken in der Dunkelheit, und wir glitten über eine an beiden Seiten von Häusern gesäumte Straße. Während East den Schlitten zum Halten brachte, sank ich halb ohnmächtig auf der Sitzbank zusammen. Ich weiß noch, daß Valla etwas Unverständliches murmelte und sich in ihren Pelzen auf die andere Seite drehte.

Nur war Yenitchi mit seiner einzigen armseligen Straße gewiß ein trauriges Nest, aber mich dünkte sie prächtiger als der Piccadilly. Es dauerte fünf Minuten, bis ich herausgekrochen kam und East und ich uns den neugierigen Blicken der Leute stellten, die aus ihren Hütten kamen. Die Pferde hingen im Geschirr, und es fiel uns nicht schwer, sie davon zu überzeugen, daß wir frische Gäule brauchten. Neben einer Brücke am Ende der Straße befand sich eine Poststation mit einem betrunkenen Postmeister, der nach lautem Gefluche durch gutes Zureden dazu bewegt werden konnte, mit zwei recht hageren Kleppern herauszurücken. East überlegte, ob wir ein paar Stunden ausruhen und dann mit unseren eigenen Pferden weiterfahren sollten, aber ich war dagegen. Je schneller wir uns wieder auf den Weg machten, desto besser, meinte ich. Nachdem wir bei der Frau des Postmeisters ein wenig Brot, Wurst und Käse und ein paar Sachen für Valla erstanden hatten, die sie anziehen konnte, wenn sie aufwachte, schirrten wir die frischen Pferde an und setzten unseren Weg fort.

Die Aussicht, die sich unseren Augen bot, war alles andere als verlockend. Hinter der Brücke, die einen gefrorenen Kanal überquerte, sahen wir den Pfeil von Arabat, eine lange, kahle, schneebedeckte Landzunge, die wie ein gewaltiger Eisenbahndamm ins Asowsche Meer hineinragte. Das Meer selbst, das, soweit unser Blick reichte, zugefroren war, lag links von uns. Rechts von der Landzunge erstreckte sich eine stinkende Lagune, Sivache genannt, die an einigen Stellen viele Meilen breit war, sich aber immer mehr verengte, je weiter man über die Landzunge kam, bis sie sich bei Arabat am östlichen Ende der Krim ganz verlor. Das Wasser dort war so dreckig, daß es selbst im russischen Winter nicht zufror, und der Gestank würde einem Elefanten den Garaus machen.

Wir wollten gerade aufbrechen, als Valla erwachte, und nachdem wir ihr erklärt hatten, wo sie war und sie nach Kräften beruhigt hatten, nachdem sie ein paar Tränchen vergossen und ich ihr diskret aus dem Schlitten geholfen hatte, auf daß sie ein natürliches Bedürfnis befriedigen konnte – immerhin hatte sie fast vierundzwanzig Stunden geschlafen –, beschlossen wir, doch noch ein Nickerchen zu machen. East und ich waren ziemlich erledigt, aber nachdem wir es bis hierher geschafft hatten, mochte ich uns höchstens eine zweistündige Rast zugestehen. Wir aßen eine Kleinigkeit, und jetzt kam Valla erst so richtig wieder zu sich und wollte wissen, wohin wir sie brachten.

»Wir gehen zurück zu unserer Truppe«, sagte ich. »Wir müssen dich mitnehmen. Hierlassen können wir dich nicht, und man wird gut für dich sorgen. Um deinen Vater brauchst du dir keine Sorgen zu machen; ehe wir losfuhren, haben wir noch gesehen, daß er und seine Kosaken fliehen konnten. Es wäre sein Wunsch, daß wir dich in Sicherheit bringen, und am sichersten bist du dort, wohin wir jetzt fahren. Hast du das verstanden?«

Nach einem längeren Frage- und Antwortspiel war sie es zufrieden. Mag sein, daß das Laudanum noch in ihr nachwirkte, jedenfalls erklärte sie sich schläfrig mit allem einverstanden, und wir flößten ihr schluckweise Brandy gegen die Kälte ein – die Sachen, die wir ihr besorgt hatten, mochte sie nicht anziehen, lieber kuschelte sie sich wieder in ihre Pelze – und wie sich das für eine Russin gehört, trank sie bereitwillig alles, was wir ihr gaben.

»Um so besser, wenn sie halb beduselt ist«, sagte ich zu East. »Ein Jammer ist es freilich, aber zumindest brauchen wir nicht zu befürchten, daß sie uns verrät, falls wir in eine Klemme geraten.«

»Wie furchtbar dieser Alptraum für sie sein muß«, sagte er. »Aber es war eine edle Lüge, die du ihr erzählt hast, um sie wegen ihres Vaters zu beruhigen. Ich hätte dir gern dafür die Hand geschüttelt, alter Junge.« Was er prompt nachholte. »Dieses unwahrscheinliche Land, und du und ich ... und dieses liebe Kind ... auf der Flucht ums Leben. Aber bald haben wir es geschafft, alter Junge. Noch sechzig Meilen bis Arabat, und höchstens acht Stunden später sind wir, so Gott will, in Sewastopol. Magst du mit mir um unsere Errettung beten, Flashman?«

Nun war ich zwar nicht gewillt, ihm zuliebe im Schnee herumzurutschen, aber ich blieb doch anstandshalber stehen, während er mit gefalteten Händen vor sich hinbrabbelte und den lieben Gott ersuchte, er möge uns Mannesmut schenken und was dergleichen nutzbringende Dinge mehr sind, und dann kletterten wir in den Schlitten und machten unser Nickerchen. Valla dämmerte vor sich hin, und die Brandyflasche war halb leer. Sollte die Abstinenzbewegung je bis Rußland gelangen, wird sie sich mit den russischen Männern begnügen müssen; die Frauen werden sich nie dazu verstehen, den Schwur der Enthaltsamkeit zu tun.

Ich hatte nicht viel von der Rast. Durch den Schrecken, den mir die Wölfe eingejagt hatten und angesichts der noch vor uns liegenden Gefahren war ich nur noch ein Nervenbündel, und nachdem ich eine knappe Stunde flach und unruhig geschlafen hatte, weckte ich East und drängte zum Aufbruch. Indessen war der Mond aufgegangen, und es sollte hell genug sein, meinte ich, um nicht von der Landzunge abzukommen. Ich schwang mich auf den Bock, und wir glitten über die Brücke auf den Pfeil von Arabat zu.

Auf den ersten Meilen war er ziemlich breit, und da ich mich an der östlichen Seite hielt, lag rechts eine große, hügelige Schneefläche. Aber dann verengte sich die Landzunge allmählich bis auf eine halbe Meile, es war, als glitten wir auf einem breiten Damm entlang. Rechts und links fiel die Böschung steil ab, auf der einen Seite zu den schneebedeckten Eisflächen des Asowschen Meeres, auf der anderen zu der stinkenden Lagune. Der salzige Aasgeruch war mörderisch, auch den Pferden gefiel er nicht, sie warfen die Köpfe zurück und zogen ungleichmäßig, so daß ich alle Hände voll zu tun hatte, um sie bei der Stange zu halten. Wir kamen an zwei unbesetzten Poststationen vorbei, an denen East und ich uns ablösten, und als nach etwa vier Stunden wieder er an der Reihe war, sich auf den Bock zu schwingen, hofften wir, nun die letzte Strecke bis Arabat vor uns zu haben.

Ich kletterte nach hinten, sicherte die Befestigungschnallen und wollte mich gerade auf dem Rücksitz zusammenrollen, als Valla sich schlaftrunken in der Dunkelheit bewegte. »Harry?« murmelte sie. Ich kniete mich neben sie und nahm ihre Hand, aber als ich sie ansprach, plapperte sie nur unverständliches Zeug vor sich hin und drehte sich auf die andere Seite. Durch das Laudanum und den Brandy war sie noch ziemlich beduselt, und es war kein vernünftiges Wort aus ihr herauszubringen. Vielleicht aber, überlegte ich, freut es sie, wenn ich ihr ein bißchen Gesellschaft leiste, und so schob ich eine Hand unter die Pelze und berührte alsbald warmes, gerundetes Fleisch. Die Berührung jagte mir das Blut in den Kopf.

»Valla, Liebste«, flüsterte ich anstandshalber. Selbst durch den Brandydunst drang der süße Moschusduft ihrer Haut. Ich streichelte ihren Bauch, und sie stöhnte leise, und als ich mich nach oben vorarbeitete und ihre Brüste umfaßte, wandte sie sich mir zu, und ich spürte ihre feuchten Lippen auf meiner Wange. Ich zitterte, als ich meine Lippen auf die ihren legte, und dann war ich im Umsehen unter dem Pelz und trieb es wie ein Matrose auf Landurlaub, während sie mich brandytrunken umschlungen hielt. Es war eine erstaunliche Chose – die Pelze knisterten vor elektrischer Aufladung und spornten mich zu nie gekannten Leistungen an. Ich hatte mir bisher eingebildet, mich in diesen Gefilden recht gut auszukennen, aber ich kann Ihnen versichern, daß es nichts Atemberaubenderes gibt als die Paarung unter einem Stoß von Pelzen auf rasender Fahrt durch eine russische Winternacht. Es ist, als wenn man sich auf einem Lager von Feuerwerkskörpern verlustiert.

Nun war diese neue Spielart nicht nur reizvoll, sondern auch ermüdend, und ich muß danach eingeschlafen sein, während Valla benebelt neben mir schnaufte. Und dann wurde ich undeutlich gewahr, daß die Fahrt sich verlangsamt hatte und der Schlitten zum Halten kam. Ich setzte mich auf, knöpfte mich schleunigst zu und überlegte, was zum Teufel wohl los sein mochte, und dann hörte ich, wie East vom Bock sprang. Ich steckte den Kopf ins Freie. Er stand mit schiefgelegtem Kopf neben dem Schlitten und horchte.

»Pst«, sagte er scharf. »Hörst du was?«

Ich dachte schon, ihm sei das Knistern und Knastern unserer Liebesübungen zu Ohren gekommen, aber seine nächsten Worte belehrten mich eines Schlimmeren.

»Hinter uns«, sagte er.

Ich kletterte aus dem Schlitten, und da standen wir nun in der stillen Mondnacht und spitzten die Ohren. Zunächst vernahmen wir nur das sanfte Seufzen des Windes, die unruhigen Bewegungen der Pferde und unseren eigenen Herzschlag – und dann weit hinten auf der Landzunge ein ganz leichtes Geräusch, ein undeutliches, aber regelmäßiges Auf und Nieder, Auf und Nieder. Meine Nackenhaare sträubten sich. Wölfe konnten es hier nicht sein. Was dann? Wir blickten zurück. Die Landzunge war an dieser Stelle sehr schmal, nur knapp zweihundert Schritt breit und beschrieb eine leichte Kurve nach Osten, so daß es schwer hielt, zu erkennen, was hinter der Biegung lag. Der Schnee fiel sacht und streifte unsere Gesichter.

»Ich dachte, da wäre etwas gewesen«, sagte Scud. »Aber vielleicht habe ich mich geirrt.«

»Was es auch gewesen sein mag – mit tatenlosem Abwarten ist nichts gewonnen«, meinte ich. »Was glaubst du, wie weit ist es noch bis Arabat?«

»Viel mehr als sechs Meilen können es nicht sein. Und dort haben wir das Schlimmste überstanden. In meinem Buch stand, daß es jenseits der Stadt Hügel und Hohlwege gibt, in denen können wir untertauchen und – «

»Warum stehen wir dann noch hier herum?« fuhr ich ihn nervös an. »Vorwärts, weg von dieser verwünschten Schneefläche, wo es keine Deckung gibt. Auf den Bock mit dir.«

»Du hast natürlich recht. Ich dachte nur ... Hör einmal – was ist das?«

Ich lauschte und schluckte – und da schlug ein Geräusch an mein Ohr, das ich nur zu gut kannte. Ein schwaches, aber immer deutlicher werdendes Trommeln, das von einem leisen Klingeln begleitet war. Reiter bewegten sich über die Landzunge.

»Vorwärts«, brüllte ich East an. »Sie sind hinter uns her. Los, Mann, weiter.«

Er setzte sich auf den Bock, und während ich mich auf die Kufenhalterung schwang, ließ er seine Peitsche knallen, und wir glitten wieder durch den Schnee. Mich seitlich am Schlitten festklammernd, spähte ich angstvoll durch den dünnen Flockenfall nach hinten. Wir waren schneller geworden, und das Zischen der Kufen bedeckte das beängstigende Geräusch.

»Vielleicht sind es nur harmlose Reisende«, rief Scud mir vom Bock aus zu. »Es ist doch schier unmöglich, daß jemand uns verfolgt.«

»Reisende? Jetzt, mitten in der Nacht? Herrgott, Mann, kannst du die Gäule nicht in Trab setzen?«

Wir kamen jetzt gut voran, und ich wollte, ehe ich mich wieder unter das Verdeck zog, nur eben noch einen Blick nach hinten werfen. Was ich sah, riß mich fast von den Kufen. Durch den Schneeschleier konnte ich gerade noch die Kurve erkennen, um die just in diesem Augenblick eine dunkle Masse bog, die für einen Schlitten bei weitem zu groß war. Und dann sah ich im Mondlicht an die zwanzig glitzernde Klingen, und außer mir vor Angst rief ich East zu:

»Weiter, Mann! Kavallerie! Sie sind hinter uns her.«

In diesem Moment mußten auch sie uns gesehen haben, denn ein gedämpfter Ruf drang an mein Ohr, und jetzt sah ich die einzelnen Bestandteile der dunklen Masse. Es war ein ganzer Trupp, der in stetigem Handgalopp näher kam. East peitschte die Pferde, und der Schlitten schwankte und rüttelte. Holten sie auf? Ich versuchte die Entfernung zu schätzen, war mir aber meiner Sache nicht sicher. Vielleicht trübte die Angst mein Urteil, und ich sah nur, was ich sehen wollte, aber soweit ich es beurteilen konnte, gelang es uns im Augenblick noch, den Abstand zu halten.

»Schneller«, rief ich East zu. »Schneller, Mann, oder sie schnappen uns.«

Wäre der verdammte Narr nur nicht stehengeblieben, um zu horchen ... hätten wir nur nicht diese kostbare Stunde in Yenitchi vertrödelt ... Wer die Reiter waren oder wie sie sich auf unsere Spur hatten setzen können, ahnte ich natürlich nicht, jedenfalls waren sie da und jagten hinter uns her. Ob es Husaren, Dragoner oder sonst etwas war, konnte ich nicht erkennen, aber ich hatte das Gefühl, daß es sich um schwere Reiterei handelte. Gebe Gott, daß mein Gefühl mich nicht trog. Ich kroch unter das Verdeck, warf mich auf die Rückbank und sah durch die Fensterklappe nach hinten. Sie ritten so weit wie möglich aufgefächert, eine gute Taktik, denn in der Kolonne wären die hinteren Reiter in den aufgewühlten Schnee der Vordermänner geraten. Als russische Kavalleristen kannten sie sich natürlich in diesen Dingen aus.

Sie mochten zwar im Augenblick nicht aufholen, aber sie fielen auch nicht zurück. Ein Reiter kann ohne Mühe eine Kutsche, ja, sogar einen Rennphaeton überholen, aber bei einem guten Schlitten auf festem Schnee tut er sich merkwürdigerweise schwer. Unter Last läuft ein Pferd mühsam im Schnee, während es ohne Reiter mit einem Schlitten fast im Galopp Schritt hält.

Doch wie lange würden unsere Gäule dieses Tempo durchhalten können? Sie waren ziemlich abgejagt, und es war nur ein geringer Trost, daß unsere Verfolger auch keinen allzu munteren Eindruck machten. Mit hämmerndem Herzen beobachtete ich sie durch die tanzenden Flocken hindurch. Mir schien, als sei der Schneefall dichter geworden. Wenn es ernstlich zu schneien begann und wir sie bis Arabat auf dieser Distanz halten konnten, würden wir sie vielleicht abschütteln können. Aber während ich noch diesem Gedanken nachhing, merkte ich, daß wir langsamer wurden. Ich sah mit staubtrockener Kehle zu den Reitern hinüber und konzentrierte mich auf den Mann in der Mitte, bis mir die Augen weh taten und seine Gestalt vor mir zu verschwimmen begann. Erst war es nur ein vager Schatten gewesen, doch jetzt konnte ich ihre Kopfform erkennen. Sie holten auf, ganz allmählich, Elle für Elle.

Das hielt ich nicht mehr aus. Ich hängte mich seitlich an den Schlitten und rief East zu:

»Schneller, du Idiot, sie kommen näher. Kannst du diesen Kleppern nicht Beine machen?«

Er warf einen Blick über die Schulter und ließ die Zügel schnalzen. »Unmöglich ... Pferde sind erledigt ... schaffen es nicht ... wir sind zu schwer ... Wirf Ballast weg ... den Proviant ... was du findest.«

Ich sah zurück. Sie hatten jetzt entschieden aufgeholt, man sah ihre Gesichter bereits als blasse Flecken durch den Schnee schimmern. Sie konnten nicht viel weiter als zweihundert Schritt entfernt sein, einer rief etwas, ich hörte die Stimme, konnte aber die Worte nicht unterscheiden.

»Hol euch der Geier, russische Bestien«, tobte ich und schwang mich wieder in den Schlitten. Ich suchte unseren Proviant zusammen, um ihn als Ballast abzuwerfen und den Schlitten leichter zu machen. Die lächerlichen Laib Brot und zwei Flaschen würden kaum etwas ausrichten. Das Verdeck? Gewiß, ein wenig half das vielleicht, ohne Verdeck verringerte sich der Luftwiderstand. Ich mühte mich, leise fluchend und mir die Finger wundscheuernd, mit den Schnallen, die steif vor Kälte waren. Es waren acht, zwei an jeder Seite, und ich hatte gerade noch genug Verstand, die hinteren zuerst zu lösen und dann erst die vorderen, woraufhin das ganze große Ding davonsegelte und ein Stück weiter hinten im Schnee landete. Eine Kleinigkeit schneller waren wir vielleicht geworden, aber bei weitem noch nicht schnell genug. Sie holten immer noch auf.

Stöhnend und fluchend, von dem eisigen Wind gepeitscht, überlegte ich krampfhaft, was ich noch über Bord werfen könnte. Die Pelze? Ohne Pelze würden wir erfrieren, und Valla hatte keinen Faden – Valla! Einen Moment war sogar ich erschrocken – aber eben nur einen Moment. Sie wog gut und gern ihre hundertzwanzig Pfund, ohne sie waren wir merklich leichter. Überdies würden sie bestimmt anhalten und nachsehen, wen wir da über Bord geworfen hatten. Wohlerzogene russische Gentlemen lassen nackte weibliche Wesen nicht einfach im Schnee liegen. Einige Sekunden waren damit bestimmt gewonnen, und der Gewichtsverlust würde ein übriges tun.

In dem schaukelnden Schlitten mühsam das Gleichgewicht haltend, beugte ich mich über sie. Sie war noch nicht wieder bei sich und sah in der Fellverpackung und mit dem im Mondschein leuchtenden silberblonden Haar sehr reizvoll aus. Ich hob sie hoch, wickelte sie in die Pelze, so gut das gehen wollte, und selbst in diesem Augenblick drängender Not nahm ich mir Zeit zu einem Abschiedskuß. Es war das mindeste, was ich für sie tun konnte. Ihre Lippen waren kalt vom Schnee, den der Wind an uns vorübertrieb. Bald werden nicht nur deine Lippen kalt sein, dachte ich. Zum Glück sah sie nicht, was mit ihr passierte, und unsere Verfolger würden sie finden, ehe sie erfroren war.

»Leb wohl, Kleines«, sagte ich. »Schlaf süß.« Und ich schob einen Arm unter ihre Beine und ließ sie ohne viel Federlesens nach hinten herausfallen. Weiße Haut leuchtete auf, als die Pelze sich lösten, und dann lag sie mit ausgebreiteten Armen und Beinen hinter uns im Schnee. Der Schlitten machte einen Satz nach vorn, als habe man eine Bremse gelöst, East stieß einen erschrockenen Schrei aus, und vermutlich hatte er alle Hände voll zu tun, um die Pferde zu halten. Ich blickte zu dem immer kleiner werdenden dunklen Fleck zurück – das war der Pelz, der neben Valla im Schnee lag. Sie selbst war in der weißen Öde nicht zu erkennen, aber ich sah, wie die Reiter plötzlich seitlich auswichen, ein leiser Ruf erreichte mich, und dann zogen der Anführer und seine Nebenmänner die Zügel an; die Reiter an den Flügeln verhielten ebenfalls. Doch dann, der Henker hole sie, trabten sie weiter, während eine kleine Gruppe in der Mitte anhielt. Ich sah noch, wie sie absaßen, dann verdeckte sie der wirbelnde Schnee.

Die übrigen Reiter – es mochten noch etwa ein Dutzend sein – fielen ebenfalls zurück. Der erleichterte Schlitten flog dahin. Ich schrie begeistert und hob die Arme in die Luft, dann schwang ich mich über den vorderen Rand des Schlittens neben East auf den Bock.

»Vorwärts, Scud, vorwärts«, brüllte ich. »Wir hängen sie ab, wir schaffen es doch noch.«

»Was war es?« rief er. »Was hast du herausgeworfen?«

»Wertlosen Ballast«, rief ich zurück. »Sei's drum, Mann. Fahr um dein Leben.«

Er feuerte die Pferde an und ließ die Zügel schnalzen. »Was für Ballast?« fragte er. »Wir hatten doch nichts.« Er sah über die Schulter, wo die Reiter jetzt nur noch als undeutliche Schatten zu sehen waren, und sein Blick fiel auf den Schlitten. »Ist Valla – « Und dann kreischte er in den höchsten Tönen: »Valla! Valla! Mein Gott!« Er schwankte, und ich mußte ihm die Zügel aus den kraftlosen Fingern nehmen. »Du ... du ... nein, Flashman, das ist doch nicht möglich ... du ...«

»Reiß dich zusammen, du Narr«, fuhr ich ihn an. »Es ist zu spät.« Er versuchte, mir die Zügel abzunehmen, und ich mußte ihn gewaltsam abwehren. »Laß das, gottverdammich, sonst sind wir verloren.«

»Halt an«, jammerte er. »Halt an, wir müssen zurück. Mein Gott, Valla. Du unmenschliche, niedrige Bestie. Gott im Himmel ...«

»Idiot.« Ich drängelte mit aller Kraft, um ihn mir vom Leibe zu halten. »Entweder sie oder wir ...« Und dann hatte ich eine segensreiche Eingebung. »Hol's der Henker, hast du denn ganz und gar unser Vorhaben vergessen? Wir müssen mit unserer Nachricht zu Raglan durchkommen. Willst du, daß Ignatieff seinen teuflischen Plan in die Tat umsetzen kann? Beim Himmel, East, *mich* wird man nicht der Pflichtvergessenheit zeihen, und ich sage dir, zum Wohle meines Vaterlandes würde ich, wenn es sein müßte, tausend russische Weiber in den Schnee werfen.« Und zehntausend zu meinem eigenen Wohl, aber das sagte ich nicht laut. »Wir hatten die Wahl, sie zu opfern oder in Gefangenschaft zu geraten. Und wir müssen durchkommen – um jeden Preis.«

Zu meiner Erleichterung ließ er jetzt zumindest die Zügel in Ruhe. Er sank in sich zusammen, und dann fing er an, Rotz und Wasser zu heulen und hieb sich mit der Faust gegen die Schläfe.

»Mein Gott, mein Gott. Wie konntest du ... o kleine Valla. Wie gern hätte ich mich geopfert. Sie wird sterben, sie wird erfrieren in dieser schrecklichen Öde.«

»Hör auf mit der hündischen Flennerei«, sagte ich streng. »Glaubst du, ich wäre nicht ebenso gern bereit gewesen, mich zu opfern? Und hätte ich es getan, und dir wäre etwas zugestoßen – was wäre aus unserer Mission geworden? Solange wir frei sind, verdoppelt sich unsere Hoffnung auf Erfolg.« Ich feuerte die Pferde an, blinzelte in das Schneetreiben hinein und warf einen vorsichtigen Blick nach hinten. Jetzt war über der leeren Landzunge nur wirbelnder Schnee zu sehen. Unsere Verfolger hatten sich in der Ferne verloren, aber natürlich waren sie noch da, wir durften keinen Augenblick säumen.

East klammerte sich in tiefstem Jammer an den Bock. Immer wieder nannte er stöhnend Vallas Namen. »Es ist zu viel. Der Preis ist zu hoch. Mein Gott, hast du kein Mitleid, Flashman? Bist du aus Stein?«

»Ja – wenn es um meine Pflicht geht«, tönte ich in hehrer patriotischer Begeisterung. »Du kannst deinem Schöpfer dafür danken. Wäre es nach dir gegangen, wären wir mit Pencherjevsky zu Grunde gegangen und dort hinten in Stücke gehackt worden. Und hätten wir damit unser Vaterland retten können?« So eine kleine mannhafte Tirade, dachte ich, konnte nichts schaden, obschon mir herzlich wenig an Easts Meinung gelegen war. Aber es würde ihm den Mund stopfen und ihn daran hindern, etwas Unüberlegtes zu tun. »Großer Gott, East, hast du eine Ahnung, was mich diese Tat gekostet hat? Glaub mir, sie wird mich mein ganzes Leben lang verfolgen. Ja, meinst du denn, ich hätte kein Herz?« In einer edlen Geste fuhr ich mir mit der Hand über die Augen. »Zudem glaube ich nicht, daß sie zu Schaden kommen wird. Es sind schließlich ihre eigenen Leute, und die werden sie schon warm verpacken.«

Er holte tief und zitternd Atem. »Ich bete zu Gott, daß du Recht hast. Aber das Grauen dieses Augenblicks ... es hilft nichts, Flashman, ich bin nicht wie du ... Mir fehlt der eiserne Wille ... ich bin nicht aus demselben Holz geschnitzt.«

Wie recht du hast, alter Junge, dachte ich und wandte mich wieder um. Nichts. Und dann fiel durch die Dämmerung vor uns ein leichter Lichtschein, der sich rasch ausbreitete, die Landzunge verengte sich zu einem Damm, und ich zog die Zügel an, sonst wären wir in unserem rasenden Lauf am Ende noch über die Böschung auf die Eisfläche gestürzt. Zu unserer Rechten erhob sich eine massige Festung, links von uns standen die Häuser, aus denen das Licht kam, das wir gesehen hatten. Dazwischen verlief die Straße schnurgerade auf eine weite Schneefläche zu.

Ich ließ die Peitsche knallen, feuerte die Pferde an, und wir preschten hindurch, ohne der Rufe zu achten, die uns von der Festungsmauer her erreichten. Es war nicht ausgeschlossen, daß die Reiter wieder aufgeholt hatten, es war keine Sekunde zu verlieren. Besorgt nach hinten blickend flogen wir über das Schneefeld. Das Gelände wurde uneben, kleine Mulden und Täler tauchten auf, dürres Unterholz. Wenn wir diese Deckung erreichten, konnten wir uns, geschützt durch den leichten Schneefall, der unsere Spuren verbarg, davonmachen und sie mit Sicherheit abschütteln.

»Bravo«, rief ich, »jetzt haben wir's gleich.« Arabat und seine Festung verschwanden hinter uns in der Dunkelheit. Der Lichtschein wurde schwächer, während wir die erste sanfte Anhöhe hinaufstürmten und auf einen breiten Hohlweg in dem ansteigenden Gelände zusteuerten. Geräuschlos glitten wir hinein, der Schlitten schwankte auf dem unebenen Boden. Ich zog behutsam die Zügel an, als wir auf der anderen Seite wieder bergab glitten – und dann strauchelte das Leitpferd, wieherte und kam ins Rutschen, der linke Gaul brach zur Seite aus und riß mir die Zügel aus der Hand, der Schlitten schleuderte und stieß mit einem widerwärtigen Ruck gegen ein Hindernis. East fiel seitlich über Bord, und ich wurde kopfüber vorn herausgeschleudert, überschlug mich in der Luft, schrie, schlug mit dem Rücken auf den Rumpf des linken Pferdes auf, landete im Schnee – und über mir hing der Schlitten. Brüllend hob ich die Hände, um meinen Kopf zu schützen. Der Schlitten senkte sich fast gemächlich auf mich nieder, ein schneidender Schmerz durchfuhr meine linke Seite, eine erdrückende Last senkte sich auf meine Brust. Ich schrie wieder auf, und dann lag der Schlitten still und ich platt wie eine Wanze darunter im Schnee.

Ich schlug mit den Fäusten gegen den Schlitten und versuchte ihn hochzustemmen, aber das Gewicht und der Schmerz in meiner Seite waren so unerträglich, daß ich es schnell bleiben ließ. Bestimmt hatte ich eine Rippe, wenn nicht Schlimmeres gebrochen. Eins der Pferde zappelte wahnwitzig wiehernd im Schnee herum, und dann hörte ich Easts Stimme:

»Flashman! Flashman, alles in Ordnung?«

»Ich bin eingeklemmt«, rief ich. »Der Schlitten ... Schaff mir das verteufelte Ding vom Leibe. Ich glaube, mein Rücken ist entzwei.«

Er stapfte durch den Schnee zu mir herüber, kniete sich neben mich, stemmte die Schulter gegen den Schlitten und legte sich redlich ins Zeug, aber ebensogut hätte er versuchen können, die St. Paul's Cathedral vom Fleck zu rücken. Der Schlitten gab nicht einen Zoll nach.

»Schieb ihn weg«, stöhnte ich. »Er bringt mich um. Gottverdammich, gib dir doch Mühe. Bist du denn aus Wachs?«

»Ich kann nicht«, keuchte er. »Er ... rückt und rührt sich nicht.« Stöhnend fiel er zurück.

»Hol dich der Henker, das Teufelsding drückt mir die Seele aus dem Leib, mein Rückgrat ist gebrochen, ich spüre ich. Ich – «

»Still«, zischte er. Ich sah ihn nach Arabat zurückblicken. »O nein! Flashman, sie kommen. Ich höre die Pferde auf dem Schnee.« Er warf sich gegen den Schlitten und stieß vergeblich dagegen. »Lieber Gott, schenk mir Kraft.« Er stieß und stemmte und stöhnte. »Ich kann nicht ... ich schaffe es nicht ... mein Gott, was soll ich nur tun?«

»Versuch zu schieben oder zu graben, mach, was du willst, aber befrei mich aus dieser teuflischen Lage. Was machst du da, Mann? Was ficht dich an?« Er hatte sich aufgerichtet und sah über den Rand des Hohlwegs in Richtung Arabat. Eine halbe Minute stand er regungslos da, während ich verzweifelt vor mich hinbrabbelte und an dem zertrümmerten Schlitten herumdrückte, und dann sah er auf mich herab und sagte sehr ruhig:

»Es hat keinen Zweck, alter Junge, ich bringe den Schlitten nicht vom Fleck. Und sie kommen näher, ich kann sie schon erkennen, sie reiten in unsere Richtung.« Er ließ sich auf ein Knie nieder. »Es tut mir leid, Flashman, aber ich muß dich verlassen. Allein kann ich mich verbergen und versuchen, mich bis zu Raglan durchzuschlagen. Mein lieber Kamerad, wenn ich mein Leben für dich hingeben könnte – ich täte es. Aber – «

»Hol dich der Henker, das kannst du doch nicht machen. Wirf dich auf das Teufelsding. Ich sterbe, sage ich dir.«

»Es geht fast über meine Kräfte«, sagte er. »Erst Valla, dann du. Aber unsere Nachricht ist wichtiger, du weißt es. Du hast mir den Pfad der Pflicht gewiesen, alter Freund, und du darfst sicher sein, daß ich nicht von ihm abweichen werde. Und in der Heimat werde ich erzählen, wie du ... Aber ich muß eilen.«

»Scud, um der Liebe Gottes willen«, flennte ich.

»Pst.« Er legte eine Hand über meine Lippen. »Quäle dich nicht, Lieber, es ist keine Zeit zu verlieren. Ich werde es schaffen, eins der Pferde ist noch brauchbar. Und wenn nicht ... Erinnerst du dich an das Wettrennen in Brownsover, als wir Knaben waren? Ich habe es damals geschafft, und ich werde es wieder schaffen – um deinetwillen, Flash. Sie werden mich nicht fangen. Ein alter Rugbyschüler ist immer noch schneller als ein ganzes russisches Rudel. Ich werde mein Ziel erreichen, und ich höre schon, wie du mich im Geiste anfeuerst. Ich werde es erreichen – um deinetwillen und um Vallas willen, die ihr euch für mich geopfert habt.«

»Der Teufel hole Valla und dich«, stöhnte ich matt. »Du kannst nicht einfach so gehen, du kannst mich nicht hier liegenlassen. Sie ist eine elende Russin. Ich bin Brite, du Schuft. Hilf mir, Scud.«

Aber ich glaube, er hörte mich gar nicht mehr. Er beugte sich vor und küßte mich auf die Stirn, und ich spürte eine dieser verteufelten mannhaften Zähren auf meiner Stirn. »Leb wohl, lieber alter Junge. Gott segne dich.«

Und dann quälte er sich durch den Schnee zu dem stehenden Pferd hinüber, nahm ihm das Geschirr ab und eilte davon, den Gaul mit sich ins Unterholz ziehend, während ich mit schwacher Stimme hinter ihm herblökte:

»Scud, um des Himmels willen, laß mich nicht im Stich. Du kannst doch nicht ... dein alter Schulkamerad ... du grausamer Hundesohn. Halt an, ich bitte dich. Komm zurück, gottverdammich. Ich liege im Sterben. Ich befehle dir ... ich bin dein vorgesetzter Offizier. Bitte, Scud, hilf mir.«

Aber da half kein Bitten und Betteln. Weg war er, und ich lag heulend unter einer drückenden Last, der Schnee wehte mir ins Gesicht, und die Kälte fraß sich in meine Gebeine. Ich würde einen jämmerlichen Kältetod sterben, wenn sie mich nicht fanden. Und wenn sie mich fanden, Gott im Himmel, wie würde ich dann sterben? Ich zappelte schwach, der Schmerz wühlte in meiner Seite, und dann hörte ich von der Einmündung des Hohlwegs her den weichen Aufschlag von Hufen auf Schnee, einen Ruf, die verhaßten russischen Stimmen:

»*Posluschatje. Ah, tam – skora!*«*

Das Geklingel des Zaumzeugs und das Hufgetrappel waren jetzt ganz nah. Auf der anderen Seite des Schlittens wieherte ein Pferd. Ich stöhnte und machte in Erwartung des Lanzenstiches, der mir den Garaus machen würde, die Augen zu. Dann hörte ich direkt über meinem Gesicht ein Pferd prusten, ich schrie und machte die Augen wieder auf. Zwei Reiter sahen auf mich herab, pelzverhüllte Gestalten, die zottigen Kosakenmützen tief in die Stirn gezogen. Grimmige Schnauzbartgesichter musterten mich.

»Hilfe«, krächzte ich. »*Pomagitje, poschalsta.*«**

Einer lehnte sich vor. »*On sjerjaschnu ranjin*«***, sagte er, und sie lachten wie über einen guten Witz. Dann zog er zu meinem Entsetzen die Nagaika aus der Sattelschlaufe und beugte sich zu mir herunter.

»*Nje saschta*«****, sagte er grinsend. Die Hand hob sich, ich versuchte vergeblich meinen Kopf zur Seite zu drehen, ein schneidender Schmerz schien meinen Schädel zu spalten, und dann nahm die Dunkelheit mich auf.

* »Horcht! Ah, dort – rasch!«

** »Bitte helft mir!«

*** »Er ist schwer verletzt.«

**** »Nicht so schlimm!«

Ich bin in meinem Leben recht häufig der sogenannten poetischen Gerechtigkeit begegnet – ein Begriff, dessen sich üblicherweise die Pfaffen bedienen, wenn sie die boshafte Freude bemänteln wollen, die sie ankommt, wenn ihr unternehmungslustiger Nächster einen Reinfall erlebt. Solcher Art waren auch die Mitmenschen, die salbungsvoll davon redeten, Flashman sei billigerweise in seine eigene Grube gefallen, und recht sei ihm geschehen, dem Hundsfott. Ich bin geneigt, ihnen beizupflichten. East hätte mich nie im Stich gelassen, wenn ich nicht Valla aus dem Schlitten gepfeffert hätte. Er hätte zu mir gehalten, die ihm von der guten alten Schule eingepflanzten Grundsätze christlicher Moral fest vor Augen, und hätte darüber seine militärischen Aufgaben vergessen. Aber daß ich mit seiner vergötterten Valla so schnöde umgesprungen war, hatte es ihm erleichtert, sich über Kameradschaft und brüderliche Liebe hinwegzusetzen und seine Pflicht zu tun. Sein frömmlerisches Gejammer, daß er mich lassen müsse, war in Wirklichkeit nur heuchlerischer Humbug, mit dem er sein Gewissen beruhigen wollte.

Ich kenne sie nämlich, meine Easts und Tom Browns. So richtig glücklich sind sie erst, wenn sich ihre Moral in der Feuerprobe bewährt und sie das Gefühl haben, recht und christlich zu handeln – ungeachtet der Folgen für ihre Mitmenschen. Egoistische Schweine. Zudem sind sie aufgrund dieser Eigenheit auch noch verteufelt unzuverlässig. Auf mich hingegen kann man sich immer verlassen. Ich hätte aus schierer Feigheit und Eigenliebe die Nachricht zu Raglan gebracht – und East und Valla zum Teufel geschickt. Aber Scud, der fromme Halunke, mußte mir noch einen Tritt versetzen, ehe er mich verließ. Komisch, nicht? Mit ihrer Sentimentalität und ihrem moralischen Getue werden sie uns eines Tages noch zugrunde richten.

Bei mir hatte Scud East das schon hübsch gründlich besorgt. Wenn Sie zu dem oben geschilderten Personenkreis gehören, dem es tiefe Befriedigung bringt, wenn die Bösen kopfüber in die Grube fallen, die sie sich selbst gegraben haben, werden Sie mit großem Behagen den alten Flashy betrachten, wie er da, ein noch nicht ausgeheiltes Loch im Kopf, einen primitiven Lederstreifen um die gebrochene Rippe, nach einer Woche in einem Verlies unter der Festung Arabat verdreckt und verlaust und mit flatternden Bauchmuskeln, vor Hauptmann Graf Ignatieff steht.

Sie hatten mich in die Wachstube geschleppt, und da stand er, die unvermeidliche Zigarette zwischen den Zähnen, und sah so herzlich drein wie eine Schlange mit diesen hypnotisch wirkenden Augen. Eine volle Minute lang blickte er mich unverwandt mit diesen hypnotisch wirkenden blaubraunen Augen an, während der Rauch in kleinen Kringeln von seinen Lippen stieg, dann schlug er mir, ohne eine Miene zu verziehen, mit seinen Handschuhen kreuz und quer ins Gesicht, während ich hilflos zwischen meinen Kosakenwächtern zappelte und versuchte, seinen Schlägen auszuweichen.

»Nicht«, rief ich. »Bitte nicht, *Poschalsta.* Ich bin Kriegsgefangener. Sie haben nicht das Recht, mich ... mich so zu behandeln. Ich bin britischer Offizier ... bitte ... ich bin verwundet. Um Himmels willen, hören Sie auf.«

Er gab mir einen letzten Schlag, betrachtete seine Handschuhe, wog sie in der Hand, dann sagte er mit seiner eisigen Flüsterstimme: »Verbrennt sie!« und warf sie dem neben ihm stehenden Adjutanten vor die Füße.

»Sie bitten um Gnade«, sagte er zu mir, und seine Stimme wirkte um so beängstigender, als sie nicht die leiseste Spur von Erregung oder Gefühl verriet. »Aber Sie haben keine Gnade zu erwarten. Sie sind ein Schurke und Verräter der übelsten Art. Sie wurden von einem Mann, der in der Stunde der Not an Sie appellierte, mit jedem Respekt, ja, mit Güte behandelt. Von einem Mann, der Ihnen die feierliche Verpflichtung abnahm, seine Tochter zu schützen. Sie vergalten ihm seine Güte, indem Sie die Tochter entführten und dem Tod anheimgaben. Sie – «

»Das ist gelogen«, fiel ich ihm ins Wort. »Es war ein Unfall. Sie ist aus dem Schlitten gestürzt, es war nicht meine Schuld. Ich saß auf dem Bock, ich war gar nicht dabei.«

Als Antwort gab er dem Adjutanten einen Wink, der mich wieder mit den Handschuhen schlug.

»Sie lügen«, sagte Ignatieff. »Der Offizier der Sie verfolgenden Kavallerieabteilung hat Sie beobachtet. Pencherjevsky selbst hat mir erzählt, wie Sie und Ihr Kamerad Starotorsk verließen, wie Sie in gemeinster Weise die Ihnen gebotene Möglichkeit mißbrauchten ...«

»Als Kriegsgefangene hatten wir das Recht ... wir hatten uns zu nichts verpflichtet ... wir wollten in allen Ehren ...«

»Sie reden von Ehre«, sagte er tonlos. »Sie glaubten, sich jedem Vorwurf entziehen zu können, weil Sie meinten, Pencherjevsky sei praktisch schon ein toter Mann. Doch glücklicherweise war er nicht umsonst einst Kosakenhetman gewesen. Er hat sich den Weg freigehauen, und seine Tochter hat trotz der Mißhandlungen, die sie von Ihnen zu erdulden hatte, ebenfalls überlebt.«

»Gott sei Lob und Dank«, stieß ich hervor. »Glauben Sie mir, Sir, Sie sind in einem Irrtum befangen, es war nicht meine Absicht, den Grafen zu verraten, und ich schwöre, ich habe seine Tochter nicht mißhandelt, es war ein Unglück.«

»Ein Unglück – für Sie nämlich – war lediglich, daß Ihr Fluchtversuch fehlschlug«, fuhr er in diesem gleichförmigen, zwischenden Ton fort. »Glauben Sie mir, Sie werden noch wünschen, der Schlitten hätte Sie zermalmt. Denn durch Ihr Verhalten haben Sie jedes Recht verwirkt, als Ehrenmann, ja, selbst als gewöhnlicher Verbrecher behandelt zu werden. Sie haben sich außerhalb des Gesetzes der Nationen gestellt, Sie sind jenseits jeder Gnade. Nur eins kann Ihre Strafe mildern.«

Er ließ eine eindrucksvolle Pause eintreten und griff nach der nächsten Zigarette. Der Adjutant zündete sie ihm an, während ich bibberte und schwitzte.

»Ich verlange Antwort auf eine Frage«, sagte Ignatieff, »und Sie werden in Ihrer Muttersprache antworten. Wenn Sie mich anlügen oder versuchen auszuweichen, werde ich Ihnen die Zunge abschneiden lassen.« Und dann fuhr er auf Englisch fort: »Warum haben Sie versucht zu fliehen?«

So verängstigt ich war – ich wagte es nicht, ihm die Wahrheit zu sagen. Wenn er erfuhr, daß ich von der Expedition nach Indien erfahren hatte, konnte ich gleich mit dem Leben abschließen.

»Weil ... weil sich die Chance bot ... und weil es nichts Unehrenhaftes war. Und wir haben – äh – Miss Pencherjevsky nichts Böses antun wollen, das schwöre ich.«

»Sie lügen. Niemand in Ihrer Lage hätte sich ohne zwingenden Grund auf eine so törichte, schändliche Flucht eingelassen.« Die blaubraunen Augen schienen sich mir ins Hirn zu bohren. »Ich glaube Ihren Grund – den einzig möglichen Grund – zu kennen. Und ich versichere Ihnen, daß Sie in fünf Minuten unter unaussprechlichen Qualen sterben werden, wenn Sie mir nicht verraten –« Er hielt inne und inhalierte Zigarettenrauch. » – was mit Punkt Sieben gemeint ist.« Er stieß den Rauch in Kräuselfäden aus den Nasenlöchern. »Sollte Ihnen dieser Ausdruck aber in der Tat nichts sagen, werden Sie so und so sterben.«

Da war nichts zu machen – ich mußte beichten. Ich versuchte zu sprechen, aber meine Kehle war wie ausgedörrt. Dann stotterte ich heiser auf Englisch:

»Es ist ein Plan ... zur Invasion Indiens. Aber ich bitte Sie ... um Himmels willen ... ich habe davon ganz zufällig erfahren und – «

»Wie haben Sie davon erfahren?«

Ich plapperte aus, wie wir in der Galerie die Besprechung mit dem Zaren belauscht hatten. »Es war wirklich nur ein Zufall ... ich habe nicht spionieren wollen ... East hat darauf bestanden, er sagte, wir müßten einen Fluchtversuch wagen, um unsere Leute zu warnen. Ich sagte, das sei unehrenhaft, wir seien als Gentlemen gehalten – «

»Und Major East war bei Ihnen und hörte alles mit?«

»Jawohl. Es war seine Idee, mir wollte das alles gar nicht gefallen, aber ... Und als er vorschlug, wir sollten fliehen, nachdem diese wildgewordenen Bauern Starotorsk überfallen hatten ... was blieb mir anderes übrig? Aber ich schwöre, daß wir es nicht böse gemeint haben ... und es ist eine Lüge, daß ich Miss Pencherjevsky mißhandelt habe. Ich schwöre es bei meiner Ehre, auf die Bibel ...«

»Knebelt ihn«, sagte Ignatieff. »Bringt ihn in den Hof. Und schafft einen Gefangenen her. Was ihr gerade in den Zellen findet.«

Sie stopften mir einen Lumpen in den Mund und banden ihn fest, meine Bitten um Gnade erstickend, denn ich war sicher, daß Ignatieff mich jetzt, da er seine Informationen bekommen hatte, auf gräßliche Weise vom Leben zum Tode befördern wollte. Sie fesselten meine Handgelenke und stießen mich brutal auf den Hof hinaus. Es war eiskalt, und ich hatte nur Hemd und Hose an. Zitternd vor Kälte und Angst wartete ich, bis ein weiterer Kosak erschien, der einen verängstigten, schmutzigen, an den Füßen gefesselten Bauern vor sich hertrieb.

Ignatieff, der uns ins Freie gefolgt war und ein Zigarettenpapier kniffte, winkte dem Kosaken.

»Was hat er angestellt?«

»Insubordination, Herr Graf.«

»Sehr gut.« Igantieff zündete sich seine Zigarette an.

Jetzt erschienen noch zwei Kosaken, die eine sonderbare Bank zwischen sich trugen. Sie sah aus wie ein Turnpferd mit sehr kurzen Beinen. Der Gefangene schrie laut auf, als er das Ding sah, und versuchte wegzulaufen, aber sie zerrten ihn hin, rissen ihm die Kleider vom Leib und banden ihn mit Lederriemen an Fußgelenken, Knien, Leib und Hals daran fest, so daß er nackt und unbeweglich, mit dem Gesicht nach unten, aber noch immer herzzerreißend schreiend, darauf zu liegen kam.

Ignatieff winkte einem der Kosaken. Der streckte ihm eine dicke schwarze Tauwerksrolle hin, die wie Lakritze glänzte. Ignatieff wog sie in den Händen, dann trat er vor mich hin und legte sie mir über den Kopf. Ich fröstelte und staunte über das Gewicht. Auf ein Zeichen von Igantieff streifte der grinsende Kosak sie mir langsam von den Schultern, und als sie an mir entlangglitt wie eine eklige schwarze Schlange, merkte ich, daß es eine gewaltige Peitsche war, über zwölf Fuß lang, dick wie mein Arm am unteren Ende, dünn auslaufend an der Spitze wie ein Schnürriemen.

»Sie haben gewiß von diesem Instrument schon gehört«, sagte Ignatieff leise. »Man nennt es Knute. Ihr Gebrauch ist verboten. Schauen Sie.«

Der Kosak stellte sich vor die Bank mit dem heulenden Opfer, nahm die Knute in beide Hände und warf sie sich über die Schultern, so daß das Ende im Schnee schleifte. Ich habe häufig als Zuschauer an Auspeitschungen teilgenommen und ihren Fortgang in der Regel gespannt verfolgt, aber diese Züchtigung war unvorstellbar schauerlich. Das diabolische Ding peitschte mit einem Laut wie eine Dampfpfeife durch die Luft, so schnell, daß man es nicht mit dem Blick verfolgen konnte. Es folgte ein Knall wie ein Pistolenschuß, ein grausiger, erstickter Schmerzensschrei, dann holte der Kosak zum nächsten Schlag aus.

»Warte«, sagte Igantieff, und zu mir: »Kommen Sie her.« Sie stießen mich zu der Bank hinüber, indes die Galle in mir aufstieg und mich hinter dem Knebel beinah erstickte. Ich wollte nicht hinsehen, aber sie zwangen mich dazu. Das Gesäß des Unglücklichen war wie von einem Säbelhieb gespalten, und das Blut quoll hervor.

»Das ist der Ziehstreich«, sagte Ignatieff. »Weiter.«

Noch fünf peitschende Schläge, fünfmal der explosionsartige Knall, fünfmal klaffende Wunden; der Schnee unter der Bank war blutgetränkt. Das Schrecklichste war, daß das Opfer noch bei Bewußtsein war und tierische Laute von sich gab.

»Jetzt beachten Sie die Wirkung eines Flachhiebes«, sagte Ignatieff.

Der Kosak schlug ein siebentes Mal zu, aber diesmal ließ er die Knute nicht knallen, sondern flach auf den Rücken des Gefangenen klatschen. Es klang wie ein nasses Tuch auf Stein, aber das Opfer gab keinen Laut von sich. Sie machten den Mann los, und als sie den blutigen Klumpen Fleisch von der Bank hoben, sah ich, daß er in der Mitte schlaff durchhing.

»Der tödliche Schlag«, sagte Ignatieff. »Wie viele Ziehstreiche ein Mensch aushalten kann, ist strittig, beim Flachhieb aber wirkt einer unweigerlich tödlich.« Er wandte sich um, sah mich an, sah die blutbesudelte Bank an und rauchte. Dann warf er die Zigarette in den Schnee.

»Bringt ihn hinein.«

Ich war halb ohnmächtig vor Angst und Entsetzen, als sie mich in einen Stuhl schubsten, während Igantieff sich hinter den Tisch setzte und sie hinausschickte. Er zündete sich die nächste Zigarette an und sagte leise:

»Diese Vorführung habe ich zu Ihrem Nutz und Frommen veranstalten lassen. Sie wissen jetzt, was Sie erwartet. Nur werde ich, wenn die Reihe an Sie kommt, gleich einmal ausprobieren, wie viele Ziehstreiche ein kräftiger, gesunder Mann aushält, ehe der Tod eintritt. Ihre einzige Hoffnung, diesem Schicksal zu entgehen, besteht darin, genau das zu tun, was Ihnen gesagt wird. Denn Sie können mir von Nutzen sein. Wäre das nicht der Fall, würden Sie jetzt schon die Knute kosten.«

Er rauchte eine Minute schweigend, ohne den Blick von mir zu lassen, und ich starrte ihn an wie das Kaninchen die Schlange. Nicht nur das grausame Gemetzel, das ich eben angesehen hatte, hatte mich entsetzt, sondern vielleicht mehr noch die Tatsache, daß er einen armen Teufel hatte umbringen lassen, nur um mich zu beeindrucken. Und ich wußte, ich würde alles, aber auch wirklich alles tun, um dieser Folter zu entgehen.

»Daß Sie irgendwie von Punkt Sieben erfahren haben mußten, hatte ich mir schon gedacht«, sagte Ignatieff endlich. »Nichts anderes hätte Sie zur Flucht veranlassen können. Wir sind daher in der letzten Woche davon ausgegangen, daß die Nachricht von der Expedition Lord Raglan und zu gegebener Zeit Ihre Regierung in London erreichen würde. Diese Annahme ist jetzt zur Gewißheit geworden, da Ihr Begleiter, Major East, nicht gefaßt wurde. Das kann uns durchaus zum Vorteil gereichen, denn Ihre zuständigen Stellen werden meinen, sie hätten sieben Monate zur Vorbereitung zur Verfügung. Doch das ist ein Irrtum. In vier Monaten werden unsere Streitkräfte in einer Stärke von dreißigtausend Mann über den Khyber-Paß marschieren; dazu kommen mindestens noch einmal halb so viele afghanische Verbände, die es schon längst lockt, den Indus zu überqueren. Würde man sämtliche in Indien stehenden britischen Soldaten an die Grenze schicken – was ein Ding der Unmöglichkeit ist –, würden sie gegen unseren Vormarsch doch nichts ausrichten können. Aus England kann in dieser Frist keine hinreichende Unterstützung herangeführt werden, und eine revoltierende indische Bevölkerung wird Ihren Truppen in den Rücken fallen, während wir sie an der Gurgel packen. Unsere Agenten sind schon dabei, die Erhebung vorzubereiten.

Sie werden sich fragen, wie es möglich ist, den Zeitpunkt unseres Angriffs um ein Vierteljahr vorzuverlegen. Sehr einfach. Wir werden Generals Khruleffs ursprünglichen Plan eines Vormarschs durch das Syrdarjagebiet nach Afghanistan und Indien wieder aufnehmen. Unsere Streitkräfte hatten sich bereits auf diese Route eingestellt, sie wurde erst kürzlich wegen gewisser Schwierigkeiten mit eingeborenen Banditen verworfen – und weil die südliche Route durch Persien uns ungefährlicher und weniger kräftezehrend zu sein schien. Die Umstellung des Plans wird daher keine Schwierigkeiten bieten, die Armee ist mit der Nordroute vertraut, und die Truppentransporte über das Kaspische Meer und den Aralsee können unverzüglich in die Wege geleitet werden. Wir kommen dabei doppelt so schnell voran als auf dem Wege durch Persien. Und können nebenbei unsere Position im Gebiet von Syrdarja und Amudarja konsolidieren.«

Ich glaubte ihm aufs Wort. Von patriotischer Verzweiflung konnte freilich bei mir keine Rede sein. Ich gönnte ihnen Indien, China und den ganzen verteufelten Orient von Herzen, wenn ich mich nur irgendwie aus der Schlinge ziehen konnte.

»Das zu wissen ist für Sie nicht unwichtig«, fuhr Igantieff fort, »damit Sie sich in der Rolle zurechtfinden, die ich Ihnen zugedacht habe und die für Sie wie geschaffen ist. Ich bin recht gut über Sie informiert – Sie würden staunen, was ich alles über Sie weiß. Das Zusammentragen von Informationen«, fuhr der unverschämte Hund fort, »ist ein Grundpfeiler unserer Politik, und ich glaube kaum, daß ein anderer europäischer Staat ein so umfangreiches Geheimarchiv besitzt wie wir. Insbesondere habe ich umfassende Kenntnis von Ihrer Tätigkeit in Afghanistan vor vierzehn Jahren, von Ihrer Arbeit mit Agenten wie Burnes und Pottinger unter den Gilzais und anderen Stämmen. Sogar von dem Streich, der Ihnen den extravaganten Beinamen »Blutige Lanze« einbrachte, weiß ich, von Ihren Kontakten mit Muhammed Akbar Khan, von der Katastrophe, in der die britische Armee unterging und Sie allein überlebten * – einer Katastrophe, an der, was Ihnen möglicherweise unbekannt ist, unser Geheimdienst einen gewissen Anteil hatte.«

Ich war zutiefst erschüttert und voller Furcht, und trotzdem gelang es mir, mit einem Teil meiner Gedanken aus diesem langen Vortrag ein Körnchen Trost zu gewinnen. Mein Freund Ignatieff mochte ein gescheiter und ein teuflisch gefährlicher Mann sein, aber er hatte zumindest eine der Gewohnheitssünden der Jugend – er war eitel wie ein Pfau, und das verleitete ihn dazu, einen für einen Diplomaten verhängnisvollen Fehler zu begehen: Er redete zu viel.

»Wenn man sich diese Tatsache vor Augen hält«, fuhr er fort, »liegt es auf der Hand, daß Sie uns in Afghanistan von Nutzen sein können. Es bringt gewisse Vorteile, einen britischen Offizier, der in jenem Land einiges Ansehen genießt, an der Hand zu haben, wenn unsere Truppen eintreffen. Er kann uns dabei helfen, die Stammesführer davon zu überzeugen, daß der Verfall der britischen Macht unmittelbar bevorsteht und daß es in ihrem ureigensten Interesse liegt, sich an der Eroberung Indiens zu beteiligen. Es wird keiner großen Überzeugungskraft bedürfen, aber Ihr Verrat dürfte den Eindruck, den das Erscheinen unserer bewaffneten Macht hervorruft, noch vertiefen.«

Ich wußte, daß er, so ungerührt er sich auch gab, Spaß an der Sache hatte. Man merkte es daran, wie er die Zigarette hielt und wie seine zweifarbigen Augen glitzerten.

»Es ist natürlich denkbar, daß Sie den Tod – selbst den Tod durch die Knute – dem Landesverrat vorziehen. Ich bezweifle es, aber ich muß das berücksichtigen, was in Ihrer Akte steht. Danach sehe ich einen Mann vor mir, der tapfer bis zur Tollkühnheit ist, einen Mann von Einfallsreichtum und beträchtlicher Intelligenz. Meine eigenen Beobachtungen widersprechen dem nicht unerheblich – meiner Meinung nach sind Sie nicht aus dem Stoff, aus dem die Helden sind, aber ich kann mich irren. Ihr Verhalten in Balaklawa, über das mir Augenzeugenberichte vorliegen, stimmt jedenfalls mit den Angaben in Ihrer Akte überein. Gleichviel. Wenn Sie es nach der Ankunft in Afghanistan ablehnen, für uns Propaganda zu machen, werden wir Sie zumindest noch so weit nutzbringend einsetzen, als wir Sie unterwegs nackt in einem eisernen Käfig zur Schau stellen werden. Die

* siehe: Flashman – Im Dienste Ihrer Majestät (UB 21001)

Züchtigung mit der Knute wird dann erfolgen, sobald wir indischen Boden betreten haben.«

Er hatte sich alles haarklein ausklamüsert, dieser eiskalte moskowitische Satansbraten, und war höchlich mit sich zufrieden. Er kniffte eine weitere Zigarette zwischen den Fingern, überlegte, ob er mir noch weitere unerfreuliche Einzelheiten versetzen konnte, und als ihm nichts mehr einfiel, rief er die Kosakenwache.

»Dieser Mann«, erklärte er, »ist ein gefährlicher und desperater Krimineller. Er wird sofort an Handgelenken und Knöcheln gefesselt, die Schlüssel werden weggeworfen. Er wird uns morgen nach Rostow begleiten, und wenn er, solange er in eurer Obhut ist, einen Fluchtversuch machen oder sterben sollte ...« Er legte eine kleine Pause ein, und als er weitersprach, hörte es sich so beiläufig an, als verdonnere er sie zu Stubenarrest, »werdet ihr durch die Knute zu Tode kommen. Und eure Familien ebenfalls. Fort mit ihm.«

Sie werden es mir nicht glauben, aber als sie mich wieder in mein unterirdisches Loch steckten, an Händen und Füßen mit schweren Ketten gefesselt, und die Tür hinter mir zuschlugen, fiel mir regelrecht ein Stein vom Herzen. Erstens war ich der Gesellschaft dieses Wahnsinnsknaben mit seiner schiefen Optik entronnen – das mag ihnen läppisch vorkommen, aber sitzen Sie ihm einmal Aug in Aug gegenüber –, zweitens war ich nicht nur für heute oder morgen mit dem Leben davongekommen, sondern hatte zumindest noch vier Monate in guter Gesundheit vor mir, und als alter Soldat wußte ich, daß in vier Monaten eine Menge passieren kann. Drittens ging die Reise nicht ins Blaue. Afghanistan mag ein rechtschaffen unerquickliches Fleckchen Erde sein, aber ich war dort wie zu Hause und rechnete mir, wenn ich auch nur eine Elle Vorsprung bekam, bessere Chancen aus als jeder russische Verfolger.

Dieses ›wenn‹ war freilich ein wichtiger Punkt, aber nördlich des Khyber geschehen die sonderbarsten Dinge. Ich überlegte, ob Ignatieff und seine Mitschurken wirklich wußten, worauf sie sich einließen, wenn sie eine Armee durch dieses Land führten. Wir hatten es einmal versucht und waren weiß Gott für einen Krieg besser gerüstet gewesen, als es die Russen je sein würden, und doch waren wir entsetzlich aufs Haupt geschlagen worden. Ich dachte an meine alten Sparringspartner, die Gilzais und Baluchis und Khels und Afridis (nicht zu vergessen die infernalischen Ghazis) und fragte mich, ob die Rußkis auch wirklich mit den Gepflogenheiten dieser Stämme – zumindest was Bündnistreue und sicheres Geleit anging – vertraut waren.

Gewiß, sie hatten ihre Agenten in Afghanistan, demnach mußten sie wohl ziemlich genau wissen, wie die Dinge dort standen. Hatten sie das Bündnis – vielleicht mit dem König – bereits besiegelt? Fest stand, daß die Afghanen uns Briten haßten wie die Pest und sich mit Wonne ins Getümmel stürzen würden, wenn es um Indien ging. Und dann war es mit der Ostindischen Kompanie aus und vorbei.

Ärger würde die russische Armee ebenfalls in den unabhängigen Stammesgebieten bekommen, die sie vor dem Einmarsch in Afghanistan passieren mußte. Damals in Kabul hatte mir Sekundar Burnes das eine oder andere von den selbständigen Khanaten in Buchara und Samarkand und Syrdarja erzählt, wo die Russen sich bei dem Versuch, ihre Imperialmacht auszudehnen, eine blutige Nase geholt hatten. Sie waren durchaus mit Vorsicht zu genießen, diese Bergvölker aus dem Norden, Tadschiken und Usbeken und die Reste der Großen Horden, und sie schienen sich nach dem, was mir Pencherjevsky und andere erzählt hatten, noch immer heftig gegen die russischen Übergriffe zu wehren. Damals hatten wir auch dort unsere Leute gehabt, Agenten wie Burnes und Stoddart, die sich bemüht hatten, gegen den russischen Einfluß anzugehen, aber nach unserem Rückzug aus Afghanistan war in dieser Richtung nichts mehr zu machen, und früher oder später würden die Russen die Stämme ohne viel Aufhebens schlucken. Ignatieff hatte vorhin so etwas angedeutet, und daß die Bergvölker sich gegen eine Armee von dreißigtausend Mann, davon zehntausend Kosaken, gegen schwere Artillerie und dergleichen würden behaupten können, erschien mir mehr als unwahrscheinlich.

Nein, wenn man von dem einen oder anderen unbedeutenden Häkchen absah, schien mir die russische Expedition eine sichere, solide Sache zu sein. Für mich allerdings war das zunächst von untergeordneter Bedeutung. Ich würde brav abwarten, bis wir in Afghanistan waren und sie mich auf die Menschheit losließen, um Propaganda zu machen, wie Ignatieff das ausgedrückt hatte. Dann würde ich meine Augen aufheben zu den Bergen – oder zu einem hohen Baum oder einem tiefen Stollen, egal was, sofern es mir nur eine Zuflucht vor Ignatieff gewährte. Womit ich einen fehlgeschlagenen Fluchtversuch würde bezahlen müssen, daran mochte ich nicht denken. Die Möglichkeit war schlechthin undenkbar.

Wer mich kennt, wird sich vielleicht wundern, daß ich in dieser infernalischen Klemme, einen grauenvollen Tod vor Augen, so planvoll vorausdenken konnte. Nun war ich mit zunehmendem Alter nicht etwa mutiger geworden – eher das Gegenteil! –, aber ich hatte inzwischen gelernt, daß es keinen Zweck hat, sich mit lauten Lamentos von Pech und Torheit und vertanen Chancen Verstand und Verdauung zu beschweren. Gewiß, wenn ich bedachte, daß die Freiheit schon zu Greifen nah gewesen war, hätte ich mir die Haare raufen mögen, aber das wäre ja doch nur verlorene Liebesmüh gewesen. Mochten auch meine derzeitigen Aussichten mehr als düster sein, mochten auch haarsträubende Gefahren vor mir liegen – mit Jammern und Klagen war nichts gebessert. Nun ist so etwas leichter gesagt als getan, wenn einem die Knie schlottern wie mir, aber zum Glück gibt es ja auch noch die goldene Regel: Wenn das Spiel sich gegen dich wendet, bleib ruhig und schummele, was das Zeug hält.

So trat ich denn in einem Zustand beherrschten Bammels am nächsten Tag meine Reise an – eine Reise, wie sie wohl kein anderer Engländer je unternommen hat. Sie können den Weg über die ganze Länge von fünfzehnhundert Meilen auf der Karte verfolgen, und Ihr Finger wird über Orte wandern, von denen Sie noch nie etwas haben läuten hören, vom Rand der Kultur bis zum finstersten Winkel der Welt, über Meere und Wüsten zu Bergen, die vielleicht nie ein Mensch ersteigen wird, durch Städte und Stammesgebiete, die eher in die Geschichten von Tausendundeiner Nacht gehören, als in den sachlichen Bericht eines englischen Gentleman, den zwei finster blickende Kosakenriesen nicht einen Moment aus den Augen ließen.

Der erste Abschnitt war mir inzwischen vertraut – mit dem Schlitten über den Pfeil von Arabat, in Yenitchi über die Brücke und dann nach Osten an der öden, winterlichen Küste entlang nach Taganrog, wo der Schnee in den dreckigen Gäßchen bereits zu tauen begann und die Einheimischen sich offenbar immer noch von den Exzessen des großen Winterjahrmarkts in Rostow erholen mußten. Russen sind meiner Erfahrung nach generell halb beduselt, aber wenn es nach dem *jarmarka* in Rostow einen nüchternen Mann zwischen Schwarzem und Kaspischem Meer gibt, muß es ein baptistischer Eremit sein. In Taganrog wimmelte es von zurückgekehrten Zechern. An Rostow oder den berühmten Don habe ich keine deutliche Erinnerung mehr, aber danach setzten wir die Reise in *telegas* fort, und da der große Ignatieff an der Spitze unseres aus sechs Fahrzeugen bestehenden Konvois fuhr, kamen wir rasch voran. Zu rasch für Flashy, der auf dem Stroh in einem der mittleren Karren durchgeschüttelt wurde. Meine Ketten wurden mit der Zeit verteufelt unbequem, jeder Ruck der infernalischen *te-*

lega rieb mir Hand- und Fußgelenke wund. Man ist geneigt, Ketten lediglich als kleine Unbequemlichkeit zu betrachten, aber wenn man bei jeder Bewegung ein paar Pfund Eisen anheben muß, das einem ins Fleisch schneidet und an die Knochen geht und einem auch im Liegen keine Ruhe gönnt, werden sie zur Folter. Ich bat und bettelte, man möge sie mir abnehmen, wenn auch nur für eine oder zwei Stunden, handelte mir damit aber nur einen Tritt in meine halb geheilte Rippe ein.

Kosaken waschen sich bekanntlich nie (wohingegen sie ihre Mäntel täglich mit größter Hingabe bürsten), und so erachtete man diese Übung auch bei mir für unnötig. Als wir hinter Rostow über die halb gefrorene Steppe rollten, starrte ich vor Schmutz. Haar und Bart waren verfilzt, mein ganzer Körper juckte, ich stank nach Knoblauch aus allen Poren und betete inbrünstig darum, von meinen unerquicklichen Gefährten nicht mit irgendeiner widerwärtigen Krankheit angesteckt zu werden. Des Nachts schliefen sie nämlich rechts und links von mir und wickelten ihre Nagaikas in meine Ketten. Mit einem Wort – eine vergnügte Landpartie war es nicht gerade.

Über vierhundert Meilen erstreckte sich diese endlose Ebene, und je tiefer wir in sie hineingerieten, desto schlimmer wurde es. Wir brauchten fünf Tage, wenn ich mich recht erinnere, obschon die *telegas* dahinflogen wie der Wirbelwind und in jeder Poststation frische Pferde bereitstanden. Das einzig Gute war, daß das Wetter jetzt allmählich milder wurde, und als wir zu den weiten Salzflächen um Astrachan kamen, verschwand der Schnee ganz und man kam sogar ohne *tulup* aus.

Astrachan selber ist ein Höllenloch, in einer brettebenen Landschaft gelegen und dabei noch so tief, daß sie einen großmächtigen Damm um die Stadt herum bauen mußten, damit die Wolga sie nicht ins Kaspische Meer schwemmen kann – oder umgekehrt. Natürlich ist es ein ausgesprochenes Fiebernest, der Pestilenzgestank hängt förmlich in der Luft, und ehe wir den Damm passierten, befahl Ignatieff, der ganze Troß habe Gesicht und Hände in Essig zu waschen, womit er natürlich nicht viel ausrichtete. Immerhin konnte ich da zum ersten und einzigen Mal so etwas wie Toilette machen.

Ein Gutes freilich hatte Astrachan, und das waren die Frauen. Jenseits des Kaspischen Meeres sind sie schlanker und orientalischer als die richtigen Russinnen, und wenn ich diese dunklen Schönen mit ihren großen Augen, den langen, geraden Nasen und schmollend aufgeworfenen Lippen sah, straffte sogar ich trotz Elend und Jammer die Schultern und staubte mir den Bart ab. Aber natürlich kam ich nicht an sie heran. Flash und seine himmlischen Zwillinge wanderten in den *kreml* von Arabat, wo wir zwei Nächte in einer Zelle verbrachten, in der das Wasser von den Wänden rann, ehe sie uns auf einem Dampfer verfrachteten.

Die Kaspisee ist ein wunderliches Meer mit ihren knapp zwanzig Fuß Tiefe; die Schiffe sind deshalb flach gebaut und schaukeln wie Kanus. Ich hing fast die ganze Zeit über der Reling, aber die Kosaken, die noch nie zuvor eine Seereise gemacht hatten, waren noch schlimmer dran, sie kamen mit dem Kotzen und Beten gar nicht mehr nach. Trotzdem ließen sie mich nicht aus den Augen, und mit wachsender Besorgnis begriff ich, daß ich nur geringe Chancen hatte, diesen Wachhunden zu entschlüpfen, wenn ich sie bis Kabul auf dem Hals hatte. Sie hatten womöglich noch größere Angst vor Ignatieff als ich, und noch beim stärksten Seegang krallte sich immer einer in meine Fußketten, auch wenn er gleichzeitig würgend über das Deck rutschte.

Nach vier Leidenstagen erreichten wir endlich an öden, sandigen Inselchen vorbei den Hafen von Tichkandi, unserem Bestimmungsort, den es, wie ich mir habe sagen lassen, inzwischen nicht mehr gibt. Auch das gehört zu den Merkwürdigkeiten des Kaspischen Meeres, daß seine Küstenlinie sich ständig verändert, fast wie die Ufer des Mississippi. Was in diesem Jahr noch Insel ist, findet sich im nächsten als Berg auf einer Halbinsel wieder, während ein paar Meilen weiter ein ausgedehnter Küstenstrich zu einer Lagune geworden ist.

Tichkandis Verschwinden kann kein großer Verlust für die Menschheit gewesen sein – es war eine Ansammlung schmutziger Hütten mit einem Pier. Jenseits der Stadt stieg das Land sacht an und ging von marschigen Salzflächen in eine zweihundert Meilen lange dürre Wüsten- oder Steppenstrecke über, ein trockenes, steiniges, trostloses Land, in dem sich allenfalls Kamele und Eidechsen wohl fühlen mochten.

»Ust-Yurt«, sagte einer der Offiziere, und allein beim Klang dieses Namens fiel mir das Herz in die Hosen.

Auch gefährlich ging es zu in diesem Landstrich. Eine Lancerschwadron erwartete uns, um uns durch das Gebiet der wilden Wüstenstämme zu eskortieren, denn es lag außerhalb der Grenzen des russischen Reiches, und die Rußkis hatten gerade erst angefangen, sich ernsthaft mit den grimmigen Horden auseinanderzusetzen, die bei jeder sich bietenden Gelegenheit die russischen Karawanen zusammensäbelten und ihre Grenzposten plünderten. Das Lager, das wir an diesem Abend aufschlugen, war eine richtige kleine Befestigung mit einer Brustwehr an jeder Ecke, mit ausgestellten Wachen und einem halben Dutzend Lancers, die draußen ihre Runden drehten. Es war alles sehr praktisch und zweckmäßig aufgezogen – ganz anders, als man das sonst von den Rußkis gewöhnt war. Aber hier gingen sie durch eine harte Schule, wie wir an unserer Nordwestgrenze, wo man entweder ein guter Soldat oder ein toter Soldat war.

Fünf Tage dauerte die Reise durch die Wüste; sie war erträglich, solange wir in Bewegung waren, aber des Nachts froren wir Stein und Bein. Die Dromedare mit ihren eingeborenen Treibern kamen gut voran, ich schätze, daß wir jeden Tag so um die vierzig Meilen zurücklegten. Ein- oder zweimal sahen wir Reiter in der Ferne, auf den flachen, felsigen barchans, und ich hörte zum ersten Mal Namen wie Kazak und Turka, aber sie hielten respektvoll Abstand. Am letzten Tag waren es mehr, und sie kamen näher heran, aber in durchaus friedlicher Absicht, denn das waren Stämme von der Aralküste, die von den Russen leidlich in Zucht und Ordnung gehalten wurden. Als ich sie mir aus der Nähe betrachten konnte, hatte ich das seltsame Gefühl, als hätte ich sie schon einmal gesehen. Hakennasen und buschige Schnurrbärte, die schmutzigen *puggaris*, die sie sich um den Kopf gewunden hatten, die weiten gegürteten Gewänder ... ich fühlte mich nach Nordindien und ins afghanische Gebirge zurückversetzt. Ich warf einen Blick auf meine Kosaken, auf die Lancer und auf Ignatieff, der mit den anderen Offizieren an der Spitze unserer Karawane ritt, und ich dachte bei mir, das sind zwar nicht deine Leute, alter Junge, aber sie haben eine verteufelte Ähnlichkeit mit gewissen Typen, die ich mal gekannt habe. Merkwürdig ist das ... Man kommt aus einem fremden Land, hat eine weite Reise über Hunderte von Meilen hinter sich, marschiert in die falsche Richtung – und dann hebt man plötzlich witternd die Nase und denkt: Heimat. Wer von meinen Lesern Engländer ist und Soldat in Indien war, wird wissen, wie ich es meine.

Am späten Nachmittag erreichten wir über weitere Salzflächen eine lange Küstenstrecke; das Meer, das seine weißen Brecher an den Strand schickte, war so blau wie das Meer der Griechen im Unterricht des alten Arnold. Und als ich die Augen schloß, hörte ich plötzlich seine eintönige Stimme an einem Sommernachmittag in Rugby, der Duft des frisch gemähten Rasens, der durch das offene Fenster wehte, stieg mir in die Nase, ich hörte die Jungs draußen beim Cricketspiel, und von dort träumte ich mich weiter zu dem Heugeruch der Felder hinter Renfrew, zu Elspeths warmem, weichem Körper, dem Zwitschern der Vögel am Fluß in der Abenddämmerung, während das Pony zufrieden hinter uns graste, und die Sehnsucht war so süß und so qualvoll zugleich, daß ich laut aufstöhnte, und als ich die Augen öffnete, kamen mir die Tränen, und eine rauhe russische Stimme krächzte: »*Aralskoe more!*«*, greller asiatischer Sonnenschein umgab mich, die Ketten scheuerten mir Fuß- und Handgelenke wund, und ich war umgeben von fremden Gesichtern und begriff, daß das heimatliche Gefühl eine Illusion war und ich mich in einem bitterfremden, bedrohlichen Land befand.

Am Ufer war ein großes Heerlager, weiter draußen lag ein kleiner Dampfer vor Anker, und während wir anderen herumstanden, wurde Ignatieff – ein bloßer Hauptmann! – mit allen Ehren von einer Gruppe ranghoher Offiziere begrüßt. Daß er eine ganz große Nummer war, das war mir schon zuvor klargewesen, aber so wie sie hier um ihn herumscharwenzelten, hätte man ihn für einen Vetter des Zaren halten können (was er vielleicht auch war).

Noch am gleichen Abend ging es an Bord des Dampfers, und ich war so erledigt, daß ich mich einfach irgendwo hinfallen ließ und einschlief. Am nächsten Morgen tauchte eine Küste mit einem gewaltigen neuen hölzernen Pier vor uns auf, und zwischen flachen Ufern ergoß sich ein breiter Fluß in den Aralsee. Zelte, so weit das Auge reichte, auch hier ein Dampfer, dazu Truppentransporter und ein Kriegsschiff – alle zwischen Pier und Flußmündung. Vom Ufer schollen Hornsignale zu uns hinüber, es wimmelte von Menschen – zwischen den Zelten, auf dem Pier, auf den Schiffen –, es herrschte ein Höllenlärm, gegen den eine Militärkapelle mit einem mitreißenden Marsch nur mühsam ankam. Ja, da ist sie, die russische Armee, dachte ich, oder zumindest der größte Teil davon. Das ist ihre Expedition zum Indus.

Ich fragte einen der russischen Matrosen nach dem Namen des Flusses. Syr-Darja, sagte er, zeigte er auf ein großes Fort mit hölzernen Palisaden auf der Anhöhe über dem Fluß und fügte hinzu: »Fort Raim.«[35] Und dann schubste ihn einer der Kosaken fluchend weg und fuhr mich an, ich solle den Mund halten.

Sie brachten uns in Leichtern an Land, und wieder war eine Delega-

* Aralsee

tion in piekfeiner Uniform zu Ignatieffs Begrüßung erschienen, ein Ordonnanzoffizier hielt ihm das Pferd, um sie herum wurden Schiffe entladen, große Trupps von Asiaten schufteten sich damit ab, beaufsichtigt von brüllenden, peitschenschwingenden russischen Unteroffizieren. Kisten und Kasten wurden in den neu erbauten Schuppen am Ufer gelagert. Ich sah Geschützprotzen an einem Ladebaum hängen, die von fluchenden, halbnackten Arbeitern weggeschleppt wurden. Auf dem Pier stapelten sich Boxen und Bündel, es sah aus wie im Seehafen von New Orleans, nur daß dies eine provisorische Stadt aus Hütten und Zelten und Verschlägen war. Aber das Gewusel der Menschen, die in geordnetem Chaos schwitzten und schufteten, war ebenso beeindruckend, und auch hier spürte man die Erregung, die in der Luft hing.

Ignatieff kam zu mir und meinen Kosaken getrabt, und auf ein Wort von ihm zerrten sie mich hoch, und wir schoben uns hinter ihm her durch das Gewimmel in Richtung Fort. Es war weiter, als ich gedacht hatte – etwa eine Meile –, und bald lag das Heerlager unter uns wie in einem Sandkasten. Auf halbem Wege blieb Ignatieff stehen, und die Ordonnanz deutete auf die fernen Postenketten und nannte ihm die einzelnen Regimenter – die Neuen Russischen Dragoner, Romianzoffs Grenadiere, die Astrachan-Karabiniere und Aral-Husaren. Ignatieff merkte, daß ich das Lager musterte und kam zu mir herüber. Seit dem Abmarsch aus Arabat hatte er kein Wort mehr mit mir gesprochen.

»Ja, schauen Sie nur hin«, sagte er in diesem frostigen, stimmlosen Ton, der einem durch Mark und Bein ging, »und nehmen Sie sich zu Herzen, was Sie dort unten sehen. Der nächste Engländer, der dies alles zu Gesicht bekommt, wird Ihre Wache auf den Mauern von Peschawar sein. Auch einen Blick hier hinüber sollten Sie sich gönnen. Dort sehen Sie, welches Schicksal all jene ereilt, die sich der Macht des Zaren widersetzen.«

Ich folgte seiner Hand, die zum Fort hinaufzeigte, und mein Magen vollführte die wildesten Kapriolen. An einer Seite des Tors stand eine Reihe hölzerner Galgen, und an jedem hing eine menschliche Gestalt – obschon manche kaum mehr als Menschen zu erkennen waren. Einige hingen an den Armen, andere an den Fußgelenken, ein oder zwei Glückliche am Hals. Etliche waren durch die Unbilden der Witterung eingeschrumpft und schwarz verfärbt, zumindest einer lebte und zappelte noch. Ein ekler Kadavergeruch wehte durch die klare Frühlingsluft zu uns hinunter.

»Unbelehrbare«, sagte Ignatieff. »Banditengesindel und Rebellen vom Syr-Darja, die sich unserer heiligen russisch-kaiserlichen Mission verschließen. Doch vielleicht lassen Sie sich noch eines Besseren belehren, wenn wir den Fluß mit einer hinreichenden Zahl abschreckender Beispiele gesäumt haben. Nur so zähmt man Widerspenstige, würden Sie mir da nicht beipflichten?«

Er wendete sein Pferd, und wir stolperten hinter ihm her zum Fort. Es war größer, viel größer, als ich gedacht hatte – gute zweihundert Schritt im Quadrat, mit zwanzig Fuß hohen hölzernen Wällen, und an einem Ende waren sie schon dabei, das Holz durch grob behauene Steine zu ersetzen. Über dem Torgebäude flatterte die Fahne mit dem russischen Adler, Grenadiere waren zum Salut angetreten, als Ignatieff hindurchtrabte und ich mich mit klirrenden Ketten hinterdreinschleppte. Dann stand ich auf einem von festen hölzernen Kasernengebäuden umgebenen Exerzierplatz. Auf dem staubigen Quadrat klopften Soldaten ihre Griffe, an einer Seite standen mehrere zweigeschossige Verwaltungsgebäude. Es war ein richtiges Fort, wie sie in den siebziger Jahren an der amerikanischen Grenze entstanden waren, sogar ein paar Wohnhäuser gab es, die wohl für die Offiziere gedacht waren.

Abermals wurde Ignatieff in allen Ehren empfangen, diesmal von einem kleinen, dicken Wicht, der offenbar der Kommandant war. Der Austausch von Höflichkeiten interessierte mich nicht, aber ich merkte, daß der Kommandant sich entsetzlich alterierte und irgendeine große Neuigkeit heraussprudelte.

»Nein, wirklich beide?« hörte ich Ignatieff sagen, und der andere schlug begeistert die Hände zusammen und sagte ja, beide, ein Gastgeschenk für General Perowski und General Khruleff.

»Das gibt ein hübsches Galgenpaar«, sagte Ignatieff. »Meinen Glückwunsch. Ein besseres Omen für unseren Marsch durch Syr-Darja läßt sich kaum denken.«

»Jawohl, jawohl, vortrefflich.« Der Dicke rieb sich die Hände. »Und lange wird er nicht mehr auf sich warten lassen, nicht wahr? Wie Sie sehen, sind wir hier eifrig bei den Vorbereitungen, und täglich trifft neue Ausrüstung ein. Aber kommen Sie weiter, lieber Graf, und nehmen Sie eine kleine Erfrischung.«

Und damit verschwanden sie, und ich blieb trübsinnig und elend zwischen meinen Wachen zurück. Der Anblick der gemarterten Menschenleiber vor den Palisaden hatte mir das Ausmaß der Schrecken, die mich erwarteten, erneut zu Bewußtsein gebracht, und mir wurde nicht wohler, als ein vierschrötiger, brutal dreinblickender Grenadiersergeant erschien, die Nagaika in der Faust. Er sagte den Kosaken, sie könnten wegtreten, er würde mich jetzt unter seine Fittiche nehmen.

»Unser Leben hängt an dem Burschen«, sagte einer der Kosaken zögernd, und der Sergeant grinste höhnisch und warf mir einen finsteren Blick zu.

»Unser Leben hängt an dem, was ich schon in den Zellen sitzen habe«, knurrte er. »Wertvoller als meine beiden ist dieser Abschaum auch nicht. Keine Angst, ich stecke ihn zu den anderen in meine sicherste Zelle, aus der kommen nicht mal die Eidechsen raus. Vorwärts.«

Wir gingen an der Landseite des Forts entlang zu einer Gasse zwischen den Holzhäusern, dann stiegen wir eine kleine steinerne Treppe hinunter bis vor eine eisenbeschlagene Tür. Der Sergeant zog die schweren Riegel zurück, stieß die knarrende Tür auf und packte mich bei den Handfesseln.

»Herein mit dir, *tut*«, blaffte er und gab mir einen Stoß. Die Tür schlug zu, der Riegel knirschte, und ich hörte, wie sein brutales Lachen und seine Schritte in der Ferne verhallten.

Zitternd und halbtot vor Erschöpfung und Angst blieb ich auf dem schmutzigen Boden liegen. Daß es dämmrig und kühl war, empfand ich in diesem Augenblick als Vorzug. Und dann hörte ich jemanden sprechen und hob den Kopf. Zuerst konnte ich in dem matten Licht, das durch das hoch in der Wand eingelassene Fenster fiel, nichts erkennen, und dann fuhr ich erschrocken zusammen, denn in der Mitte der Zelle hing mit ausgebreiteten Armen, wie im Flug erstarrt, ein Mann. Als sich meine Augen an das Dämmerlicht gewöhnt hatten, holte ich zitternd Atem, denn jetzt erkannte ich, daß er mit Fuß- und Handgelenken an vier Ketten gefesselt war, die von den oberen Ecken des Raumes zu seinen Gliedmaßen gingen. Womöglich noch erstaunlicher war der Anblick des zweiten Mannes, der unter der etwa drei Fuß über dem Boden hängenden Gestalt hockte und sie stützte, um die irrwitzige Belastung an Hand- und Fußgelenken etwas zu mildern. Es war der am Boden Hockende, der jetzt sprach – und zu meiner Überraschung sprach er Persisch.

»Es ist ein Geschenk Gottes, Bruder«, sagte er mühsam. »Ein ziemlich dreckiges Geschenk, aber zumindest in menschlicher Gestalt – falls es so etwas wie einen menschlichen Russen gibt. Er ist Gefangener wie wir, und wenn ich höflich mit ihm rede, kann ich ihn vielleicht dazu bringen, einige Zeit meinen Platz einzunehmen und deinen unerträglichen Körper zu tragen. Ich bin zu alt für solche Späße, und du bist schwerer als Abu Hassan, der Windelasser.«

Der Hängende versuchte den Kopf zu heben. Seine Stimme war heiser vor Pein, aber was er herausbrachte, war, so unfaßbar es klingen mag, ein Scherz.

»Soll ... er nur ... kommen, und ich bete zu Gott ... daß er ... weniger Flöhe hat ... als du ... Außerdem bist du ... eine ... höchst unbequeme Stütze ... Gott helfe der Frau ... die dein Lager teilt ...«

»Das ist nun der Dank«, sagte der Hockende keuchend. »Ich trage ihn wie der Djinn der Sieben Gipfel, und er schmäht mich. Du, *nasrani**«, sagte er, zu mir gewandt, »wenn du Gottes Sprache verstehst, komm und hilf mir, diesen Undankbaren, diesen Sünder zu stützen. Und wenn du müde geworden bist, werden wir uns behaglich an die Wand lehnen und uns an seinen Qualen weiden. Oder ich hocke mich auf seine Brust, damit er lernt, was Dankbarkeit ist. Komm, Rußki, sind wir nicht alle Gottes Geschöpfe?«

Bei den letzten Worten schwankte seine Stimme, er taumelte unter seiner Last und stürzte bäuchlings zu Boden.

Der Mann in den Ketten schrie laut auf, als sein Körper plötzlich frei herunterhing. Stöhnend und keuchend hing er da, bis ich mich, ohne recht nachzudenken, unter ihn stellte und mit gekrümmtem Rücken seinen Rumpf abfing. Sein Gesicht hing nach unten und war dem meinen sehr nah.

»Gott ... danke dir«, japste er. »Meine Gliedmaßen stehen in Flammen. Aber nicht mehr lange ... nicht mehr lange ... wenn Gott gütig ist.« Seine Stimme war nur ein qualvolles Flüstern. »Wer bist du? Ein Russe?«

»Nein. Ich bin Engländer und Gefangener der Russen.«

»Du sprichst ... unsere Sprache ...«

»Ja. Halt still, gottverdammich, sonst rutschst du herunter.«

Wieder stöhnte er. Er war verteufelt schwer. »Das Schicksal ... geht seltsame Wege«, sagte er schließlich. »Ein *angliski* ... hier.

* Christ

Fasse Mut, Fremder ... vielleicht bist du ... glücklicher dran, als du ahnst.«

An diese Voraussage zu glauben, dazu gebrach es mir in dieser drekkigen Zelle, mit einem orientalischen Nigger auf dem Buckel, an Phantasie. Schon bedauerte ich meine Hilfsbereitschaft. Wer war der Kerl schon, daß ich ihn nicht einfach baumeln ließ? Aber in Notlagen ist man gut beraten, sich seine Gefährten nicht zum Feind zu machen – zumindest solange man nicht weiß, wer sie sind. So blieb ich denn widerstrebend, wo ich war, und atemte schwer.

»Wer ... bist du?« fragte er.

»Flashman, Oberst der britischen Armee.«

»Ich bin Yakub Beg«, flüsterte er[36], und bei aller Qual hörte man den Stolz in seinen Worten. »Kushi Begi, Khan von Khokand und Wächter der ... Weißen Moschee. Du bist mein Gast ... den mir der Himmel gesandt hat. Berühre meine Knie ... berühre meine Brust ... berühre mich, wo du willst.«

Die feierliche Begrüßungsformel der Bergvölker war mir vertraut, nur erschien sie mir unter diesen Umständen nicht recht angebracht.

»Im Augenblick komme ich nur an deinen Hintern heran«, sagte ich und spürte das Zittern, das ihn überlief. Herrgott, der Mann konnte noch lachen, während ihm Arme und Beine aus den Gelenken gerissen wurden.

»Eine gute Antwort«, sagte er. »Du redest ... wie ein Tadschike. Wir lachen ... in Zeiten der Not. Und ich sage dir, Engländer ... wenn ich von hinnen gehe ... gehst du auch.«

Ich hielt das natürlich für zielloses Gefasel. Doch dann richtete sich der unter der Last Zusammengebrochene stöhnend auf und sah sich um.

»O Gott, ich war schwach«, sagte er. »Yakub, mein Sohn und Bruder, vergib mir. Ich bin wie ein altes Weib mit Wassersucht, die Beine tragen mich nicht.«

Yakub Beg wandte mir das Gesicht zu, und Sie müssen sich vorstellen, daß immer wieder kleine Schmerzenslaute seine Worte unterbrachen.

»Diese greise Kreatur, die dort am Boden herumkriecht, ist Izzat Kutebar[37]«, sagte er. »Ein armer Tropf mit wenig Kraft und noch weniger Verstand, der eine russische Karawane mehr überfiel, als gut für ihn war und dank seiner Habgier in Gefangenschaft geriet. Sie zwangen ihn, ›an Land zu schwimmen‹, wie ich es jetzt tue, und er hätte hier hängen können, bis er schwarz wurde, wäre ich nicht dumm genug gewesen, einen Rettungsversuch zu wagen, wobei ich mich zu nah an dieses Fort des Shaitin heranwagte. Da griffen sie mich und hängten mich als den wichtigeren Gefangenen in seinen Ketten auf – denn er ist weniger als ein Nichts, dieser alte Schwächling Kutebar. Es heißt, er habe früher ein gutes Schwert geführt, aber das muß zu Timurs Zeiten gewesen sein.«

»Bei Gott, habe ich Ak Mechet an die Russen verloren?« ereiferte sich Kutebar. »Habe ich nach den Schönen von Buchara gegiert, als Perowski, diese Bestie, die Männer von Khokand mit seinem Blei metzelte? Nein, beim Schamhaar von Rustum. Ich führte das gute Schwert und mähte die Moskowiter in Garben am Syr-Darja nieder, während dieser große, tapfere Stammeshäuptling sich mit seinen Lieblingen im Basar herumtrieb und säuselte: ›Eyewallah, wie heiß es heute ist. Gib mir einen Trunk, Miriam, und leg mir deine kühle Hand auf die Stirn.‹ Komm hervor, *feringi*, und laß ihn baumeln, damit er sieht, was er davon hat.«

»Da hörst du es«, sagte Yakug Beg, den Kopf wendend und mühsam lächelnd. »Ein träumender Greis. Ein *badawi-shash-kayan**, der redet, wie die wilden Schafe koten, aufs Geratewohl und in alle Ecken und Winkel. Wenn du und ich von hinnen gehen, Flashman *bahadur*, werden wir ihn hierlassen und selbst die Russen wird er dauern, dieser arme Alte, sie werden ihm die Latrinen zu putzen geben – die der Mannschaften, wohlgemerkt, nicht die der Offiziere.«

Hätte ich nicht lange in Afghanistan gedient und mich in der Redeweise und den Sitten und Gebräuchen der zentralasiatischen Stämme ausgekannt, hätte ich wohl glauben können, ich sei in die Gesellschaft zweier Wahnsinniger geraten. Aber ich kannte ihre merkwürdige Gewohnheit, ihre Hochachtung hinter scherzhaften Schmähungen zu verbergen. Ich wußte um ihren Hang zur Ironie und Bildersprache, die in Puschtu und besonders im Persischen, der schönsten aller Zungen, stark ausgeprägt ist.

»Wenn du von hinnen gehst«, höhnte Kutebar, sich aufrappelnd und seinem Freund ins Gesicht blickend. »Und wann wird das sein? Wenn Buzurg Khan sich deiner erinnert? Gott bewahre, daß ich auf das Wohlwollen eines solchen Menschen angewiesen bin. Oder wenn Sahib Khan gegen diese Festung anrennt, wie du es vor zwei Jahren getan

* gefährlicher Schwätzer

hast, als du zweitausend Mann verlorst? Eyah? Warum sollten sie Kopf und Kragen für dich riskieren – oder für mich? Wir sind kein Gold. Wer soll uns wieder ausgraben, wenn wir unter der Erde sind?«

»Mein Volk wird kommen«, erklärte Yakub Beg. »Und *sie* wird mich nicht vergessen.«

»Den Frauen soll man nicht trauen und den Chinesen noch weniger«, äußerte Kutebar kryptisch. »Dann ist es schon besser, wenn dieser Fremde und ich versuchen, die Wachen zu überrumpeln und uns herauszuhauen.«

»Und wer löst meine Ketten? Nein, mein Alter, stell den Fuß der Tapferkeit in den Steigbügel der Geduld. Sie werden kommen – wenn nicht heute, dann morgen. Laß uns warten.«

»Und während wir warten«, sagte ich, »stemme die Schulter der Freundschaft unter den Hintern der Hilflosigkeit. Löse mich ab, Mann, ehe ich in der Mitte durchbreche.«

Kutebar nahm, muntere Beschimpfungen mit seinem Freund austauschend, meinen Platz ein, und ich richtete mich auf, um Yakub Beg zu betrachten. Er war hochgewachsen, soweit ich das beurteilen konnte, mit schmaler Taille, breiten Schultern – er war nackt bis auf die lockeren Pyjamahosen – und kräftigen, muskelbepackten Armen. Die Handgelenke waren durch die Fesseln grausam zerschunden, und während ich Wasser aus einem *chatti* *, den ich in einer Ecke gefunden hatte, darüberlaufen ließ, musterte ich seine Züge. Er war einer dieser Charakterköpfe, wie man sie dort im Gebirge manchmal findet – schmales Gesicht, langes Kinn, gerade Nase. Ich hielt ihn für einen Tadschiken, also halb persischer Abstammung. Der Kopf war kahlgeschoren, wie es bei den Usbeken üblich ist, bis auf eine Schläfenlocke, auch das Gesicht war glatt, von einem gespaltenen Kinnbart abgesehen. Er schien ein zäher Bursche zu sein. Einer dieser munteren Schufte, die einem lustige Geschichten erzählen, während sie einem ein Messer in den Bauch stechen, nur weil sie Lust verspüren, die Glöckchen am Messergriff läuten zu hören.

»Du bist Engländer«, sagte er, während ich seine Gelenke wusch. »Ich kannte mal einen, aber das ist schon lange her. Das heißt, ich habe ihn in Buchara gesehen, an dem Tag, als sie ihn umbrachten. Das war ein Mann! Khan Ali mit dem hellen Bart. ›Wende dich dem rechten Glauben zu‹, sagten sie zu ihm. ›Warum sollte ich?‹ gab er zurück,

* Wasserkrug

›da ihr meinen Freund ermordet habt, der seiner Kirche entsagte und Moslem wurde? Ihr habt geraubt, ihr habt getötet. Was wollt ihr von mir?‹ Und sie sagten: ›Blut.‹ Und er sagte: ›Dann macht ein Ende.‹ Da töteten sie ihn. Ich war noch ein Knabe, aber ich dachte, wenn ich fern der Heimat sterben muß, laß mich sterben wie diesen Mann. Er war ein *ghazi**, dieser Khan Ali.«[38]

»Und was hat es ihm genützt?« knurrte Kutebar. »Überhaupt ist mit denen in Buchara nichts anzufangen. Für eine Handvoll Hirse würden sie uns an die Russen verkaufen. Möge ihre Ziegenmilch sich in Urin verwandeln, und mögen ihre Frauen russische Bastarde zur Welt bringen – was ihnen nicht schwerfallen dürfte.«

»Du sprachst davon, hier herauszukommen«, sagte ich zu Yakub Beg. »Ist das denkbar? Werden eure Freunde einen Rettungsversuch machen?«

»Er hat keine Freunde«, erklärte Kutebar. »Bis auf mich. Und das habe ich davon – ich hocke hier und stütze seinen wertlosen Kadaver.«

»Sie werden kommen«, sagte Yakub Beg leise. Ich hatte den Eindruck, daß er schon halb hinüber war, seine Augen waren geschlossen, sein Gesicht schmerzverzerrt. »Wenn das Licht schwindet, müßt ihr beide mich loslassen – nein, Izzat, das ist ein Befehl. Ihr müßt ausruhen, du und Flashman *bahadur*, denn wenn die Herrin der Großen Horde über die Mauer kommt, werden die Rußkis bestimmt versuchen, uns umzubringen, ehe die Rettung da ist. Ihr müßt euch gegen die Tür werfen und sie aufhalten.«

»Wenn wir dich loslassen, wirst du sterben«, sagte Kutebar düster. »Und was soll ich *ihr* dann sagen?« Und plötzlich fing er erbittert an zu fluchen. »Diese russischen Affen, dieser Abschaum von Moskowien. Gott stürze sie in die tiefste Grube. Können sie einen Mann nicht anständig sterben lassen, statt ihn Zoll für Zoll zu zerreißen? Ist das ihre Kultur, ist das ihr großes Reich? Gilt das als Soldatenehre unter dem Weißen Zaren? Möge der erbarmungsvolle und gnadenreiche Gott ihnen die Eingeweide aus dem Leib reißen und –«

»Ruh dich aus, Alter«, stöhnte Yakub, dem das zornige Gezappel seiner Stütze offensichtlich Schmerzen verursachte. »Dann kannst du sie ihnen selbst ausreißen und dem Allgütigen die Arbeit ersparen. Ja, du kannst sie am Ende wieder in Garben niedermähen am Ufer des Syr-Darja.«

* Kämpe

Gegen Kutebars heftigen Protest setzte Yakub seinen Willen durch. Als es dämmerte, bestand er darauf, daß wir ihn nicht mehr stützten, sondern ihn in seiner ganzen Länge in den Ketten hängen ließen. Wie er es ertrug, war mir ein Rätsel, denn seine Muskeln knirschten, und er biß sich auf die Lippen, bis ihm das Blut übers Kinn rann. Und Kutebar weinte wie ein Kind. Er war ein stämmiger, wettergegerbter alter Teufel, ein handfester Kerl trotz der Falten im Gesicht und des grauen Haarpinsels auf dem kahlgeschorenen Schädel, aber jetzt liefen ihm die Tränen in Bächen über Bart und Wangen, und er verfluchte die Russen, wie das nur ein Orientale kann. Endlich küßte er dem in Ketten hängenden Yakub Beg die Stirn und drückte ihm die angekettete Hand, dann setzte er sich neben mich an die Wand.

Erst jetzt kam ich so leidlich wieder zur Besinnung – und ich wußte beim besten Willen nicht, was ich von all dem halten sollte. Meine Gedanken wirbelten wild durcheinander. Wenn man ein beschauliches Leben geführt hat wie ich in Starotorsk und dann von einer Minute zur anderen in einen Strudel der widerwärtigsten Ereignisse gerät, kommt man sich vor wie in einem Alptraum. Dann muß man sich zur Ruhe zwingen und versuchen, sich über seine Lage klar zu werden und zu begreifen, daß es kein Traum, sondern Wirklichkeit ist. Die Flucht durch den Schnee mit East und Valla – lag sie wirklich erst vier Wochen zurück? Und danach war ich, so schien es mir jedenfalls, durch die halbe Welt geschleift worden, von den eisigen, verschneiten Steppen über See und Wüste bis zu diesem schauerlichen Verlies am Rande der Welt. Und nun saß ich – Harry Flashman, Oberst bei den 17. Lancers, Adjutant von Lord Raglan (Grundgütiger, im letzten Jahr um diese Zeit hatte ich auf dem Piccadilly mit Klein-Willy Billard gespielt) –, nun saß Flashy, sage ich, in einer Zelle mit zwei tadschikisch-persischen Banditen zusammen, die sich einer seit fünfzehn Jahren für mich versunkenen Sprache bedienten[39] und deren Welt nichts, aber auch gar nichts mit Raglan oder Willy, mit Piccadilly oder Starotorsk zu tun hatte. Nur mit diesem Satansbraten Ignatieff hatte sie eine ganze Menge zu tun. Wenn sie hier, in einem stickigen Verlies in Ketten liegend, von Rettung und Flucht redeten wie von einer unumstößlichen Gewißheit, mußte ich mich schon sehr anstrengen, um das nachvollziehen zu können. Doch wenn sie damit recht hatten, dann zeigte sich just im schwärzesten Augenblick der Mutlosigkeit ein Zipfelchen Hoffnung – Hoffnung darauf, dem grausamen Tod, den Ignatieff mir in Aussicht gestellt hatte, doch noch entkommen zu können,

Hoffnung auf Freiheit und Flucht, vielleicht am Ende sogar endgültige Sicherheit.

Ich konnte es nicht glauben. Ich hatte das Fort gesehen und das Heerlager am Ufer. Wenn man nicht gerade eine ganze Armee aufmarschieren ließ ... Andererseits waren meine Zellengenossen den Afghanen in vieler Hinsicht recht ähnlich, und deren Taktik kannte ich. Ein Überraschungsangriff, ein wilder, blutiger Kampf (ich schauderte bei der Erinnerung) und dann auf und davon, ehe anständige Soldaten sich noch den Schlaf aus den Augen gerieben hatten. Ich hätte Kutebar am liebsten tausend Fragen gestellt – aber wozu? Es war ja doch nur leeres Gerede gewesen, mit dem sie sich gegenseitig hatten Mut machen wollen. Es würde sich nichts tun. Der Bär hatte uns fest in seiner Tatze. Mit dieser resignierenden Erkenntnis schlief ich ein.

Und es tat sich wirklich nichts. Der Morgen kam, und mit ihm drei Russen, die eine Schüssel mit einem undefinierbaren Brei brachten, uns mit Hohn und Spott überhäuften und sich wieder entfernten. Yakub Beg schaukelte halb bewußtlos in seinen Ketten, und den ganzen endlosen Tag hindurch wechselten Kutebar und ich uns darin ab, seinen Körper zu stützen. Ein- oder zweimal war ich drauf und dran, den Dienst zu verweigern, es schien mir, als sei der Aufwand zu groß, da wir seinem gemarterten Körper ja doch nur geringe Erleichterung verschaffen konnten. Aber nach einem Blick in Kutebars Gesicht besann ich mich schnell eines Besseren. Yakub Beg war indessen zu schwach zum Scherzen, ja, sogar zum Reden geworden, und auch Kutebar und ich hockten oder lagen schweigend da, bis der Abend kam und Yakub Beg mit letzter Anstrengung Kutebar und mir den Befehl gab, ihn hängen zu lassen, auf daß wir neue Kräfte sammeln könnten. Mein Rücken schmerzte von der Anstrengung, und ungeachtet meiner Mutlosigkeit und meiner Ängste schlief ich unverzüglich ein, während die nackte Gestalt in dem schwindenden Licht über mir hing und Kutebar neben mir leise vor sich hinweinte.

Ich träumte, wie es mir oft geschah, von dem, was ich unmittelbar vor dem Einschlafen gesehen hatte, nur war diesmal ich es und nicht Yakub Beg, der in den Ketten hing, und jemand (ich erkannte meinen alten Feind Rudi Sternberg) schmierte mir den Rücken mit Stiefelwichse ein. Mein verewigter Schwiegervater, der alte Morrison, ermahnte ihn, nicht zu dick aufzutragen, die Flasche koste tausend Pfund, und Rudi meinte, er habe das Zeug tonnenweise herumliegen, und wenn es verbraucht sei, würde er das afghanische Tanzmädchen Narriman kommen lassen, die sollte mich schänden und in den Schnee werfen. Famose Idee, meinte der alte Morrison, aber dann müsse er erst meine Taschen durchsuchen. Sein häßliches Wabbelgesicht grinste mich an, dann verschmolz es allmählich mit dem geschminkten, maskenhaften Antlitz der schönen Narriman, und der Traum wurde plötzlich ganz angenehm, denn sie schmiegte sich an mich, und wir schwebten hoch über den anderen, und ich brüllte so lustvoll, daß sie mir die langen schlanken Finger an die Lippen legte und meine Schreie erstickte, und ich versuchte, mich zu befreien, weil ihr Griff immer fester wurde und mich würgte und ich keine Luft bekam. Sie murmelte mir etwas ins Ohr, und die schlanken Finger wurden zu einer haarigen Pfote – und plötzlich war ich wach, zitternd und schweißgebadet, und Kutebars Hand lag über meinem Mund, und er zischte mir zu, um Gottes willen still zu sein.

Es war noch immer Nacht, und die Zelle war eiskalt. Yakub Beg hing wie eine Leiche in seinen Ketten, aber er lebte, denn in dem fahlen Dämmerlicht sah ich, daß er den Kopf gehoben hatte und lauschte. Einen Augenblick hörte ich nur Kutebars stoßweises Atmen, und dann drang von draußen ein Geräusch herein – nicht lauter als ein Seufzer, vergleichbar dem Ruf eines schlaftrunkenen Nachtvogels –, das gleich wieder erstarb. Kutebar gab es einen Ruck, und Yakub Begs Ketten klirrten, als er sich umwandte.

»*Bhisti-sawad**! Die himmelblauen Wölfe sind im Pferch.«

Kutebar stand auf und trat unter das Fenster. Ich hörte, wie er tief einatmete und dann das gleiche seltsame Geräusch zwischen den Zähnen hervorstieß. Wenn man es des Nachts hört, hält man es für eins dieser sanften Nachtgeräusche, von denen man glaubt, man habe sie sich nur eingebildet. Bei den Khokodiern trägt das Signal über eine ganze Meile, ohne daß der Gegner es bemerkt. Wir warteten. Tatsächlich, da war es wieder, gleich darauf zerriß der Knall eines Musketenschusses die nächtliche Stille.

Jemand gab lautstark Alarm, ein zweiter Schuß fiel, gefolgt von einer Salve, die in einer donnernden Explosion gipfelte, und das Licht, das durch unser Fenster fiel, wurde plötzlich heller, als sei ein Blitz darübergefahren. Und dann klang es wie ein richtiger kleiner Krieg: Schüsse, Schreie, brüllende Russen; und aus dem Getöse erhob sich

*o großer Himmel!

ein gellender Schrei – der alte Ghazi-Kriegsruf, bei dem mir auf dem Weg nach Kabul so oft das Blut in den Adern gestockt hatte.

»Sie sind da«, krächzte Yakub Beg. »Ko Dalis Tochter ist da. Rasch, Izzat – die Tür.«

Wie ein Blitz war Kutebar da und rief mich an seine Seite. Wir warfen uns gegen die Tür und horchten.

»Sie haben das Haupttor mit *barut** gesprengt«, sagte Yakub Beg schwach. »Horcht, die Schießerei ist auf der anderen Seite. O mein Liebling. Eyah, Kutebar, ist sie nicht eine Königin unter den Frauen, eine *najud***? Haltet die Tür, denn wenn die Rußkis erraten, weshalb sie gekommen ist, werden sie –«

Kutebars erschrockener Aufschrei ließ ihn verstummen. Durch das Geschieße und Gebrüll waren Schritte zu hören, knarrend wurden die Riegel zurückgeschoben, und ein schweres Gewicht drückte von außen gegen die Tür. Wir lehnten uns mit aller Kraft dagegen, russische Befehle wurden laut, dann verstärkte sich die Kraftanstrengung von außen. Mit den Füßen Halt auf dem rauhen Boden suchend, hielten wir stand. Die Tür war einen Spalt breit aufgegangen. Es gelang uns, sie wieder zu schließen, aber dann fiel ein Schuß, und ein Splitter flog zwischen unseren Gesichtern hindurch.

»*Bahnanas****«, brüllte Kutebar. »Affen ohne Muskeln. Von zwei schwachen Gefangenen laßt ihr euch entmutigen? Müßt ihr schießen, ihr dreckigen Hundesöhne?«

Ein zweiter Schuß schlug dicht neben dem ersten ein, und ich warf mich zur Seite, weil ich keine Lust hatte, meine Eingeweide in ein Sieb verwandeln zu lassen. Kutebar stieß einen verzweiflungsvollen Schrei aus, und die Tür öffnete sich. Er taumelte in die Zelle zurück. Auf der Schwelle stand unser grimmer Sergeant, eine Fackel in der einen, einen Revolver in der anderen Hand, hinter ihm zwei Mann mit Musketen und aufgepflanztem Bajonett.

»Den zuerst«, kommandierte der Sergeant, auf Yakub Beg deutend, und, zu mir gewandt: »Du hältst den Mund.« Ich duckte mich hinter der Tür, während er mich mit dem Revolver in Schach hielt und Kutebar sich neben Yakub Beg stellte. Die beiden Soldaten beachteten ihn gar nicht. Einer packte Yakub Beg um die Taille, um ihn ruhig

* Schießpulver
** Frau von Intelligenz und guter Figur
*** Affen

zu halten, während der andere die Muskete hob, um das Bajonett in den hilflosen Körper zu stoßen.

»Tod allen Russen«, schrie Yakub. »Grüße Timur –«

Doch ehe das Bajonett sich senken konnte, hatte Kutebar sich auf die Beine des Soldaten gestürzt. Sie fielen ineinander verklammert zu Boden. Kutebar schrie markerschütternd, während der andere Soldat mit seiner Muskete um sie herumhüpfte und auf eine Gelegenheit wartete, sein Bajonett zu benutzen und der Sergeant ihnen zubrüllte, Distanz zu halten und ihnen eine Kugel zu verpassen.

Alte Knastkämpfer wie ich wissen (und ich verfüge auf diesem Gebiet über reiche Erfahrungen, von den Verliesen in Jotunberg, wo ich mit Starnberg die Klingen kreuzte, bis zu der Zelle in Afghanistan, wo der gute alte Hudson das meiste abbekam), daß es in solchen Fällen am klügsten ist, sich in eine dunkle Ecke zu verkriechen und in Ruhe den Fortgang der Dinge abzuwarten. Aber das erschien mir diesmal aus schierem Selbsterhaltungstrieb nicht angebracht. Wenn ich nicht dazwischenging, waren Kutebar und Yakub in einer Minute tot, und was wurde dann aus dem armen alten Flashy? Der Sergeant stand etwa einen Meter seitlich von mir, den Revolver auf die Kämpfenden gerichtet. Zwischen meinen Handgelenken hatte ich zwei Meter schweres Eisen. Ich holte aus und ließ die Doppelkette mit aller Kraft auf seinen Unterarm niedersausen. Er schrie auf und taumelte, die Waffe fiel hin, und ich suchte wie ein Wilder auf dem Boden danach herum. Da war er schon neben mir, aber ich hatte ihm wohl den Arm gebrochen, denn er versuchte erfolglos, mit der anderen Hand nach mir zu greifen. Dann hatte ich den Revolver gefunden, hielt ihn dem Kerl vors Gesicht – und das Teufelsding, eine Single action-Waffe, ging nicht los.

Er stürzte sich auf mich und versuchte mich zu beißen – tatsächlich hätte mich der grausige Knoblauchgestank fast umgebracht –, während ich mich mit dem Hammer des Revolvers mühte. Mit der heilen Hand hatte er mich an der Kehle gepackt. Ich trat und zappelte, um ihn abzuschütteln, aber er war unglaublich schwer. Ich hieb ihm den Revolver ins Gesicht, da ließ er meine Kehle los und packte mein Handgelenk in einem erbarmungslosen Klammergriff, aber ich bin auch nicht gerade einer der Schwächlichsten, besonders, wenn die Furcht mich in ihren Fängen hält. Es gelang mir, ihn mit einem kräftigen Ruck halb abzuschütteln, doch da stand der Soldat mit dem Bajonett über mir, bereit zum Stoß in meine Weichteile.

Ich konnte nur versuchen, mich schreiend wegzurollen, und das rettete mir das Leben, denn der Sergeant mußte gespürt haben, daß meine Gegenwehr nachließ, und stürzte sich mit tierischem Triumphgeheul wiederum auf mich – und just in diesem Augenblick fuhr das Bajonett nach unten und erwischte ihn genau zwischen den Schulterblättern. Ich werde nie das rot angelaufene Gesicht vergessen, das nur wenige Zoll von dem meinen entfernt war, die aus den Höhlen quellenden Augen, den in Todesqual sich öffnenden Mund, den gellenden Schrei. Der Soldat zog aufjammernd an seiner Muskete, um das Bajonett herauszuziehen, es löste sich aus dem zuckenden, zappelnden Körper, als ich gerade den Revolver gespannt hatte, und ehe er abermals zustoßen konnte, erschoß ich ihn.

Unglücklicherweise stürzte er über den Sergeant, und so lag Flashy unter einem Haufen seiner Opfer, verzweifelt bemüht, den Revolver neu zu spannen. Der Sergeant war tot oder lag im Sterben und blutete mich voll, es war eine recht unappetitliche Angelegenheit. Ich kämpfte mich frei, soweit das mit gefesselten Händen gehen wollte, und strampelte mit den Füßen – diese verwünschten Ketten hatten sich in den Leichen verheddert –, als Yakub rief:

»Schnell, *angliski*. Schieß.«

Der andere Soldat hatte Kutebar abschütteln können und war dabei, sich die Muskete zu greifen, die ihm entfallen war. Ich drückte ab, schoß daneben – das kann in so einem Getümmel schon mal passieren – und nützte die Chance, einen Satz zur Tür zu machen. Ich verpaßte ihm noch eine Ladung und hatte ihn wohl an der Hüfte getroffen, denn er taumelte gegen die Wand. Ehe er sich wieder aufrappeln konnte, hatte sich Kutebar mit der Muskete auf ihn gestürzt, stieß einen barbarischen Kriegsruf aus und stieß ihm das Bajonett bis zum Anschlag in die Brust.

In der Zelle sah es lustig aus. Drei Leichen auf dem Boden, alle blutüberströmt, dichter Pulverqualm in der Luft, ein triumphierender Kutebar, der seine Muskete schwenkte und den lieben Gott ersuchte, ihm die gebührende Bewunderung nicht vorzuenthalten, Yakub Beg, der uns mit matter Stimme anwies, in den Taschen des Sergeants nach den Schlüsseln seiner Ketten zu suchen, und meine Wenigkeit, damit beschäftigt, die in dem Revolver verbliebenen Kugeln zu zählen. Es waren zwei.

»Die Tür«, rief Yakub. »Mach sie zu, Izzat, und dann, in Gottes Namen, die Schlüssel. Es zerreißt mich.«

Wir fanden einen Schlüssel in der Tasche des Sergeant, mit dem es uns gelang, Yakubs Fußgelenke zu befreien. Vorsichtig ließen wir ihn herunter und lehnten ihn an die Wand. Die Arme waren noch immer an die Decke gefesselt. Er konnte nicht stehen – ich schätze, daß es mindestens eine Woche dauern würde, bis er seine Glieder wieder einigermaßen würde rühren können –, und als wir versuchten, mit dem gefundenen Schlüssel auch die Fesseln um seine Handgelenke aufzuschließen, erwies es sich, daß er nicht paßte. Während Izzat wutschnaubend die Sachen des Toten durchsuchte, hielt ich meine Waffe auf die Tür gerichtet. Draußen wurde noch munter gekämpft, und ich hatte das Gefühl, daß wir in Kürze weiteren russischen Besuch erwarten durften. Bis Yakub seine Fesseln los war, saßen wir verteufelt in der Klemme. Kutebar hatte die Taktik geändert, er versuchte jetzt, eins der Kettenglieder mit dem Musketenkolben zu sprengen.

»Schlag fester drauf, o Schwächling«, redete Yakub ihm zu. »Hat es dich so erschöpft, einem verwundeten Rußki den Rest zu geben?«

»Bin ich ein Schmied?« gab Kutebar zurück. »Bei den sieben Teichen von Ehlis, habe ich Eisenzähne? Ich rette dir das Leben – schon wieder! – und was tust du? Nur nörgeln kannst du. Wir, dieser *Feringi* und ich, arbeiten uns die Seele aus dem Leib, während du gemütlich da oben baumelst.«

»Halt«, rief Yakub. »Die Tür!«

Man hörte eilige Schritte und Stimmen. Kutebar stellte sich mit dem Bajonett in der Hand neben mich, und ich spannte den Revolver. Einen Augenblick war es draußen ganz still, dann rief eine Stimme: »Yakub Beg?« und Kutebar hob mit einem Freudenschrei die Hände.

»Inschallah. Es steckt doch etwas Gutes in den Chinesen. Kommt herein, ihr Hündchen, die Arbeit ist getan. Kommt und schaut Kutebars blutige Ernte.«

Die Tür öffnete sich, und ehe man sich's versah, waren sie zu sechst hereingestürmt – bärtige Gestalten mit grinsenden Raubvogelgesichtern und langen Messern. Daß ich mich einmal freuen würde, einen Ghazi zu sehen, hätte ich mir auch nicht träumen lassen. Sie fielen Kutebar um den Hals und schlugen ihm auf die Schulter, andere blieben stehen, als sie meiner ansichtig wurden, oder liefen zu dem an der Wand lehnenden Yakub Beg. Allen voran eilte ein geschmeidiges, ganz in Schwarz gekleidetes Bürschchen, einen Turban fest um Kopf und Kinn gewickelt. Er beugte sich fluchend über Yakub Beg, dann rief er seinen Stammesbrüdern mit schriller Stimme zu:

»Haut die Ketten durch. Richtet ihn auf ... vorsichtig ... o Gott, mein Liebster, mein Liebster, was haben sie dir angetan.«

Tatsächlich, er weinte, und dann umarmte er den übel zugerichteten Yakub Beg, bedeckte seine Wangen mit Küssen, legte die Hände um den kraftlos zur Seite fallenden Kopf, murmelte zärtliche Worte und küßte ihn schließlich leidenschaftlich auf den Mund.

Nun ist das bei den Pathanen nichts Ungewöhnliches, und so war ich nicht besonders überrascht, bei diesem immerhin verwandten Stamm ähnliche Neigungen zur Perversion vorzufinden. Pech für die Frauen, denke ich immer, aber um so leichter fällt dann etwas für Burschen von meinem Schlage ab. Trotzdem fand ich den Anblick dieses sabbelnden Knaben ziemlich widerwärtig.

Unsere Retter musterten mich unsicher, bis Kutebar ihnen begreiflich gemacht hatte, auf welcher Seite ich stand. Dann wandten sie sich alle dem Liebespärchen zu. Einer der Stammesleute hatte Yakubs Ketten durchgehauen, und vier trugen ihn zur Tür, während der schwarz gekleidete Knabe nebenher lief und sie unter saftigen Flüchen zur Vorsicht ermahnte. Kutebar deutete zur Tür, und ich folgte ihm die Stufen hinauf, noch immer den Revolver umklammernd. Selbst in diesem Augenblick konnte es der Ghazi, der die Nachhut bildete, nicht lassen, den drei toten Russen die Messerklinge über die Kehle zu ziehen, dann folgte er uns vergnügt kichernd.

»Der hallal*«, sagte er. »Gibt es eine bessere Art, Tiere abzuschlachten?«

»Lästerer«, schalt Kutebar. »In so einer Stunde scherzt man nicht.«

Der Knabe zischte warnend, und sie verstummten. Sie gehorchten ihm aufs Wort, dem warmen Bruder, und wenn er einen Befehl gab, sprangen sie. Während wir zwischen den Gebäuden hindurch eilten, machte er die Nachhut und sah hin und wieder zur anderen Seite des Forts, wo noch geschossen wurde. Auf unserer Seite war kein Russe weit und breit zu sehen, was mich nicht wunderte. Ich wußte genau, wie das Spiel gelaufen war: Ein Überraschungsangriff mit Schießpulver und viel Lärm am Haupttor, um die Besatzer dorthin zu locken, während die Rettungsmannschaft sich durch ein Hintertürchen in das Fort geschlichen hatte. Vermutlich waren sie schon vor der Attacke drin gewesen, hatten die Posten unschädlich gemacht und auf das verabredete Zeichen gewartet. Aber damit, daß der Sergeant und seine

* rituelles Durchschneiden der Kehle

Leute Befehl hatten, Yakub Beg beim ersten Anzeichen eines Befreiungsversuches umzubringen, hatten sie offenbar nicht gerechnet. Wir hatten wieder mal Glück gehabt.

Und dann standen wir unter der Hauptmauer, und auf dem Laufsteg über uns bewegte sich etwas. Yakub Begs schlaffer Körper wurde hochgehievt, während der Knabe jammerte und bettelte, sie sollten sich doch um Gottes willen vorsehen. Nicht fünfzig Fuß links von uns pfiffen Musketenschüsse aus einem der Wachtürme, aber sie gingen in die andere Richtung. Starke Hände halfen mir über eine Strickleiter. Ich hörte persische Worte in der Dunkelheit, Gestalten in wallenden Gewändern hockten in den Schießscharten. Die letzten zehn Fuß fiel ich und landete auf einem Mann, der einen kurzen Kommentar zu meiner Herkunft, meiner Zukunft und meinen persönlichen Gewohnheiten abgab, wie das nur die Bergvölker in dieser Prägnanz fertigbringen, und dann leise meldete:

»Sie sind alle unten, Seidenblume, auch der Hanswurst Kutebar, dein geliebter Atalik Ghazi, und diese Mißgeburt eines *feringi* mit den großen Füßen.«

»Los«, sagte der Knabe, und während sie mich in der Dunkelheit vorwärtsschubsten, ertönte von oben ein langer, klagender Ruf, der von anderen auf der Mauer aufgenommen wurde. Ich stolperte in meinen Ketten neben dem Mann her, der mich aufgefangen hatte.

»Wohin gehen wir?« fragte ich. »Wohin bringt ihr mich?«

»Fragen stellt man im Kriegsrat, Ungläubiger, nicht in der Schlacht. Kannst du reiten, du *feringi* mit persischem Zungenschlag? Hier, Kutebar, nimm du deinen Freund, sonst fällt er am Ende abermals auf mich.«

»Sohn von Dreck und Dung«, sagte Kutebar, aus der Dunkelheit auftauchend. »Hat er mir nicht geholfen, die Rußkis zu erschlagen, die uns sonst zweifellos die Kehle durchgeschnitten hätte, weil wir so lange auf euch haben warten müssen? Eine schöne Rettung, das muß ich sagen. Die Huren im Basar von Samarkand hätten es besser gemacht.«

Das war denn doch ein bißchen hart, fand ich. Eine geschicktere Gefangenenbefreiung konnte man sich kaum vorstellen. Es waren nach meiner Schätzung noch nicht einmal zehn Minuten vergangen, seit ich davon aufgewacht war, daß Kutebar mir die Hand auf den Mund gelegt hatte. Ich hatte einen, vielleicht zwei Mann getötet, ihr Blut auf meinem Gesicht war noch nicht getrocknet – aber ich war frei.

Diese braven Burschen, wer immer sie sein mochten, hatten mich diesem Schurken Ignatieff mit seinen widerwärtigen Knuten und Nagaikas entrissen. Ich lebte und war frei, und obschon meine Fesseln mich hinderten und mir alle Glieder wehtaten vor Anstrengung und Erschöpfung, obschon mein Körper vor Dreck starrte und ich am liebsten lang hingeschlagen wäre vor Müdigkeit, – mein Herz jubilierte. Du warst ihnen mal wieder über, alter Junge, dachte ich. Gut für dich – und natürlich für diese freundlichen Nigger.

Nach einer halben Meile kamen wir zu einem von Zypressen gesäumten Hohlweg, und ich hörte Pferde in der Dunkelheit stampfen. Ich ließ mich dankbar neben Kutebar, der noch immer unsere Retter beschimpfte, zu Boden sinken. Dann wär plötzlich der Knabe da und kniete sich neben uns.

»Ich habe Yakub wegbringen lassen«, sagte er. »Es ist weit bis zum Rand des Roten Sandes. Wir werden hier auf Sahib Khan und die anderen warten. Gott gebe, daß sie nicht zu viele Verluste hatten.«

»Wer ein Haus bauen will, muß Bäume fällen«, sagte Kutebar philosophisch, womit er mir aus dem Herzen gesprochen hatte. »Und wie geht es Seiner Trägheit, dem Falken auf der königlichen Faust? O Gott, mein armer Rücken. Wie viele Tage ertrug ich seine mürrische Last in dieser schmutzigen Zelle, ohne daß ein Wort der Klage über meine geduldigen Lippen kam? War meine Mühe vergebens?«

»Es geht ihm gut, Gott sei Lob und Dank«, sagte der Knabe, und dann fing das Bürschchen doch wahrhaftig an zu flennen wie ein Mädchen. »Seine armen Glieder sind zerschunden und schwach, aber er ist stark, er wird wieder zu Kräften kommen. Er sprach zu mir, Kutebar. Er erzählte mir, wie du dich seiner angenommen und für ihn gekämpft hast. Du und dieser *feringi*. O alter Habicht der Berge, wie kann ich dir je danken?«

Und der Bengel hängte sich an Kutebars Hals und konnte sich nicht lassen vor Dankbarkeit und küßte ihn ab, bis der Alte ihn wegschob. Na, der war wenigstens normal.

»Schamlose Kreatur«, grummelte er. »Hast du keine Achtung vor meinen grauen Haaren? Gibt es unter den Chinesen keinen Sinn für Schicklichkeit? Hebe dich hinweg von mir, unverschämtes Ding. Laß deine Dankbarkeit an dem *angliski* aus, wenn es denn sein muß, aber verschone mich.«

»Das werde ich tun.« Der Junge legte mir die Hand auf die Schultern. »Du hast meinen Liebsten gerettet, Fremder. Deshalb darfst du meiner Liebe sicher sein, jetzt und immerdar.« Er war auf eine widerwärtig weichliche Art schön mit seinen vollen Lippen und den schrägen Chinesenaugen, mit dem blassen, fein geschnittenen Gesicht, das der schwarze Turban umrahmte. Seine Wangen waren noch naß von Tränen. Und dann beugte er sich zu meiner Bestürzung vor, offenbar in der Absicht, auch mich zu küssen.

»Nein, besten Dank«, wehrte ich ab. »Nimm's nicht persönlich, mein Sohn, aber ich gehöre nicht zu deiner Art, und wenn du nichts dagegen hast –«

Aber da lagen seine Arme schon um meinen Hals und seine Lippen auf den meinen – und dann spürte ich zwei feste junge Brüste und mädchenhaft weiche Wangen. Ein Weib, hol's der Henker. Ein Weib als Anführer einer tollkühnen Gefangenenbefreiung durch eine Horde wilder Ghazis. Damit bekam die Sache natürlich sofort ein anderes Gesicht, und ich ließ mir ihre Küsse gern gefallen. Wozu ist man schließlich ein Gentleman?

Es gibt gewisse Abschnitte meines Lebens, die ich jederzeit wiederholen würde, und etliche, an die ich mich nur höchst ungern erinnere. Aber nur bei wenigen muß ich mich kräftig kneifen, um mir begreiflich zu machen, daß ich sie wirklich erlebt habe. Mein Abenteuer bei der Khokandischen Horde vom Roten Sand gehört dazu – und doch ist das eine der wenigen Episoden meiner Karriere, die ich, wenn mich die Lust ankommt, anhand von Geschichtsbüchern belegen kann. Es gibt obskure Werke über Zentralasien von anonymen Landvermessern und Militärgeschichtsschreibern[40], bei denen sich die Namen und die Orte finden – Yakub Beg, Izzat Kutebar und Katti Torah; Buzurg Khan und die Sieben Khojas. Die Großen und Mittleren Horden vom Schwarzen Sand und die Goldene Straße, die Himmelblauen Wölfe der Hungersteppe, Sahib Khan und die bemerkenswerte Frau, die sie Seidenblume nannten.. Alle sind sie darin zu finden, für einen den die Neugier plagt, und es wird erzählt, wie sie in jenen Tagen jeden Zoll ihres Landes gegen die Russen verteidigten, vom Jaxartes bis zum Oxus. Das läse sich wie eine Mischung aus Robin Hood und Tausendeiner Nacht, meinen Sie? Sei's drum –, ich habe sie zum Teil selbst miterlebt, aber sogar mir kommt es im Rückblick vor wie eine Art wahrgewordenes Gruselmärchen.

Und wenn ich die Bücher und Atlanten durchgeblättert und die Namen laut vor mich hingesprochen habe, wie es die Art alter Männer ist, wenn ich aus meinem Fenster auf die am Park dahinklappernden Droschken sehe in diesem London des zwanzigsten Jahrhunderts und auf die Gouvernanten, die so sittsam mit ihren kleinen Schützlingen dahintrippeln (Verteufelt schmuck, einige dieser Gouvernanten), krame ich in meinen Erinnerungsstücken, bis ich den klobigen deutschen Revolver gefunden habe, den ich jenem russischen Sergeant in den Verliesen von Fort Raim abgenommen hatte, und das verschlissene Tuch aus schwarzer Seide, bestickt mit Milchsternblüten, und ich höre wieder Yakubs Lachen, Kutebars knurrig-prahlerisches Gerede, den Donner von tausend Hufen und den Ruf der beturbanten Tadschikenreiter, bei dem mir noch immer ein Schauer über den Rücken läuft. Aber vor allem rieche ich den Hauch ihres Parfüms und sehe die schrägen schwarzen Augen. »Schleck den Honig auf, Fremder, und stelle keine Fragen.« Das war das Beste daran.

In der Nacht der Befreiung aus Fort Raim wußte ich natürlich von ihnen so gut wie gar nichts – nur soviel, daß sie offensichtlich zu jenen kriegerischen Stämmen gehörten, die sich ständig mit den Russen herumschlugen, weil die ihr Land schlucken und die Herrschaft des Zaren südlich über Afghanistan hinaus und östlich bis zur chinesischen Grenze ausdehnen wollten.

Es war ein blutiges, brutales Geschäft, und die wilden Stämme – die Tadschiken, die Kirgis-Kosaken, die Khokandier, die Usbeken und all die anderen – wurden immer weiter den Syr-Darja hinauf bis in die Hungersteppe und den Roten Sand zurückgedrängt, obschon sie sich mit Klauen und Zähnen wehrten, ständig die neuen russischen Grenzposten überfielen und die russischen Karawanen niedermetzelten.

Aber die Stämme waren keinesfalls primitive Nomaden. Hinter ihnen, den Syr-Darja und den Amu-darja hinauf, lagen ihre großen Städte Taschkent und Khokand und Samarkand und Buchara, wo schon eine hohe Kultur geherrscht hatte, als die Russen noch mit blankem Hintern herumgelaufen waren. Das war die Beute, auf die Moskau es im Grunde abgesehen hatte und die man, wie Ignatieff geprahlt hatte, beim Siegreichen Marsch auf Indien gleich mitnehmen würde. Und deshalb bemühten sich Heerführer wie Yakub und Kutebar verzweifelt, ihnen im Niemandsland östlich vom Aralsee den Weg zu verlegen.

An den Rand dieses Niemandslandes brachten sie uns in der Nacht unserer Rettung aus Fort Raim. Es war ein langer, mühseliger Ritt durch die Dunkelheit und den silbrigen Morgen, viele Meilen weit durch Wüste und Hohlwege und dürres Steppenland. Von den Fußketten hatten sie mich befreien können, so daß ich mich auf ein Pferd setzen konnte, aber ich ritt in einem erschöpften Dämmerzustand dahin, der Gestalten in den wallenden Gewändern rechts und links von mir nur vage bewußt, und als wir endlich Halt machten, erinnere ich mich nur noch an Arme, die mich stützten, an den Geruch von Kamelhaarmänteln und das Versinken in der samtigweichen Tiefe eines langen, langen Schlafes.

Es war ein guter Platz – eine Oase tief im Roten Sand der Wüste Izil Kum, in die sich die Russen wohlweislich noch nicht gewagt hatten. Ich weiß noch, daß der Laut plätschernden Wassers an mein Ohr schlug, als ich dort erwachte. Ich trat aus dem Zelt in den Sonnenschein hinaus und sah mir blinzelnd das langgezogene Tal voller Zelte an, sah ein Dörfchen mit wunderschönen Häusern, mit Bäumen und Gras, sah schwatzende Frauen und Kinder und überall tadschikische Reiter mit ihren Pferden und Kamelen, hagere, häßliche Burschen mit wilden Bärten, Patronengürteln und Stiefeln – nicht gerade eine Gesellschaft, in der ich mit Freuden verkehren würde. Aber einer von ihnen rief im Vorbeitraben: »Salaam, *angliski*!«, und eine der Frauen gab mir Brot und Kaffee, und alle machten einen sehr freundlichen Eindruck.

Irgendwo – in meinem berühmten Werk »Anfang und Aufbruch in einem Soldatenleben«, wenn ich mich recht erinnere – habe ich ausführlich von diesem Tal und von den Sitten und Gebräuchen der Bevölkerung erzählt und daß es mir nach allem, was ich durchgemacht hatte, wie ein kleines Paradies erschien. Das war es auch, und manche Leute wären es gewiß zufrieden gewesen, sich zurückzulehnen, ihre Freiheit zu genießen, dem Schicksal zu danken und sich erst einmal auszuruhen, ehe sie sich tiefsinnige Gedanken über die Zukunft machten. Aber das ist nichts für Flashy. Nach kurzem Luftschnappen geht's bei mir sofort weiter zur nächsten Station. Und so sagte ich mir denn an diesem ersten Morgen, während der Dorfschmied, umringt von einer bewundernden, grinsenden Menge, meine Ketten durchfeilte: So weit, so gut, aber wo soll die Reise jetzt hingehen? Die russische Armee in Fort Raim war für meinen Geschmack noch immer ungemütlich nah, und Ruhe würde ich erst dann finden, wenn ich wirklich sicher saß – vorzugsweise am Berkeley Square oder in einem mir gut bekannten kleinen Pub in Leicestershire.

Am günstigsten schien es mir, Afghanistan anzupeilen. Freiwillig würde ich keine Vergnügungsreise dorthin unternehmen, aber es gab keinen anderen Weg nach Indien und zu meinen Landsleuten, und ich konnte mir vorstellen, daß Yakub Beg mir zum Dank für das, was ich in Fort Raim für ihn getan hatte, sicheres Geleit verschaffen würde. Galgenvögel halten zusammen, und er war offensichtlich ein Mann von Macht und Einfluß – vermutlich ging er bei der Hälfte aller *badmash** und Viehdiebe in der Umgegend aus und ein – und notfalls würde er mir eine Eskorte mitgeben. Wir konnten als Pferdehändler oder dergleichen reisen, denn da ich Persisch und Puschtu beherrschte, konnte ich mich ohne weiteres als Afghane ausgeben; es wäre nicht das erstemal. Und noch kroch auf dieser Route gottseidank kein russisches Gesindel herum. Während meine Gedanken vorauseilten, ging mir erst so richtig auf, was für eine glorreiche Zukunft vor mir lag. Ich war frei, Indien war in Reichweite, und ich verfügte über Ignatieffs geheimen Invasionsplan. Möglich, daß East sich zu Raglan durchgeschlagen hatte, aber was war das im Vergleich zu den rosigen Träumen, die ich plötzlich vor meinem geistigen Auge sah? Flashy, der Held, der sich todesmutig in Balaklawa den russischen Truppen entgegengeworfen hatte und seitdem verschollen war, taucht in romantischer Verkleidung in Peschawar auf, wo er der britischen Garnison die niederschmetternde Nachricht überbringt.

»Vielleicht sind Sie so nett«, würde ich meinem staunenden Publikum verkünden, »dem Generalgouverneur mitzuteilen, daß in Kürze eine russische Armee von dreißigtausend Mann, halb Afghanistan im Schlepptau, über den Khyberpaß kommen wird, und wenn er Indien retten will, soll er Truppen heranschaffen, und zwar ein bißchen fix. Nein, kein Zweifel, ich habe es direkt aus dem Geheimkabinett des Zaren. In London ist es vermutlich bereits bekannt, ich glaube, ein gewisser East ist auf der Krim durch die feindlichen Linien gekommen – ich war nämlich verwundet worden und hatte ihm eingeschärft, er solle sich mit der Nachricht durchschlagen, um jeden Preis. So ließ er mich denn liegen – nun ja, wenn es um die Entscheidung zwischen Freundschaft und Pflicht geht, nicht wahr ... Gleichviel, hier bin ich, hier ist meine Nachricht, und hier werden wir sie aufhalten müssen. Wie ich hergekommen bin? Ich fürchte, mein Lieber, Sie wären um keinen Deut klüger, wenn ich es Ihnen sagte. Durch halb Rußland, durch

* Gauner

Astrachan, über den Aralsee (und – ja richtig, auch das Kaspische Meer), über den Hindukusch – gewiß, vertrautes Gelände sozusagen. Beschwerlich? Ach, das würde ich nicht gerade sagen ... Will allerdings froh sein, wenn die Schrammen da endlich verheilt sind, scheuern doch ganz abscheulich, solche Ketten ... Russische Kerkermeister haben noch einiges von englischen Kammerkätzchen zu lernen, wie? Jawohl, Flashman. *Der* Flashman, wenn Sie so wollen. Jetzt geben Sie's gleich über den Telegrafen nach Kalkutta durch, ja? Ach, und lassen Sie Lord Raglan ausrichten, ich ließe mich entschuldigen, daß ich nicht wieder in Balaklawa aufgetaucht bin, ich war leider verhindert. Aber jetzt, Kamerad, würde ich alles mögliche für ein Bad geben, für seidene Socken und eine Haarbürste ...«

Die Presse würde sich darauf stürzen wie ein Mann. Held von Afghanistan, jetzt Retter Indiens – falls es uns gelang, dieses verwünschte Land tatsächlich zu retten. Immerhin hatte ich dann mein Teil dazu getan, und Easts Marsch durch den Schnee würde sich im Vergleich eher kümmerlich ausnehmen. Natürlich würde ich ihm einen freundschaftlichen Schlag auf den Rücken geben und sagen, er habe schließlich nur seine Pflicht getan, selbst wenn er dazu seinen alten Freund habe opfern müssen. »Trotz allem, finde ich, habe ich das leichtere Teil erwählt«, würde ich mit ernsthafter Miene sagen. »Ich stand nicht vor der Notwendigkeit, eine solche Entscheidung zu treffen. Unaufdringlich, beiläufig, voller Selbstbescheidung – wenn ich es richtig anstellte, konnte sogar ein Adelstitel für mich rausspringen.

Um diese schillernden Träume Wirklichkeit werden zu lassen, brauchte ich nichts weiter zu tun, als von Mann zu Mann mit Yakub Beg zu sprechen, sobald er sich von seiner schweren Prüfung erholt hatte, ihn darauf hinzuweisen, daß der Russe unser gemeinsamer Feind war und die Pflicht mir die unverzügliche Weiterreise nach Indien gebot, ihm für seine Gastfreundschaft zu danken und mich mit einem Segen und seiner Unterstützung auf den Weg zu machen. Um keine Zeit zu verlieren, ventilierte ich noch am gleichen Nachmittag die Frage im Gespräch mit Izzat Kutebar, der mich eingeladen hatte, im Nachbarzelt, wo er sich lärmend von Gefangenschaft und Flucht erholte, eine Schüssel *kefir* mit ihm zu verzehren.

»Iß und danke der Fügung für solche Genüsse, die ihr Ungläubigen Ambrosia nennt«, sagte er, als eine Dienerin die Schale mit der honigfarbenen Milchspeise vor mich hinstellte. »Das Geheimnis der Zubereitung wurde Abraham von Gottvater persönlich anvertraut. Ich persönlich gebe dem Kefir sogar den Vorzug vor einer Taschkenter Melone, und du kennst ja das Sprichwort, das besagt, daß der Kalif der Gläubigen zehn perlenbrüstige Schönheiten aus seinem Harem für eine einzige Melone aus Taschkent geben würde. Ich selbst würde vielleicht fünf oder sechs geben – aber da müßte es schon eine große Melone sein.« Er wischte sich den Bart. »So willst du denn nach Afghanistan und zu deinen Leuten in Indien? Es läßt sich machen, wir haben eine Schuld bei dir abzutragen, Flashman *bahadur*, Yakub und ich und unser ganzes Volk. So wie auch du in unserer Schuld stehst, da wir dich errettet haben.«

Ich beeilte mich, ihn meiner ewigen Dankbarkeit zu versichern, und er nickte ernst.

»Das Wort des Dankes sollte unter Kriegern wie der Herzschlag sein – man hört ihn kaum, aber man braucht ihn zum Leben.« Er grinste verlegen. »Aber was sage ich da ... wir alle stehen in der Schuld dieser wilden Hexe, Ko Dalis Tochter, welche sie die Seidenblume nennen.« Er schüttelte den Kopf. »Gott schütze mich vor einem störrischen Kind und vor einer wollüstigen Person, die unverhüllten Gesichtes umhergeht. Jetzt wird sie sich durch nichts mehr halten lassen – und auch Yakubs blinde Leidenschaft wird keine Grenzen mehr kennen. Und doch, mein Feund, würden wir beide ohne sie jetzt hier sitzen und Kefir essen?«

»Wer ist sie denn?« Das, was ich in der vergangenen Nacht von dieser bemerkenswerten Weibsperson gesehen – und gespürt – hatte, weckte mein lebhaftes Interesse. Sie wäre überall eine außerordentliche Erscheinung gewesen, aber in einem Land des Islam, wo den Frauen strenge Grenzen gesetzt sind und sie sich nie träumen lassen würden, aktiv anteil am Werk der Männer zu nehmen, hatte mich ihre Autorität in Erstaunen gesetzt. »Weißt du, Izzat, gestern abend, bis sie ... äh ... mich küßte, war ich fest davon überzeugt, sie sei ein Mann.«

»Das muß auch Ko Dali gedacht haben, als dieses wilde kleine Bündel brüllend auf die Welt kam«, sagte er. »Wer ist Ko Dali? Ein chinesischer Kriegsherr, der soviel Geschmack besaß, sich eine Frau aus Khokandia zu nehmen, und das Pech hatte, die Seidenblume zu zeugen. Er lenkt die Geschichte Kaschgars, einer chinesischen Stadt in Ostturkestan, tausend Meilen östlich von hier, unterhalb des Issik Kul und des Siebenflußlandes. Wollte Gott, er hätte auch seine Tochter so gut gelenkt, dann wäre uns viel Schande erspart geblieben. Denn ist es nicht beklagenswert, daß eine Frau sich unter uns gebärdet wie ein Khan und sich an die Spitze jenes Unternehmens setzte, das gestern dich und mich befreite? Kann ich, Kutebar, der Welt noch ins Gesicht sehen, wenn ich sagen muß: ›Eine Frau hat mich aus den Verliesen von Fort Raim geholt?‹ Ja, du lachst, alte Kuh«, blaffte er die Dienerin an, die gackernd zugehört hatte. »Ist das Respekt, Tochter der Schande? Ihr schlagt euch alle auf ihre Seite, verdorbene Schlampen, die ihr seid, und jubiliert, wenn wir Männer gedemütigt werden. Das Schlimmste ist«, fuhr er, zu mir gewandt, fort, »daß die Seidenblume immer recht hat. Ein Skandal, aber da ist nichts zu machen. Wer ergründet die Wege Allahs, der solche Dinge geschehen läßt?«

»Bei den Russen hat es etwas Ähnliches gegeben, Kutebar«, sagte ich. »Die hatten eine Kaiserin. Und in meiner Heimat herrscht eine Königin.«

»Das hörte ich«, sagte er. »Aber ihr seid Ungläubige. Und sag mir eins – geht eure Sultanin Vik Taria unverschleiert? Plant sie Überfälle und Mordanschläge? Nein, beim schwarzen Grab von Timur, ich wette, das tut sie nicht.«

»Nicht das ich wüßte«, gab ich zu. »Aber sag, woher kommt diese Seidenblume? Und wie heißt sie richtig?«

»Wer weiß das schon? Sie ist Ko Dalis Tochter. Und sie kam an dem Tag – zwei Jahre ist es wohl her –, nachdem die Russen dieses Haus des Teufels, Fort Raim, gebaut hatten und allen Verträgen und Versprechen zum Trotz ihre Soldaten auf die Ostseite des Aralsees schickten, um unser Land einzunehmen und unser Volk zu versklaven. Damals kämpften wir gegen sie, wie wir auch jetzt noch gegen sie kämpfen – Yakub und ich und die anderen Stammesführer, und dann war sie plötzlich unter uns mit ihrem schamlosen, unverhüllten Gesicht und ihren kühnen Reden, in ihrem Gefolge ein Dutzend chinesischer Teufel. Es waren unruhige Zeiten, die Welt stand Kopf, und wir kämpften ums liebe Leben, um mit Raubzügen und Überfällen die Russen im Zaum zu halten. In solchem Wirrwarr ist alles möglich, selbst ein weiblicher Kriegsherr. Und Yakub sah sie und ...« Er breitete die Hände aus. »Sie ist schön wie die Lilie am Morgen und auch klug, das will ich nicht bestreiten. Gewiß werden sie eines Tages heiraten, wenn Yakubs Frau es erlaubt – sie wohnt in Julek, am Strom. Er ist kein Narr, mein Yakub – vielleicht liebt er dieses Habichtsweibchen, vielleicht auch nicht. Aber er ist ehrgeizig und wünscht sich ein Königreich wie Kaschgar. Wenn Ko Dali stirbt und Yakub merkt, daß der Thron von

Khokand für ihn unerreichbar ist, mag es sein, daß er sich von Ko Dalis Tochter Hilfe erhofft, um den Chinesen die Provinz Kaschgar zu entreißen. Er hat davon gesprochen. Und sie sitzt da und verschlingt ihn mit ihren großen schwarzen Mongolenaugen. Es heißt«, fuhr er vertraulich fort, »daß sie auch andere Männer verschlingt, und daß der Gouverneur von Fort Raim, Engmann der Rußki – mögen wilde Eber sich über seinem Grab paaren! – ihr zur Strafe für ihr skandalöses Betragen den Kopf kahlscheren ließ, als sie letztes Jahr, nach dem Fall von Ak Mechet, in Gefangenschaft geriet. Es heißt –«

»Gelogen«, kreischte die alte Dienerin. »Es ist der Neid, der die Männer treibt, sie mit Schmutz zu bewerfen, unsere Kluge, Schöne ...«

»Wirst du wohl schweigen, Mutter der Zweitracht, Vernichterin guten Essens«, sagte Izzat. »Sie haben ihr den Schädel geschoren, sage ich, und deshalb muß sie ständig mit einem Turban herumlaufen, denn sie hat geschworen, sich das Haar erst dann wieder nachwachsen zu lassen, wenn Engmanns Kopf auf einem Teller zu ihren Füßen liegt. Die Verderbtheit der Frauen ... Aber was kann man tun? Sie ist zehn Köpfe im Kriegsrat wert, sie reitet wie ein Kasak und ist so tapfer wie ... wie ich, bei Gott. Wenn Yakub und Buzurg Khan von Khokand – und ich natürlich – diese Russenschweine zurückhalten, dann nur deshalb, weil sie die Gabe hat, ihre Schwächen zu sehen und uns die Wege zu ihrer Zerstörung zu zeigen. Ich glaube, Gott hat sie angerührt, und deshalb sagen unsere Männer Ja zu ihr und hören auf sie – und drehen den Kopf zur Seite, damit ihr Blick sie nicht trifft. Alle bis auf Yakub Beg, der war schon immer ihr Fürsprecher und kennt keine Furcht.«

»Eines Tages, sagst du, wird sie ihn zum König machen und seine Königin sein? Ein erstaunliches Weib, wahrhaftig. Und inzwischen hilft sie euch beim Kampf gegen die Russen?«

»Nicht mir, bei Gott. Mag sein, daß sie Yakub hilft, der als Anführer der Tadschiken und Militärgouverneur unter Buzurg Khan, dem Herrscher von Khokand, kämpft. Für sie geht es um ihren Staat, um das ganze kirgis-kasakische Volk, um einen Eindringling. Aber ich, Izzat Kutebar, kämpfe für mich und meine eigene Schar. Ich bin kein Staatsmann. Ich bin Bandit«, sagte der alte Schurke voller Stolz, »wie meine Vorväter. Seit über dreißig Jahren, seit ich zum ersten Mal die Buchara-Karawane überfiel, beraube ich die Russen. Laß mich das Gewand des Stolzes über dem Harnisch des Ruhms tragen, denn ich habe ihnen, seit sie ihre Nasen aus dem Blauen Teich (Aralsee) gesteckt haben, mehr Beute abgenommen und mehr Kehlen durchgeschnitten als jeder –«

»Und ein kleines Mädchen muß dich aus Fort Raim herausholen«, ließ sich die Alte von ihren Töpfen her vernehmen. »Als der Boden erzitterte im letzten Jahr, war das ein Erdbeben? O nein, es war Timur, der sich im Grab herumgedreht hat um der Ehre der Männer von Syr-Darja willen. Hihi ...«

»Ich kämpfe als Bandit gegen die Russen«, fuhr Kutebar fort, die Unterbrechung großzügig überhörend. »Soll es mir nicht erlaubt sein, Raubzüge in meinem eigenen Land zu unternehmen? Ist das nicht auch eine gerechte Sache und aller Ehren wert, so wie Yakubs Kampf um die Freiheit seines Volkes oder Buzurgs Kampf um seinen Thron und seinen schönen Palast und Steuern und Tanzmädchen? Oder Sahib Khans Kampf, der seine in Ak Mechet ermordete Familie rächen will? Jedem das Seine, sage ich. Aber du wirst es selbst erleben, wenn wir heute abend Yakub aufsuchen, und du wirst auch die Seidenblume sehen und kannst dich selbst davon überzeugen, was für eine Kreatur das ist. Gott bewahre mich vor dem Hochzeitslager mit einer solchen Dämonin, und wenn ich ins Paradies komme, mögen meine *houris* nicht aus China sein.«

So führte mich denn Kutebar am Abend, nachdem ich gebadet, meinen Bart getrimmt und die schmutzigen Lumpen meiner Gefangenschaft gegen Hemd, Pyjamahosen und weiche persische Stiefel vertauscht hatte, durch das Gewimmel des Lagers. Von allen Seiten wurde er begrüßt, als er mit geöltem Bart, silberbeschlagenem Gürtel und einer großmächtigen goldenen Medaille über dem prächtigen grünen Rock daherstolzierte, und die Kinder umringten ihn und bettelten um Süßigkeiten, die er immer für sie bei sich trug. Räuber hin, Räuber her – es war deutlich zu sehen, wie beliebt er war. Auch ich mochte ihn gut leiden, und ich überlegte, daß er und Pencherjevsky und der alte Scarlett ein Herz und eine Seele gewesen wären. Ich sah sie förmlich vor mir, wie sie miteinander in Rutland auf die Jagd gingen, Wilddieben nachstellten, über die Regierung herzogen und früh um vier einer Flasche nach der anderen den Hals brachen.

Wir stiegen zu den weißen Häusern des Dorfes hinauf, und Izzat führte mich durch einen niedrigen Bogengang in einen Garten mit Springbrunnen und einem offenen Säulenpavillon. Man kam sich vor wie in einem Bühnenbild für ›Aladin und die Wunderlampe‹. Es war ein wunderschönes Fleckchen Erde, Vögel zwitscherten in den Zweigen der schattenspendenden Bäume, die ersten Sterne erschienen am dunkelblauen Himmel, und hinter der Mauer spielte leise ein flötenähnliches Instrument. Es ist schon sonderbar, wie die Wirklichkeit des Orients alle Erfindung romantischer Dichter und bildender Künstler bei weitem übertrifft.

Yakub Beg lag auf Kissen gebettet in dem Pavillon, barhäuptig und nur im Pyjama, indes ein kräftiges Weib ihm mit warmem Öl die Schultern massiert. Er war noch recht matt, und die Augen lagen tief in den Höhlen, aber als er uns sah, leuchtete sein hageres Gesicht auf. Er wirkte ein wenig dämonisch mit seinem geteilten Bart, seiner Schläfenlocke und den in Zentralasien so seltenen blitzblauen Europäeraugen – eine Hinterlassenschaft von Alexanders griechischen Söldnern, so heißt es. Und ich glaube, ich habe nie wieder einen Menschen getroffen, der so strahlend lächeln konnte. Wenn man ihn sah, verstand man sofort, weshalb die Syr-Darja-Stämme ihren hoffnungslosen Kampf gegen die Russen noch nicht aufgegeben hatten. Die Toren werden immer den Yakub Begs dieser Welt nachlaufen.

Er begrüßte mich freudig und machte mich mit seinem Stellvertreter, Sahib Khan, bekannt, von dem mir nur in Erinnerung geblieben ist, daß er ungewöhnlich groß war und einen Schnurrbart hatte, der ihm bis aufs Kinn herunterhing. Ich versuchte, nicht allzu auffällig zu der Dritten im Bunde hinzusehen, die auf den Kissen neben Yakub ruhte und mit einem Perserkätzchen auf ihrem Schoß spielte. Jetzt, bei Tageslicht, erinnerte kaum noch etwas an das erregbare, leidenschaftliche Geschöpf, das ich in der vergangenen Nacht für einen Knaben gehalten hatte. Ko Dalis Tochter war an diesem Abend ein sehr selbstbewußtes, betont frauliches junges Weib. Freilich – die Frauen sind so. Eben noch kreischen sie wie am Spieß, gleich darauf sind sie ganz steife Würde. Sie trug die bei den Tadschikenfrauen üblichen eng anliegenden weißen Hosen, an den zierlichen Füßen hatte sie persische Pantoffeln mit aufgebogenen Spitzen, und jeder Eindruck von Knabenhaftigkeit wurde durch die Rundungen unter der Bluse aus Silberlamé und dem kurzen gestickten Jäckchen zunichte gemacht. Um den Kopf, das schöne, alabasterfarbene junge Gesicht umrahmend, trug sie einen blaßrosa Turban. Vielleicht halten Sie mich für überempfänglich – aber ich fand sie äußerst reizvoll mit ihren schrägen Mandelaugen (die das einzig Chinesische an ihr waren), den leicht vorstehenden milchweißen Zähnen, die aufblitzten, wenn sie lachend das Kätzchen neckte, dem entschlossenen kleinen Kinn und der schönen geraden Nase, die aussah wie aus Marmor gemeißelt. Sie mochte nicht von so vollkommener Schönheit sein wie die Montez, aber in ihren geschmeidigen Bewegüngen, in dem undefinierbar lockenden Ausdruck der dunklen unergründlichen Augen ... gut, gut, ich höre ja schon auf.

»Wie mir Izzat sagt, liegt dir viel daran, zu deinen eigenen Leuten in Indien zu stoßen, Flashman *bahadur*«, sagte Yakub Beg. »Doch ehe wir darauf zu sprechen kommen, möchte ich dir zeigen, wie dankbar ich dir bin für ... ja, für mein Leben. Es gibt etwa ein halbes Dutzend Menschen auf der Welt, die Yakub Beg einmal das Leben gerettet haben – drei von ihnen siehst du hier ...«

»Dumm genug, daß wir uns darauf eingelassen haben«, brummte Kutebar. »Eine undankbare Aufgabe, Freunde.«

»... aber du bist der erste *feringi*, der mir diesen Dienst erwiesen hat. Es wäre mir deshalb eine große Ehre, wenn du einverstanden wärst ...«

Ich fragte mich, was jetzt wohl kommen mochte, und schnappte nach Luft, als auf einen Wink Sahib Khans von einem Diener ein Tablett hereingebracht wurde, auf dem sich vier Gegenstände befanden: ein Schälchen mit Salz, ein zweites, in dem ein Stück Holzkohle qualmte, ein Brocken Erde, an dem ein paar dürre Grashalme klebten, und ein schlichter persischer Dolch mit Wellenschliff und der Schlange- und Hase-Zeichnung auf der Klinge. Jetzt wußte ich, woran ich war, und staunte nicht schlecht, denn es ist die höchste Ehre, die ein Angehöriger der Bergstämme zu vergeben hat. Yakub Beg wollte mich zu seinem Blutsbruder machen. Daß ich ihm das Leben gerettet hatte, war wohl richtig. Dennoch war es nach so kurzer Bekanntschaft ein extraordinärer Schritt.

Das Zeremoniell kannte ich, da ich vor Jahren Blutsbruder des jungen Ilderim von Mogala geworden war, und so kostete ich denn nach Yakub Beg das Salz, fuhr mit meiner Hand über Feuer und Erde, legte sie dann neben die seine auf das Messer und sprach ihm nach:

»Bei Erde und Salz und Feuer, bei Griff und bei Klinge und im Namen Gottes, in welcher Zunge auch immer der Mensch zu ihm ruft – ich bin hinfort dein Bruder im Blute. Mag Er mich verfluchen und für alle Ewigkeit der Verdammnis anheimgeben, wenn ich dich je im Stich lasse, mein Freund.«

Ich halte generell nicht viel von Schwüren und bin von Natur aus kein wahrheitsliebender Mensch, aber bei den drei Anlässen, als ich Blutsbruderschaft geschworen habe, war mir feierlicher zumute als bei einem Eid auf die Bibel. Der alte Arnold hat wohl recht – ich bin eben rettungslos verloren.

Yakub Beg tat sich ein bißchen schwer bei der Zeremonie, seine Schultern waren noch gelähmt, und Sahib Khan mußte seine Hand auf dem Tablett führen und mir seine Arme um den Hals legen, als ich mich herunterbeugte, um den formellen Bruderkuß mit ihm auszutauschen. Dann murmelten Kutebar und Ko Dalis Tochter und Sahib Khan höfliche Glückwünsche, und wir tranken heißen schwarzen Kaffee mit Zitronenessenz und Opium, gesüßt mit Sorbet.

Danach begann der Ernst des Lebens. Ich mußte auf Yakub Begs Bitte meine Geschichte erzählen und schildern, wie ich in die Hände der Russen gefallen war. So berichtete ich ihnen denn in aller Kürze im wesentlichen das, was ich hier niedergeschrieben habe – von meiner Gefangennahme in Balaklawa bis zu meiner Ankunft in Fort Raim. Was mich in ein schlechtes Licht hätte rücken können, ließ ich natürlich aus und beschränkte mich auf das, was sie am meisten interessierte – warum in Fort Raim eine große russische Armee für den Marsch nach Indien zusammengezogen wurde. Sie lauschten gespannt, nur gelegentlich hörte man von den Männern ein »Bismillah!« oder »Eyah!« und ein Händeklatschen, während die Frau schweigend dabeisaß, das Kätzchen streichelte und mich aus nachdenklichen Mandelaugen musterte. Als ich fertig war, begann Yakub Beg zu lachen – so laut und herzlich, daß ihm die geschundenen Glieder wehtaten.

»So hat das Sprichwort wieder einmal recht gehabt: Hochmut kommt vor dem Fall. O Khokand, was bist du für ein kleines Fleckchen Erde, und wie unbedeutend ist dein Volk im Angesicht der großen Welt. In unserer Torheit hatten wir uns eingebildet, diese große Armee sei für uns bestimmt, der Weiße Zar habe seine Besten geschickt, um uns zu zertrampeln. Dabei sollen wir nur so ganz nebenbei ausgetilgt werden – wie eine Mücke, die sich der Jäger aus dem Auge wischt, wenn er die Beute sichtet. So marschiert der Große Bär also auf Indien?« Er schüttelte den Kopf. »Werden deine Leute ihn am Khyberpaß aufhalten können?«

»Vielleicht – wenn es mir gelingt, sie rechtzeitig zu warnen.«

»In drei Wochen könntest du in Peschawar sein«, sagte er nachdenklich. »Uns allerdings ist damit nicht geholfen. Es heißt, die Russen würden mit ihrem Marsch den Syr-Darja hinauf in den nächsten zwei Wochen beginnen. Das bedeutet, daß wir noch einen Monat zu leben haben. Und dann ...« Er machte eine müde Handbewegung. »Taschkent und Khokand werden fallen. Perowski wird seinen Tee in der Karawanserei am Basar von Samarkand trinken, seine Pferde wird man im Sia-Fluß tränken, und die Kosaken werden über den Schwarzen und den Roten Sand reiten.« Er lächelte bitter. »Mag sein, daß es den Briten gelingt, Indien zu retten. Aber wer rettet uns? Die Weißen hatten recht: Verloren sind wir, wenn Rußland das Wasser des Jaxartes trinkt. Seit vier Jahren nehmen sie es schluckweise, aber jetzt werden sie das Flußbett leersaufen.«

Es wurde still, die Männer sahen trübe vor sich hin, und die Seidenblume spielte mit der Katze und warf mir ab und an einen beunruhigenden langen Blick zu.

»Vielleicht«, sagte ich hilfsbereit, »könntet ihr euch mit ihnen einigen. Unter gewissen Bedingungen ...«

»Bedingungen?« wiederholte Yakub. »Hast du schon einmal einem Wolf Bedingungen gestellt, Engländer? Soll ich dir sagen, wie ihre Bedingungen aussehen? Als vor zwei Jahren dieser Schurke Perowski mit seinen Soldaten und Geschützen vor meine Stadt Ak Mechet zog, weil sie die Lust angekommen war, unser Land zu stehlen, weißt du, was er da zu Mahomed Wali gesagt hat, der in meiner Abwesenheit über die Stadt gebot?« Seine Stimme war noch ruhig, aber seine Augen glitzerten. »Er sagte: Rußland ist nicht für einen Tag gekommen oder für ein Jahr – sondern für immer. So sahen sie aus, seine Bedingungen. Und Walis Mannen verteidigten die Stadt, und selbst die Frauen und Kinder warfen ihre *kissiaks** nach den Geschützen, sie harrten aus, bis der Proviant aufgebraucht, das Schwert zerbrochen und das wenige Schießpulver verschossen war, bis die Mauern gefallen waren und nur noch die Zitadelle blieb. Da sagte Wali: Es ist genug. Wir werden uns ergeben. Und Perowski zerriß das Kapitulationsangebot und sagte: Wir werden die Zitadelle mit unseren Bajonetten nehmen. Und das taten sie. Zweihundert der Unseren, selbst Greise und Kinder, kartätschten sie nieder. Das *ist die Ehre* eines russischen Soldaten, das ist der Friede des Weißen Zaren.«[41]

»Meine Frau und meine Kinder starben in Ak Mechet vor der Weißen Moschee«, sagte Sahib Khan. »Sie konnten sich nichts vorstellen unter diesen Russen. Vor der Schlacht klatschte mein kleiner Sohn in die Hände, er freute sich an dem Anblick der vielen hübschen Uniformen und den fein säuberlich ausgerichteten Kanonen.«

* harte Dungbälle, als Wurfgeschosse verwendet

Wieder schwiegen sie, und ich saß unbehaglich da, bis Yakub Beg sagte: »Du siehst also – Bedingungen wird es nicht geben. Wen sie nicht töten, werden sie versklaven, sie haben das bereits angedeutet. Sie werden uns hinwegfegen von Persien bis zum Balchaschsee und zum Dach der Welt. Wie können wir sie daran hindern? Vor zwei Wintern führte ich siebentausend Mann gegen Ak Mechet und sah sie unterliegen. Ich kam mit der doppelten Zahl und sah Tausende zu Boden sinken. Die Russen hatten achtzehn Gefallene. Freilich, wenn es Mann gegen Mann ginge, Pferd gegen Pferd, Säbel gegen Säbel, könnte mich die Überzahl nicht schrecken. Aber was können unsere Reiter gegen ihre Artillerie, ihre Flinten ausrichten?«

»Kämpfen können sie«, knurrte Kutebar. »Und wenn es schon der letzte Kampf ist, so soll es ein denkwürdiger Kampf werden. Einen Monat, sagst du? In einem Monat können wir das Banner mit dem Roßschweif nach Kaschgar tragen und wieder zurück. Wir werden alle Muslimkämpfer zusammenrufen, vom Turgai bis zum Hindutöter, von Chorasan bis zur Wüste Tarm.« Seine Stimme hatte sich zu einem gewaltigen Donnergrollen gesteigert. »Als in den alten Tagen die Chinesen die Kalmücken aufs Haupt schlugen, wie lautete die Antwort an die Kleinmütigen? Schaut nach Osten, Westen, Norden, Süden – dort findet ihr den Kirgisen. Warum sollten wir vor einer Handvoll Fremder klein beigeben? Sie haben Waffen, sie haben Pferde. Die haben wir auch. Und wenn sie zu Tausenden anrücken, diese Ungläubigen – gibt es nicht noch die Große Horde der Steppen, das Volk der blauen Wölfe[42], die uns in unserem *djihad** zur Seite stehen kann? Und wenn wir auch nicht den Sieg davontragen, bei Gott, wir werden ihnen zeigen, daß noch immer die Geister des Tirmur und des Dschingis Khan über diesen Ebenen schweben. Jede Elle des Syr-Darja können wir mit russischen Leichen säumen. Sie werden teuer bezahlen für dieses Land. So teuer, daß dem Zaren im Kreml die Goldstücke ausgehen werden.«

Sahib Khan ergriff wieder das Wort. »Wie es im Sprichwort heißt: ›Solange der Flintenlauf noch am Schaft sitzt und die Klinge noch heil ist.‹ Etwas anderes bleibt uns nicht, Yakub.«

Yakub Beg seufzte, dann lächelte er mir zu. Er war einer dieser hochgemuten Halunken, die nie lange Trübsal blasen können. »Es mag wohl sein. Wenn sie uns überrennen, so werde ich es nicht erle-

* Heiliger Krieg

ben, ich werde irgendwo bei Ak Mechet liegen und unsere geliebte Erde düngen. Wir können dir hier am Syr-Darja ein wenig Zeit erkaufen, Flashman *bahadur* – mehr nicht. Deine roten Soldaten mögen uns rächen, aber nur Gott kann uns helfen.«

»Und er pflegt sich gern auf die Seite des Siegers zu schlagen, die nicht die unsere sein dürfte«, sagte Kutebar. »Sei's drum. Ich bin überfällig fürs Paradies. Gott gebe, daß ich es auf einem tunlichst blutigen Abkürzungsweg erreiche.«

Zum erstenmal ergriff Ko Dalis Tochter das Wort, und ich war überrascht, wie hoch und gleichzeitig belegt ihre Stimme war. Es war eine Stimme, die einen an französische Satinsofas denken ließ, an heruntergelassene Jalousien und purpurne Tapeten. Sie hatte sich lang ausgestreckt, kitzelte das Kätzchen am Bauch und sagte halblaut:

»Hörst du sie, kleine Tigerin, diese großen, starken Männer? Wie weiden sie sich an ihrer Verzweiflung. Sie haben die Chancen gewogen, sie haben festgestellt, daß es nicht gut für sie aussieht, und weil das Kämpfen so viel leichter ist als das Denken, hängen sie den Finsterblick der Resignation vor die Fassade der Dummheit und fluchen ganz fürchterlich.« In grotesk-nachäffendem Winselton fuhr sie fort: »Bei den Eingeweiden von Rustum, wir werden ihnen eine Schlacht liefern, an die sie denken sollen – reich mir meinen Krummsäbel, Gamal, er steht im Holzschuppen. Jawohl, ein fürchterliches Gemetzel werden wir veranstalten, und sollen sie uns auch kurz und klein schlagen, – Gott schütze die Tapferen – so werden wir uns kurz und kleinschlagen lassen wie Männer. Eyewallah, Brüder, es ist Gottes Wille, wir haben unser Bestes getan. So reden sie, die weisen Krieger, kleine Schwester mit dem weichen Fell, und deshalb weinen wir Frauen, und die Kinder müssen Hunger leiden. Aber hab keine Angst, wenn die Russen sie alle umgebracht haben, werde ich mir einen großen starken Kosaken suchen, und du sollst einen geilen russischen Kater haben, und wir werden herrlich und in Freuden von Orangen und Honig und Sahne leben.«

Yakub Beg lachte nur und beschwichtigte den wütend knurrenden Kutebar. »Hat sie schon einmal etwas gesagt, was nicht des Zuhörens wert gewesen wäre? Sprich, Seidenblume, was müssen wir zu unserer Rettung tun?«

Ko Dalis Tochter rollte das Kätzchen herum. »Jetzt angreifen, ehe sie sich in Marsch gesetzt haben. Nehmt all eure Reiter, überrumpelt sie und zerstreut sie am Ufer.«

»Leere Worte, Mädchen«, erregte sich Kutebar. »Sie haben dreißigtausend Musketen, ein Drittel Kosakenkavallerie. Nicht einmal halb soviel können wir aufbringen.«

»Schickt zu Buzurg Khan und bittet ihn um Unterstützung notfalls wendet euch an Buchara.«

»Buchara ist lau«, sagte Yakub Beg. »Dort würde ich zu allerletzt um Hilfe bitten.«

Sie zuckte die Schultern. »Wenn der Jude verarmt, prüft er seine alten Konten. Sei's drum – dann müßt ihr es eben allein gehen.«

»Aber wie denn, Weib? Ich kann keine Menschen zaubern. Die Russen sind bei weitem in der Überzahl.«

»Aber wie wir von deinen Spionen in Fort Raim wissen, ist die Munition noch nicht eingetroffen. Es steht also gar nicht so schlecht, höchstens drei zu eins. Mit so tapferen Kämpfern wie unserem Kutebar sollte es euch ein Leichtes sein.«

»Der Teufel hole dich für deine Unverschämtheit«, giftete sich Kutebar. »In einer Woche kann ich nicht zehntausend Kämpfer auf die Beine stellen, und bis dahin sind ihre Pulver- und Patronenschiffe hier.«

»Dann hättest du sie eben schon früher auf die Beine stellen sollen«, gab sie scharfzüngig zurück.

»Der Himmel schenke dir Erleuchtung, verderbtes Chinesenbalg. Wie hätte ich das tun können, da ich im Gefängnis schmachtete?«

»Das war schlau«, sagte sie. »In der Tat eine vorausschauende Vorbereitung, sag, Miezmauz, sind sie nicht gescheit, diese großen, starken Burschen?«

»Wenn ein Überraschungsangriff auf das Heerlager Aussicht auf Erfolg hätte, wäre er von mir bereits angeordnet worden«, sagte Yakub Beg. »Um sie hier festzuhalten, ehe sie sich in Marsch setzen können ...« Er sah mich an. »Damit wäre dir wie auch uns geholfen, Engländer. Aber ich sehe keine Möglichkeit. In einer Woche werden die Pulverschiffe erwartet, und drei, vielleicht vier Tage später werden sie den Syr-Darja hinaufmarschieren. Wenn etwas geschehen soll, dann muß es bald geschehen.«

»Dann frag sie doch«, sagte Kutebar ironisch. »Wartet sie nicht darauf, daß man sie fragt? Für sie ist es ein Kinderspiel, du wirst schon sehen.«

»Wenn es ein Kinderspiel wäre, hättest du dir inzwischen selbst etwas überlegt«, sagte Ko Dalis Tochter. »Laß sehen, ob mir etwas einfällt.« Sie erhob sich, griff sich das Kätzchen, drückte es streichelnd und liebkosend an sich. »Wollen wir uns etwas einfallen lassen, kleine Grausame? Und wenn wir uns etwas überlegt haben, werden wir es ihnen sagen, und sie werden sich auf die Knie schlagen und sagen: ›Mashallah, wie einfach das ist. Es springt ins Auge. Ein Kind hätte darauf kommen können.‹ Und sie werden gütig lächeln und uns vielleicht ein bißchen *jumagi** zustecken oder eine Süßigkeit, für die wir uns demütigst bedanken werden. Komm, kleine Mäusemörderin.«

Und ohne einen weiteren Blick auf uns stolzierte sie davon. Unter den engen weißen Hosen wippte es herausfordernd, und Izzat fluchte leise vor sich hin.

»Ko Dali hätte dieser Range noch vor dem Zahnen die Dämonen austreiben sollen. Aber was verstehen die Chinesen schon von Kindererziehung? Wenn sie meine Tochter wäre, bei Gott, ich würde sie mir schon ziehen.«

»Du würdest es nicht wagen, Vater Graubart«, sagte Yakub freundlich. »Laß sie nachdenken. Und wenn nichts dabei herauskommt, darfst du sie gern auslachen.«

»Ein bitteres Lachen wird das sein beim Shaitan«, meinte Kutebar. »Und danach werden wir nichts mehr zu lachen haben.«

Nun war das ja alles gut und schön, aber für mich war es im Grunde ziemlich uninteressant, ob sie sich von den Russen jetzt oder in einem Monat niedersäbeln ließen. Die Hauptsache war in meinen Augen, Flashy auf den Weg nach Indien zu bringen, und ich erlaubte mir, das Thema noch einmal anzuschneiden. Aber Yakub Beg setzte mir einen Dämpfer auf.

»Gewiß, wir werden Sorge tragen, daß du nach Indien kommst, aber auf ein paar Tage mehr oder weniger kommt es jetzt nicht an. Bis dahin haben wir hier unsere Entscheidung getroffen, und es wäre gut, wenn deine Oberen in Indien erfahren, wie sie ausgefallen ist, damit sie das in ihre Vorbereitungen einbeziehen können. Unterdessen, Flashman *bahadur*, mein Blutsbruder, laß es dir wohl sein unter uns.«

Dagegen ließ sich nichts sagen, und so faulenzte ich denn drei Tage herum, streifte durch das Lager, beobachtete das emsige Kommen und Gehen von Kurieren und die tägliche Ankunft neuer Reiterei. Sie kamen aus allen Ecken und Winkeln des Roten Sandes, ja, bis zum Schwarzen Sand unterhalb von Chiva und Sarafschan und von der Bu-

* Taschengeld

chara-Grenze – Usbeken mit platten gelben Gesichtern und Schläfenlocken, hagere, dunkle Tadschiken und schlitzäugige Mongolen, furchterregendes Volk mit langen Schwertern und krummen Beinen –, bis nach meiner Schätzung allein in diesem Tal an die fünftausend Reiter standen. Aber bei der Vorstellung, daß diese wilden Horden auf Artillerie und gedrillte Scharfschützen treffen würden, begriff man, wie aussichtlos die ganze Geschichte war. Daran würden auch alle Überlegungen der Seidenblume nichts ändern.

Ein erstaunliches junges Weib – in Tränen aufgelöst beim Anblick von Yakubs Wunden, aber im Kriegsrat der Männer so beherrscht (und so herrschsüchtig) wie eine unserer strengen Mamas aus Mayfair. Und überdies eine wandelnde Versuchung für einen heißblütigen Burschen wie mich, so daß ich es mir angelegen sein ließ, in diesen drei Tagen einen großen Bogen um sie zu machen. Gewiß, ergötzlich für ein verregnetes Wochenende mochte sie sein, aber sie war außerdem auch Yakub Begs Zukünftige, und ich gebe zu, daß etwas in dem Schnitt ihres hübschen Lärvchens leises Unbehagen in mir hervorrief. Ich hege ein gesundes Mißtrauen starken, schlauen Weibern gegenüber, und mögen sie noch so treffliche Betthäschen sein, und Ko Dalis Tochter war stärker und schlauer, als mir lieb sein konnte, wie ich noch erfahren sollte. Grundgütiger, wenn ich denke, was diese Chinesenhexe mir eingebrockt hat ...

Ich faulenzte also herum und wurde stündlich ungeduldiger und unleidlicher. Ich wollte nach Indien, und mit jedem Tag rückte der Augenblick näher, da diese russischen Bestien (mit Ignatieff an der Spitze) samt Geschützen und Kosaken, Infanterie und allem Drum und Dran den Syr-Darja hochmarschieren und sich wie eine Flut über Khokandien ergießen würden. Wenn es soweit war, wollte ich mit der frohen Kunde schon weit weg sein – auf dem Weg nach Indien und zu frischen Lorbeeren. Yakub Beg und seine zottigen Kumpane konnten von mir aus nach Herzenslust gegen die Russen kämpfen, denn wenn ich auch eine gewisse Zuneigung zu ihm und seinen Tadschiken und Usbeken gefaßt hatte und ihnen nichts Böses wünschte, war es mir recht gleichgültig, wie es ihnen erging, sofern nur ich sicher saß. Aber Yakub schien noch immer nicht recht zu wissen, wie er sich zum Kampf rüsten sollte. Er hatte bei seinem obersten Kriegsherrn, Buzurg Khan, die Möglichkeit von Beistandsleistungen sondiert, es war aber wohl nicht viel dabei herausgekommen, und so ließ er sich denn, von Kutebar angestachelt, allmählich zu der Idee der Seidenblume bekehren, den Gegner im Handstreich zu vernichten, ehe er mit wohlgefüllten Magazinen von Fort Raim ausrücken konnte. Natürlich war die Sache von Anfang an aussichtslos, obschon er den Russen in ihrem Lager vermutlich mehr Schaden zufügen konnte als auf dem Marsch. Nur zu, ihr Lieben, dachte ich, wenn ihr vorher noch mit dem Roß und einer Eskorte herausrückt, habt ihr meinen Segen, und ich empfehle mich.

Damit hätte es sein Bewenden haben können, wenn da nicht dieses kätzchenstreichelnde Weibsbild mit ihrer Ingeniosität gewesen wäre. Kutebar hatte recht: Vor Jahren schon hätte man Ko Dalis Tochter die Unarten mit der Rute austreiben sollen.

Es war der vierte Tag, und ich drückte mich auf dem kleinen Markt herum und verbesserte mein Persisch, indem ich mir von einem Halsabschneider und früheren Karawanentreiber aus Astrabad die neunundneunzig Namen Gottes beibringen ließ (den hundersten kennen nur die baktrischen Kamele, deshalb machen sie stets ein so arrogantes Gesicht), als Kutebar mir aufgeregt verkündete, Yakub Beg wünsche mich sogleich zu sprechen. Ich dachte mir nichts Böses und folgte ihm. Yakub Beg hockte mit Sahib Khan und einigen anderen Männern um ein Kaffeetischchen. Ko Dalis Tochter räkelte sich in einiger Entfernung, lauschte, schwieg und fütterte ihr Katzenvieh mit süßem Gelee. Yakub, der sich mittlerweile soweit erholt hatte, daß er sich, wenn auch ein wenig steif, wieder bewegen konnte, war sichtlich erregt. Lächelnd legte er zur Begrüßung seine Hand gegen die meine und bedeutete mir, Platz zu nehmen.

»Ich habe Neuigkeiten, Flashman *bahadur*. Morgen treffen die russischen Pulverschiffe ein, das Dampfschiff *Obrucheff* und der Segler *Michail*, und bis zum Abend werden sie an der Mündung des Syr-Darja vor Anker liegen, beladen mit allem, was die Artillerie an Pulver, Patronen und Granaten braucht. Am nächsten Tag wird die Munition an die russischen Truppen verteilt, die zur Zeit nur zwanzig Schuß für jede Muskete haben.« Er rieb sich freudig die Hände. »Begreifst du, was das bedeutet, *angliski*? Gott hat sie in unsere Hände gegeben, sein Name sei auf ewig gepriesen.«

Ich begriff überhaupt nichts – bis Sahib Khan mich aufklärte.

»Wenn es gelingt, diese beiden Pulverschiffe zu zerstören«, sagte er, »wird in diesem Jahr keine russische Armee an den Ufern des Syr-Darja stehen. Sie wird sein wie ein Bär ohne Klauen.«

»Und es wird in diesem Jahr auch keinen Marsch auf Indien geben«, freute sich Yakub. »Was sagst du dazu, Flashman?«

Gewiß, das war eine beachtliche Neuigkeit, und an ihrer Logik war nicht zu tippen. Ohne Munition kein Vormarsch. Von meiner distanzierten Warte aus war nur noch eine Kleinigkeit offen geblieben.

»Und das traut ihr euch zu?«

Er sah mich an und lächelte, und etwas in diesem durchtriebenen Banditengesicht löste die bekannten Alarmsignale in meinen Eingeweiden aus.

»Das sollst du uns sagen. In der Tat, Gott hat dich zu uns geführt. Höre, *angliski*. Was ich dir sage, ist zuverlässige Nachricht. Die Sklaven und Sklavinnen, die am Ufer von Fort Raim die Ladung für das russische Gesindel löschen und sich die Seele aus dem Leib schuften, gehören sämtlich unserem Volk an, so daß in dem russischen Heerlager nicht ein Wort gesprochen wird, sich keine Hand rührt, kein Posten seine Notdurft verrichtet, ohne daß wir davon erfahren. Wir wissen bis aufs letzte Reiskorn, bis zum letzten Hufeisen, was an Vorräten bereits am Ufer liegt, und wir wissen auch, daß die Pulverschiffe, wenn sie vor Fort Raim vor Anker gehen, so dicht von Wachbooten umringt sein werden, daß nicht einmal ein Fisch durchschlüpfen vermöchte. Wir können also nicht hoffen, sie zu minieren oder sie in einem Sturmangriff oder einem Überrumpelungsversuch in Brand zu stecken.«

Damit, so schien mir, war die Sache abgetan, aber schon hatte er die nächste Möglichkeit beim Wickel.

»Auch die Hoffnung, die leichtesten unserer wenigen Kanonen an eine Stelle zu ziehen, von der aus die Schiffe für ihre Kugeln erreichbar sind, können wir begraben. Was also bleibt?« Mit triumphierendem Lächeln holte er ein zusammengerolltes, mit kyrillischen Buchstaben bedecktes Blatt Papier aus der Brusttasche. Es sah nach einer Liste aus.

»Sagte ich nicht, daß unsere Spione uns gut versorgen? Dies ist ein Verzeichnis der Waren und Ausrüstungsgegenstände, die bereits an Land gebracht wurden und unter Zeltplanen und in Schuppen liegen. Meine umsichtige Seidenblume –« Er verbeugte sich in ihre Richtung. »– hat sie übersetzen lassen und in der Aufstellung einen überaus interessanten Posten gefunden. Es heißt hier – jetzt höre, *angliski*, und gesegnet sei der Name deines Volkes, von dem dieses Geschenk kommt – es heißt hier: Zwanzig Lafetten für britische Raketengeschosse. Zweihundert Kisten Geschosse.«

Er hielt inne und blickte mich begierig an. Die anderen warteten gespannt.

»Congreves etwa?« sagte ich. »Teufel auch, was –«

»Wie groß ist die Reichweite dieser Raketen?« fragte Yakub Beg.

»Etwa zwei Meilen.« Von Woolwich her kannte ich mich ein wenig mit den Congreves aus. »Aber auf diese Distanz natürlich nicht zielgenau. Wenn man Treffer erzielen will, müßte man schon auf eine halbe oder dreiviertel Meile herangehen, aber –«

»Die Schiffe sind allenfalls eine halbe Meile von der Küste entfernt«, sagte er leise, »und diese Raketen sollen ja hochexplosiv sein. Wenn auch nur eine die Aufbauten des Dampfers trifft oder den hölzernen Rumpf des *Michail* –«

» – gibt es die prächtigste Explosion jenseits von Shaitans tiefster Höllengrube«, freute sich Kutebar und schlug auf den Tisch.

»Und das bedeutet eine russische Armee ohne Pulver, bedeutet Kanonen, die nur unnützer Ballast, Soldaten, die nicht besser als für einen eintägigen Jagdausflug ausgerüstet sind.« Yakub hatte sich in Schwung geredet. »Das ist eine Armee *bahla dar*.«*

Ich konnte diese Aufregung beim besten Willen nicht verstehen.

»Seid mir nicht böse«, sagte ich, »aber die Raketen liegen bei den Rußkis, nicht bei euch. Und wenn ihr mit dem Gedanken spielt, mal eben eine zu stehlen, entschuldige, Yakub, dann bist du schief gewikkelt. Weißt du, wie schwer ein einziger Congreve-Raketenkopf ist – ohne Steuerstab? Zweiunddreißig Pfund. Und der Stab ist fünfzehn Fuß lang. Und zum Feuern braucht man die Lafette, und die ist aus massivem Stahl und wiegt Gott weiß was. Und die Abschußrohre sind aus Eisen. Ich will ja nicht bezweifeln, daß Freund Kutebar ein paar gewandte Langfinger bei der Hand hat, aber so was stiebitzt man den Russen nicht vor der Nase weg – jedenfalls nicht unbemerkt. Gottverdammich, dazu braucht man einen ganzen Maultierzug. Und wenn doch ein Wunder geschieht, wenn ihr an eine Lafette und Raketen herankommt, braucht ihr noch eine Abschußstelle, die nah genug ist. Von einem zwei Meilen aus entfernten Punkt könnt ihr die ganze Nacht ballern, ohne etwas zu treffen.«

Ich unterbrach mich ziemlich unvermittelt. Ich hatte lange Gesichter erwartet, aber Yakubs Lächeln wurde mit jeder Sekunde breiter, Kutebar nickte einverstanden, selbst Sahib Khan lächelte.

»Was ist daran so lustig?« sagte ich. »Das könnt ihr unmöglich schaffen.«

* wörtlich: »die Jagdhandschuhe im Gürtel tragend«, d.h. unbewaffnet

»Wir brauchen es auch nicht zu schaffen.« Yakub machte ein Gesicht wie ein gut gelauntes Krokodil. »Höre, Freund, diese Dinger sind wie große Feuerwerksraketen, nicht wahr? Wie lange würden ungelernte Kräfte brauchen – täppische Kreaturen wie der greise Kutebar zum Beispiel – um eine herzurichten und abzufeuern?«

»Um die Lafette aufzustellen? Ein Artillerist macht das in zwei Minuten. Ihr wahrscheinlich in der zehnfachen Zeit. Richten, zünden – und schon zischt sie ab. Aber hol's der Henker, was nützt euch das?«

»Yallah!« Er klatschte beglückt in die Hände. »Ich sollte dich *sapedpa* nennen, Weißfuß, den Überbringer glücklicher Kunde. Was du uns eben gesagt hast ist das Beste, was ich in diesem Sommer vernommen habe.« Er schlug mir aufs Knie. »Hab keine Angst, wir werden keine Raketen stehlen, obschon das mein erster Gedanke war. Aber du hast recht, Freund, es wäre unmöglich, und das haben wir auch begriffen. Aber meine Seidenblume, deren Denkungsweise wie das Rätselgut ihres Volkes ist – von raffinierter Kunstlosigkeit –, hat die Lösung gefunden. Sag es ihm, Kutebar.«

»Wir könnten die Russen nicht schlagen, auch nicht, wenn wir mit all unseren Kräften – fünf – oder sechstausend Reitern – gegen ihr Lager und Fort Raim anrennen würden«, sagte der alte Bandit. »Es würde nur ein gräßliches Gemetzel geben, und letzlich würden sie uns doch zurückschlagen.« Er fuchtelte mir mit seiner Krallenhand unter der Nase herum. »Aber wir können in der Nacht ihr Lager stürmen, und zwar direkt am Pier, wo in einer kleinen Bretterbude die *ra-ketas* der *feringis* liegen. Das haben wir bereits von unseren Leuten erfahren. Es müßte seltsam zugehen, wenn wir nicht, wie ein Blitz aus dunkler Nacht niederfahren, dieses Stück Küste halten und dort eure *raketas* aufstellen könnten. Und während unsere Reiter den Feind in Schach halten, lassen unsere Männer die Feuervögel zu den russischen Pulverschiffen hinüberfliegen. Die Reichweite ist annehmbar – nicht einmal eine halbe Meile –, und in diesem Wetter, wo das Holz staubtrocken ist, genügt eine Rakete, die ihr Ziel erreicht, für ein gewaltiges Freudenfeuer.«

»Mag sein, die Congreve ist wirklich ein Teufelsding. Aber ihr werdet nie lebendig dort wegkommen«, wandte ich ein. »Sie werden eure Sturmkolonne einkreisen und euch Zoll für Zoll niedermachen. Bedenke, daß es dreißigtausend sind. Selbst wenn es euch gelingen sollte, die russischen Schiffe ins Jenseits zu befördern, hättet ihr bestimmt gewaltige Verluste. Ein- oder zweitausend Mann mindestens . . .«

»Aber wir hätten unser Land gerettet«, erklärte Yakub ruhig. »Und dein Indien, Flashman *bahadur*. Gut möglich, daß viele an dieser Küste ihr Leben verlieren werden. Doch es ist besser, Khokand auf ein Jahr – oder vielleicht auf eine Generation – vor dem Feind zu bewahren, wiewohl unter schweren Opfern, als unser Land von diesen Bestien zertrampeln zu lassen, ehe der Herbst ins Land zieht.« Er machte eine Pause. Wir haben die Chancen abgewogen, und ich bitte dich, einen erfahrenen Soldaten, um Rat. Nicht in der Frage, wie wir die Küste halten und die Russen bekämpfen sollten, denn in diesen Dingen kennen wir uns besser aus als du, sondern nur in der Frage der Raketen. Nach allem, was du uns gesagt hast, scheint es durchführbar.« Lächelnd wandte er sich an Ko Dalis Tochter. »Seidenblume, ich beuge mich abermals vor deinem fraulichen Verstand.«

Eine Gänsehaut überlief mich, als ich Ko Dalis Tochter ansah, die diesen verzweifelten Unsinn ausgeheckt hatte, bei dem Tausende von Männern verbluten würden, und die ungerührt dasaß und ihr Kätzchen an den Schnurrhaaaren kitzelte. Gewiß, wemm ocj es recht bedachte, konnte es ihnen mit etwas Glück wohl gelingen. Fünftausend Kämpfer vom Schlage eines Kutebar konnten im russischen Heerlager für reichlich Verwirrung sorgen und einen Stützpunkt lange genug halten, um die Raketen auf die Pulverschiffe zu richten. Und daß es jeder Narr fertigbrachte, eine Congreve herzurichten und zu zünden, war mir natürlich auch bekannt. Aber dann? Ich dachte an das Durcheinander am dunklen Ufer – und an die vor Fort Raim aufgereihten Galgen.

Doch diese Wahnsinnsknaben saßen da und freuten sich, als ginge es zu einer Geburtstagsgesellschaft. Yakub Beg ließ Kaffee und Sorbet kommen, und auf Kutebars verschlagenem Gesicht lag ein seliges Lächeln. Nun denn, wenn sie ihr Leben wegwerfen wollten, konnte und wollte ich sie nicht daran hindern, und wenn es ihnen gelang, der russischen Invasion einen Riegel vorzuschieben, sollte mir das nur recht sein. Es wäre frohe Kunde für Peschawar. Ich konnte sogar leise andeuten, ich hätte das ganze Unternehmen in die Wege geleitet. Und wenn ich es nicht tat, würde es vermutlich die Presse tun. »Erstaunliche Erlebnisse eines britischen Offiziers. Russischer Anschlag durch seinen Scharfsinn vereitelt. Stammesleben im Khokand. Oberst Flashmans beachtlicher Reisebericht.« Die Leser würden es widerspruchslos schlucken. Elspeth würde sich vor Entzücken nicht zu lassen wissen. Ich würde wieder einmal der Held des Tages sein.

Und dann riß mich Yakub Beg aus meinen Tagträumen.

»Niemand behaupte, es gäbe so etwas wie Zufall«, ereiferte er sich. »Alles ist vom Allerhöchsten gelenkt. Er hat uns die russischen Pulverschiffe gesandt und die Mittel, sie zu zerstören.« Er reichte mir die Kaffeetasse. »Und was das Beste ist – er hat dich, Blutsbruder, zu uns gesandt, ohne den wir nichts vermögen.«

Sie halten mich vielleicht für recht begriffsstutzig, weil ich nicht schon längst die Gefahrenzeichen bemerkt hatte. Aber der Plan hatte mich derart in Erstaunen gesetzt, daß ich auf den Gedanken, mir selbst könne darin eine Rolle zugedacht sein, noch gar nicht gekommen war. Und so traf mich denn die verborgene Bedeutung seiner letzten Worte wie ein eiskalter Wasserguß. Um ein Haar hätte ich meine Tasse fallen lassen.

»Nichts vermögen? Wie meinst du das?«

»Keiner von uns besitzt das Können oder das Wissen, diese Angliski-Raketen für uns nutzbar zu machen. Ja, ich wiederhole es: Der Allerhöchste hat einen britischen Offizier hierher gesandt. Einen kundigen Mann, der weiß, wie man mit diesen Teufelsdingern umgeht, der den Erfolg sicherstellen wird, während unsere ungeschickten Finger –«

»Erwartet ihr etwa, daß ich diese Teufelsdinger für euch abschieße?« Vor lauter Schreck hatte ich Englisch gesprochen, und er sah mich verwirrt an. Stotternd und puterrot wechselte ich wieder ins Persische über.

»Höre, Yakub Beg, so leid es mir tut – aber daraus kann nichts werden. Du weißt, daß ich die Nachricht von der russischen Invasion nach Indien bringen muß. Ich kann nicht riskieren, daß sie verloren geht. Es ist meine heilige Pflicht ...«

»Aber es wird gar nicht erst zur Invasion kommen«, sagte er zufrieden. »Dafür sorgen wir.«

»Aber wenn wir – du – ich meine, wenn es nicht funktioniert?«, fragte ich. »Das kann ich nicht riskieren. Ich meine ... nicht, daß ich euch nicht helfen will ... wenn ich könnte, hätte ich es natürlich getan. Jederzeit. Selbstredend. Aber wenn ich umkäme und die Russen sich trotz eures idiot – ich meine, trotz eures kühnen Plans in Marsch setzen würden, wären meine Leute völlig unvorbereitet.«

»Ich verspreche dir, daß die Nachricht nach Peschawar gelangen wird«, sagte er. »Ich gebe dir mein Wort darauf, so wie ich unserem Volk mein Wort gegeben habe, die Russen von hier bis zum Hindukusch mit Klauen und Zähnen zu bekämpfen. Aber wir werden ihnen schon hier Einhalt gebieten.« Er schlug auf den Boden neben sich. »Und die *angliskis* in Indien werden auf einen Schlag vorbereitet sein – der nie kommen wird. Der Plan der Seidenblume ist unangreifbar. Ist sie nicht die *najud*?«

Und wieder verneigte sich der grinsende Teufelsbraten in ihre Richtung.

Die Lage war verzweifelt. Ich wußte nicht, was ich sagen sollte. Yakub Beg war offenbar fest entschlossen, mich ins sichere Verderben zu stürzen, und ich mußte versuchen, den Kopf noch rechtzeitig aus der Schlinge zu ziehen. Andererseits aber wagte ich nicht, sie merken zu lassen, wie groß meine Furcht war, das konnte nämlich ohne weiteres mein Todesurteil bedeuten. Sie kennen diese Leute nicht – aber wenn sich bei Yakub Beg erst einmal der Gedanke festgesetzt hatte, ich wolle ihn im Stich lassen ... Nun, mit Samthandschuhen würde er mich gewiß nicht anfassen.

»Überlege einmal, Yakub, mein Freund«, sagte ich. »Ich könnte mir nichts Besseres wünschen, als beim Angriff an deiner und Kutebars Seite zu reiten. Auch ich habe noch mit diesen russischen Bestien abzurechnen. Und könnte ich auch nur ein Jota zum Erfolg des Unternehmens beitragen, ich wäre mit Herz und Seele dabei. Aber ich bin kein Artillerist. Ich weiß das eine oder andere über diese Raketen, aber nichts, womit ihr etwas anfangen könntet. Einrichten und abschießen kann sie jeder Trottel, Freund Kutebar schafft das so mühelos wie Wind ablassen (da mußten sie lachen, und das hatte ich auch beabsichtigt), und ich habe Pflichten meinem Land gegenüber. Ich – und ich allein – muß die Nachricht überbringen. Einem anderen würden sie nie Glauben schenken. Begreif doch, das schafft ihr auch ohne mich.«

»Nicht so wirksam«, wandte er ein. »Gewiß, du bist kein Artillerist, aber du bist Berufssoldat und hast Erfahrungen die über Erfolg oder Mißerfolg entscheiden können. Das weißt du selbst, Blutsbruder. Und bedenke eins: Ob wir nun siegen oder fallen, wenn diese Schiffe sich rot färben wie der Sonnenaufgang und auf den Grund des Meeres sinken, ist damit die Bedrohung von deinem Volk und von dem meinen abgewendet, wir haben ein Feuer entfacht, das an der Kremlmauer hochschlagen wird. Ein Freudenfeuer für mein und dein Volk.«

Als ich die glitzernden Augen, den Ausdruck heiteren Wahnsinns auf dem Habichtsgesicht erblickte, plumpste mir das Herz in die Hosen. Wenn es um meinen Kopf geht, pflege ich mich sonst heiser zu reden und wäre auch jederzeit bereit, mich bäuchlings an den Thronsessel heranzurobben – aber ich wußte, daß in diesem Fall das alles nichts fruchten würde. Auch wenn mir die Knie schlotterten – Yakub Begs Beweisführung war unwiderleglich. Wenn man Raglan oder den Duke oder Napoleon hätte fragen können – sie hätten den Plan geprüft und für gut befunden und gemeint, ich solle bleiben. Und gegen die Logik eines Orientalen angehen zu wollen, noch dazu eines Orientalen mit Mumm in den Knochen, ist verlorene Liebesmüh. Ich machte vorsichtig noch den einen oder anderen Anlauf, aber dann gab ich es auf. Der Kaffee machte noch einmal die Runde, Kutebar stellte genüßlich Spekulationen darüber an, wie viele Russen er umbringen würde, Yakub legte mir die Hände auf die Schultern und pries Gott, der ihm die Möglichkeit gegeben hatte, die Politik des Zaren zu durchkreuzen. Nur die schlitzäugige Hexe in den engen Hosen, die das alles zu verantworten hatte, sagte überhaupt nichts, sondern schlenderte zu einem Vogelkäfig am Pavillongeländer hinüber und plapperte der Nachtigall etwas vor, schürzte die Lippen und versuchte sie zum Singen zu bewegen.

Ich selbst saß ziemlich schweigsam da und zermarterte mir das Hirn, um einen Ausweg aus dieser verteufelten Lage zu finden. Aber mir wollte nichts Brauchbares einfallen. Die anderen wandten sich den Einzelheiten des Schlachtplans zu, und ich konnte nicht umhin, mich an dem Gespräch zu beteiligen und Anteilnahme zu heucheln. Wenn ich zurückblicke, muß ich zugeben, daß sie alles ganz geschickt eingefädelt hatten. Fünftausend Reiter – je eine Division unter Yakub, Kutebar und Sahib Khan – würden früh um vier an Fort Raim vorbei zur Küste jagen und den Zugang zum Pier abschneiden. Sahib Khans Leute würden die nördliche Flanke jenseits des Piers, gegenüber der Mündung des Syr-Darja, sichern, Yakub würde die Südseite übernehmen, und an der Landseite des Piers würden die Kräfte sich vereinigen und dem russischen Gegenangriff mit Feuer und Stahl begegnen. Kutebars Detachement würde innerhalb dieses Rings bereitstehen, um die Raketenmannschaft abzuschirmen. An dieser Stelle bedachten sie mich mit ehrfurchtsvollen Blicken, und ich brachte ein Lächeln zustande, das keinen Zahnarzt getäuscht hätte.

Die Raketen und Lafetten befanden sich, wie Kutebar bereits gesagt hatte, in einem Schuppen, zu dem die als Spione fungierenden Fronarbeiter, die auch am Ufer schliefen, uns führen würden. Und während auf allen Seiten die Hölle losbrach, würde Flashy, der Held ohne Furcht und Tadel, mit seinen Helfern die Teufelsdinger aufstellen und die Pulverschiffe aufs Korn nehmen. Wenn dann das große Feuerwerk erst einmal so richtig in Gang war – vorausgesetzt, es ging so weit alles glatt –, würden wir uns in das nasse Element flüchten. Bis zum anderen Ufer des Syr-Darja war es eine knappe halbe Meile. Dort würde Katti Torah – ein häßlicher kleiner Wicht mit gelben Zähnen und Schielaugen, der heute am Kriegsrat teilnahm – uns in Empfang nehmen und notfalls Feuerschutz geben. Hierin vermochte ich zumindest einen leisen Hoffnungsschimmer zu erkennen, hatte ich doch schon einmal den Mississippi durchschwommen. *

Aber je länger ich es bedachte, desto unheimlicher wurde mir die ganze Geschichte. Schon gingen meine Überlegungen in eine ganz andere Richtung. Wie wäre es, wenn ich mir heute nacht ein Pferd beschaffte und losritte, egal wohin, vorzugsweise natürlich nach Süden, in Richtung Persien, weil sie damit gewiß nicht rechneten? In jedem anderen Winkel der Erde hätte ich es vermutlich gewagt, aber hier lag in südlicher Richtung nichts als Wüste – überhaupt waren wir auf allen Seiten von ödem, unwirtlichen Gelände umgeben –, und falls ich mich nicht verirrte und kläglich zugrunde ging, würden sie mich ganz gewiß finden. Und ich konnte mir vorstellen, daß Yakub Beg – Blutsbruder hin, Blutsbruder her – bei Deserteuren nicht lange fackelte. Da war mir das geplante nächtliche Feuerwerk doch noch lieber. Schlimmer als Balaklawa konnte es wohl kaum kommen. (Grundgütiger, was für eine grauenhafte Vorstellung!) Ich zog also eine möglichst stoische Miene, während meine Mitkämpfer mit wölfischem Grinsen ihren Plan beredeten, und als die Seidenblume ihr Schweigen brach, um kundzutun, sie würde sich Kutebars Detachement anschließen und beim Abfeuern der Raketen Hand anlegen, gelang es mir sogar, in das allgemeine Beifallsgemurmel einzustimmen und mich hocherfreut über diesen Entschluß zu zeigen. Eins lernt man in Zeiten der Prüfung – eine Maske zu tragen, wenn sonst nichts hilft. Sie musterte mich gedankenvoll und wandte sich dann wieder ihrer Nachtigall zu.

Es läßt sich denken, daß ich mich in dieser Nacht keines besonders ruhigen Schlafes erfreute. Wieder einmal saß ich – mit Verlaub zu sagen – bis zur Brust in der Tinte und mußte dabei noch gute Miene zum bösen Spiel machen. Dabei war der Plan heller Wahnsinn. Immer

* siehe- Flashman – Der Held der Freiheit (UB 21005)

wieder fluchte ich leise vor mich hin und bearbeitete mein Kissen mit den Fäusten. Früher hätte ich in so einem Fall geweint oder gar gebetet – aber das hatte ich mir inzwischen abgewöhnt. Es hat mir auch früher nie etwas genützt. Da half nun nichts – ich mußte durch und konnte nur hoffen, daß mein sprichwörtliches Glück mich auch diesmal nicht im Stich lassen würde. Eins stand fest – der Erste, der nach dem Feuerwerk in die Boote ging, würde meine Wenigkeit sein.

Am nächsten Morgen schlich ich wie ein begossener Pudel um mein Zelt herum, während es im Lager schwirrte und summte wie in einem Bienenstock. Man glaubte gar nicht, wie vergnügt diese Menschen angesichts der drohenden Vernichtung aussahen. Wie viele mochten am nächsten Tag noch am Leben sein? Der Gedanke ging mir allerdings nicht sonderlich nahe. Von mir aus konnten sie alle miteinander sterben und verderben, sofern ich nur mit dem Leben davonkam. Die Stunden vergingen, in meinen Gedärmen begann sich bedrohliche Unruhe auszubreiten, und am Ende war mir so schwummerig, daß es nicht mehr zum Aushalten war. Ich beschloß, Yakub Beg noch einen Besuch in seinem Pavillon abzustatten. Was ich ihm sagen sollte, wußte ich zwar nicht, aber schlimmstenfalls konnte ich es vielleicht sogar wagen, jede Beteiligung an seinem Wahnsinnsplan abzulehnen und einfach abzuwarten, wie er sich dazu stellen würde. Und so ging ich denn, gewissermaßen zum Äußersten entschlossen, durch das Dorf, in dem eine fast unheimliche Ruhe herrschte, weil die Bewohner sämtlich unten im Lager herumwuselten, schritt durch den kleinen Bogengang und betrat den Garten. Und da saß Ko Dalis Tochter allein am Springbrunnen und ließ ihre Finger durchs Wasser gleiten, und die Teufelskatze besah sich interessiert die kleinen Kräuselwellen.

Trotz meiner drückenden Sorgen, die ich, wenn man es recht betrachtete, ganz allein ihren Machenschaften zu verdanken hatte, rührte sich bei ihrem Anblick der alte Adam in mir. Sie trug ein eng anliegendes weißes Gewand mit goldbestickter Borte, unter dem ihre wohlgeformten nackten Füßchen hervorlugten. Um den Kopf hatte sie einen ebenfalls weißen Turban. Sie sah aus wie Scheherezade im Garten des Kalifen, und das wußte sie nur zu genau.

Sie ließ mir gar keine Zeit, auf den Zweck meines Besuches zu kommen. »Yakub ist nicht da, Er ist mit den anderen zu Buzurg Khan geritten. Gegen Abend wollte er wieder zurück sein.« Sie streichelte das Kätzchen. »Magst du warten?«

Es war eine unüberhörbare Einladung – in diesen Dingen kenne ich mich aus –, aber sie kam unverhofft, und ich hatte, wie gesagt, diesem jungen Weib gegenüber gewisse Vorbehalte. Deshalb zögerte ich, während sie mich mit geschlossenen Lippen betrachtete, und war drauf und dran, mich mit einer gemurmelten Entschuldigung zu verdrücken, als sie sich zu dem Kätzchen vorbeugte und sagte:

»Kannst du mir verraten, Schwesterchen, weshalb dieser große, starke Mann so voller Furcht ist? Nein? Wir sollten Yakub Beg nichts davon sagen, denn es wäre eine große Schande für den Atalik Ghazi, wenn er feststellen müßte, daß er einen furchtsamen Blutsbruder hat.«

So etwas war mir in meinem ganzen Leben noch nicht passiert. Stumm und starr hörte ich mir an, wie sie weiter mit dem Katzenvieh schwatzte.

»Wir haben es in jener Nacht in Fort Raim gespürt, ich habe es dir erzählt, weißt du noch? Sogar an seinen Lippen haben wir es gespürt. Und die Bestätigung haben wir gestern abend bekommen, als Yakub Beg ihn zwang, an unserem Abenteuer teilzunehmen. Die anderen haben nichts gemerkt. Er ist ein guter Komödiant, dieser *angliski*. Aber wir wußten es, ich und du, kleiner Schrecken der Speisekammer. Wir sahen die Angst in seinen Augen, als er versuchte, sich aus der Schlinge zu ziehen. Wir sehen sie jetzt.« Sie hob das Kätzchen hoch und schmiegte ihre Wange an das weiche Fell. »Was sollen wir mit ihm anfangen?«

Ich war puterrot angelaufen. »Also das ist denn doch –« setzte ich an, machte einen Schritt auf sie zu – und blieb stehen.

»Jetzt verspürt er nicht nur Angst, sondern auch Wut«, flüsterte sie dem Vieh ins Ohr. »Ist das nicht lustig? Wir haben die Wut in ihm geweckt, eine der sieben Todsünden. Ja, meine schöne Tigerin, das ist nicht die einzige Sünde, die sich in ihm regt, wenn er uns betrachtet. Welche noch, willst du wissen? Komm, du Närrchen, das ist doch leicht zu erraten. Nein, nicht Neid. Weshalb sollte er uns beneiden? Ganz recht, Schamlose der Nacht, Tändlerin der *jimai najaiz* *. Ist das nicht skandalös? Aber sei unbesorgt, wir sind sicher vor ihm, denn er hat ja Angst.«

Ich konnte Kutebar nur beipflichten – man hätte ihr schon als Kind die Possen aus dem Leib prügeln sollen. Da stand ich nun mit dummem Gesicht und versuchte vergeblich, mich mit einer treffenden Antwort zur Wehr zu setzen. Es ist nämlich nicht so einfach, wie es sich

* verbotene Liebe

anhört, ein Gespräch zwischen Frau und Katze zu unterbrechen. Man macht sich leicht lächerlich dabei.

»Du findest das bedauerlich, Geißel der Milchschüsseln? Aber wir können es nicht ändern, oder? Wenn nicht die Begierde die Angst besiegt, was vermöchte dann, sie zu überwinden? Wovor er Angst hat, willst du wissen ... Vor vielen Dingen. Vor dem Tod, wie alle Menschen. Das ist verständlich, denn *schwer ist* es, den Schritt vom Sein zum Nichtsein zu tun. Aber er hat auch Angst vor Yakub Beg, und das ist klug von ihm. Freilich, Yakub Beg ist weit, und wir sind hier ganz allein. Schau nur, noch immer zaudert er, obschon das Begehren mit der Angst im Streit liegt. Was, glaubst du, wird obsiegen? Ist es nicht spannend, geile kleine Baumbesteigerin? Sind eure Kater auch so furchtsam, daß sie sich nicht einmal trauen, neben euch Platz zu nehmen?«

Was zuviel ist, ist zuviel. Außerdem war ich allmählich auf den Geschmack gekommen. Ich ging um den Springbrunnen herum und setzte mich ins Gras, woraufhin das verdammte Katzenvieh den Kopf drehte und mich anmauzte.

»Aber, aber, tapferes Schwesterchen.« Ko Dalis Tochter streichelte das Biest und sah mich aus schwarzen Schlitzaugen an. »Du willst deine Herrin beschützen, ja? Eyah, das wird nicht nötig sein, denn was wird geschehen? Er wird sich auf die Lippen beißen, dieweil sein Mund trocken ist vor Angst und Begierde. Und denken – ja, denken wird er sich so einiges. Und vor Gedanken dieser Art gibt es keinen Schutz. Spürst du nicht, wie sie uns anrühren, einhüllen, uns mit ihrer Leidenschaft verbrennen? Aber leider ist das nur eine Illusion, und die wird es auch bleiben. Zu groß ist seine Angst.«

Ich habe – als Verführer wie als Verführter – schon etliche absonderliche Dinge erlebt, aber noch nie zuvor war dabei eine junge Katze als Kupplerin eingespannt worden. Ko Dalis Tochter sah das natürlich ganz richtig. Ich hatte Angst, nicht nur vor Yakub Beg, sondern auch vor ihr. Dieses Frauenzimmer war gescheiter, als einem Mann lieb sein konnte, und ich spürte, daß sie mich nicht nur wegen meiner herrlichen Figur und meines flotten schwarzen Backenbartes ermutigte, mich an sie heranzumachen. Dahinter steckte mehr. Aber das war mir in diesem Augenblick überaus gleichgültig, da sie mich lockend auf Distanz hielt, indes ihre halblaute Stimme an mein Ohr schlug und mir ihr sanftes süßes Parfüm, ein Duft wie von einer Gartenblume, in die Nase stieg. Ich streckte die Hand aus, zauderte, vor Wollust schwitzend. Herrgott, ich begehrte sie, aber ...

»Und jetzt hechelt er und zittert und wagt nicht zuzulangen, mein Kuschelpelzchen. Wie ein kleiner Junge vor dem Süßwarenregal oder ein Milchbart, der vor dem Bordell steht und an den Nägeln kaut. Was ist das doch für ein schönes, starkes – Nichts von einem Mann. Er –«

»Der Teufel hole dich und deinen Yakub Beg«, röhrte ich. »Komm her.«

Und ich packte sie um die Taille, legte eine Hand auf ihre Brust, die andere auf ihren Bauch und zog sie grob an mich. Sie sah mich aus ihren Mandelaugen an, ohne Widerstand zu leisten. Den Kopf hatte sie zurückgelegt, die Lippen geöffnet. Ich zitterte, als ich ihren Mund nahm und ihr das Gewand von den Schultern streifte und die Brüste mit den straffen Brustspitzen packte. Einen Augenblick lag sie bebend neben mir, dann machte sie sich los und schob die Katze sanft mit dem Fuß weg.

»Geh und such dir eine Maus, kleine Faulenzerin. Willst du deiner Herrin den ganzen Tag mit deinem müßigen Geschwätz die Zeit stehlen?«

Dann wandte sie sich wieder mir zu, legte mir die Hände auf die Brust, drückte mich zu Boden und schwang sich rittlings auf mich, indes ihre Zunge über meine Lippen, meine Lider, meine Wangen und in mein Ohr fuhr. Ich umklammerte sie mit lüsternem Stöhnen, sie warf mit einer Schulterbewegung ihr Gewand ganz ab und löste geschickt meinen Gürtel – und kaum hatten wir zueinander gefunden und uns ernstlich ans Werk gemacht, als dieses verteufelte Katzenvieh neben meinem Kopf erschien, und was soll ich Ihnen sagen – Ko Dalis Tochter legte doch tatsächlich eine Pause ein und flötete:

»Kümmert sich niemand um dich, meine Süße? Schäm dich, selbstsüchtige kleine Neugierige. Gönnst du es deiner Herrin nicht, daß sie sich mit einem *angliski* vergnügt, was doch eine neue Erfahrung für sie ist?« Und sie schnurrten sich an, indes ich schier den Verstand verlor. Noch nie hatte mich jemand derart entwürdigt.

»Du sollst später alles erfahren«, versprach sie. Ich wollte meinen Ohren nicht trauen.

»Laß die verteufelte Katze«, keuchte ich. »Gottverdammich, wenn du mit jemandem darüber sprechen mußt, dann sprich mit mir.«

»Ah ja?« Sie setzte sich auf. »Bist du wie die Chinesen, die dabei auch noch reden wollen? Dann habe ich ein Thema für dich.« Und sie hob die Hand und streifte ihren Turban ab und sah, geschoren wie ein buddhistischer Mönch, mit mutwilligem Lächeln auf mich herab.

»Großer Gott, du bist ja kahl«, krächzte ich.

»Hast du das nicht gewußt? Es ist mein Eid. Macht mich das weniger begehrenswert?« Sie bewegte auf höchst ergötzliche Weise ihre Hinterfront hin und her.

»Aber nein«, versicherte ich glaubhaft und ging wieder ans Werk. Aber wenn ich gerade schön in Schwung gekommen war, hielt sie inne und schalt die Katze, die uns mauzend umschlich. Es war, um aus der Haut zu fahren. Da wand sich diese nackte Alabasterschönheit quer vor meinem Bug, wie die Seebären sagen, aber ich konnte unmöglich zur Sache kommen, solange sie mit dem Katzenvieh schwatzte. Und um ein Haar hätte sie mich entmannt, als sie unvermittelt aufsah und einen Schrei losließ: »Yakub!«

Ich brüllte wie ein Stier und hätte sie fast in den Springbrunnen geworfen, während ich den Kopf zum Bogengang drehte. Und was sah ich dort? Nichts. Aber noch ehe ich protestieren oder ihr eine kräftige Maulschelle verpassen konnte, fing sie wieder an, sich zu drehen und zu winden, die Augen halb geschlossen und leise stöhnend, und diesmal, o Wunder, ging alles glatt, und schließlich lagen wir uns erschöpft und schwer atmend in den Armen, und das Katzenvieh war wieder da und schnurrte mir mißbilligend ins Ohr.

Aber jetzt störte mich das nicht in meiner Seligkeit. Ko Dalis Tochter mochte ein bösartiges, durchtriebenes kleines Biest sein, aber in der Kunst der Liebe war sie Meisterin, und es gehört zu meinen schönsten Erinnerungen, wie ich verausgabt in der Wärme des Gartens lag und die Blätter über mir rauschten, während sie wieder in ihr Gewand schlüpfte und sich den Turban aufsetzte, satt und zufrieden wie das Kätzchen, das sie jetzt hochhob und an ihre Wange hielt. (Und die englischen Witwen aus meinem Bekanntenkreis sollten nur wissen, woran ich denke, wenn ich sie mit ihren fetten Tigerkatzen auf dem Schoß im Salon sitzen sehe. »Schaut, General Flashman ist wieder eingeschlafen, der arme alte Liebling. Wie zufrieden er aussieht. Pst, stört ihn nicht.«)

Dann entfernte sie sich und kam mit einem kleinen Tablett zurück, auf dem Becher mit Sorbet und zwei große Schalen *kefir* standen – genau das Richtige nach einem heißen Gefecht, wenn man sich rundum wohlfühlt, sich vage fragt, ob es nicht besser sei, sich davonzumachen, ehe der Herr des Hauses zurückkommt und dann doch beschließt, den lieben Gott einen guten Mann sein zu lassen. Der *kefir*, seltsam süß mit einem undefinierbaren, moschusähnlichen Geschmack, war vortrefflich. Während ich ihn genüßlich löffelte, sah sie mich aus geheimnisvollen schwarzen Augen an und schwatzte mit dem Kätzchen, das mit ihren Fingern spielte.

»Hat die böse Herrin sich nicht um ihren Liebling gekümmert? Sei nicht bös. Mache ich dir Vorwürfe, wenn du mit zerkratzten Ohren und zerrauftem Fell heimkommst? Plage ich dich mit indiskreten Fragen, du Schamlose? Es ziemt sich nicht, in seiner Gegenwart davon anzufangen. Und wer weiß, ein schlimmer kleiner Vogel könnte es aufschnappen und weitersagen. Und was wird dann aus mir und Yakub Beg und dem schönen Traum von einem Thron in Kaschgar? Und was wird aus unserem prächtigen *angliski*? Uns allen würde es schlecht ergehen, wenn gewisse Dinge bekannt würden, ihm aber wohl am schlechtesten ...«

»Famoser *kefir*«, sagte ich, den letzten Rest aus der Schale kratzend. »Hast du noch was?«

Sie brachte mir noch eine Portion und wisperte – so laut, daß ich es hören mußte – weiter mit der Katze.

»Warum wir ihm erlaubt haben, uns zu lieben? Was für eine Frage. Wegen seiner guten Figur und wegen seines hübschen Gesichts, glaubst du, und weil uns die Aussicht auf einen großen *baz-baz** lockte? Schäm dich, schnurrbärtiges Hürchen. Du wirst nicht einmal rot? Was meinst du? Weil er Angst hatte und wir Frauen wissen, daß es für einen Mann kein besseres Mittel gegen die Angst gibt als Vergnügungen mit einer schönen Frau? Gewiß, das ist eine alte Weisheit. War es nicht der Dichter Firdausi, der sagte: ›Leben zu erschaffen im Schatten des Todes ist seliges Vergessen.‹ ...?«

»Alles Unfug«, erklärte ich und hielt mich an meinen *kefir*. »Der Dichter Flashman sagt, daß man zu einem flotten Galopp keine philosophische Begründung braucht. Du bist ein scharfes Luder, verehrte Seidenblume, das ist das ganze Geheimnis. Und jetzt trenn dich mal einen Augenblick von diesem Vieh und gib mir einen Kuß.«

»Hat dir der *kefir* geschmeckt?« fragte sie.

»Zum Henker mit dem *kefir*.« Ich legte den Löffel aus der Hand. »Komm her, sag ich dir.«

Sie liebkoste die Katze und sah mich nachdenklich an. »Und wenn Yakub zurückkommt?«

»Zum Henker mit Yakub. Komm her, los.«

* unfeines Synonym für Männlichkeit

Aber sie entfernte sich rasch aus der Gefahrenzone. Schlank und weiß und graziös stand sie da und lächelte das Katzenvieh an.

»Ihr hattet schon recht, mein kleiner Leopard, du und Firdausi. Er hat jetzt sehr viel mehr Mut. Und wie stark er ist mit seinen kräftigen Armen und Schenkeln. Wie der schwarze Djinn in der Geschichte von Sindbad dem Seefahrer. Zarte Damen wie wir sind nicht mehr sicher vor ihm, er könnte uns etwas zuleide tun.« Spöttisch lächelnd zog sie sich hinter den Brunnen zurück. »Sag mir, *angliski*, du, der Persisch spricht und so viel von unserem Land weiß – hast du jemals von dem Alten vom Berge gehört?«

»Nicht daß ich wüßte. Komm her und erzähl mir von ihm.«

»Später vielleicht, wenn die Arbeit getan ist.«

»Aber ich will es jetzt wissen.«

»Gib dich zufrieden. Du bist wie umgewandelt, bist nicht mehr das angsterfüllte Menschlein, das vor einer Stunde herkam, um mit Yakub zu sprechen. Denk an das persische Sprichwort: ›Schleck den Honig, Fremder, und stell keine Fragen.‹«

Und dann war sie weg, und ich blieb töricht grinsend und gutmütig über ihre Launenhaftigkeit scheltend zurück. Und wieder einmal hatte sie recht behalten. Ich konnte es mir nicht erklären, aber ich war plötzlich voller Mut und Lebensfreude, war bester Laune, spürte keine Zweifel, keine Ängste. Daß es nichts Besseres gibt als ein scharfes Frauenzimmer, um einen Mann wieder in Form zu bringen, wußte ich natürlich, und in diesem Sinne hatte sich offenbar auch dieser Firdausi geäußert. Aber eine so durchschlagende Wirkung hatte ich bisher doch noch nie erlebt. Ja, ich war, wie sie gesagt hatte, wirklich wie umgewandelt.

Da Sie mich mittlerweile schon ein wenig kennen, wird Sie das, was ich eben berichtet habe und das, was ich in der Folge berichten werde, gewiß befremden, weil Sie es ausgerechnet von mir in dieser Situation nicht erwartet hätten. Aber meine Memoiren enthalten, wie ich schon früher Gelegenheit hatte zu versichern, nichts als die reine Wahrheit. Meinem Gedächtnis kann ich trauen, obschon mein Gehör hin und wieder zu wünschen übrig läßt, und an dem, was an jenem Tag und in der folgenden Nacht geschah, gibt es für mich keinen Zweifel.

Ich stieg beschwingten Schrittes ins Tal hinunter, lauthals ein altes englisches Jagdlied singend, und traf dort Yakub und Kutebar, die just in übelster Stimmung von ihrer Beratung mit Buzurg Khan zurückgekehrt waren. Ihr oberster Kriegsherr, der elende Feigling, hatte sich geweigert, für dieses seiner Meinung nach hoffnungslose Unternehmen auch nur einen Mann zu stellen. Eine so hasenherzige Einstellung war mir schier unfaßbar, und das sagte ich auch. Aber da half nun nichts – wir würden uns mit unseren fünftausend Reitern allein durchbeißen müssen, und als Yakub sich auf dem Marktplatz auf einen Ballen Kamelhäute schwang und seinen Leuten kundtat, sie müßten ohne fremde Hilfe für Khokand siegen oder sterben, und als er ihnen erklärte, wie wir in der Nacht unsere Attacke reiten und die Pulverschiffe zusammenschießen würden, jubelten sie ihm in einhelliger Begeisterung zu. Ich sah ein Meer von gelben und braunen Gesichtern, sah Schlitzaugen und Hakennasen, kahle Schädel, Schläfenlocken, Turbane und wilde Schöpfe, alles schrie und lachte und schwenkte die Säbel, und die Übermütigsten ließen, halb toll vor Aufregung, ihre Pistolen knallen und umkreisten auf ihren Ponys die Menge, gewaltige Staubwolken aufwirbelnd und ein wahres Indianergeheul ausstoßend.

Und als Kutebar unter riesigem Beifall neben Yakub trat und mit seiner Donnerstimme rief: »Norden, Süden, Osten, Westen – wo findet ihr die Kirgisen? Bei der silbernen Hand Alexanders, *hier* sind sie!«, gab es ein wildes Hurra, und sie umdrängten die beiden Anführer und versprachen zehn tote Russen für jeden der Unsrigen, und ich dachte, wohlan, Flashy, gib ihnen auch ein Wort der Erbauung mit auf den Weg, und ich sprang auf und rief: »hört, hört!« Als es still in der Menge wurde, hub ich in aufrecht-mannhaftem Ton an:

»Recht so, ihr Burschen, das lob ich mir. Ich unterstütze vollinhaltlich, was meine beiden verehrten Vorredner gesagt haben. Laßt mich nur noch eins hinzufügen: Wir werden es diesen verdammten Russen gründlichst besorgen, und dafür bin ich euer Mann. Und nun ans Werk, meine guten Freunde – Tadschiken, Nigger und so weiter –, doch vorher bitte ich euch noch aufzustehen und ein donnerndes britisches Hoch auf die gute alte Schule auszubringen. Hip-hipp-hurra ...«

Und wie sie schrien, die Braven. Ich weiß noch, daß ich dachte: Beste Rede, die du je gehalten hast, Flashy, alter Junge. Und Yakub schlug mir auf den Rücken und strahlte übers ganze Gesicht und sagte, beim Barte des Propheten, hätten wir einen Marsch auf Moskau vorgeschlagen, hätten sie sich im Nu auf ihre Gäule geschwungen und wären gen Westen geritten. Das wolle ich ihm gern glauben, sagte ich, und eigentlich sei es doch eine verdammt gute Idee, aber er meinte, zunächst sollten wir uns an die Pulverschiffe halten, und ich möge die Helfer einweisen, die mir bei der Raketenschießerei zur Hand gehen sollten.

Also sammelte ich meine Leute um mich, auch Ko Dalis Tochter war dabei, reizend, wirklich, und so aufmerksam, ganz in nüchternem Schwarz, Hemd, Pyjama, Stiefel und Turban. Ich hielt ihnen einen kleinen Vortrag über die Congreves, erstaunlich, wie gut ich mich an alles erinnerte, den Zusammenbau der Lafetten und der Abschußrohre, die Einstellung der Zielgenauigkeit und was dergleichen mehr ist. Die Braven hörten gebannt und vor Aufregung sabbernd zu. Mag sein, daß ihr technisches Verständnis nicht ganz den Anforderungen entsprach, die von der Königlichen Akademie an ihre Mitglieder gestellt werden, dafür aber hatten sie das Herz auf dem rechten Fleck. Ich versuchte, Ko Dalis Tochter zu einer Nachhilfestunde beiseitezuziehen, die sich aber, dringende Erledigungen vorschützend, entschuldigte. So ließ ich mir denn einen Säbel schleifen und bat Kutebar, mir Munition für meinen deutschen Revolver zu beschaffen.

»Mich ärgert nur eins«, sagte ich zu ihm. »Daß wir in einem stickigen Schuppen an den Raketen stehen müssen, während Yakub mit seinen Leuten den ganzen Spaß hat. Gottverdammich, Izzat, es drängt mich, diesen Stahl in russische Kehlen zu stoßen. Habe ich dir schon von diesem schiefäugigen Schurken Ignatieff erzählt? Zwei Kugeln in den Bauch, die Klinge in den Hals – damit wäre er bedient. Ich bin verteufelt durstig heute abend, mein Lieber.«

»Das ist ein guter Durst«, lobte er. »Aber denke an die Hunderte von ungläubigen Schweine, *angliski* – nimm's nicht krumm, wenn ich Ungläubige sage, ich meine natürlich die Rußkis –, die wir mit den *raketas* auf den Grund des Aralsees befördern werden. Ist das nicht auch eines Kriegers würdig?«

»Stimmt schon«, murrte ich. »Aber es ist doch etwas anderes, wenn man ihnen ein Schwert in die Gedärme jagt und sie zappeln sieht. Das ist nach meinem Geschmack. Habe ich dir schon mal von Balaklawa erzählt?«

So blutdürstig war mir noch nie zumute gewesen, und im Laufe des Abends wurde es immer schlimmer. Als die Pferde gesattelt waren, hatte sich in mir brennender Haß auf eine unbestimmte Gestalt angesammelt, die aussah wie Ignatieff mit einer Kosakenmütze und mit dem Zarenadler auf der Hemdbrust. Ich lechzte danach, ihm auf blutige und schmerzhafte Weise den Garaus zu machen, und während unseres Rittes durch die Wüste Kizil Kum weidete ich mich an grausigen Alpträumen, in denen ich ihn ins Jenseits schickte. Dazwischen kam mich immer wieder eine überaus lustige Stimmung an, ich sang ein paar Strophen aus »The Leather Bottle« und »John Peel« und anderen beliebten Weisen, und die Reiter stießen sich grinsend an, und Kutebar meinte, ich müsse behext sein. Derweil ritt die Seidenblume Knie an Knie mit mir – wiewohl es zu einem herzhaften Zugriff bedauerlicherweise nicht reichte –, und hüllte sich in beharrliches Schweigen, wobei sie mich nicht einen Augenblick aus den Augen ließ. Kein Wunder, das Mädel war ja bei Flashy gerade erst so richtig auf den Geschmack gekommen. Ich erinnerte mich unserer Begegnung voller Zärtlichkeit und nahm mir vor, ihre Weiterbildung auch künftig nach Kräften zu fördern. Das liebe Kind hatte es verdient. Aber erst hieß es, die Russen abzuschlachten. Das ging vor. Als wir geräuschlos in das eine knappe halbe Meile vor Fort Raim gelegene Wäldchen einritten, geiferte ich geradezu in meiner Begierde, es ihnen zu besorgen.

Wir mußten eine gute Stunde in Dunkelheit und Kälte warten, bis der ganze Trupp in Deckung war. Die Reiter hielten ihren Gäulen die Nüstern zu oder legten ihnen eine Decke über den Kopf, und ich konnte mich kaum noch halten vor Ungeduld. Das Warten machte mich toll. Unterdessen hätten wir schon längst am Strand sein und mit den Russen handgemein werden können. Ich stellte Yakub Beg ziemlich scharf zur Rede, als er, überaus heldisch anzusehen in seinem Helm mit der Eisenspitze und seinem roten Überwurf, aus dem Schatten trat und erklärte, wir würden losreiten, sobald der Mond sich hinter der Wolkenbank verborgen hatte.

»Wozu der Aufenthalt? Worauf warten wir? Vorwärts, Mann, jeden Augenblick können die Bestien Alarm schlagen.«

Er sah mich erstaunt an, dann lächelte er. »Geduld, Blutsbruder. Du sollst ihnen gleich mit deinen Raketen an die Gurgel fahren. Gott mit dir, Kutebar, hüte deinen wertlosen Kadaver, wenn du kannst, und du, geliebte Seidenblume ...« Er zog ihren Kopf an seine Brust und flüsterte mit ihr. Manche Leute haben eben Glück, dachte ich. Ob man es auch im Trab auf einem Gaul treiben kann? Muß ich gelegentlich mal ausprobieren ... Und dann rief Yakub leise in die Dunkelheit hinein.

»Im Namen Allahs! Kirgisen, Usbeken, Tadschiken, Kalmücken,

Turka – gedenkt Ak Mechets. Hinter uns reitet der Morgen.« Und er stieß diesen seltsam seufzenden Pfiff der Khokandier aus, und unter Donnergrollen und Hufgetrampel stürmte die ganze Horde über die öde Steppe auf Fort Raim zu.

Hätte ich Wache auf der Mauer gehabt – mich hätte glattweg der Schlag getroffen. Eben noch friedliche Leere, soweit das Auge reichte, gleich darauf ein Gewusel von Berittenen in Richtung Fort. Erst als wir schon eine Viertelmeile hinter uns hatten, fiel der erste Schuß, und dann preschten wir am Fort vorbei zum Wasser hinunter. Hinter uns hallten Alarmrufe, knallten Musketen, und dann erhob sich fünftausendstimmig der Kriegsruf der Ghazi (eine Stimme freilich brüllte: Horrido!), fünftausend Wahnsinnige donnerten den Abhang hinab, der glitzernden See entgegen, auf der die Schiffe sich groß und still wiegten, hin zu dem breiten Strand, wo alles angsterfüllt auseinanderlief, indes wir brüllend und säbelschwenkend über Ballen und Kisten und Kasten hinwegsetzten. Yakubs Kontingent verteilte sich nach links zwischen den Schuppen und Verschlägen, unsere Gruppe und die von Sahib Khan strebte dem Pier zu.

Himmel, was für ein Durcheinander! Ich galoppierte wie ein Irrsinniger hinter Kutebar her und röhrte: »Zittert, verdammte Russenschweine. Flashy ist hier!« Links von uns knatterten die Musketen, die Fronarbeiter fuhren erschrocken aus dem Schlaf hoch und schrien wie am Spieß. Als wir am Landende des Piers vorbei abschwenkten, hob ein dicker Russe brüllend seine Pistole und drückte ab. Ich schenkte mir den Rest der britischen Nationalhymne, die ich gerade geschmettert hatte, schoß auf ihn, schoß daneben, dann fuchtelte jemand vor mir mit einer Fackel und rief etwas, und plötzlich waren wir von dunklen Gestalten umringt, die sich an unsere Zügel hängten und uns zu einem großen Schuppen an der Nordseite des Piers zogen.

Ich war in prächtiger Verfassung, als ich den Schuppen betrat, in dem es von halbnackten, schnatternden Eingeborenen mit Fackeln nur so wimmelte.

»Wohlan, meine Braven«, rief ich. »Wo sind diese Congreves? Hurtig, ihr Burschen, wir haben nicht die ganze Nacht Zeit.«

»Hier ist das Teufelsfeuer, o großer Held«, sagte einer, und tatsächlich, da stand ein hoher Kistenstapel, und in dem rußenden Fackellicht sah ich den dicken Pfeil und erkannte die vertraute Aufschrift: »Königliche Fabrik für Handfeuerwaffen. Vorsicht. Hochexplosiv. Hier oben.«

»Was meinst du wohl, wie diese Sendung hierher geraten ist«, sagte ich zu Kutebar. »Ich möchte wetten, daß ein mit einer dicken Geldkatze gesegneter schmieriger Schuft aus Birmingham es uns verraten könnte. Wohlan, Burschen, ans Werk, brecht die Kisten auf.« Mit Feuereifer machten sie sich an die Arbeit, während ich sie mit einer Neubearbeitung von »John Peel« erfreute und mir vom seeseitigen Ende des offenen Schuppens aus die Bucht besah.

Ein schwatzhafter Nigger machte Ko Dalis Tochter und mich mit den Schiffen vertraut. Am weitesten draußen lag der Dampfer *Obrucheff*, dann gab es noch drei Segelschiffe, von denen der *Michail* am weitesten nördlich lag, und eine Ketsch, alle bildhübsch anzusehen auf der spiegelglatten See unter einem silbrigen Mond.

»Das gefällt mir«, sagte ich. »Die haben wir im Handumdrehen versenkt. Wie geht's, mein Schatz? Sehr reizvoll, was du heute anhast, Kompliment.« Aber ehe ich noch so recht hineingreifen konnte ins volle Menschenleben, hatte sie sich schon losgemacht.

»Die Lafetten, *angliski* ... Du mußt ihnen zeigen, was sie zu machen haben.« Nur ungern wandte ich von der Bucht und dem dort herrschenden Kriegsgetümmel ab. Die Arbeiter hatten inzwischen die Lafettenteile aus den Kisten geholt, und ich zeigte ihnen, wo sie aufgestellt werden sollten, nämlich direkt am Rand des Schuppens, gegenüber von den kleinen Booten und Kähnen, die sich sechs Fuß unter uns sanft in ihren Vertäuungen wiegten.

Der Aufbau der Lafette war ein Kinderspiel. Es ist einfach ein Eisengestell mit Stützen an beiden Seiten und einem Abschußrohr zur Aufnahme der Rakete. Noch nie hatte ich so flinke Finger gehabt wie jetzt, als ich die Schrauben anzog und die Rohre justierte. Dagegen arbeiteten die anderen wie die Schnecken. Ich beschimpfte sie gutmütig und überließ dann Ko Dalis Tochter die Feineinstellung, während ich mir die Raketen ansah.

Auch sie waren inzwischen ausgepackt, stumpfgraue, drei Fuß lange Metallzylinder mit konischem Kopf. Ich fluchte herzhaft, als ich sah, daß es, wie ich befürchtet hatte, alte Modelle ohne Leitflächen waren und wir die fünfzehn Fuß langen Steuerstäbe brauchen würden[43], die, in Segeltuch gewickelt, ebenfalls schon bereitlagen. Ich ließ mir einen geben und machte mich daran, ihn in den Raketenkopf einzupassen, aber das verteufelte Ding war halb verrostet.

»Verfluchte Birminghamer Banditen«, wütete ich. »Kein Wunder, daß britische Erzeugnisse inzwischen einen so schlechten Ruf haben.

Wenn das so weitergeht, können die Yankees uns bald eine lange Nase machen. Vorwärts, die nächste Kiste.«

»Aufbrechen, weg mit dem Deckel, Söhne der Faulheit«, donnerte Kutebar, vor Ungeduld schäumend. »Wenn russisches Gold darin wäre, hättet ihr sie schnell genug aufgebracht.«

»Sie wird aufgehen, wenn Gott es will, Vater der Weisheit«, sagte einer der Reiter. »Schaut, wie sie daliegen, wie die silbernen Fische des Sia-Flusses. Sind sie nicht wunderschön anzuschauen?«

»Und noch schöner, wenn sie die Rußkischiffe zur Hölle fahren lassen«, begeisterte sich Kutebar. »Bringt mir einen Stab, auf daß ich eins der Wunderdinger scharf mache. Welch tiefe Weisheit liegt in diesen Geräten beschlossen, tiefere Weisheit als die der großen Astronomen von Samarkand. Ich neige mich vor dir, Flashman *bahadur*, und vor dem Genius deiner ungläubigen Professoren von Anglistan. Da steht sie, bereit, die Hundesöhne geradewegs in Shaitans Hintern zu blasen.« Er schwenkte Stab und Rakete, und als ich sah, daß er den Stab an der verkehrten Seite befestigt hatte, wollte ich mich ausschütten vor Lachen.

Doch jetzt zupfte mich die Seidenblume am Ärmel und drängte zur Eile. Ich begriff das nicht recht, die ganze Geschichte war doch ein Hauptspaß. Draußen wurde mordsmäßig geballert, aber es waren keine Salven zu hören und das, erklärte ich ihr, sei ein Zeichen dafür, daß die Russen sich noch nicht eingeschossen hatten.

»Wir haben reichlich Zeit, Schätzchen«, tröstete ich sie. »Wie sieht's mit den Lafetten aus? Gut gemacht, ihr Burschen. Laßt ein paar Raketen herbringen, vorwärts jetzt. Damen darf man nicht warten lassen, wie?« Und ich gab ihr einen kräftigen Klaps auf die pralle kleine Hinterfront. So aufgeräumt war ich schon lange nicht mehr gewesen.

Es gab viel Schweiß und Gerenne, bis sie die Raketen zu den Lafetten geschleppt und begriffen hatten, wie man ein Geschoß in das Abschußrohr einlegt (gottlob war hier kein Rost zu sehen). Die Seidenblume zappelte vor Aufregung – seltsam, wie angespannt sie, zu Hause die Ruhe und Gelassenheit in Person, in solchen Momenten sein konnte –, während ich ihr einen Vortrag über die Bedeutung rostfreier Flächen für die Flugbahn von Raketen hielt.

»In Gottes Namen, *angliski*«, rief Kutebar. »Fangen wir an. Sieh den *Michail* dort drüben. Er hat genug Munition an Bord, um den Aralsee trockenzulegen. Um der Liebe einer schönen Frau willen – nehmen wir ihn aufs Korn.«

»Na gut, alter Junge«, sagte ich, »wollen mal sehen, wie es steht.« Ich kniff ein Auge zu und peilte am Abschußrohr entlag, das sich in seiner höchsten Stellung befand. »Schiebt noch eine Kiste drunter. Vorsichtig. Ja, so ist's recht. »Ich justierte die Zielstellung nach, der konische Raketenkopf stand jetzt genau über dem Hauptmast. »So müßte es hinkommen. Her mit der Lunte.«

Plötzlich wurde es ganz still in dem Schuppen, nur mein leises munteres Pfeifen war zu hören, während ich noch einmal an der Rakete entlangpeilte. Ich sehe sie noch vor mir, die bärtigen Raubvogelgesichter, die schweißglänzenden, halbnackten Körper, den ausnahmsweise ebenfalls verstummten Kutebar, der mit offenem Mund dastand, Ko Dalis Tochter, die kalkweiß geworden war und mich unverwandt anschaute. Ich zwinkerte ihr zu.

»Nicht so nah heran, Kinder. Papa wird jetzt das blaue Zündpapierchen anbrennen und sich dann schleunigst zurückziehen.« Und in diesem Augenblick, ehe ich die Lunte ans Zündloch hielt, sah ich die Feuerwerkslustbarkeiten am Guy-Fawkes-Tag, dem 5. November, vor mir, sah bereiften Boden und frühe Dämmerung, sah schwatzende, lachende kleine Jungen und Mädchen, die sich die Ohren zuhielten, sah das rote Auge der in der Schwärze glühenden Rakete und den weißen Funkenregen, hörte das vielstimmig bewundernde Ah und Oh, wenn die Rakete am Himmel zerplatzte. Ganz ähnlich war es jetzt hier, nur gab es kein sanftes Zischen, sondern ein geräuschvolles Spucken wie von einem Lokomotivschlot, der Funken sprüht, und stinkender Qualm erfüllte den Schuppen. Die Lafette erbebte, und dann verschwand die Congreve mit einem Laut wie ein vorüberdonnernder Expreßzug in der Nacht, von Rauch- und Feuerwolken gefolgt, und die Jungen und Mädchen riefen: »Bei Shaitan!« und »Istagfarullah!«, und der liebe Papa hüpfte gewandt beiseite und schrie: »Ich werd's euch zeigen, ihr Hundesöhne.« Mit offenem Mund sahen wir der Rakete nach, die das Dunkel durcheilte wie ein Komet, den höchsten Punkt ihrer Flugbahn erreichte, sich senkte- und Meilen vom *Michail* entfernt ins Wasser stürzte.

»Verdammtes Pech. Macht nichts, Jungs, die nächste.« Ich ließ noch eine Kiste unterschieben, und wir zündeten die nächste Rakete, aber die war ein Blindgänger. Wie trunken taumelte sie durch die Nacht und plumpste kaum dreihundert Meter vor der Küste rauchend und zischend ins Wasser. Auch die nächsten drei schafften es nicht bis zum *Michail*. Ich veränderte die Reichweite, und die Sechste flog schnurgerade auf die *Michail* zu wie eine scharlachrote Lanze, die sich ihr Ziel sucht. Als sie zwischen den Masten hindurchflog, heulten wir auf vor Enttäuschung, aber jetzt wußten wir zumindest, welche Reichweite richtig war, und so ließ ich denn alle Lafetten laden, und wir zündeten eine ganze Batterie.

Es war unbeschreiblich und ein herrlicher Spaß – wie ein Vulkan, der unter einem Feuer speit. Dichter, würgender Qualm erfüllte den Verschlag. Die Männer, die sich an die Lafetten gehängt hatten, um sie zu stabilisieren, riß es fast von den Füßen, das Getöse des Abschusses war ohrenbetäubend, und einen Moment taumelten wir hustend und wie blind in dem widerwärtigen Qualm herum. Es dauerte eine volle Minute, bis er sich so weit verzogen hatte, daß wir erkennen konnten, was wir mit unserer Salve ausgerichtet hatten, und dann machte Kutebar einen Luftsprung und stürzte auf mich zu.

»Ya'allah! Wunder Gottes. Schau nur, Flashman, sieh das herrliche Bild. Ist es nicht wundervoll? Schau, wie sie brennen.«

»Tatsächlich – der *Michail* war getroffen. Ein roter Feuerball hing mittschiffs unterhalb der Reling am Spantenwerk, unter unseren Augen stieg eine Flammensäule hoch, und durch einen glücklichen Zufall hatte auch die Ketsch Feuer gefangen. Alle tanzten und schrien und klatschten in die Hände vor Wonne. Mit einer Ausnahme: Ko Dalis Tochter. Während Kutebar laut frohlockte und ich sang: »*For we are jolly good fellows*«, wies sie die Männer an den Lafetten scharf an, die Abschußrohre herumzuschwenken, um den *Obrucheff* aufs Korn zu nehmen. Typisch Frau, immer müssen sie sich einmischen. Ich ging zu ihr hinüber.

»Hör mal, Schätzchen, was soll denn das?« fragte ich nicht eben freundlich. »Nimm's mir nicht übel, aber wann wir das Feuer einstellen, entscheide ich. Du da –«

»Wir haben eins unserer Ziele getroffen, *angliski*, das andere wartet schon«, fuhr sie mich an. Sie wirkte verkrampft, und ich sah, daß sie mich besorgt musterte. »Wir haben keine Zeit zu verlieren. Horch – in wenigen Augenblicken werden sie durchbrechen und über uns sein.«

Unsere Schießübungen hatten mich derart in Anspruch genommen, daß ich den Kampf, der draußen tobte, darüber fast vergessen hätte. Sie hatte recht, wie immer, man hörte einen wilden Schußwechsel, der bedrohlich näherrückte. Wenn wir Glück hatten, würde das Feuer an Bord des *Michail* dem Schiff wirklich den Garaus machen.

»Du bist doch ein kluges Mädchen, Seidenblume. Also los, Jungs, weiter geht's.« Ich warf mich mit meinem ganzen Gewicht gegen die Lafette, während die braven Nigger weitere Raketen anschleppten. Sie hatten ebensoviel Spaß an der Sache wie ich, grinsten übers ganze Gesicht und forderten einander und den lieben Gott auf, ihr Zerstörungswerk zu bewundern.

»Jetzt kommt der Dampfer an die Reihe«, rief Kutebar. »Eile dich, Flashman *bahadur*. Vernichte mit dem Feuer Gottes das muskowitische Gesindel. Zu Asche werden wir euch verbrennen, und Eblis wird eure Seelen verschlingen. Diebe, Unruhestifter, Söhne von Huren und schamlosen Weibern, die euch auf dem Misthaufen geboren haben.«

Ganz so einfach war es nicht. Vielleicht hatten wir beim *Michail* schlichtweg Glück gehabt. Ich feuerte zwanzig Raketen auf den *Obrucheff* ab, ohne auch nur ein Tauende zu versengen. Die Geschosse flogen über den Dampfer hinweg oder schlugen vor ihm auf, und die Rauchschwaden, die ihm folgten, wurden eins mit dem leichten Dunst, der über der Bucht hing. Der Schuppen war ein glühendes, qualmendes Inferno. Brüllend und heiser fluchend legten wir die Raketen und Steuerstäbe in glühheiße Rohre ein, die wir nach jedem Abschuß mit Wasser kühlen mußten. Den zwanzigsten Fehlschuß überlebte meine gute Laune nicht. Ich wütete und fluchte und trat nach dem nächstbesten Nigger. Das Kampfgetöse war inzwischen noch näher gekommen, und ich verspürte größte Lust, die verteufelten Raketen, die doch nicht richtig fliegen wollten, im Stich zu lassen und mich draußen ins Getümmel zu stürzen. Schlimmer als hier konnte es draußen auch nicht sein. Als jetzt eins der Schiffe in der Bucht unser Feuer erwiderte, war das nicht dazu angetan, meine Stimmung zu heben. Die Rauchwolke, die über dem Schuppen stand, war eine ideale Zielscheibe, und am Ufer wußte ohnehin mittlerweile jeder Bescheid, was sich hier tat. Ständig schlugen Musketenkugeln auf das Dach und gegen die Wände. Russische Kavallerie hatte – was ich damals nicht wußte –, dreimal versucht, in geschlossener Front über den mit Hindernissen gespickten Strand zu unserem Schuppen vorzudringen, und dreimal hatten sich Yakubs Reiter den Russen mit dem Mut der Verzweiflung entgegengeworfen und sie zurückgeschlagen. Doch der Ring um unsere Stellung zog sich immer enger zusammen. Einmal schlug ein Geschoß von See her direkt vor unserem Verschlag ein, und Gischt sprühte bis zu uns herauf, ein zweites heulte über unsere Köpfe hinweg, ein drittes schlug dicht neben uns ins Pier ein.

»Hol euch der Henker«, brüllte ich und drohte mit der Faust. »Kommt mir nur ans Ufer, ihr Schweine, euch werd ich's schon zeigen.« Ich sah alles wie durch einen roten Nebel, eine gewaltige, alles verschlingende Wut stieg in mir auf. Ich stieß unzusammenhängende Flüche aus, während wir die nächste Rakete in das stinkende Abschußrohr steckten. Geblendet von Rauch und Schweiß und Wut zündete ich sie, und diesmal sah ich sie kurz vor dem *Obrucheff* einschlagen und dann, Gott helfe mir, setzte sich der Kahn in Bewegung. Sie mußten in der Zwischenzeit die Kessel angeheizt haben, langsam drehte er ab und entfernte sich mit wirbelndem Heckrad von der Küste.

»Er entkommt«, schrie Ko Dalis Tochter schrill. »Schnell, *angliski*, versuch es noch einmal, mit allen Raketen. Kutebar, ihr anderen alle, ladet rasch, solange wir ihn noch erreichen können.«

»Feige Schurken«, brüllte ich. »Das Heil in der Flucht suchen, das könnte euch so passen. Los, ladet, ihr faulen Hunde.« Ich stürzte mich ins Getümmel und half ihnen, die fünf Raketen hochzuhieven. Eine hatte noch keinen Stab, ein kleiner Nigger mühte sich, ihn zu befestigen, als ein anderer schon die Lunte bereithielt. Ich drückte meinen brennenden Luntenrest in ein Zündloch, Funken sprühten, und ich hatte das Gefühl, daß der Schuppen sich auf den Kopf stellte. Ich stürzte, bekam einen heftigen Schlag über den Schädel, in meinen Ohren donnerte eine Kanonnade ohne Ende, die mir das Hirn zu sprengen drohte, und dann kam endlich die erlösende Finsternis.

Ich bin hinterher zu dem Schluß gekommen, daß ich nur wenige Minuten ohne Bewußtsein gewesen sein kann, aber als ich die Augen aufschlug, kam es mir vor, als seien es Stunden gewesen. Eine Kanonenkugel hatte in dem Augenblick, als die Rakete losgegangen war, den Schuppen getroffen, und mich hatte eine fallende Latte am Kopf erwischt. Das erste, was ich sah, als ich wieder zu mir kam, war die durch einen Balken zertrümmerte Lafette, und ich dachte: Schade, bis zum nächsten Guy-Fawkes-Tag ist es aus mit dem Feuerwerk. Durch den Rauch hindurch sah ich den *Michail* lustig brennen, aber explodiert war er zu meiner Verwunderung nicht. Auch die Ketsch stand in hellen Flammen, aber der *Obrucheff* dampfte mit rauchendem Schlot auf und davon. Auch an seinem Heck glimmte es, vielleicht hatte doch eine der letzten Salven ihn getroffen. »Recht geschieht euch, ihr russischen Schweine«, brabbelte ich und versuchte, mich aufzurichten, aber in meinen Gliedern war plötzlich kein Gran Kraft mehr.

Das Sonderbarste aber war, daß mir schien, als habe sich mein Kopf von den Schultern gelöst, und daß ich die Dinge um mich herum nicht klar erkennen konnte. Die berserkerhafte Wut, die mich eben noch beseelt hatte, war einer milden, träumerischen Stimmung gewichen. Das Gefühl war nicht unangenehm, nichts war mehr von Bedeutung, ich verspürte weder Schmerz noch die Neigung, irgendetwas zu unternehmen, ich hätte ewig so liebenbleiben können, um Leib und Seele Rast zu gönnen.

Dennoch nahm ich das, was um mich herum geschah, noch recht deutlich wahr, wenngleich es mich damals wenig kümmerte. Unsere Leute krochen zwischen Qualm und Trümmern herum, Kutebar gefiel sich in ausgesucht saftigen Flüchen, und dann kniete Ko Dalis Tochter neben mir und versuchte meinen Kopf zu heben, der, wie mir schien, einen unmäßigen Umfang angenommen hatte. Draußen tobte der Kampf, ich hörte Säbelgerassel zwischen den Schüssen, was mich jetzt allerdings nicht mehr erregte, ja, es interessierte mich nicht einmal. Und dann stand plötzlich Yakub Beg da, seinen Helm hatte er verloren, ein Arm hing schlaff herunter, an der Schulter klaffte eine breite, blutige Wunde, in der heilen Hand hielt er den blanken Säbel. Was tust du denn hier, dachte ich benommen, von rechts wegen müßtest du doch draußen sein und Russen schlachten.

»Vorwärts!« rief er. »Ins Wasser!« Er ließ seinen Säbel fallen und packte Ko Dalis Tochter an der Schulter. »Rasch, Seidenblume, weg von hier. Schwimm um dein Leben, Geliebte. Bring sie ins Wasser, Izzat, es geht um Minuten.«

Ko Dalis Tochter sagte etwas, was ich nicht verstand, und Yakub schüttelte den Kopf.

»Sahib Khan vermag sie noch aufzuhalten, aber nur für Minuten. Fort mit dir, nimm den Engländer mit. Tu, was ich sage, Kind. Ja, ja, ich komme auch. Sagte ich dir nicht, daß Sahib Khan die Stellung halten wird?«

»Und du verläßt ihn?« Ihre Stimme klang schwach und fern.

»Ja, ich verlasse ihn. Ohne ihn kann Khokand überleben, aber nicht ohne mich. Das weiß er ebenso gut wie ich. Und er wird drüben seine Frau und seine Kinder wiedersehen. In Gottes Namen, hinaus mit euch. Rasch.«

Sie erhob sich ohne ein weiteres Wort, und zwei ihrer Leute schleiften mich zu der offenen Schmalseite des Schuppens. Ich war so benebelt, daß ich wohl gar nicht auf den Gedanken kam, ich würde mich am

Ende nicht über Wasser halten können. Aber so weit kam es zum Glück gar nicht, denn ein paar Schlauköpfe machten den Leichter los, der direkt unter dem Schuppen vertäut war, und wir kletterten hinein. Ich weiß noch, daß es heftigen Streit zwischen Yakub Beg und Kutebar gab, weil der alte Haudegen unbedingt mit Sahib Khan und den anderen bis zum letzten Atemzug kämpfen wollte, aber Yakub stieß ihn ohne viel Federlesens mit seinem heilen Arm ins Boot und sprang dann selbst an Bord. Eine Wand des Schuppens brannte lichterloh, in der flammenden Glut bewegten sich Menschentrauben an den Türen, und ich meinte sogar einen mit einem Säbel wild um sich schlagenden Kosaken zu erkennen – dann fiel einer der Fliehenden auf mich und drückte mich flach auf den Boden des Kahns.

Sie mußten das Boot mit einer Stange abgestoßen haben, denn als ich wieder zu Atem gekommen war und mich auf das flache Schandeck gezogen hatte, waren wir etwa zwanzig Schritt von dem Schuppen entfernt und trieben in der Strömung des Flusses vom Pier weg. Nur einen kurzen Blick auf das Innere des Schuppens konnte ich noch erhaschen, es kam mir vor wie ein Bergwerk, in dem Häuser am Werke waren, dann erschien ein blendendes Licht, die Flammen hatten die Congreves erreicht, und ich hatte gerade noch genug Verstand, den Kopf einzuziehen, als es taghell um uns wurde. Seltsamerweise gab es keinen lauten, explosionsartigen Knall, sondern nur ein saugendes Geräusch wie von einem Wirbelsturm. Im Boot wurde geschrien und geflucht, und als ich den Kopf hob, schlug dort, wo der Schuppen gewesen war, eine Flammensäule hoch, das Pier brannte, und das Licht war so grell, daß man dahinter nichts erkennen konnte.

Ich hatte die Wange an die Ruderbank gelegt, hoffte, daß die Strömung uns vor den Schüssen der Russen retten würde und fand es sehr angenehm, nach der Schufterei im Schuppen so friedlich dahinzutreiben. Noch immer empfand ich keine Angst, keine Unruhe, nur eine distanzierte, träumerische Anteilnahme, und ich kann jetzt noch nicht sagen, ob man auf uns schoß oder nicht, denn plötzlich merkte ich, daß Ko Dalis Tochter neben mir hockte und nach hinten sah und daß uns ihre Leute umdrängten, und ich dachte, eigentlich eine prächtige Gelegenheit, in den prallen kleinen Hintern zu kneifen. Ich streckte die Hand aus und kniff und knetete nach Herzenslust, doch sie merkte es nicht einmal – oder wenn sie es merkte, tat sie nicht dergleichen. Aber ich glaube, sie war zu sehr von dem Inferno hinter uns in Anspruch genommen, ebenso wie die anderen, die die Hälse reckten und vor sich hinbrabbelten, während wir über das dunkle Wasser trieben. In meiner Erinnerung währte dieses Dahintreiben und Befummeln geraume Zeit, ich war gewissermaßen mit Leib und Seele dabei es war eine famose Sache. Aber auch an anderes erinnerte ich mich: An die Flammen des Schuppens und des Piers, die zu uns hinüberleuchteten, an das Stöhnen eines Verwundeten im Boot, an Ko Dalis Tochter, die in ein Gespräch mit Yakub Beg vertieft war, und an Kutebars schönen Fluch, in dem ein Kamel vorkam. An einen Wasserschlauch, den mir jemand an die Lippen hielt, und das warme Brackwasser, das mich zum Würgen und Husten brachte. Und an Yakub Beg, der sagte, der *Michail* sei ja nun ausgebrannt, doch der *Obrucheff* sei entkommen, so daß unsere Arbeit nur halb getan sei, aber es sei besser als gar nichts, und an Kutebar, der brummte, wer am Ufer herumgefaulenzt und Sandburgen gebaut habe, könne gut reden, aber wäre Yakub mit seinen Tagedieben in unserem Schuppen gewesen, wo hart gearbeitet worden sei ... Und in diesem Augenblick stand plötzlich die Sonne am Himmel – oder so schien es jedenfalls, denn Boot und Meer und Himmel waren in ein gleißendes Licht getaucht, und ich hatte den Eindruck, daß der Leichter nicht mehr dahintrieb, sondern über die Wasserfläche jagte, und dann kam der gräßlichste Donnerschlag, den ich je gehört habe, er hallte über das Meer und sang und brummte im Kopf, und während ich die Hände über die Ohren legte, um den Schmerz auszusperren, hörte ich noch, daß Kutebar wie von Sinnen anfing zu schreien:

»Der *Obrucheff* ... weg ... in ewiger Verdammnis versunken. Wer redet jetzt von Arbeit, die nur halb getan ist? Bei Gott, sie ist getan, getan, getan. Tausendmal ist sie getan. Sag, Yakub, ist sie nicht getan? Lob sei ihm und den Ungläubigen in Anglistan.«

Über zweitausend Khokandier fielen in der Schlacht von Fort Raim, was ein Beweis dafür ist, daß Buzurg Khan klug daran getan hatte, die Finger von der Geschichte zu lassen. Die übrigen entkamen – etliche schlugen sich an der Küste entlang nach Osten durch, andere durchschwammen die Mündung des Syr-Darja, und ein paar Bevorzugte reisten vornehm in Kähnen und Leichtern. Wie hoch die Verluste der Russen waren, weiß niemand. Yakub Beg schätzte sie auf etwa dreitausend. So war es denn eine sehr viel bedeutendere Schlacht als manch andere, die später in die Geschichtsbücher eingegangen ist, aber der Syr-Darja war weit, und die Russen haben sicherlich versucht, sie zu vergessen, so daß sie jetzt wohl nur noch in der Erinnerung der Khokandier weiterlebt.

Sei's drum – ihr Ziel hatten sie erreicht. Die russischen Munitionsschiffe waren zerstört, an einen Abmarsch der Armee in diesem Jahr war nicht mehr zu denken. Und damit war zumindest zu meinen Lebzeiten Indien gerettet, und die Khokandier hatten sich noch eine kurze Spanne der Freiheit erkämpft, ehe in den Sechzigern die Soldaten des Zaren einrückten und sie zu Sklaven machten. Ich denke mir, daß die Khokandier bereit waren, um dieser Gnadenfrist willen den Verlust von zweitausend Mann zu verschmerzen. Was die zweitausend dazu sagen würden, ist natürlich eine andere Frage, aber da sie freiwillig in den Kampf gezogen waren (soweit man das bei Soldaten so nennen kann), würden sie sich wohl der Mehrheitsmeinung anschließen.

Ich selbst habe meine Absicht nicht geändert, seit ich zwei Tage später im Tal der Kizil Kum wieder zu mir kam. Wie unser Leichter von Katti Torahs Rettungsmannschaft an Land gezogen wurde, wie wir die Reise durch die Wüste zurücklegten, daran erinnere ich mich nicht, denn ich delirierte und halluzinierte indessen, daß es eine Lust war, und es fiel mir schwer, wieder in die Wirklichkeit zurückzufinden. Das Erschreckendste war, daß ich mich an die Schlacht und mein unglaubliches Verhalten sehr genau erinnern konnte. Ich wußte wohl, daß ich wie ein betrunkener Wikinger herumgetobt war, die Gefahr gesucht und in mörderischer Wut heroischen Unsinn von mir gegeben hatte, aber warum ich mich so benommen hatte, das konnte ich beim besten Willen nicht begreifen. Es widersprach meiner Natur, meinem Instinkt, meiner Lebenserfahrung. Am Alkohol konnte es nicht gelegen haben. Erstens hatte ich keinen Tropfen getrunken, und zweitens ist der Schnaps noch nicht gebraut, der meinen Selbsterhaltungstrieb zu betäuben vermöchte. Mir wurde angst und bange, denn wo kann ein braver Feigling sich noch in Sicherheit wähnen, wenn ihm seine Furcht abhanden kommt?

Zuerst dachte ich, meine Erinnerung habe mir einen Streich gespielt, aber die Glückwünsche Yakub Begs und Kutebars (der mich – ausgerechnet! – »Ghazi« nannte) belehrten mich sehr bald eines Besseren. Ich mußte also zeitweilig verwirrten Geistes gewesen sein. Aber warum? Auf die naheliegende Lösung kam ich seltsamerweise nicht, obschon ich das dumpfe Gefühl nicht los wurde, daß irgendwie Ko

Dalis Tochter dahintersteckte. So begab ich mich denn, noch schwach und zittrig von den überstandenen Prüfungen, kurz entschlossen zu ihr. Ich war so beunruhigt, daß ich gar nicht lange auf den Busch klopfte. Zuerst spielte sie die Unwissende und gab vor, nicht zu wissen, worauf ich hinauswollte, aber als ich ihr dann heftiger zusetzte, sagte sie es mir. Natürlich nicht, um mich zu beruhigen, o nein, sondern vermutlich, weil sie wußte, daß das Schönste an einem Geheimnis ist, es zu verraten, besonders, wenn sich ein anderer dabei windet.

»Erinnerst du dich, daß ich dich nach dem Alten vom Berge fragte? Du sagtest, du hättest noch nie von ihm gehört.«

»Was hat der damit zu tun, daß ich wie von Sinnen durch die Gegend gerannt bin?«

»Er lebte vor vielen Jahren in Persien, hinter den zwei Seen und der Salzwüste. Er gebot über jene wahnwitzigen Kämpfer, die *hashishin*, die sich mit der *hashish*-Droge Mut zu Mord und Tod antranken. Die Inder nennen sie *bhang*. Es gibt viele Möglichkeiten, sie zuzubereiten und anzuwenden, sie läßt sich so mischen, daß sie dem Menschen ein Höchstmaß an Haß einflößt, ein Höchstmaß an Mut – und noch manch anderes.«

Sie redete so wie ein Dämchen der besseren Gesellschaft über Blumenarragements redet. Mit gekreuzten Beinen und ernstem Gesicht saß sie auf einer *charpai* in einer Gartenecke, indes das widerliche Katzenvieh neben ihr eine Schale Milch schlabberte. Ich sah sie entgeistert an.*

Die hashishin – du meinst die Assassinen?[44] Grundgütiger, Weib, soll das heißen, daß du mich mit einer infernalischen Droge vollgestopft hast, die mich um den Verstand brachte?«

»Sie war in deinem *kefir*«, sagte sie leichthin. »Trink, Tigerlein, es ist noch mehr da.«

»Aber ... aber ... wozu, zum Teufel?« kollerte ich.

»Weil du Angst hattest. Weil ich vom ersten Augenblick an wußte, daß die Angst dich beherrscht und dich nie aus den Krallen lassen wird.« Das schöne Gesicht war ganz unbewegt, die Stimme gelassen. »Und das konnte ich nicht zugeben. Wärst du in jener Nacht, da alles von dir abhing, feige gewesen, hätte das unser Ende bedeutet. Yakubs Unternehmen wäre gescheitert, und Khokand wäre mit ihm untergegangen. Um das zu verhindern, wäre ich zu allem bereit gewesen. So

* leichtes Bettgestell

gab ich dir denn eine Droge. Sag ehrlich – hast du einen Schaden davongetragen?«

»So eine Unverschämtheit ist mir in meinem ganzen Leben noch nicht untergekommen«, tobte ich los. Ich hätte platzen mögen vor Wut. »Wenn ich mir das jetzt überlege ... Es hätte ja mein Tod sein können.«

Sie ließ in einem vergnügten Lächeln ihre hübschen Zähne sehen. »Du bist erstaunlich ehrlich, *angliski*, findest du nicht auch, Miezmauz? Und es ist nicht recht von ihm, uns zu schelten. Denn siehst du, er lebt ja – und wo wäre er jetzt, wenn er sich feige verhalten hätte?«

Das war, wie ich später begriff, eine sehr berechtigte Frage, aber damals war sie durchaus nicht dazu angetan, mich zu beschwichtigen. Damals haßte ich Ko Dalis Tochter, wie nur ein Feigling hassen kann, wenn ihm die Wahrheit ins Gesicht gesagt wird, und ich brauchte mir meinen Gegenschlag nicht lange zu überlegen.

»Zumindest bin ich ehrlicher als du. Jetzt weiß man ja, was man von dem Gerede zu halten hat, daß du deinen geliebten Yakub Beg nicht im Stich lassen wolltest. Du spielst die große Liebende, aber das hindert dich nicht daran, es mit dem ersten Besten zu treiben, der dir über den Weg läuft. Da sieht man doch, wie weit es mit deiner Liebe her ist.«

Sie lächelte die Katze an, ohne auch nur rot zu werden. »Was meinst du, Miezmauz – vielleicht sieht man es daran wirklich ... Aber ich glaube nicht, daß es dem *angliski* Freude machen würde, wenn ich mich näher darüber ausließe. Jedoch –«

»Hol's der Henker, sprich nicht ständig mit dem verdammten Katzenvieh. Kannst du nicht vernünftig reden?«

»Ganz wie du wünschst. Höre, *angliski*, ich habe nicht die Absicht, dich zu verspotten oder zu demütigen. Es ist keine Sünde, Angst zu haben – ebensowenig, wie es eine Sünde ist, wenn ein Mensch nur ein Bein oder rote Haare hat. Alle Männer haben Angst, auch Yakub Beg und Kutebar. Alle. Um die Angst zu überwinden, brauchen manche Männer die Liebe, manche den Haß, etliche Habgier und andere ... *hashish*. Ich begreife deinen Zorn. Aber überlege einmal, hat sich nicht alles zum Guten gewendet? Du bist hier, und außer mir weiß niemand von der Angst, die in deinem Herzen wohnt. Und ich wußte von Anfang an davon.« Sie lächelte und – hol sie der Teufel – ich behaupte jetzt noch, daß es ein gewinnendes Lächeln war. »Schleck den Honig, Fremder, und stelle keine Fragen.«

Mehr war nicht aus ihr herauszubringen – aber ein kleiner Trost blieb mir doch. In einer Beziehung habe – oder hatte – ich meinen Stolz. Und so stellte ich ihr denn, ehe ich ging, noch eine Frage:

»Warum hast du mich zur Liebe verführt?«

»Auch das magst du eine Droge nennen. Ich wollte sichergehen, daß du meinen *kefir* ißt.«

»Nur das war es also? Sonderbar, was sich Chinesinnen dabei für Umstände machen ...«

Sie lachte und warf die Lippen auf. »Du weißt, daß ich noch nie zuvor einem *angliski* begegnet war. Nenne es Neugier.«

»Darf ich fragen, ob deine Neugier befriedigt wurde?«

»Du fragst zu viel, *angliski*. Das ist eine Geschichte, die ich nur meiner Katze erzählen werde.«

Ich habe vielleicht nicht allzu viel Grund, ihrer mit übergroßer Zuneigung zu gedenken, und doch hat sie einen festen Platz in meinem Herzen. Wie alle meine Weiber – da ich sie in sicherer Entfernung weiß. Vielleicht verdanke ich es ja wirklich ihr, daß ich mit heiler Haut aus der Geschichte herausgekommen bin, aber in meinen Augen hatte ich einfach mal wieder Glück gehabt, und schließlich hatte sie mir die Suppe überhaupt erst eingebrockt. Doch das ist jetzt alles vergangen und verweht, und wenn ich den verblichenen blumenbestickten Schal in der Hand halte, den sie mir zum Abschied schenkte, sehe ich mich wieder in dem sonnenbeglänzten Garten hinter den Hügeln stehen, sehe die schwarzen Mandelaugen, spüre die Wärme und die weichen Lippen an meiner Wange und ... ja, ja, ich bin ein alter Narr und schweige schon still. Aber sie wußte entschieden zu viel, diese Seidenblume, da hatte Kutebar schon recht.

Sei's drum. Nachdem ich über den ersten Schreck hinweggekommen war, daß ich mit einer widerwärtigen orientalischen Droge im Leib um mein Leben gekämpft hatte, konnte ich mich eigentlich nicht beklagen. Ich habe mir seither oft Gedanken darüber gemacht, ob Männer wie Chinese Gordon und Bobs und Custer immer in so einem Zustand waren wie ich in jener Nacht, ob sie einfach nicht wußten, was Angst bedeutet. Das würde natürlich vieles erklären. Aber Gott helfe jedem, der so geschaffen wurde. Wahren Seelenfrieden kann wohl nur der empfinden, der auch die Furcht kennt.

Doch damals beschäftigte ich mich nicht allzu lange mit diesen Überlegungen. Die Gefahr war vorbei, ich war dem Würgegriff der Russen entronnen und bei einem wohlgesinnten Stamm, der mich für den Größten seit Tamerlan hielt – aber ich hatte nicht die Absicht, dort sehr alt zu werden. Wenn ich überlegte, was ich im letzten Jahr durchgemacht hatte, angefangen bei der Hölle von Balaklawa über den verschneiten Alptraum Rußland mit Wölfen und Knuten und brutalen Barbaren wie Ignatieff bis zu den Gefahren von Fort Raim und dem Schuppen (noch heute überläuft mich ein Schauder, wenn ich etwas von Feuerwerk oder Guy-Fawkes-Tag höre), hatte ich nur ein Ziel: Indien, nebst großem Empfang für den Helden, und dann ab in die Heimat. Die vertrauten Geräusche von London und Leicestershire, bequeme Klubs und Kneipen, englische Bettücher und Buttertoast und vor allem meine schöne blonde Elspeth, die nicht gescheit genug war, um mit Katzen Konversation zu treiben und bei der ich nicht fürchten mußte, mit Opium gewürzte Nierchen und Frühstücksspeck zu bekommen. Himmel – ob Cardigan sich noch um sie herumdrückte? Aber vielleicht hatte ich Glück, und er war bereits im Jenseits. Und überhaupt – war der Krieg aus, oder wie stand es? Ja, es wurde entschieden Zeit, daß ich mich wieder von der Kultur belecken ließ.

Yakub Beg benahm sich sehr anständig, was allerdings auch nicht mehr als seine verdammte Pflicht und Schuldigkeit war, wenn man bedenkt, in welche Gefahren er mich gebracht hatte. Nach einem rauschenden Fest im Tal der Kizil Kum, bei dem wir die Niederlage der Russen und die Errettung Khokands – und Indiens – feierten, machten wir uns auf den Weg nach Chiva, wo er glaubte, mit seinem Volk vor russischer Vergeltungsschlägen sicher zu sein. Von dort ritten wir nach Samarkand, wo uns eine Handvoll seiner afghanischen Kumpane erwartete, um mir sicheres Geleit durchs Gebirge und durch Afghanistan bis nach Peschawar zu geben. Diese Strecke versprach nicht besonders erfreulich zu werden, aber unser Ritt nach Samarkand war wie eine Urlaubsreise. Die Luft war gut, die Pferde waren frisch, Kutebar und Yakub beschimpften sich nach Herzenslust, und Ko Dalis Tochter war so vergnügt und freundlich, wie man es sich nur wünschen konnte – obschon ich dem verschlagenen Glitzern der schwarzen Augen nie so ganz traute. In Chiva versuchte ich sie zu besteigen, aber in der Karawanserei war zu viel Betrieb, und auf der Straße nach Samarkand bot sich bedauerlicherweise keine Gelegenheit. Ich hätte mich gern noch einmal an ihr versucht, aber Yakub Beg war leider immer in der Nähe.

Er war ein seltsamer Kauz, verrückt, rätselhaft, immer heiter. Was er wußte oder was Ko Dalis Tochter ihm erzählt hatte, ahnte ich nicht, aber er ließ es sich angelegen sein lassen, oft und lange mit mir zu sprechen – über Khokand, und ob die Briten ihm helfen würden, seine Unabhängigkeit zu bewahren, über seinen Ehrgeiz, einen eigenen Staat zu gründen, und immer wieder kam er auf die Seidenblume zu sprechen und auf Kaschgar, jenes Reich jenseits von Wüste und Gebirge, wo nicht einmal die Russen hinkommen würden. Die letzten Worte, die er an mich richtete, waren diesem Thema gewidmet.

Wir hatten die Nacht in Samarkand, in der kleinen Herberge am Markt, verbracht, vor uns die hohen türkisfarbenen Mauern der größten Moschee der Welt, und am nächsten Morgen begleiteten sie mich und meine Eskorte noch ein Stück Weges nach Süden. Die Straße wimmelte von Menschen – geschäftige Usbeken mit ihren schwarzen Kappen, Bergbewohner mit Hakennasen und verschlagenen Gesichtern, verschleierte Frauen, lange Reihen von Kamelen mit klingelnden Glöckchen, die den gelben Staub aufwirbelten, Träger, die unter großen Ballen schwankten, Kinder, die einem zwischen den Füßen herumwuselten, überall Geschwätz in zwanzig verschiedenen Zungen. Yakub und ich waren vorausgeritten und hielten an einem Flüßchen, um unsere Pferde zu tränken.

»Der Sia-Fluß«, sagte Yakub lachend. »Sagte ich, die Russen würden in diesem Herbst ihre Gäule hier tränken? Daß es nicht dazu gekommen ist, habe ich dir zu verdanken. Und meiner Seidenblume und Kutebar und all den anderen. Noch haben sie dies hier nicht zerstört.« Er machte eine weit ausgreifende Bewegung über die Menge, die an uns vorüberflutete. »Und wenn ich es verhindern kann, werden sie es auch nie tun. Aber wenn sie einmal hier sind – nun, dann gibt es immer noch Kaschgar und die Freiheit der Berge.«

»Wo Sünder ablassen von sündigem Tun«, sagte ich, weil es mir so schön zu passen schien.

»Ist das ein englisches Sprichwort?« wollte er wissen.

»Ein Kirchenlied, soviel ich weiß. Wir haben es in Rugby in der Kapelle gesungen, ehe die Übeltäter ihre Tracht Prügel für den Tag bezogen.«

»Alle heiligen Lieder sind aus Träumen gemacht«, sagte er. »Und dies ist ein guter Platz für Träume, wie ich sie habe. Weißt du, wo wir sind, Engländer?« Er deutete die staubige Straße entlang, die sich zwischen kleinen Sandhügeln hindurchwand und sich dann wie ein gelbes Band durch die Ebene zog, um sich vor der hohen weißen Grenze der afghanischen Berge zu gabeln. »Es ist der große Pfad der Erwartung, wie die Bergstämme sagen, auf dem man seine Hoffnungen einfach dadurch einlösen kann, daß man weiterhofft. Für den Chinesen ist es die Baghdad-Straße, für die Perser und Hindus der Seidenpfad, aber wir nennen es den Goldenen Weg.« Und er zitierte einen Vers, den ich mit schwerer Mühe in Reime gebracht habe:

So lerne denn die alte Regel Tag für Tag:
Nicht in geplanter Ankunft, die bekannt,
Nur in dem Traum, den unterwegs er haben mag,
der Mensch entdeckt den Goldenen Weg nach Samarkand.

»Hübsch«, sagte ich. »Selbst gemacht?«

Er lachte. »Nein. Es ist ein altes Lied. Von Firdausi vielleicht, oder von Omar. Wenn ich es erlebe, werden diese Verse mich nach Kaschgar bringen. Da kommen die anderen, und es heißt Abschied nehmen. Du warst mein Gast, mir vom Himmel gesandt. Reich mir zum Abschied die Hand.«

Wir wechselten einen Händedruck, und Kutebar zog mich an seine Brust und röhrte: »Gott mit dir, Flashman – und meine Grüße an die gelehrten Doktoren von Anglistan.« Ko Dalis Tochter trat züchtig vor, um mir ihren Schal zu überreichen, und küßte mich sanft auf die Lippen. Sekundenbruchteile hatte das kleine Luder die Zunge halb in meinem Hals, dann löste sie sich von mir und machte ein Gesicht wie die Heilige Cäcilie. Yakub Beg schüttelte mir noch einmal die Hand und wendete sein Pferd.

»Leb wohl, Blutsbruder. Denk an uns, wenn du in England bist. Besuch uns einmal in Kaschgar – oder, besser noch, such dir dein eigenes Kaschgar.«

Und dann donnerten sie zurück in Richtung Samarkand, die Umhänge wehten, Kutebar drehte sich im Sattel noch einmal um, winkte und rief mir etwas zu. Es mag sich seltsam anhören – aber einen Augenblick fühlte ich mich wie verloren und überlegte, ob sie mir wohl fehlen würden. Diese sentimentale Stimmung währte etwa eine Viertelsekunde und ist zu meiner großen Freude nie wiedergekehrt. Was Kaschgar und Yakubs Einladung betrifft – nun ja, wenn mir der Zar persönlich, die Kaiserin von China und sämtliche Stammesfürsten zwischen Astrachan und dem Baikalsee sicheres Geleit garantierten, wenn ich über die ganze Strecke einen eigenen Pullmanzug mit Speisewagen, Bar und weiblicher Bedienung bekäme, würde ich mir mit der

Ablehnung zumindest eine kleine Weile Zeit lassen. Die überaus lebhaften Erinnerungen an Zentralasien genügen mir. Für einen Mann in meinem Alter liegt Scarborough weit genug östlich.

Dennoch berührte es mich seltsam, als ich mit meiner Eskorte den Fuß wieder auf afghanischen Boden setzte. Wo Yakub sie aufgegabelt hatte, mochte der Himmel wissen, aber ein Blick in ihre Wolfsgesichter und auf ihre vollgestopften Patronengürtel brachten mich zu der tröstlichen Überzeugung, daß kein *badmash*, der seine fünf Sinne noch beisammen hatte, auf den Gedanken verfallen würde, eine solche Reisegesellschaft anzugreifen. Wir brauchten eine Woche über den Hindukusch, zwei Tage durchs Gebirge nach Kabul – und dann erhob sich vor uns die Bala Hissar, und ich sah ungläubig auf die überwucherten Obstgärten, wo vor vielen Jahren Elphy Beys Kantonnement gewesen war, auf den Kabulfluß und die Anhöhe, wo Akbar seinen Teppich ausgebreitet hatte und MacNaghten gestorben war. Wenn ich die Augen schloß, hörte ich die Trommeln der Vierundvierziger den *Yankee Doodle* schlagen, hörte die alte Lady Sale einen unglückseligen Träger herunterputzen, weil er Tee aufgegossen hatte, ehe das Wasser zum Kochen gekommen war. *

Ich machte sogar eine Runde um die Trümmer der Residenz und spürte mein Herz beim Anblick der Einschüsse und des Fensters, wo Broadfoot zu Tode gestürzt war, schneller schlagen, und dann drehte ich mich um und suchte nach der Stelle, an der die Ghazis sich auf mich und die Brüder Burnes gestürzt hatten, aber ich fand sie nicht.

Sonderbar, alles war unverändert und doch ganz anders. Ich ließ meinen Blick über die eng gedrängten Häuserzeilen wandern. In welchem hatte wohl Gul Shah versucht, mich mit seinen infernalischen Schlangen ins Jenseits zu befördern? Ein Schauder überlief mich, und ich ging rasch zum Marktplatz zurück, wo meine Eskorte schon auf mich wartete. Manchmal rücken einem die Geister der Vergangenheit näher auf den Pelz, als einem lieb ist, und zur Überraschung meiner Begleiter gab ich Befehl, die Reise nach Peschawar am Nordufer des Kabul fortzusetzen, obgleich es, wie der Anführer bemerkte, eine bequeme Straße gab, die über Boothak und Jallalabad nach Süden führte.

»Es gibt dort Herbergen, *husur*«, sagte er, »und Bequemlichkeit für uns und unsere Tiere. Die andere Strecke ist wüst und öde, wir müssen

* siehe: Flashman – Im Dienste Ihrer Majestät (UB 21001)

nachts im Freien kampieren, und die Nächte sind kalt. Die Südroute ist besser, glaube mir.«

»Nein, mein Sohn. Ich kenne die Südroute schon aus der Zeit, als du noch ein *chotah wallah** warst und Muttermilch schlucktest, und ich habe keinen Gefallen an ihr gefunden. Wir halten uns an den Fluß, wenn's recht ist.«

»Ayi!« Er grinste mich zahnlückig an. »Ist es möglich, daß du jemandem in Jallalabad Geld schuldig bist?«

»Nein, kein Geld. Vorwärts, Freund aller Reisenden! Zum Fluß!«

Die Nächte waren in der Tat bitter kalt, aber weder im Schlafen noch im Wachen wurde ich von Alpträumen heimgesucht. Wir überquerten den Khyber, ritten die kurvenreiche Straße nach Peschawar hinunter, wo ich mich von meiner Eskorte verabschiedete und unter dem Torbogen, wo Avitabile die Gilzais aufzuknüpfen pflegte, in die Stadt einritt. Zum guten Schluß stand ich dann einem Gernegroß von Subalternoffizier gegenüber.

»Tag, alter Junge«, sagte ich. »Ich bin Flashman.«

Der junge Schnösel mit der sonnenverbrannten Nase lief puterrot an.

»Sergeant«, quiekte er. »Was macht dieser widerwärtige Nigger hier auf unserer Veranda?« Denn ich steckte noch in der Tracht der Kizil Kum, mit Überwurf, *pyjamas* und *puggari* und wild wucherndem Bart.

»Nur keine Aufregung«, sagte ich liebenswürdig. »Ich bin Brite. Britischer Offizier. Flashman mein Name. Oberst Flashman, Siebzehnte Lancer, zur Zeit gewissermaßen – äh – abkommandiert. Komme gerade von ... da oben ... unter beträchlichen persönlichen Opfern. Möchte jemanden sprechen, der hier was zu sagen hat. Zunächst mal ihren Kommandeur.«

Er war kaum zu halten. »Ein Wahnsinniger! Hierher, Sergeant!«

Und ob Sie's glauben oder nicht, es dauerte eine halbe Stunde, bis ich ihn davon abgebracht hatte, mich in die Arrestzelle zu stecken und er einen mürrisch dreinblickenden Hauptmann herbeiholte, der mich anhörte und ab und an nervös nickte, als ich ihm erläuterte, wer und was ich war.

»Nun gut«, sagte er. »Sie kommen aus Afghanistan?«

»Über Afghanistan, ja. Aber –«

* Knirps

»Nun gut. Wir sind hier Grenzstation. Haben Sie etwas zu verzollen?«

(Ende des vierten Teils der Flashman Papers.)

Anhang I: Balaklawa

Über diese Schlacht ist so viel geschrieben worden – von denen, die sie überlebt haben, von Journalisten und Historikern, ja, sogar von Propagandisten und Poeten, daß man sich eigentlich auf die Feststellung beschränken kann, daß Flashmans Schilderung zwar gewisse bisher unbekannte anschauliche Details beisteuert, sich ansonsten aber im wesentlichen mit anderen Augenzeugenberichten deckt. So läßt sich vieles von dem, was er über die eigentliche Attacke der Leichten Brigade zu sagen hat, anhand der Berichte der Überlebenden – wie etwa Paget, Kavallerist Farquharson, Hauptmann Morgan, Cardigan und anderer – nachprüfen.

Die große Kontroverse um Balaklawa aber, die sich vermutlich nie zufriedenstellend wird klären lassen, ist die Frage, warum die Leichte Brigade die Batterie überhaupt angriff. Experten wie Amateure auf dem Gebiet der Geschichte, die Russell, Woodham-Smith, Fortescue und eine Unzahl anderer gelesen haben und denen die Ansichten Raglans, Lucans und Cardigans vertraut sind, mögen selbst entscheiden, ob Flashman einen wertvollen Beitrag zur Lösung der Frage liefert oder nicht. Viele sind der Meinung, die Hauptschuld habe bei Raglan und Airey gelegen, weil sie eine unpräzise Order gegeben hatten, Nolans Erregung bei der Übermittlung des Befehls an Lucan habe zu der letzten verhängnisvollen Verwirrung geführt, und für die Folgen dürfte man gerechterweise weder Cardigan noch Lucan verantwortlich machen. Es liegt auf der Hand, daß Flashman sich einer solchen Argumentation nicht verschließen würde. Entscheidend ist wohl der Augenblick, als Nolan seine stürmische Bewegung machte (Ins Tal hinunter? In Richtung der Schanze? Und wie groß war die Abweichung zwischen beiden? Hat er *»unsere«* Geschütze oder *»eure«* Geschütze gesagt – oder was sonst?), und wenn er einen Fehler machte, so zahlte er dafür den höchsten Preis. Und das gilt wohl auch für Raglan; er starb auf der Krim, wie die sechshundert Kavaleristen, und wenn man wirklich von einem Lapsus sprechen will, so ist er mit ihnen begraben worden.

Anhang II: Yakub Beg und Izzat Kutebar

Yakub (Yakoob) Beg, der zum bedeutendsten Stammesführer Zentralasiens und Leiter des Widerstandes gegen den russischen Imperialismus werden sollte, wurde 1820 in Piskent geboren. Er gehörte einem persisch-tadschikischen Stamm an und war ein Abkömmling von Tamerlan (Timur) dem Großen. Flashmans Beschreibung von ihm deckt sich weitgehend mit der Rekonstruktion von Timurs Zügen, die der russische Wissenschaftler Professor Gerasimow, unlängst nach dessen Schädel angefertigt hat.

1845 wurde Yakub Haushofmeister des Khan von Khokand, dann Pansad Bashi (Befehlshaber über fünfhundert). 1847 wurde er zum Kush Begi (Militärkommandant) und Gouverneur von Ak Mechet ernannt, einer bedeutenden Festung am Syr-Darja, und heiratete im gleichen Jahr ein Mädchen aus Julik, einer Stadt am Fluß. Sie wird als eine »Kipchak-Frau der Goldenen Horde« beschrieben. Yakub beteiligte sich aktiv an Überfällen auf die neuen russischen Grenzposten am Aralsee, und nach dem Fall Ak Mechets im Jahr 1853 bemühte er sich eifrig, aber erfolglos, die Festung den Russen wieder abzunehmen.

Nach der russischen Invasion konzentrierte sich Yakub darauf, sich in Kaschgar ein eigenes Reich zu schaffen. Als Oberbefehlshaber des dekadenten Buzurg Khan nahm er 1865 Kaschgar, stürzte seinen Obersten Kriegsherr und bestieg als Amir und Atalik Chazi den Thron. Im gleichen Jahr heiratete er »die schöne Tochter des Ko Dali, eines Offiziers in der chinesischen Armee«, von der er mehrere Kinder hatte.

Als Herrscher über Kaschgar und Ostturkestan war Yakub Beg der mächtigste Monarch Zentralsaiens. Er blieb ein erbitterter Feind der Russen und guter Freund der Briten, deren Gesandte in Kaschgar empfangen wurden. 1874 kam ein Handelsvertrag zwischen Großbritannien und Kaschgar zustande. Rußland fürchtete, er könne eines Tages sämtliche Moslems Zentralasiens in einen Heiligen Krieg gegen den Zaren führen, aber 1876 wurde Kaschgar von China angegriffen und Yakub vertrieben. Am 1. Mai 1877 fiel er einem von Hakim Khan, einem Sohn des Buzurg Khan, angezettelten Attentat zum Opfer.

Sein Biograph beschreibt Yakub Beg als »einen großen Mann, der etliche Jahrhunderte zu spät zur Welt kam«. Fest steht, daß er als Nationalistenführer und Widerstandskämpfer in seiner Zeit und in seinem Land eine einzigartige Erscheinung war, denn »er allein in Zentralasien blieb frei«, und er führte seine Feldzüge und regierte seinen unabhängigen Staat ohne bedeutende finanzielle Mittel und ohne große Gefolgschaft. Sein großes Plus waren nach Aussage seiner Zeitgenossen seine überragende Intelligenz, eine gewinnende, angenehme Erscheinung und das Talent, sich nicht einschüchtern zu lassen. Er scheint auch Sinn für die rechte Tat zur rechten Zeit gehabt zu haben, was etwa der schlau eingefädelte Verrat an Buzurg Khan zeigt.

Überall sonst in der Welt würde man seiner vermutlich in ähnlicher Weise gedenken, wie man historischer Gestalten vom Schlage eines William Wallace, Hereward und Crazy Horse gedenkt – nicht aber im modernen Rußland. Neulich fragte ich in Taschkent einen gebildeten Russen, welchen Platz Yakub Beg in der Lokalgeschichte einnähme. Mein Gesprächspartner kannte nicht einmal seinen Namen (Siehe D. C. Boulger, *Yakoob Beg*, 1878).

Izzat Kutebar, Brigant, Rebell und Guerillero, war Kirgise und kam vermutlich im Jahre 1800 zur Welt. 1822 überfiel er zum erstenmal die Buchara-Karawane, der Höhepunkt seiner Laufbahn als Räuber und Geißel der Russen liegt etwa um 1840. Die Russen überredeten ihn schließlich dazu, von seinen räuberischen Aktivitäten abzulassen und belohnten ihn mit einer Goldmedaille, aber Anfang der fünfziger Jahre schlug er wieder zu, wurde 1854 gefaßt, flüchtete oder wurde aus der Gefangenschaft entlassen, zettelte einen Aufstand an und lebte als Rebell im Ust-Yurt, bis er sich endlich dem Grafen Ignatieff ergab und seinen Frieden mit den Russen machte.

Anmerkungen

1 Möglicherweise wegen der Kriegsangst, wie Flashman andeutet, wurden Anfang 1854 außer Voll- und Backenbärten auch Schnurrbärte große Mode. Eine weitere Modeerscheinung bei jungen Männern waren grellfarbige Hemden mit grotesken Mustern – Totenschädel, Schlangen, Blumen und dergleichen. Beide Marotten haben eine interessante Ähnlichkeit mit der modernen Hippimode, nicht zuletzt in der durch sie hervorgerufenen Reaktion. Den Angestellten der *Bank of England* war es ausdrücklich untersagt, sich der sogenannten »Schnurrbartbewegung« anzuschließen.

2 Die »Eunuchen«: Die damals gebräuchliche Musketenschießscheibe bestand aus den üblichen konzentrischen Kreisen, die jedoch eine unbekleidete menschliche Figur in der Mitte hatten. Den Schuß ins Schwarze bezeichnete eine diskret unterhalb der Gürtellinie der Figur angebrachte schwarze Scheibe.

3 England trat offiziell zwar erst am 28. März 1854 in den Krieg ein, doch die Vorbereitungen zu einer bewaffneten Auseinandersetzung liefen bereits seit Wochen vor dem Hintergrund einer allgemeinen Entschlossenheit, eine Kraftprobe mit Rußland herbeizuführen. Die Schottische (Dritte) Garde hatte sich einen Monat zuvor eingeschifft, und Innenminister Palmerstone und Sir James Graham, Erster Lord der Admiralität, hielten ihre hurrapatriotischen Reden im Reform Club am 7. März. *Punch* brachte eine herrliche Parodie darauf. Allerdings war das Kriegsfieber in England zwar virulent, aber nicht so verbreitet, wie man nach Flashmans Schilderung glauben könnte. Es gab eine tatkräftige Friedensbewegung und durchaus auch leidenschaftliche Antikriegsgefühle. Einen extremen, aber interessanten Standpunkt vertritt J. McQueen in *The War: Who's to blame* (1854).

4 Bei dem Stück handelte es sich mit größter Wahrscheinlichkeit um Balzacs *La Marâtre*, das erhebliche Diskussionen entfachte.

5 Die Regeln für diese Vor- und Frühformen des Pool-Billard kann man in dem viktorianischen Standartwerk *Billiards* von »Captain Crawley« nachlesen, einer Fundgrube für praktische Hinweise und Billard-Anekdoten, das auch ausführliche Informationen über »Billardhaie« und Betrügereien enthält. Joe Bennet war ein Meisterspieler jener Zeit. Eine *Jenny* ist ein schwieriger Effetstoß zur mittleren Tasche, wobei der Zielball meist nah an der Bande liegt. Ein »pair of breeches« ist ein gleichzeitiger Effetstoß und Zieher in die oberen Taschen.

6 Der Unterhausausschuß von Sir William Molesworth trat im März 1854 zur Beratung der Produktion von Handfeuerwaffen zusammen. Lord Paget war eines seiner Mitglieder. Gehört wurde u. a. auch Oberstleutnant Sam Colt, der Erfinder des Colt-Revolvers.

7 Unabhängig von der Kritik, die große Teile der Öffentlichkeit an Prinz Albert wegen angeblicher Einmischung an die Staatsgeschäfte übten, wurde im Frühjahr 1854 erheblicher Spott wegen seines Eifers im Entwerfen militärischer Kleidungsstücke laut. Wenn man zeitgenössischen Skizzen glauben darf, war die sogenannte »Albert-Kappe« für die Garde eine zwar nicht gerade schöne, aber durchaus zweckmäßige und vielseitig einsetzbare Kopfbedeckung. Doch damals setzen gerade heftige Diskussionen um britische Uniformen ein – insbesondere wurden die traditionellen engen Halsbinden und Stehkragen aufs Korn genommen –, und jegliche Anregungen des Prinzgemahls waren, wie üblich, unwillkommen.

8 Das Hauptbombardement Odessas durch britische Schiffe fand am 22. April statt, ohne jedoch großen Schaden anzurichten.

9 »Villikins and his Dinah« war der Topschlager des Jahres 1854.

10 Dieser und andere Bemerkungen ist zu entnehmen, daß eine kurz nach Balaklawa veröffentlichte *Punch*-Karikatur besonderen Eindruck auf Flashman machte; sie zeigt einen beleibten britischen Familienvater, der im Damenzimmer voll patriotischen Eifers einen Schürhaken schwingt, während er einen Bericht über den Angriff der Leichten Brigade liest.

11 Tatsächlich trat am Abend des 28. Juni 1854 das Kabinett auf Pembroke Lodge, Richmond, zusammen und einigte sich auf wichtige an Lord Raglan gerichtete Befehle zur Invasion der Krim. »Einigte« mag ein zu starkes Wort sein, da der größte Teil des Kabinetts während der Sitzung schlummerte und gar nicht recht wußte, wie die Befehle lauteten, die dann abgesandt wurden. Einmal wurden die Herren davon wach, daß jemand einen Stuhl umstieß, schliefen dann aber wieder ein. Die Quelle für diese Informationen ist kein Geringerer als A. W. Kingslake, der große Historiker des Krimkrieges, der in seiner umfangreichen Kriegsgeschichte *The Invasion of the Crimea* dieser Begebenheit eigens einen Anhang widmete. Kingslake mochte offenbar nicht so unverhüllt zugeben, daß das Kabinett jene bedeutsame Entscheidung in einem Dämmerzustand getroffen hatte, und spekulierte über die Möglichkeit, die Herren hätten vielleicht »durch einen unglücklichen Zufall eine narkotisierende Substanz« im Essen eingenommen. Er war zu taktvoll oder zu nachsichtig, um das Nächstliegende zu erwähnen, daß sie nämlich zu viel getrunken hatten.

12 Flashmans Bericht über diese wichtige Begegnung zwischen Raglan und Sir George Brown wird weitgehend durch Browns Version in Kingslake bestätigt. Sowohl Newcastles Depesche als auch seine persönliche Notiz an Raglan machen die Notwendigkeit einer Belagerung Sewastpols deutlich, wobei die letzte Verantwortung Raglan und seinem französischen Kollegen zugeschoben wurde.

13 Mrs. Duberley, die Frau eines Offiziers im Achten Husarenregiment und eine alte Bekannte von Flashman (siehe: *Flash for Freedom*) hinterließ ein anschauliches Tagebuch über ihre Erlebnisse auf der Krim, das unter anderem die hier geschilderte Begebenheit enthält, als sie »in einem alten Hut und Schal, höchst erstaunlich anzusehen« an Bord eines Truppentransporters ging, um nicht von Lord Lucan entdeckt zu werden. (Siehe E. E. P. Tisdall, *Mrs. Duberley's Campaign*).

14 »Der Polizist von Herne Bay«. Dieser sagenhafte Polizist war ein humoristisches Schlagwort jener Zeit.

15 Es mag den Leser interessieren, daß William Howard Russell in seiner ursprünglichen Depesche an die *Times* irrtümlich berichtete, die Highlander seien an dem Angriff auf die Schanze beteiligt gewesen, diese Angabe aber in späteren Depeschen berichtigte. Seine Berichte von der Krim sind das Werk eines glänzenden Journalisten, und selbst diejenigen, die seine Kritik an Raglan und anderen britischen Heerführern in Frage stellen (siehe Oberst Adye, *The Crimean War*) bestätigen die hohe Qualität seiner Berichterstattung. Wer sich dafür interessiert, Flashmans Aussagen nachzuprüfen, möge bei Russell oder bei Kingslake nachschlagen, der ebenfalls Augenzeuge war. Übringens ist Flashmans Bericht über das Gefecht am Alma überaus präzise, insbesondere im Hinblick auf Raglans Aktionen, aber in einem vorangehenden Absatz hat ihm wohl seine Erinnerung einen Streich gespielt, als er meint, die russischen Kanoniere hätten bei Beginn des Marsches entlang der Krimküste auf die britische Armee geschossen; das geschah erst mehrere Stunden später.

16 Ein Bericht über diese Begebenheit ist in Russells *The War from the landing at Gallipoli to the death of Lord Raglan* (1855) nachzulesen.

17 Meist widerspricht Flashman anderen Augenzeugen nicht mehr, als sie sich untereinander widersprechen, und dabei handelt es sich meist um weniger wichtige Abweichungen. So wird in einigen Quellen behauptet, die Highlander hätten drei und nicht zwei Salven auf die russische Kavallerie abgegeben, und zwar auf relativ lange Distanz (E. H. Nolan behauptet sogar, es habe genau genommen »keine Kavallerieattacke gegen die Highlander«

gegeben, doch wird das von anderer Seite nicht bestätigt). Ein anderer Punkt ist die Frage der Opfer beim Angriff der Schweren Brigade. Flashman sah relativ wenige Gefallene, aber Kavallerist Farquharson von den Vierten Leichten Dragonern, der unmittelbar danach über das Gelände ritt, sah »Dutzende ... mit schweren Säbelhieben am Kopf und im Gesicht.« (Siehe R. S. Farquharson, *Reminiscences of Cromean Campaigning*).

18 Die Originalorder, von Airey mit Bleistift gekritzelt, ist erhalten geblieben. Sie lautet: »Lord Raglan wünscht, daß die Kavallerie rasch nach vorn vorrückt, dem Gegner folgt und versucht, ihn am Abtransport der Geschütze zu hindern. Berittene Artilleriemannschaften können Begleitschutz geben, französische Kavallerie zu Ihrer Linken. Unverzüglich.« Welche mündlichen Anweisungen vielleicht außerdem noch gegeben wurden, steht nicht genau fest, aber eins der später aufgekommenen Gerüchte (siehe H. Moyse-Bartlett, *Louis Edward Nolan*) besagt, Nolan sei beauftragt worden, Lucan zu sagen, er solle sich *defensiv* verhalten, habe aber das entscheidende Wort als *offensiv* weitergegeben.

19 Eine der verbürgten Merkwürdigkeiten beim Angriff der Leichten Brigade ist es, daß Lord George Paget zigarrenrauchend in den Kampf zog, wobei es sich wohl um die Zigarre handelte, mit der Flashman ihm aushalf, und seinen Säbel erst in dem Moment des Sturms auf die Batterie zog, und zwar auf Anraten seines Burschen Parkes. Pagets Kaltblütigkeit, der es hauptsächlich zu verdanken war, daß die Überbleibsel der Leichten Brigade mit dem Leben davonkamen, war sprichwörtlich. Kavallerist Farquharson, der die Attacke mit ihm ritt, erinnert sich, wie Paget in der Schlacht von einem Granatsplitter getroffen wurde und das nur dadurch zur Kenntnis nahm, daß er seinen Burschen anwies, ihn als Andenken aufzubewahren.

20 Die Tollkühnheit der britischen Kavallerieattacke setzte die Russen derart in Erstaunen, daß Liprandi zunächst zu dem Schluß kam, die Leichte Brigade müsse betrunken gewesen sein (Siehe Cecil Woodham-Smith, *The Reason Why*, und Kinglake).

21 Was immer man von Flashmans Ansichten halten mag – seine Informationen über das Elend der russischen Leibeigenen um die Mitte des 19. Jahrhunderts sind völlig korrekt und decken sich mit mehreren zeitgenössischen Quellen. Darunter sind wohl die besten Baron von Haxthausen, *Das russische Reich* (1856) und Shirley Brooks, *The Russians of the South* (1854). Sie liefern auch eine Bestätigung seiner allgemeinen Schilderungen russischen Lebens, ebenso wie *The Englishwoman in Russia* von einer »zehn Jahre in diesem Lande ansässig gewesenen Dame«, ein Buch, das 1855 herauskam.

Savage and Civilised Russia von »W. R.« (1877) ist ein informatives Werk. Zwei im wesentlichen politische Traktate von S. Stepniak, *Russia under the Tsars* (1885) und *The Russian Peasantry* (1888) enthalten brauchbares Material und eine interessante Tendenz, und die Memoiren des berühmten russischen Radikalen Alexander Herzen (1812–1870) liefern aufschlußreiche Einsichten in die Mentalität der Leibeigenen. Wie Flashman beobachtete auch er, daß die als Landarbeiter tätigen Leibeigenen seiner Familie »es irgendwie fertigbringen, nicht an ihre totale Versklavung zu glauben«, und er verglich diese Einstellung mit dem Elend der Hausleibeigenen, die zwar Lohn bekamen, deren Leben aber durch »das schreckliche Bewußtsein der Leibeigenschaft« vergiftet und zerstört wurde.

22 Hauptmann Graf Nikolaus Pavlovitch Ignatieff sollte später einer der genialsten Agenten Rußlands im Fernen Osten werden. Er diente in China, übernahm kühne Missionen in Zentralasien und war auch einige Zeit Militärattaché in London. Es gibt Belege dafür, daß er zu Beginn des Krimkrieges im Ostseeraum Dienst tat; das muß kurz vor seiner Begegnung mit Flashman gewesen sein. Damals war er zweiundzwanzig.

23 Zur Bestätigung und über weitere Einzelheiten von Harry Easts militärischer Laufbahn lese man bei Tom Hughes, *Tom Brown at Oxford* (1861) nach.

24 Der Kommandeur der Fürst-Vigensteinschen Husaren war 1837 in der Tat Oberst Pencherjevsky.

25 Flashmans Schilderung der über russische Leibeigene von ihren Besitzern verhängten Strafen scheint eher noch milde ausgefallen zu sein. Die weiter oben in den Anmerkungen zitierten Werke enthalten Beispiele schrecklicher Grausamkeiten und der Beiläufigkeit, mit der gelegentlich furchtbare Züchtigungen durchgeführt wurden. Alexander Herzen nennt etliche Greueltaten und berichtet auch von der seelsichen Pein, die sein Vater, ein Adliger, verursachte, als er einem Dorfältesten den Bart abschneiden ließ. Der Dichter Turgenjew, ebenfalls ein Adliger, der die Leibeigenschaft aus nächster Nähe beobachten konnte, schildert, wie seine Mutter zwei junge Leibeigene nach Sibirien verbannte, weil sie es versäumten, sich zu verneigen, als die Herrin an ihnen vorüberging, und wie sie zu ihr kamen, um sich zu verabschieden, ehe sie den Weg ins Exil antraten. (Siehe A. Yarmolinsky, *Turgenev the Man*).

26 Es war – und ist vielleicht noch – eine Volksweisheit, einen echten Russen könne man daran erkennen, daß er selbst bei bitterster Kälte mit ungeschütztem Hals ginge.

27 Es ist interessant, daß Pencherjevsky zu jener Zeit schon von Marx gehört hatte, denn der große Revolutionär war zwar damals schon international bekannt, aber sein Einfluß sollte sich in Rußland erst viele Jahre später bemerkbar machen. Doch waren nichtkommunistische Agitatoren damals schon im ganzen Land überaus aktiv, und zweifellos sahen Agitatoren für den Grafen alle gleich aus.

28 Nach Flashman müßte sich diese Begebenheit im Februar 1855 zugetragen haben. Falls das zutrifft, hatte Zar Nikolaus I. da nur noch Wochen, möglicherweise nur noch Tage zu leben. Er starb am 2. März in St. Petersburg an einer Influenza, die etwa 14 Tage gedauert hatte. Es gibt keine Belege dafür, daß er in den letzten Wochen seines Lebens im Süden war. Andererseits hört sich Flashmans Bericht sehr authentisch an. Es ist denkbar, daß er die Daten verwechselt hat und daß Nikolaus früher als im Februar in Starotorsk war. Wer hier ein Geheimnis wittert, mag zur Kenntnis nehmen, daß der Zar zwar am 2. März starb, *in der Öffentlichkeit* aber zuletzt am 22. Februar bei einer Infanterieparade gesehen wurde. (Siehe E. H. Nolan, *History of the War against Russia*).

29 Die Pläne von Khruleff und Duhamel waren nur zwei von vielen in einer langen Reihe von Projekten zur Einnahme Britisch-Indiens. Schon 1801 hatte Zar Paul in der Hoffnung, die britische Herrschaft durch seine eigene zu ersetzen, seine Zustimmung zu einer französisch-russischen Invasion quer durch Afghanistan gegeben. (Napoleon stand damals in Ägypten, und die französische Regierung sollte als Wegbereiter der Invasoren »seltene Gegenstände auf taktvolle Weise« an die Stammeshäuptlinge entlang der Einfallsroute verteilen). Der russische Teil der Invasion lief tatsächlich an, doch nach dem Tod des Zaren und dem britischen Sieg bei Kopenhagen wurde der Plan aufgegeben.
General Duhamels Plan einer Invasion durch Persien wurde dem Zaren zum erstenmal 1854 vorgelegt. General Khruleff stieß Anfang 1855 mit seiner Idee einer Afghanistan-Khyber-Expedition nach. Die von Flashman berichteten Einzelheiten der beiden Pläne stimmen fast haargenau mit der später aufgrund britischer Geheimdienstaktivitäten veröffentlichten Version überein (siehe *Russia's March to India*, anonym 1894 von einem indischen Armeeoffizier herausgegeben.) Verschiedentlich zitiert in Flashmans Bericht Ignatieff Passagen aus Duhamel und Khruleff fast wörtlich.

30 Die »Seelensteuer« war eine auf jeden Mann erhobene Abgabe von 86 Silberkopeken pro Jahr. (Siehe J. Blum, *Lord and Peasant in Russia*). Wenn ein Leibeigener starb, mußte seine Familie die Steuer weiterzahlen, bis er beim nächsten Zensus offiziell für tot erklärt wurde. Das Verstopfen des Ofens war eine gängige Methode, die Zahlung zu erzwingen.

31 Es ist vermutlich reiner Zufall, aber einer von V.I. Lenins unmittelbaren Vorfahren hieß mit Nachnahmen Blank.

32 »... mit dem Gürtel im letzten Loch.« Offenbar ein korpulenter Kosak, oder kurz vor dem Ruhestand. Den Kosaken war das Tragen von Gürteln in genormter Länge vorgeschrieben, und sie durften nicht dicker werden, als es der Gürtel zuließ.

33 Undichte russische Öfen konnten hochgiftig sein. Mindestens drei britische Offiziere starben in Balaklawa in der ersten Januarwoche 1855 durch die entweichenden Abgase (»in Holzkohle erstickt«). (Siehe General Gordons Briefe von der Krim, 3. – 8. Januar 1855).

34 Der Leibeigenenaufstand in Starotorsk mag Flashman überrascht haben, aber solche Erhebungen kamen sehr häufig vor (wie er selbst an anderer Stelle in seiner Erzählung bemerkt). Während der dreißigjährigen Herrschaft von Nikolaus I. wurden in Rußland über 200 Revolten dieser Art gezählt.

35 Fort Raim wurde 1847 am Syr-Darja (Jaxartes) erbaut, in dem Jahr, nachdem Rußland die Ufer des Aralsees besetzt hatte, und wurde unverzüglich von Yakub Beg überfallen. Nach dem Bau des Forts setzte Rußland seine Expansionspolitik fort; die bewaffneten Expeditionen nach Osten begannen 1852 und 1853.

36 Yakub Beg, Heerführer der Tadschiken, Haushofmeister beim Khan von Khokand, Kriegsherr des Syr-Darja usw. (Siehe AnhangII).

37 Izzat Kutebar, Bandit, Guerillero, sogeannter »Rob Roy der Steppe« (siehe Anhang II).

38 »Khan Ali« war Hauptmann Arthur Conolly, ein zusammen mit einem zweiten Briten, Oberst Charles Stoddart, 1842 in Buchara hingerichteter britischer Agent. Sie waren in unbeschreiblichem Elend in den Verliesen des Schah gefangengehalten worden, man sagte Conolly, er könne sein Leben retten, wenn er zum Islam übertreten würde, wie Stoddart es getan hatte. Er weigerte sich. Seine Worte – zitiert von einem Augenzeugen: »Tut, was ihr zu tun habt.«

39 Es dürfte sich nicht, wie Flashman andeutet, um reines Persisch gehandelt haben, sondern um den tadschikischen Dialekt dieser Sprache; die Tadschiken, die persischen Ursprungs waren, dünkten sich den anderen Völkern Zentralasiens überlegen und hielten an ihrer althergebrachten Sprachgewohnheiten und Gebräuchen fest.

40 Vermutlich Werke wie *England and Russia in Central Asia* (1879), *Central Asian Portraits* (1880) von D. C. Boulger, und *Caravan Journeys and Wanderings* von J. P. Ferrier. Diese und ähnliche Bände enthalten außer biographischen Einzelheiten einen Bericht über die Besetzung der östlichen Landstriche durch Rußland, die in ihrem Ursprung bis 1760 zurückreicht, als die Kirgis-Kasak-Völker unter ihrem Khan, Sultan Abdul Faiz, nominell Untertanen des Zaren wurden und sich unter seinen Schutz begaben, wofür sie zusagten, für sicheres Geleit der russischen Karawanen zu sorgen. Weder die eine noch die andere Seite hielt sich an die Vereinbarung.

41 Die Mitte des vorigen Jahrhunderts erfolgende russische Expansion nach Zentralasien, bei der sämtliche unabhängigen Länder und Khanate östlich des Kaspischen Meers bis nach China und südlich von Afghanistan geschluckt wurden, war von erheblichen Brutalitäten begleitet. Das Massaker von Ak Mechet (die Weiße Moschee) unter General Perowski am 8. August 1859 lief so ab, wie Yakub Beg es beschrieben hat, wurde aber von Greueltaten wie Denghil Tepe in der Kara-Kum-Wüste im Jahre 1879 noch übertroffen, wo Frauen und Kinder bei dem Versuch, aus der Stellung zu flüchten, die von den Männern gehalten wurde, von Lomakins Truppen absichtlich erschossen wurden. Hier wie auch anderswo unterstrichen die russischen Befehlshaber, sie seien an Kapitulationsangeboten nicht interessiert.

42 In Rußland wird diese Expansion heute üblicherweise als »zaristischer Imperialismus« bezeichnet; es ist allerdings darauf hinzuweisen, daß die viel geschmähten westlichen Kolonialmächte sich inzwischen weitgehend ihrer Imperien entledigt haben, der moderne russisch-kommunistische Staat jedoch hartnäckig an den ausgedehnten Kolonien in Zentralasien festhält, die das alte russische Reich erobert hatte.

42 Der Überlieferung nach sollen die Mongolen von einem blauen Wolf abstammen. Flashmans Freunde aus Khokand scheinen den Ausdruck recht großzügig anzuwenden, vielleicht, weil viele von ihnen Mongolenblut hatten. Übrigens stimmt Kutebars Rede fast wörtlich mit einer kernigen Ansprache überein, die während des russischen Vormarschs im Syr-Darja-Gebiet zu vernehmen war.

43 Die von Sir William Congreve konstruierten Raketenwaffen fanden im Krieg von 1812 Verwendung, und die von Flashman geschilderten Exemplare ähnelten offenbar diesen frühesten Modellen, die viele Jahre lang verwendet wurden. Die Congreve war eine gigantische Feuerwerksrakete, bestehend aus einem Zylinder von vier Zoll Durchmesser und über einem Meter Länge, der mit Pulver gefüllt und an einem fünfzehn Fuß langen

Steuerstab angebracht wurde. Sie wurde von einem schrägstehenden Rohr aus abgeschossen, bewegte sich mit ohrenbetäubendem Lärm und einer langen Rauch- und Funkenspur und explodierte beim Aufschlag. Die Rakete konnte zwar über zwei Meilen weit fliegen, war aber extrem unberechenbar, und in der ersten Hälfte des 19. Jahrhunderts wurden zahlreiche geänderte Nachfolgemodelle entwickelt, u. a. William Hales Wirbelrakete und Raketen mit Nuten und Leitwerk, die ohne Steuerstab abgeschossen werden konnten.

44 Die im 11. Jahrhundert von Hassan el Sabbah, dem »Alten vom Berge« gegründete Geheimgesellschaft der Assassinen war berüchtigt wegen ihrer Fememorde und ihres Hangs zu der Haschischdroge, der sie ihren Namen verdankt. Auf dem Höhepunkt ihrer Aktivitäten operierte sie von Bergfestungen aus, hauptsächlich in Persien und Syrien, und bekämpfte die Kreuzfahrer; im 13. Jahrhundert wurde sie durch den Mongoleneinfall unter Huluga Khan zerstreut. Spuren der Sekte finden sich heute im Nahen Osten.